分享七十年出版业荣光
共创新时代编辑界辉煌

中国编辑学会第20届年会获奖论文（2019）

中国编辑学会　编

人民出版社

责任编辑：张双子
责任校对：吴容华
封面设计：徐　晖

图书在版编目（CIP）数据

分享七十年出版业荣光　共创新时代编辑界辉煌：中国编辑学会第20届年会获奖
　论文.2019／中国编辑学会 编 . — 北京：人民出版社，2020.6
ISBN 978－7－01－022225－7

I. ①分…　II. ①中…　III. ①编辑学－文集　IV. ① G232-53

中国版本图书馆 CIP 数据核字（2020）第 106649 号

分享七十年出版业荣光　共创新时代编辑界辉煌

FENXIANG QISHI NIAN CHUBANYE RONGGUANG GONGCHUANG XINSHIDAI BIANJIJIE HUIHUANG

——中国编辑学会第 20 届年会获奖论文（2019）

中国编辑学会　编

人 民 出 版 社 出版发行
（100706　北京市东城区隆福寺街 99 号）

北京汇林印务有限公司印刷　新华书店经销

2020 年 6 月第 1 版　2020 年 6 月北京第 1 次印刷
开本：710 毫米 ×1000 毫米 1/16　印张：36
字数：535 千字

ISBN 978－7－01－022225－7　定价：99.00 元

邮购地址 100706　北京市东城区隆福寺街 99 号
人民东方图书销售中心　电话（010）65250042　65289539

目 录

Contents

二 等 奖

三 等 奖

编辑如何写好学术论文的几点体会

郝振省

我想从三个大的方面和编辑朋友谈谈自己的一些体会：一、编辑为什么一定要撰写学术论文；二、如何写好一篇学术论文；三、写好学术论文需要的一些素质和条件。

一、编辑为什么一定要撰写学术论文？

我自己认为至少有三条理由。

第一，也是最直接的，为了评职称所用。

为了评职称所用，即为了能够比较顺利的通过职称评定，尤其是晋升高级职称评定的要求。可以说，每年一到评定职称的当口，准入的门槛就有这么一条：你作为申报人的论文质量数量是否达标，主要涉及副高职称、正高职称的申报，你至少要有两篇像样的学术文章发表在核心刊物，或者是单位认可的准核心刊物上面。其中一篇是关于所供职的出版物专业领域的文章，比如你是教育学方面的编辑，是物理学，是化学、文学、史学、艺术方面的编辑，那么就需要发表一篇专业方面的学术文章。另一篇是你作为编辑身份，处在编辑岗位，关于编辑出版业务方面的学术文章。比如是你关于选题策划、文稿加工、编校质量、数字出版、融合发展等编辑业务方面的文章。

尽管也有不少的人抱怨这个准入的门槛，有不同看法。但是在我的印象中，这条规定还是一直被保留下来、坚持下来。仔细想来，一种规定和一种条件，如果能够被提出来，并且被坚持了至少几十年的话，总有它的道理所在，总有它的存在理由。那么这个理由是什么呢？

第二，我觉得这个道理和理由就在于：它是编辑朋友业务能力的一个标志。因而也成为测量编辑业务能力的一个标尺，因而也成为你得到社会承认、享受相应待遇的一个不可或缺的条件。换句话说，它是编辑提高自身学术素养的一种外在的压力。设定这个压力的部门，是希望编辑能够把外界的压力转化为内在动力，而且成为一种制度性的要求。如果没有这样一条的话，凭什么你能晋升为副编审、正编审，或者是三级编审、二级编审呢？

最后，还有一层道理和理由，也就是它的第三层理由：这里提到的标志、标识、条件，外在压力和内在动力，包括制度性的要求，归根结底，九九归一，都是为了服务于出版业的高质量发展，为了实现出版业的两个效益。我们要建成社会主义文化强国和出版强国，没有出版业的高质量发展，没有出版业为人民群众、为经济社会发展、为国际文化交流提供的优质的精神食粮（这里面包括科技食粮、文化食粮、思想食粮、学术食粮、理论食粮，等等），怎么能行呢？而要实现出版业的高质量发展，担负着出版业高质量发展重任的人们，特别是我们的编辑朋友，如果没有相应的素质、相应的学养，怎么能行呢？

所以我们说，第一个问题我们可以归结到这个层面，国家的管理部门之所以坚持这么一条标准，设置这么一个准入的门槛，其良苦的用心也正在于此。

二、怎么样来撰写或者写好一篇学术论文

第一，就是确定合适的选题。

第二，就是展开分析推理，也就是论证了。

第三，提出对策建议。

因为我是哲学出身的，如果从哲学的角度来讲，其实一篇学术论文，它无非是提出问题、分析问题和解决问题，如此而已。

在第二个大问题里面，我们分这么几个问题来介绍。

第一个层次就是：如何确定适合的论文题目。

其实这和我们做图书编辑、做期刊编辑来确定一本书的选题或某一期刊物的某个栏目、一组文章的重点都是一个道理。所以选题的根本问题，说起来容易，但是做起来谈何容易。选题的方向很多——

比如就宏观而言，可以写关于出版强国问题、关于高质量发展问题、关于数字出版与融合发展类似的问题。就中观而言，可以写人才培养、队伍建设，可以写转型升级、转型改制，可以写版权保护、产业升级。就微观而言，可以写编辑自身的政治素养、理论素养、文化素养、技术素养、市场素养、公关素养等等。

但是真正能够确定下来一个选题绝对是一个难题。在选题问题上，我有些体验，我是兼职研究生导师，我也经常要给我带的研究生、我的同事、我身边的同志撰写论文，提一些建议。特别为他的选题，做点参谋性的工作。我认为做好选题，至少有三点要义。

第一个要义，首先要看这个题目是不是社会所需要、行业所要求的。你写的题目，我们的社会有没有需要、行业有没有要求？因为你准备撰

写的这篇文章，实际上也是要为社会和行业生产一种商品，那么你就要考虑这种商品能否为社会所接受、为行业所接受、为读者所接受。

恩格斯有一句名言，他说：社会一旦有技术上的需要，这种需要就会比十所大学更能把科学推向前进。他这里强调的就是社会需求与行业需求问题。社会需求与行业需求都是多方面的，是多方向的。比如我刚才提到的宏观的问题、中观的问题、微观的问题等等。当然这里宏观、中观、微观的区分也是相对的。所以我说如果第一条要义是社会需求、行业需求的话，那么你至少可以列出它 10 个、8 个选题，这都是可以的。

你可以把行业的需求先列出来。目前可写的、版权方面的、融合发展方面的、抗击疫情的、大数据的，包括市场调查、市场营销等等。

第二个要义，你得考量你的主观条件对这种需求和要求的满足的程度。

所谓的主观条件，主要是指你在编辑出版链条上所处的位置，是指你在编辑出版业务领域所熟悉的空间和问题。比如同样是高质量发展的问题，作为集团的老总、社长、总编辑、编辑部的主任、总编室主任和具体的编辑岗位，以及你职业生涯的经历不同，确定的选题肯定也是不同的。比方你如果是集团老总、市场总监，可能考虑更多的是发展战略的问题，包括最近谈到的"十四五"规划，中期的、长期的规划问题，"走出去"以及如何"走进去"的类似的问题。你如果是编辑部主任要考虑的则是项目争取问题，市场营销问题，丛书的战略问题。你如果是总编室主任，你需要考虑书号的使用问题，选题的管理问题，业务流程的优化问题，等等。那么这里的主观条件与客观需求、要求进行对接，这时再把你开始在第一个要义里边列出的 10 个、8 个选题，和你自身拥有的主观条件进行衔接、对号入座，也许就剩下三两个选题了。

第三个要义，还要看有没有创新的空间和余地。

撰写一篇学术论文，不管你自己是否意识到这一点，它绝对是要为社会和业界提供一种新的商品产品。那么新的商品产品要求你在满足前两个要义条件之后，还必须来满足第三个条件，这就是创新。否则你虽然符合前两个条件，但你无非是嚼别人嚼过的馒头，难脱窠臼、落入平庸，而这便失去了写作的价值。

这方面我会想，如果说自己还算是一位比较合格的兼职导师的话，那就是在创新方面，对我的学生，对我所参谋和建议的对象有所帮助。创新的问题我觉得很关键。我的一位很早的博士研究生，他开始的选题是"论数字出版的积极效应"这么一个题目，当时很早了，大概是 10 年前。当时我建议他改为"论数字出版的双重效应"。因为我的想法是什么呢？当人们都在讲数字出版这种先进的出版生产力的积极效应的时候，作为学术论文、学位论文应该有一种前瞻性、预测性、辩证性的眼光。要看到数字出版在给我国出版业带来快速发展、升级发展的同时，它的碎片化，有害于阅读学习的整体性和完整性；它的便捷性，有害于阅读学习的专注性和深刻性；它的阅读量几乎是几何级数的增长，会严重损害阅读学习的质的保证与提高。我说你作为博士研究生，你得有学术的品位和见解。所以当时基于这个条件，我就建议他要写"双重效应"。要把积极效应说足了，同时在它呼啸而来、裹挟而去的大浪面前，作为学者、作为学术论文的话，要保持清醒头脑，有自己的辩证性、全面性。他就按照我说的做了重大调整。后来，这篇学位论文获得了学校优秀博士论文，还获得了当年的1 万元奖金，也算很不错的。

我的另一位博士研究生，开始他想选"实体书店"作为他学位论文的题目。那么这个题目对不对？也对。好不好？也好。我主要是考虑这个题目的理论空间有多大，它的学术作为的余地充分不充分。所以我建议他选择比较新锐的"自媒体研究"作为学位论文的题目，因为他对新媒体既有兴趣，又有积累，后来他的学位论文定的是"自媒体出版研究"。再后来他的学位论文，在他研究生还没毕业的时候，就有出版社予以正式出版。

还有一位研究生，开始的选题是"关于数字出版的盈利模式研究"。当时我的建议是，因为这个问题当时谈到的、写到的人已经够多的了，而且你又不是软件行业或具有电子和数字出版专业的背景，所以你难以有所突破，而你有工商硕士的基础，不如写这么一个题目——"政府在图书价格方面作为问题之研究"。因她是工商硕士，有一定的经济学学理的基础。后来当她的论文完成的时候，学校正好缺一位出版经济学方面的老师，在一定意义上，因为选题的成功，以及学位论文的成功，她被留校任教，这是很不容易的。

在选题问题上，因为我长期在新闻出版的科研部门工作，经常有同志们希望我给他"号号脉、把把关"，就是这个题目行不行？当然这个题目，不光是刚才说的这三个要义，一个就是有没有需求，另外有了需求以后，就是你的主观条件和怎么对接，对接完了以后，但是没有创新的空间、没有创造的余地，这个也不行。因为你一个新的商品，没有新的东西、新的见解、新的思想、新的论述那是不可以的。当然了，我们都知道，为了确定一个很好的选题，包括你的选题方向对了以后，就是你选择的口径的大小问题、选题的针对性的问题，以及它覆盖面的问题都需要考虑。那么还有一个，就是需要在文献资料方面的调研和梳理，包括现在我们在知网、万方这些平台上对相关数据进行充分的调研。

我自己的主张是，在确定选题的时候要"瞻前顾后"，"左顾右盼"，格外用心，格外精心。不要轻易地做决定，特别是学术论文的题目，要斟酌再三，这个过程稍微缓和一点。但是一旦选题确定下来以后，我不主张再轻易地转换镜头，因为你转换下来，最后就找不到北了。所以定选题的时候要特别的谨慎、特别的投入。一旦确定下来，我已经预料到他会遇到哪些困难，没有特别的、颠覆性的情况发生，我会不改变我已有的选题。

第二个层次就是如何围绕选题，把分析推理的功夫做足，把创新的见解展现出来。

当你的选题确定之后，如何围绕选题，把分析推理的功夫做足，把创新的见解展现出来，这里边就涉及学术论文的主题部分，或者叫主体部分。我认为我想说的主要由两个板块组成，一个板块就是追溯问题形成的原因。你这个选题确定以后，首先要回答，你为什么研究这个问题，研究这个问题的理论意义、实践意义何在？原因的分析其实就是将需求与供给的矛盾冲突集约化、典型化、凸显化，造成一种此问题不解决不行、非解决不可的态势。

那么另外一个板块就是展开对问题的论述，即回答是什么的问题。这两个板块应该说是学术文章的核心所在，也是作者是否具备一定学术功力的关键所在，也是核心期刊或者准核心期刊是否接受发表这篇论文的重点审查的环节。在选题基本确定下来以后，这两个板块一个回答是为什么，一个就是说它是什么，它是学术文章的核心所在。你有没有展现出来你的学术功力，包括刊物对你的文章最后是否采用，都首先要关注到这两个板块。

一般而言，所有的学术论文都是基于问题而作的，都是问题意识的产物。选题其实就是抓问题。习近平同志讲问题是实践的起点，创新的起点，要有强烈的问题意识。当然他还讲道："以重大问题为导向，抓住关键问题进一步研究思考，着力推动解决我国发展面临的一系列突出矛盾和问题。我们中国共产党人干革命、搞建设、抓改革，从来都是为了解决中国的现实问题。可以说，改革是由问题倒逼而产生，又在不断解决问题中得以深化。"① 这是习近平总书记的一个关于问题意识的论述。习近平总书记从党和国家的层面，来讲问题意识。但是具体到我们现在讨论的学术论文的问题，也很有针对性，很适合我们对问题意识的强调与投入。

我们接着往下说，对于问题而言，你的选题实际上定下来以后，你前面经过一个铺垫以后，你开始提出问题了。那么接下来就要回答，你要对产生问题的原因，进行多角度多方面的分析。

而原因呢，有主观和客观之分，有主要和次要之分，有历史和现实之分，也有国内和国际之分。所以我给同志们讲，写文章的时候，你先把这些可能方面都给它一网打尽，不要怕将来是不是需要把它删掉，不要怕字数多，不要怕篇幅长，不要怕问题杂，先给它表达出来再说。

因为我分析的原则是，"先发散，再收敛"。你先不要急，搞得那么谨慎，这就容易写不出东西来了。所以我的观点是先尽可能的全面，然后

---

① 《习近平谈治国理政》，人民出版社 2014 年版，第 74 页。

再有重点的删减，这样就能够相对容易地解决写不出来没有足够篇幅的困难。尤其是现在的学术刊物，特别是核心刊物，他们认为没有一万或八千字左右的文字规模，你很难说明一个像样的学术问题。

一般是要针对所分析问题的原因提出解决问题的理念、理论和目标，就是回答所论的主题是什么的问题。

从内涵、外延、平面、立体、单项、综合等角度来加以推理和论述的这种推理和论述，当然也是论点和论据恰当结合的有机统一。这种推理和论述主要是务虚，是把解决问题的方向说清楚。这就牵扯到对理论工具、理论武器的较娴熟运用的问题。理论工具、理论武器，既涉及马克思主义经典作家的重要思想，也涉及古今中外的一些思想家、理论家的有价值见解，还涉及这些重要思想即有价值见解具体化到你所研究的问题上，更涉及你借助这些具体化的内容给出了解决这个问题的思路与逻辑。所谓的创新见解，所谓的独立思考，所谓的差异化追求，主要都体现在这个环节上。你的知识储备、思维厚度也都在这个环节上展现出来。马克思说：理论只要说服人，就能掌握群众；而理论只要彻底，就能说服人。所谓彻底，就是抓住事物的根本。我在撰写《出版文化理性研究》一文时，就出版文化理性的核心命题，分为核心层、核心实现层、核心辅助层来展开论述，每一个"层"，又是一个小系统，步步紧逼，层层推进，增加说服力、感染力与软实力。

写好学术论文的"三步棋"中的最后一步棋，则是把前面务虚的论述作务实的处理，即把前面的思想见解具体化为实现的步骤与环节，着重在可行性方面做文章，也可进行由上到下、由大到小、由左到右的逻辑推进。我和宋嘉庚老师前不久联合发表的《疫情防控阻击战中的数字出版与融合发展》一文，便从国家、出版集团和出版社、行业学会和个人四个方面提出了对策和建议。这便是由大到小、由上到下的逻辑推演。在这方面，编辑朋友要养成逻辑推演的习惯，这种习惯强调问题之间的内在因果关联，力戒一袋马铃薯的发散式表述。

三、要写好学术论文，就要努力提高自己的政治素质、理论素质和文化素质等

素质当然很多，我就想强调这三个素质，这三个素质也是写好学术论文的基础工程。从长期看，你如果不解决相应的政治素质、理论素质和文化素质问题，你的学术论文是写不好的。即使写一篇两篇，各方面的因素也是难以为继的，所以我说这是写好学术论文的基础工程、长远工程、世纪工程。

那么我们从哪里来寻找滋养这几种素质的营养呢？我觉得要从给我们民族以充分自信的三种文化中去寻觅这种滋养。

这第三种文化就是："在5000多年文明发展中孕育的中华优秀传统文化，在党和人民伟大斗争中孕育的革命文化和社会主义先进文化"。这是习近平总书记2016年在庆祝中国共产党成立95周年大会上讲话时的一段重要论述。习近平总书记在这里面讲到三种文化。我们可以把这三种文化简称为优秀传统文化、红色文化、先进文化。

这三种文化的内部，每一种又可以分为三个层面，是哪三个层面呢？第一个层面是作为社会舆论形态的文化层面。比如：传统文化中的对精忠报国、舍生取义、扶危济困等意识的认同；红色文化中的井冈山精神、长征精神、延安精神、西柏坡精神等；先进文化中的社会主义核心价值观的二十四字表述，这都是作为社会舆论形态里面的文化层面。

然后是第二个层面，作为学术理论形态的文化层面。比如：传统文化中的三玄四书五经六艺，包括宋明理学。我们的传统文化中，宋明理学达到了一个高峰。那么红色文化中，当然首先是马克思主义的原创经典，接着是马克思主义中国化的一系列成果，比如延安时期的以《矛盾论》《实践论》为代表的马克思主义中国化的哲学；以《论持久战》《中国革命战争的战略问题》为代表的马克思主义中国化的军事学；以《在延安文艺座谈会上的讲话》等为代表的马克思主义中国化的文艺学；等等。先

进文化中包括毛泽东同志关于社会主义改造与社会主义建设的重要思想及其著作、邓小平理论、"三个代表"重要思想、科学发展观，一直到今天习近平新时代中国特色社会主义思想原著及相关研究性的学术性著作，这就是作为学术理论形态的文化层面里边的先进文化这一块。

还有作为文学艺术形态的文化层面，比如传统文化里边的汉赋、唐诗、宋词、元曲等；红色文化中的毛泽东诗词、红岩烈士诗歌、方志敏的狱中散文、瞿秋白散文等，这都是红色文化中的瑰宝。以先进文化中的"三红一创"、"青山保林"、《平凡的世界》、《乔厂长上任记》等为代表的文艺作品，还有东方红歌舞剧、《打击侵略者》等影视为代表的艺术作品。

我刚才讲，给我们民族以自信的三种文化，传统文化、红色文化和先进文化，其中每一种文化里边就有三个层次，作为社会舆论形态的文化层面，作为学术理论形态的文化层面，作为文学艺术形态的文化层面。这三个方面正好对应着我们编辑朋友的政治素质、理论素质和文化素质，要充分从中汲取营养、武装自己。

我想跟同志们讲，在这三种素养里边，政治素养是必需的，文化素养我们刚才也讲到了。因为是学术论文，我更多的讲一下理论素质。理论素质和学术论文是源和流、林和木的关系，编辑朋友应不断提高自己的理论素养，特别是马克思主义哲学的素养。因为哲学的逻辑性，有助于思维的条理性；哲学的反思性，有利于思维的深刻性；哲学的批判性，有利于思维的创新性；哲学的辩证性，有助于思维的包容性；哲学的规律性，有助于思维的预见性；等等。

应该说学术论文写作没有捷径可走，但有章可循，需要编辑把握研究方法、掌握写作技巧，在广泛、深度阅读中学习，提升理论素养。建议编辑朋友有计划、有重点地阅读行业内重要的学术刊物，如《中国出版》《中国编辑》《出版发行研究》等，《中国社会科学》等综合性大刊、名刊，每期适当选读一二。读这些文章，不是一般性地读，而是有目的性、有针对性地读，并养成做读书笔记的习惯，通过这些学术理论刊物了解出版界，了解社会和行业关心的问题与焦点，同时了解在这些期刊上发表论文的标准、要求和侧重点，加强修炼。如是去做，必有收获。

（这是作者在中国新闻出版传媒集团举办的第五期"红沙发"公益分享会上的讲演稿的部分内容）

（作者：中国编辑学会会长）

打造主题出版高地的思考

乔还田

一、做好主题出版是新时代编辑的神圣使命

唱响时代主旋律，倡导主题出版是中国出版业的一个特色，一道亮丽的风景线。

主题出版的内容究竟包括哪些？我很赞同原国家新闻出版广电总局副局长周慧琳的归纳，他说：主题出版是围绕党和国家的工作大局，中央重大决策部署，就一些重大活动、重大事件、重大题材、重大理论问题等主题进行的选题策划和出版活动。

由于多年来主题出版扮演着回应时代与社会新命题、承载国家核心价值观的角色，在弘扬主旋律、传播正能量、巩固主流意识形态、宣传普及

党和国家大政方针政策方面发挥了巨大的作用，所以，业界从不同视角、不同层面点赞主题出版。

有人说：主题出版反映时代的最强音。但凡与时代同呼吸、与国家共命运、与民族前途心连心的内容，都是主题出版的场域。

有人说：主题出版既是我国成功出版企业的天命，也是成功出版企业必须正视的一座富矿，已经成为很多出版社新的经济增长点。

有人说：主题出版是出版管理机关调控指挥出版、出版社制订选题的一个重要"抓手"。

从 2017 年至 2019 年全国图书选题综合分析看，各单位自觉增强"四个意识"，坚定"四个自信"，在出版工作中明确政治方向和出版导向，一直将主题出版的选题策划放在首要位置，报送了不少特色鲜明，有助于铭记历史、讴歌时代、弘扬主旋律、传播正能量的优秀选题。

2017 年的主题出版选题以迎接党的十九大为重点，集中体现在总结党的十八大以来取得的辉煌成就、深化党中央治国理政新理念新思想新战略、深入学习习近平总书记系列重要讲话精神、深化理想信念教育、深度阐释社会主义核心价值观、庆祝建军 90 周年、迎接香港回归 20 周年等方面。或侧重与学院理论成果的对接，或讲好地方故事、地方经验，或做好主题出版的对外宣传等，具有导向鲜明、题材丰富等特色。

2018 年的主题出版选题共计 2800 余种，优质选题集中反映在深入宣传阐释习近平新时代中国特色社会主义思想、深入宣传阐释党的十九大精神、深化理想信念教育和深度阐释社会主义核心价值观、庆祝改革开放 40 周年等方面。这些选题导向准确、特色鲜明，力求实现社会效益与经济效益的高度统一。

2019 年的主题出版选题总数仍达 2800 余种，紧扣庆祝新中国成立 70 周年这条主线，解读和宣传习近平新时代中国特色社会主义思想的图书有 263 种，庆祝新中国成立 70 周年主题的图书有 1025 种，宣传阐释社会主义核心价值观的图书有 221 种，纪念五四运动 100 周年的图书有 66 种，涉及澳门回归 20 周年的图书有 31 种，涉及"一带一路"倡议的图书有

836 种，涉及"不忘初心、牢记使命"主题教育活动、反腐倡廉等党建类主题的图书有 241 种。

近年来，中宣部办公厅每年都会下发做好主题出版工作的通知。在 2020 年 2 月 21 日下发的通知中，明确提出六方面的选题重点：一是着眼为党和国家立心，加强习近平新时代中国特色社会主义思想的研究阐释；二是聚焦聚力工作主线，营造全面建成小康社会、打赢脱贫攻坚战的浓厚氛围；三是大力弘扬科学精神，普及科学知识，加强健康安全和生态保护教育，培育公民文明习惯；四是紧紧围绕宣传阐释党中央精神和决策部署，唱响中国经济光明论；五是立足培养担当民族复兴大任的时代新人，深化社会主义核心价值观宣传阐释；六是提早谋划、提前启动，认真组织做好庆祝中国共产党成立 100 周年选题编写出版工作。通知要求各出版单位务必加强组织领导，明确路线图、时间表；强化导向把关，加强选题、内容把关，加强作品整体基调、格调、品位把关；提高出版质量，严格执行"三审三校"制度，加强各环节质量控制；着力开拓创新，提高原创能力，积极探索新载体新路数；严守出版纪律，认真落实重大选题备案工作规定，严禁违规出版。

由此可见，主题出版是新时代的一个重大课题。对新时代的编辑来说，做强做大主题出版不仅是一项任务，更应当成一种自觉、一种使命、一种责任与担当。新时代的编辑必须理直气壮、责无旁贷地做好主题出版，自觉地履行举旗帜、聚民心、育新人、兴文化、展形象的使命任务，强化主题出版的政治担当、历史担当和文化担当。

二、主题出版编辑应具备的核心素质和能力

第一，要具备过硬的政治素质，要始终坚持正确的导向。政治素养包括对国家大政方针、政治局势、经济形势的认知，对党的路线、方针、政策的认识，以及历史使命感与社会责任感的建立。正确的导向包括正确的

政策导向、内容导向、价值导向、文化导向。这两点是做好主题出版的先决条件。

显而易见，"一个编辑如果分不清政治是非，就有可能出大问题。作为编辑，政治素养既是一种态度，也是一种能力。并不是喊空洞的口号、搞苍白的表态、做无用的虚功就是政治素养高，而是要扎扎实实地把政治意识落实在选题和书稿里。没有脱离事业的政治，也没有脱离政治的事业。一本书如果在文字上出了一些问题，尚可补救，而一旦在政治上出了问题，对党和国家的危害是巨大的，对一个出版社来说，有可能是灭顶之灾。因此我们说编辑无小事，事事连政治。时刻绷紧政治之弦，把讲政治摆在首位，就不会背离宗旨、走偏走邪，人生就不会迷失方向"①。

编辑要做一个政治上的明白人，就必须提升自身的理论素养、政治素养和政策水平。因为只有理论上清醒，才能保证政治上清醒；只有理论上坚定，才能做到政治上坚定。只有理论与实践相结合，才能练就一双政治慧眼，逐步提高解决实际问题的能力。如果没有较高的理论素养、政治素养和政策水平，就很难有政治上的敏锐性和鉴别力，就难以通过事物的表面现象看到问题的本质，难以把握事物的内部联系和客观规律，就有可能迷失政治方向，在政治问题和原则是非面前缺乏辨别力，从而犯政治性错误！

由此可见，具备过硬的政治素质，对于新时代的编辑是何等的重要！从事主题出版的编辑，唯有以习近平新时代中国特色社会主义思想为指导，准确理解、吃透中央的精神，才能避免造成对中央精神错误、歪曲的解读、阐释和传递；唯有不忘初心、牢记使命，始终保持对国家发展的忠诚、对国家思想文化建设的忠诚，才不会在操作主题出版读物时，因外在一时的喧嚣而混乱、因一时的冷遇而沮丧；唯有严格执行党和国家有关出版管理的规定，严格履行"双重大"立项和重大选题备案、审批程序，才能确保正确的政治方向、舆论导向、价值取向；唯有牢记自己的使命担

---

① 黄书元：《编辑如何提高政治素养》《中国新闻出版广电报》2020 年 3 月 23 日。

当，始终坚持把社会效益放在首位，才能成为理想信念的塑造者和道德观念的引领者，才能成为中国先进文化的引领者和践行者以及中华优秀传统文化的传承者和弘扬者；唯有具备了这些"硬件"素质，才能不断推出讴歌党、讴歌祖国、讴歌人民的原创之作经典之作，才能打造出标注时代与历史的里程碑式的精品力作，从而为国家立心、为民族立魂！

第二，应具备较强的学术文化素养。编辑的核心能力应是选择能力或者说鉴赏能力，这个能力离不开学术文化素养的支撑。出版社出什么，不出什么，多出什么，少出什么，其选择过程反映出编辑的气魄、眼光、学力和人文情怀，反映出编辑的文化素养、市场把握能力。选题确定下来以后，对作者的选择，对作者书稿的编辑处理，对作品呈现方式的选择，对出版工艺的选择，都离不开编辑的学术文化素养。只有具备相当的学术文化素养，才可能具备清晰的逻辑分析能力，才有可能具有灵活的头脑，才可以产生源源不断的编辑创意想象。

很难想象一个学术文化素养不高、一个没有文化情怀的编辑，能够打造出思想精深、艺术精湛、制作精良的传世佳作。尤其在审稿把关这一环节，没有文化素养和学术素养作支撑，怎么能够把好内容关。只有具备较高的学术文化素养才有可能驾驭那些具有很高思想价值和文化价值，但因作者本人表述能力受到某些制约，而存在严重缺陷的书稿，通过编辑的智力贡献，帮助作者提升质量，化腐朽为神奇。

实践证明，一个编辑如果没有真才实学，很难提出有价值的选题，很难对书稿作出准确的判断，更谈不上进一步提高书稿的质量，充其量只是统一一下全书的格式，改几个错别字而已。曾发生过这样的笑话：有的编辑面对一部思想价值、学术价值、文化价值"含金量极高"的书稿，觉得平淡无奇，以致把精华当作糟粕删掉；反之，本是一部没有任何创意，只是抄来抄去，重复别人也重复自己的"文抄公"的书稿，竟以为发现了"新大陆"，佩服得五体投地。可见，具备较强的学术文化素养对编辑多么重要。

第三，要有很强的学习能力。主题出版图书有其独特的个性，必须凸显其鲜明的政治性、时政性、时效性、时代性、原创性、知识性、可读性。这就需要编辑认真学习原典，进行调查研究，做深度思考。不学习，思想会僵化，跟不上时代的节拍。只有准确理解、吃透中央精神，才能避免造成对中央精神错误的解读、错误的阐释和传递。

我非常赞同这种主张，主题出版策划编辑的必修课是：认真学习历次党代会、中央全会报告、公报、决议、决定等能反映会议主旨和精神的重要文件，时刻关注全国人大和国务院以及中央部委等颁布的法律、行政法规和部门规章，紧密追踪全国"两会"上最能反映民意期待的焦点提案。选修课是：平时应该留意央视《新闻联播》、《人民日报》、新华社、人民网等主流媒体发布的各种政策信息和有关时政新闻。不做好这两门功课，打造主题出版高地就会成为一句空话。

单纯学习还不够，必须进行深入的研究。做好主题出版，研究是基石。只有在研究问题的基础上，才能把中央的精神和现实中的问题结合到一起，将严肃重大的主题出版与读者关注的现实问题结合起来，通过策划，转化为上至中央下至基层都关心、关注的选题，然后把选题当课题，进而与作者围绕选题，深入思考，写出思想内涵深刻、旗帜鲜明，能够反映亮点、解析难点、引导热点，围绕一些针对性很强的共同点、共鸣点、交汇点进行准确的解疑释惑，从而打磨出内容鲜活生动、引人入胜、感染力强、接地气的书稿来。

第四，要有创新能力。十几年前，我去一家书城考察，发现庆祝新中国成立60周年的主题图书陈列了许多，但销售人员说70%的书无人问津。为什么会出现这么尴尬的局面呢？因为书名雷同、内容雷同、跟风制作的现象太严重。须知主题出版不仅是政治任务也是市场的需求；主题出版反映的是国家之需、民族之需和时代之需，要让普通老百姓成为主题出版的读者，就要按一般读者需求开发产品。所以，主题出版最忌跟风和简单模仿。如果一个选题有市场，但别人已经做了，这就要求编辑跳出原有的思路和模式，树立全新理念，做深度开发，从不同角度进行思考，拓宽选题范围，做到内容和形式的创新，满足不同读者的需求。实践证明，出色的编辑能够营造出市场热点，让别人跟风。次一点的是，反应快，跟风快，也能造成一定的正能量，创造一定的经济效益。最忌讳的就是，既缺乏想象力，反应又慢，一跟风就砸锅，编出来的书，读者不买账，只好化纸浆。

习近平总书记指出："理论的生命力在于创新。创新是哲学社会科学发展的永恒主题，也是社会发展、实践深化、历史前进对哲学社会科学的必然要求……如果不能及时研究、提出、运用新思想、新理念、新办法，理论就会苍白无力，哲学社会科学就会'肌无力'。"①在党的十九大报告中，他讲到宣传思想文化工作时8次提到"创新"、7次提到"创造"。所以，只有勇于创新创造，激发全民族文化创新创造活力，才能建成社会主义文化强国。主题出版图书也必须按照"思想精深、艺术精湛、制作精良"的标准，保证和不断提高书稿的思想内涵、学术价值、格调品位、艺术境界。主题出版图书也应力求在原创性方面出彩，避免重复或人云亦云，做到人无我有、人有我特、人特我优，在创新内容、创新话语、创新传播方式别具一格，着力打造出质量较高、影响较大、效益较好的精品力作来。

第五，具备较强的社交能力。须知，一个优秀的编辑应是一个好的社会活动家。现在，稳坐办公室的编辑，即便通过电脑、手机、互联网等现代设备，也不可能及时获得第一手信息和稿源，更不可能建立自己的作者队伍。要想策划出优质选题，组约到高水准的书稿，就得深入社会，了解读者，物色作者，开展广泛的社交活动。通过广泛的社交活动提高自己的交际能力，以有效地履行编辑的职责。学会和作者打交道尤为重要。以往有一种说法：作者是出版社的衣食父母，意思是说出版社有了好的作者队伍就可以过上"衣食无忧"的生活。的确，作者水平的高下决定了图书的质量。要想打造有见地、有创意、有特色、有深度的精品力作，必须物色到成功的写作者，否则，创意再好的选题，也只能是平庸之作。况且，主

---

①　习近平：《在哲学社会科学工作座谈会上的讲话》，人民出版社2016年版，第20页。

题出版的优秀作者资源稀缺，导致主题出版物的质量水平呈现明显的层次感。我国虽然拥有一支数量庞大的思想理论队伍，但优秀的作者数量却并不多，这就导致了名家被大出版社拥有，小出版社很难找到权威作者。况且，有些知名作者"揽活"太多，治学态度又没那么严谨，同样题材的书一年能编好几本，内容东拼西凑、重复雷同，难以提供新的信息和知识，更谈不上原创性，或填补空白，或独树一帜。所以，编辑通过自己的社交能力，甚至采取正当的"挖墙脚"的手段，遴选到真正的专家学者担纲主编和撰稿人，以保证出版物的思想内涵、学术价值、格调品位、艺术境界和权威性，就显得尤为重要。

利用出色的社交能力精选作者不仅可以做到优中选优，而且还能起到保证导向正确的作用。如17家人民出版社制订纪念辛亥革命100周年重大主题出版计划时，就是以高度的政治责任感和严谨的学术态度来对待这项重点主题出版项目的。因为辛亥革命史研究领域与其他研究领域不同，在这一领域内出现过一些极其错误的观点。比如：有人说改良比革命好，应当"告别革命"；有人吹捧袁世凯，贬低孙中山，说辛亥首义与孙中山无关；有人说辛亥革命没有什么了不起的东西，它是此后几十年动乱的开始。类似的说法流传甚广，贻害无穷。正是本着导向正确、能够体现最新研究成果、留下信史的原则，17家人民出版社精心选择了一批治学严谨，且有独到见解的学者作为这项重大主题出版项目的作者，从而保证了书稿的高水准质量。

三、精心打造凸显主题出版图书特色的扛鼎之作

近年来，主题出版已成为各出版单位，特别是以党政类图书为主的出版社，提升社会影响力和经济增长点的重要抓手。但是，如何打磨既叫好又叫座的主题出版图书，绝非一件易事。因为主题出版图书独特的"个性"，必须做到时政性、时效性、时代性、原创性、学术性、可读性的完

美结合。时政性、时效性、时代性、准确性、可读性是主题出版图书的必然属性。原创性和学术性则是主题出版类图书能够经得起时间检验，且得以传之久远的必备条件。与学术类图书相比，主题出版图书在表现形式方面更注重于党政干部和老百姓的阅读兴趣，力求做到文字流畅，语言活泼；与大众畅销书相比，主题出版图书旨在服务于党和国家的大局，是宣传国家大政方针的有力抓手，政治倾向极为鲜明。所以，要做强做亮主题出版，就必须精准把握这类图书的属性和特色，需要依据其内容的思想高度、理论高度、出版价值，划分成不同层次，否则，便无法打磨出"双效益"的精品力作，更谈不上夯实主题出版的高地。

首先，要凸显时政性。从狭义上讲，主题出版类图书就是时政类主题出版图书。所以，时政性是主题出版图书的最大特色。所谓时政性，就是要体现当前党和国家大政方针政策，体现党和国家每年举办的重大节庆纪念活动，体现党和国家最新关注和重视的重要人物、重大事件等。因此，主题出版图书的策划，务必凸显其时政性。要以思想引领选题及其内容，做好时代的思想生产。众所周知，2018 年是中国改革开放 40 周年、2019 年是中华人民共和国成立 70 周年，出版界围绕这两件国家级大事，分别策划出版了一大批高质量的时政类主题出版图书，收到很好的效果。自 2020 年初以来，党和国家关注的重大时政类事件是湖北武汉暴发进而波及全国的新冠肺炎疫情。面对严重疫情，以习近平同志为核心的党中央高度重视，习近平总书记亲自领导、亲自指挥、亲自部署，领导全党全国人民奋力抗击新冠肺炎疫情。这就是当前最大的时政。因此按照党中央最新政策和精神，及时策划出版一批针对新冠肺炎疫情防控、心理疏导的权威普及读物，一批加强健康理念和传染病防控知识教育的科普读物，一批宣扬生态保护理念、革除滥食野生动物陋习、倡导健康文明生活方式的大众读物，一批讴歌一线医护人员和科研人员、展现广大党员干部和社会各界万众一心抗击疫情的图书，就能体现主题出版图书的时政性。2020 年是全面建成小康社会决胜之年、2021 年是中国共产党成立 100 周年，出版界应紧紧围绕这两条主线策划一些重大选题，力争打磨出一批有思想深度、文化厚度、情感温度的优秀作品来。

其次，要凸显时效性。时效性是主题出版图书的又一个属性和鲜明的特色。有些主题出版图书只有在相关时期内，才会产生较大需求与影响。比如，党的代表大会学习辅导读本、各种法律法规辅导读本、党和国家政治文件单行本、政府白皮书等。在那些相关的时间段里，既有一般读者需求，又有团体购买，媒体也会主动关注。倘若一个主题学习活动已经启动，相关图书还没有跟上，那就难以收到预期的效果。要始终清楚，主题学习活动启动阶段是最需要读本的时候，也是各出版社竞争最激烈的时刻，哪家出版社抢了先机，它就占领了销售的主阵地，它就掌握了主题出版的主动权。所以，策划主题出版图书，出版时间上必须"适时"，要兑现一个"快"字，切忌一个"慢"字。所以，出版单位务必未雨绸缪，对某一时期的时政热点和特定主题要保持高度敏感，选准选题策划切入点和切入时机，及时推出高质量的产品。如人所知，每年的3月5日是全国"学习雷锋日"。新华出版社于2012年敏锐地意识到这是一次打造相关主题出版读物的好时机。于是，全社上下通力合作，从编辑校对、图片下载、排版制作、封面设计到书号办理、印刷装订、图书审读等各个环节实现了无缝连接；总编室、制作部、发行中心、新媒体中心、储运中心等部门与新闻、时政、画册三个编辑室密切配合，加班加点，在"学习雷锋日"到来之前，推出了《雷锋精神学习读本》《"当代雷锋"郭明义》《永恒的召唤——雷锋精神世纪交响曲》等各具特色的系列图书，有的单本书发行量超过10万册，取得了良好的社会效益和经济效益。重庆出版集团也是抓住弘扬红岩精神的好时机，邀请名家深入挖掘红岩历史，适时推出主题出版物《忠诚与背叛——告诉你一个真实的红岩》，畅销40多万册，荣获了中央宣传部"五个一工程"奖。

第三，要凸显时代性。主题出版图书的策划必须体现时代感，要紧扣党和国家新时代主题主线，唱响时代主旋律，准确把握时代脉搏，弘扬社会正能量。当前主题出版图书策划就是要唱响新时代主旋律，全方位深刻阐释习近平新时代中国特色社会主义思想，彰显新时代在以习近平同志为核心的党中央坚强领导下进行马克思主义中国化的伟大理论和实践创造。自 1994 年开展以来，人民出版社与其他单位共同策划主办了"中华魂"主题教育活动，每年根据党的中心工作推出一个主题，编写一本活动用书。26 年来，这项主题教育活动始终坚持"以爱国主义为主旨，以读书育人为主要形式"，已有 1 亿多读者受益，成为一个响当当的公益品牌。从已经出版的 26 个读本看，具有极强的时代印记，时代感扑面而来。中宣部理论局从 2003 年开始策划编撰的"理论热点面对面"系列图书更是精准地体现了主题出版图书的时代性。该系列图书，每年围绕党和国家关注的重大理论热点问题进行解读。如《新中国发展面对面：理论热点面对面·2019》从中国道路、理论、制度、文化四个维度，从经济、政治、社会、文化、生态文明等方面，大跨度、多角度呈现了新中国 70 年波澜壮阔的发展历程。

第四，要凸显创新性。习近平总书记在《我的文学情缘》中曾感叹道："当前存在一种'羊群效应'，这边搞个征婚节目，所有的地方都在搞谈恋爱、找对象的节目。看着有几十个台，但换来换去都是大同小异，感觉有点江郎才尽了。还是要搞点有质量、有特色的东西。"①主题出版图书要出彩，要达到高水准，没有强烈的竞争意识，没有创新的方式方法是不行的。中国方正出版社出版的"学习党章系列丛书"就是创新的结晶。策划编辑通过市场调研发现，解读党章类的读物虽浩如烟海，但以理论性、学术性作品为主，适合普通党员干部阅读的甚少；且单本图书居多，多角度成套系研读解读党章的极少。于是，就形成了以套系形式解读党章系列通俗理论读物的思路。该丛书将一大党纲到十八大党章作为一个整体加以研究，勾勒出党章文本不断丰富、完善的发展脉络，详细揭示了每次党章修改完善的历史背景、主要特色，其中又必然涉及党的政治纲领、组织原则、制度设计、纪律建设等党史党建的各个方面，因此堪称一部党章发展史，甚至是一部中共党史。该丛书既有对党章本身深度的解读，又有对党

---

① 《习近平自述：我的文学情缘》，人民网，2016 年 10 月 13 日。

章脉络系统的梳理，既阐释党建理论，又讲述党史故事，以其多样的题材和丰富的内容，满足了读者多样化的阅读需求，实现了内容上的创新。在形式上秉持理论通俗化、读者大众化的原则，舍弃以往常用的宏大叙事方法和理论阐释风格，以大众的语言为传导，以生动的故事为支撑，通过历史细节展现党章发展演变及党的奋斗历程，贴近读者，贴近生活，给广大党员干部带来思想启迪和心灵洗礼，使其强化党章意识和党的观念，以党章修身、以党章律己，将党章内化于心、外化于行。中华书局出版的《马背上的共和国》，截取了1931年中华苏维埃共和国成立的这段历史，视角新颖，纪实性与文学性兼具，栩栩如生，大开大阖，扣人心弦。新华出版社推出的《改革时代人物志》，以人物故事的角度切入宏大的改革议题，探寻从党的十一届三中全会到十八届三中全会35年间的35位风云人物，通过"微视角"，立体式地展现了改革时代人物的奋斗历程；还有《聚焦中国新改革》，为增强图书的可读性，采取了形式丰富多样的编排，既有部委访谈，又有媒体评论和专家解读，并有以问题解答形式呈现的改革的主要内容、精神实质和重大意义。我很赞同这种创新法：以前是以"百科全书式"的做法来做理论读物，要求系统、全面、严谨，成体系；现在则采用"卡片流"——将一个个小主题的内容，做成一张张生动活泼的卡片，这些卡片本身并不强调体系，但卡片与卡片之间有一种内在逻辑的联系，在不同的排列组合中产生不同思想逻辑。

第五，要凸显可读性。要是没有可读性，就会遭遇库存化浆的命运，即使依靠行政手段推动发行也无法取得预期的阅读效果，读者买了也会成为书架上的摆设。所以，对于重大主题的表达，一定要避免出现生硬、概念化，要杜绝简单说教、空洞无物、高高在上的文风；要生动活泼，"硬话软说、长话短说、空话不说"，娓娓道来，"接地气"，让读者愿意看，能够吸引人、感染人。如人民出版社出版的《习近平讲故事》一书，精选了能够体现习近平总书记治国理政新理念新思想新战略的109则故事，每则故事在引用原文之外，还配有"延伸阅读"，用以丰富故事细节，还原故事语境，让读者更好地体悟故事背后的改革发展之道、大国外交之道、修身为人之道。又如东方出版社出版的《马克思靠谱》一书，用走心、妥帖且青春的表述方式讲述了马克思的一生及思想理论精髓，让年轻读者们穿越时空，与一个有血有肉有灵、与"90 后"的心灵足迹无比契合的马克思相遇，有趣、有料、有识，再现了马克思真实的个人形象和魅力，凸显了马克思主义在当下的积极现实意义。再如中国人民大学出版社推出的"全面建成小康社会系列丛书"，在保证权威性的同时，非常讲究深入浅出的语言，从而保证了图书的通俗性。这种简明易懂且又富思想性的作品，既满足了普通群众的阅读需求，又符合当下大众阅读市场的文化趋势。可见，只有凸显其可读性，讲好故事，尝试一些灵动鲜活的表现元素，使时尚元素与主旋律产生新的化学效应，做到让"内行不觉浅，外行不觉深"，重大主题蕴含的正能量才能真正融入百姓的血液。

第六，要凸显学术性。主题出版不可凑一时之热闹，不能浅尝辄止、浮光掠影，仅仅停留在应景之作或"急就章"层面。也不能狭隘地理解主题出版，一说到主题出版就定位于解读政府工作报告或领导讲话精神，而应该从国家发展、时代变迁、社会和文明的演进多角度挖掘资源。要把内容的深刻性作为主题出版物的一种追求。中国的主题出版应该升华为独特的知识体系，要让这种独特的知识体系成为中国社会前进的精神动力和智力推手，也成为人类文明的一个重要组成部分，向世界文化贡献中国智慧和中国文化。事实上，有一些主题出版图书的专业性是很强的。而专业性强的主题出版图书就必须依赖于严谨的学术架构和学科分类，只有具备较强学术功底的作者才能打磨出有生命力的文字。尤其是要让更多的优秀作品走向世界，且能有效传播代表中国高度的学术声音，能够以学术标准弘扬中国主题文化，讲究学术性是必须的。这方面已有一些成功的案例值得借鉴：2012 年人民出版社和当代中国出版社联合出版的《中华人民共和国史稿》是一部向党的十八大的献礼之作，是国内第一部经中央审定、批准出版的新中国历史著作。该书坚持以第一手档案资料为基本依据，力求以翔实的史料、客观的分析、科学的总结自 1949 年 10 月成立到 1984 年 10 月党的十二届三中全会召开的中华人民共和国 35 年的历史。由于该书在历史线索勾勒、重要事件记述、重大问题把握、历史经验总结等方面作出了学术性的权威论述，自出版以来受到广大读者的欢迎和好评，荣获第五届中华优秀出版物奖图书提名奖。商务印书馆 2016 年入选"主题出版重点出版物选题"名录的图书《供给侧改革：理论、实践与思考》，由著名学者贾康编著，在经济学界产生了很大影响。林毅夫认为，谁如果能对中国近些年巨大经济成就的原因进行系统化解释并提炼成规范的理论，就有足够的资格获得诺贝尔经济学奖。何况，中国的成功不仅仅是经济学层面的，也为政治学、哲学、社会学、文化学、军事学、科技学等学术领域留下了丰富的实践，在了解和研究中国问题方面，中国学术界有更多的优势，因而，向世界解释当代中国，既是当代中国学者的学术使命，也是新时代主题出版的历史使命。

古语说得何等的精辟："不谋万世者，不足谋一时；不谋全局者，不足谋一域。"新时代的主题出版是篇大文章。新时代的编辑务必从战略思维出发，不断深化对主题出版的认识，精准把握主题出版图书的属性和特色，厚植其内容，创新其形式，探索其融合发展之道，做强做亮主题出版，夯实主题出版的高地，打磨出更多的优质的"双效益"的精品力作来。

（作者：中国编辑学会副会长兼秘书长）

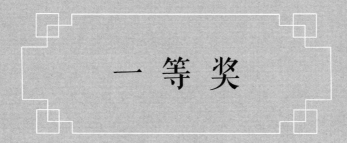

一　等　奖

新中国成立 70 年来出版技术的变迁考察

范 军 陈 川

出版技术是出版活动中"对有效信息进行选择、规范、复制与传播的一切知识、手段、工具、经验和技能",其内涵包括"物质形态的工具、机器等装备,网络形态的系统、程序等软件,以及出版过程中体现的信息组织理念、工艺流程和实施手段"[1],其外延指向编辑技术、复制技术、发行技术、载体技术四个方面。在中国近现代出版史上,技术的变革与发展对推动出版现代化厥功至伟。19世纪时,一批来华传教士成功研制西式中文活字的铸造技术,由此开启了中国图书出版自唐代雕版印刷术发明以来的又一次"典范转移"。[2]

---

① 匡导球:《中国出版技术的历史变迁》,湖南人民出版社 2009 年版,第 4—5、87 页。

② 参见苏精:《铸以代刻——十九世纪中文印刷变局》,中华书局 2018 年版,"代序"第 14 页。

随着凸版印刷、平版印刷、凹版印刷①等工艺技术，铸字机、印刷机、造纸机等设备器材陆续引进，出版物的生产复制、版面装订、管理销售开始发生剧变。机械技术孕育的出版新业态改变了国人接受和传播知识的方式，也间接促进了近代的社会转型。这样一个由技术到社会的传递过程被美国历史学家芮哲非（Christopher A. Reed）称为中国的"古腾堡革命"。②古腾堡的技术遗产对中国近现代出版业的影响巨大而深远，从传统刻书业到现代出版业的旅程也并未因新中国的成立而终止。芮哲非认为，1949 年之后，由中国共产党领导的出版印刷业将中国的"古腾堡革命"推向了下一个阶段。③本文即旨在梳理新中国成立至今的出版技术史，并进一步总结出版技术的变迁规律、探讨技术变迁与中国出版现代化的联系。

一、出版技术的布局再造期（1949—1965）

1949 年中华人民共和国成立，社会趋稳，百废待兴，饱受战争摧残的出版业终于迎来复苏。为了尽快建立起人民的出版事业，出版业的社会主义改造很快被提上议程。在 10 月初召开的全国新华书店出版工作会议上，时任出版委员会主任委员黄洛峰认为："……作为阶级斗争的重要武器的文化出版事业，要比旁的东西先进入社会主义，也就是首先进入国

---

① 在 18 世纪初，铜凹版印刷术就已由意大利传教士马国贤（Matteo Ripa）传入，并主要用于制作铜版画。由于该技术仅流传于宫廷，后又中断，对中国社会的影响有限，故一般不将其作为近代凹版印刷传入中国之始。直到 19 世纪末，凹版印刷才重新由日本传入中国。参见上海新四军历史研究会印刷印钞分会编：《装订源流和补遗》，中国书籍出版社 1993 年版，第 388—400 页。

② 参见王荣华主编：《多元视野下的中国——首届世界中国学论坛》，学林出版社 2006 年版，第 62 页。

③ 参见 Cynthia Brokaw and Christopher A. Reed, *From Woodblocks to the Internet*: *Chinese Publishing and Print Culture in Transition*, *Circa 1800 to 2008*, Leiden & Boston: Brill, 2010, p.310.

营。"[1] 新中国成立初期，公营出版企业与私营出版企业的力量对比悬殊。"1950 年全国共有图书出版社 211 家，其中私营图书出版社就达 188 家。"[2] 由于出版器材主要为私营企业所有，公营出版企业的生产力相对薄弱。例如，上海私营印刷厂的排字和印纸能力就分别达到了公营印刷厂的近 9 倍和 10 倍多。[3] 另外，出版器材分布不均的问题也较为突出。大城市机器过剩，偏远地区却没有印刷装备的现象十分普遍。出版业的社会主义改造扫除了上述障碍，也在一定意义上为出版技术尤其是印刷技术的布局与再造提供了契机。

出版技术的布局主要从壮大公营和地方出版业的技术力量入手。1950 年，中央人民政府出版总署召开第一届全国出版会议，会后发布的若干决议提出："私营小型印刷厂应按其性能、规格，在自愿原则下合并为规模较大的合股公司……"[4] 政务院公布的《关于改进和发展全国出版事业的指示》也有相关要求："……为了使出版事业在全国普遍发展，出版总署应协助各大行政区分别筹建、改进和扶持地方的出版工作。""在沿海城市过分集中的印刷工厂，应即由有关政府部门协助，搬迁一部分至缺乏印刷设备的内地。"[5] 通过公私合营、联营、合并等办法，大批厂房、器械、人员被归并到了新成立的印刷厂和机械厂。以上海为例，1956 年初，本地合营的铅印、彩印、铸字、铜模、制版等行业的企业达 2400 多家，从业人员 2.5 万余人。[6]

---

[1]　中国出版科学研究所、中央档案馆编：《中华人民共和国出版史料（1949）》，中国书籍出版社 1995 年版，第 277 页。

[2]　方厚枢辑注：《中国出版史料·现代部分》（第三卷下册），山东教育出版社、湖北教育出版社 2006 年版，第 299 页。

[3]　参见方厚枢辑注：《中国出版史料·现代部分》（第三卷下册），山东教育出版社、湖北教育出版社 2006 年版。

[4]　中国出版科学研究所、中央档案馆编：《中华人民共和国出版史料（1950）》，中国书籍出版社 1996 年版。

[5]　中国出版科学研究所、中央档案馆编：《中华人民共和国出版史料（1950）》，中国书籍出版社 1996 年版。

[6]　参见宋原放主编：《中国出版史料·现代部分》（补卷下），湖北教育出版社 2006 年版，第 820 页。

与此同时，上海、北京等地的部分印刷设备和技术人才开始内调，使云南、青海、内蒙古、新疆、西藏等边远地区的出版技术得到了提升。"据1964 年统计，从上海、北京支援内地的印刷机有 100 多台，迁调管理干部和技术工人 1700 多人。"①经过统一布局，到"文化大革命"前夕，各地的出版企业基本都拥有了半机械化或机械化的印刷设备和技术。

出版技术的再造主要表现为研发技术工具、制定技术标准两个方面。面对人民群众日益增长的文化需求，如何以先进技术多快好省地生产各类出版物成为重要课题。第一届全国出版会议后，自力更生革新出版技术成为出版业发展的目标之一："要筹划自制印刷机器，对铜模、油墨、照相制版器材、薄型纸等其他印刷器材也应研究改进。"②"……力求发展和改进我国造纸工业，使出版能够获得足够的和比较廉价的国产纸张。"③在全行业生产积极性高涨的时代背景下，我国的出版技术水平不断提升。新研发的技术工具集中于印刷、装订、造纸等领域。印刷技术方面，国产印刷机、铸字机、照排机成为一大特色。截至 20 世纪 60 年代初，不同型号的轮转铅印机、平台铅印机、凹印机、胶印机先后问世，大幅提高了印刷效率。当时较为先进的 TE102 型全张自动二回转平台印刷机的印刷速度已达到每小时 2500 张。1964 年，上海"和丰涌"铸字机厂试制成功字模雕刻机，并于次年投产，奠定了中国字模生产机械化的物质基础。上海劳动仪表厂生产的 HUZ-1A 型手动照排机则开创了中国照相排字的先河。④装订技术方面，折页机、配页机、锁线机、切书机、订书机获得应用，无线胶订、锁线订等新式装订技术相继出现。造纸技术方面，我国已经能自行

---

① 方厚枢辑注：《中国出版史料·现代部分》（第三卷下册），山东教育出版社、湖北教育出版社 2006 年版。

② 中国出版科学研究所、中央档案馆编：《中华人民共和国出版史料（1950）》，中国书籍出版社 1996 年版。

③ 中国出版科学研究所、中央档案馆编：《中华人民共和国出版史料（1950）》，中国书籍出版社 1996 年版。

④ 参见张树栋、庞多益、郑如斯等：《中华印刷通史》，印刷工业出版社 1999 年版，第 824—827 页。

生产打浆机、长网造纸机、圆网造纸机等设备。"大跃进"期间还出现过一些土法造纸机，轻工业部干校自力造纸厂曾创制过一种石辊打浆机，造价便宜，耗能不高。[①]

制定新型技术标准是保证出版质量、优化出版制度的重要一环。现今出版业在排版、编辑、发行方面的诸多技术标准几乎都能追溯到这一时期。1955 年，文化部发布《关于汉文书籍、杂志横排的原则规定》，确定了汉字横排的基本原则。翌年，国务院公布《汉字简化方案》，结束了汉字字形使用混乱的局面。这两份有关文字改革的文件成为再造排版制度的开端。尔后，文化部于 1958 年发出《关于活字及字模规格化的决定》，提出以"点"作为计算铅字大小的标准。1965 年，文化部又联合中国文字改革委员会公布《印刷通用汉字字形表》。至此，文字排版的主要技术标准得以形成。在编辑规范的建立上，1953 年公布的《关于国营出版社编辑机构及工作制度的规定》明确了编辑部的人员构成、职责划分、计划安排、工作程序，并确立了"三审制"和"四校一核"的工作标准。在发行规范的建立上，新中国成立伊始，各出版单位在发行工作上各行其是，从事发行者往往还需兼任编辑、印刷的职务。胡愈之批评"出版发行不统一，不分工"的现象是"农村手工业作风"。[②]1950 年，经出版总署调整，编辑、印刷、发行实行分家。一套由中央发行机构垂直发行，覆盖各级书店、各地公社，统一预算、统一定价的发行销售系统建立了起来。书刊发行真正实现了面向全国、深入群众的目标。

二、出版技术的曲折发展期（1966—1977）

1966 年"文化大革命"开始，意识形态色彩浓厚的出版工作可谓首

[①] 参见郭晖、张核：《造纸工业基本知识》，轻工业出版社 1959 年版，第 46—47 页。

[②] 参见中国出版科学研究所、中央档案馆编：《中华人民共和国出版史料（1950)》，中国书籍出版社 1996 年版。

当其冲。因思想路线的错误引导，大量出版机构被裁撤，大批优秀图书被封存或销毁。业内的所谓"黑帮分子""走资派""修正主义分子"相继遭到批斗，许多职工被迫下放改造。从机构到成果再到队伍，历经 17 年艰苦创业的社会主义出版事业被全面否定。据统计，从 1965 年到 1970 年，全国出版社数量由 87 家下降到 53 家，出版职工人数由 10149 人下降到 4694 人，[①] 图书出版种数由 20143 种（其中新出 12352 种）下降到 4889 种（其中新出 3870 种）[②]。直到 1973 年国务院批准成立国家出版事业管理局，被政治运动扰乱的出版工作才有所恢复。1966 年到 1977 年是中国出版史上的一段灰暗时期，出版业的正常发展受到严重冲击。在特殊的历史条件下，出版技术的变革与政治动向、政策方针紧密地捆绑在一起，呈现出技术服务政治、成就与挫折并存的畸形面貌。

出版技术为政治服务，最首要的就是迅速提高出版机械化水平，以满足出版领袖著作的需要。1966 年，中共中央作出"关于加速印制毛主席著作"的决定，号召全国出版界"把出版毛主席著作作为压倒一切的任务"。文化部几乎也在同一时间宣布，今明两年要印制 3500 万部《毛泽东选集》。当年末，中共中央又将 1967 年的计划印刷量增至 8000 万部。[③] 为管理好毛主席著作的出版工作，"毛主席著作出版办公室"很快成立，其成立后的首要任务便是完成 8000 万部的出版计划。以当时的印刷能力几乎不可能满足如此庞大的出版需求，想方设法提高出版技术已迫在眉睫。有关部门通过新建印刷厂、造纸厂、仪器厂，加大资金、人员投入，优先安排供应原料、设备等方法，较为成功地缓解了压力。例如，面对纸张供应紧张的问题，国务院就作出批示：要求对重要造纸厂实行军事管制，严格控制

---

① 参见方厚枢辑注：《中国出版史料·现代部分》（第三卷下册），山东教育出版社、湖北教育出版社 2006 年版。

② 参见中国新闻出版研究院编：《中华人民共和国出版史料（1966 年 5 月—1976 年 10 月）》，中国书籍出版社 2013 年版。

③ 参见方厚枢辑注：《中国出版史料·现代部分》（第三卷下册），山东教育出版社、湖北教育出版社 2006 年版。

各高等院校小报的发行数量。①"文革"十年，全国共出版各种版本的毛泽东著作和毛泽东像、单张语录、诗词达 108 亿册（张）之多，占图书总印数的 36%。②这样一个空前绝后的出版奇迹的达成，是"出版跟着运动转""技术跟着指令转"的直接后果。除了毛主席著作，"样板戏"出版也空前繁荣，大印"革命样板戏"甚至成了出版界的"第二政治任务"。仅1966 年到 1970 年，全国就出版"样板戏"剧本、曲谱、演唱材料、故事3.77 亿册，占文艺读物总量的近九成。上海 3 年间竟印刷了样板戏宣传画、剧照 1.3 亿张。③在文艺出版百花凋零、万马齐暗的年代，各种"样板戏"出版物能大放异彩，也应该有出版技术的一份"功劳"。

"文革"时特殊的政策与方针刺激了出版技术的进步，也极易导致技术制度的崩坏。以 1967 年的"增产印刷毛主席著作所需印刷机械紧急会议"为起始，我国的印刷工业进入了一段大跨越时期。为了实现在原计划生产印刷机械 12000 吨的基础上再增加 7000 吨的目标，印刷机械制造厂由 1965年的 13 家迅速增加到了 1975 年的 50 多家。在"抓革命，促生产"等纲领性口号的号召下，从 1966 年到 1976 年，全国印刷机械的总产量达到了114049 吨，是"文革"前 17 年的 4.5 倍。针对制版、排版、装订机械化不足的问题，国家出版事业管理局联合多部门制定《1974—1975 年印刷技术改造计划》，提出试制新印刷机械、材料 28 项。④后来试制成功的产品中有相当一部分填补了国内的技术空白，如多色胶印机、电子分色机、精装书籍装订自动线、骑马订书联动机等。多色胶印机和电子分色机的出现加快了胶印取代铅印的步伐。继 1974 年《人民日报》首次发行彩色版后，图书中

---

① 参见中国新闻出版研究院编：《中华人民共和国出版史料（1966 年 5 月—1976 年10 月）》，中国书籍出版社 2013 年版。

② 参见方厚枢辑注：《中国出版史料·现代部分》（第三卷下册），山东教育出版社、湖北教育出版社 2006 年版。

③ 参见方厚枢辑注：《中国出版史料·现代部分》（第三卷下册），山东教育出版社、湖北教育出版社 2006 年版。

④ 参见范慕韩主编：《中国印刷近代史（初稿）》，印刷工业出版社 1995 年版，第628—629 页。

的彩色封面、彩色插图大量增加，既提升了读者的阅读体验，又带动了书籍装帧的多样化。精装书籍装订自动线由上海订书机械厂研制，联同该厂生产的骑马订书联动机，解决了图书装订的自动化和联动化难题。此类新型设备是推动我国印刷业由"手工化＋机械化"向"机械化＋自动化＋联动化"过渡的重要力量。除此之外，20 世纪 60 年代末到 70 年代中期，通过引进加吸收的方式，造纸工业取得了一定进展。我国先后从国外进口了大型木片削片机、压力洗浆机、真空蒸发站等先进的制浆造纸设备，并试制成功了碱回收喷射炉、塑料造纸网、硫酸盐法制浆等新工艺。

与热火朝天的设备研发潮形成鲜明对比的是，此时出版技术制度正面临前所未有的挫折。"文革"初期，大部分出版社的日常工作陷入停顿，统一的技术制度也成了批判对象。由责任编辑、编辑室主任、社领导逐级审稿的"三审制"被说成是"修正主义一长制的复活"。总编辑的终审权遭到质疑，书稿档案制度、岗位责任制度缺失，再加上不健全的校对制度，导致"文革"时的图书质量出现严重下滑。[1] 图书发行渠道的受损情况同样严重。部分基层书店长期停业，能坚持营业的基本都处于组织松懈、纪律废弛的状态，阶级斗争一度取代了图书销售。因管理混乱，全国书店系统大幅亏损，这种现象到改革开放后才有所好转。

三、出版技术的改革创新期（1978—2019）

20 世纪 70 年代末，出版事业重回正轨，解放出版生产力、服务社会主义现代化建设被确定为出版工作的新目标。不过因为"文革"的破坏，改革开放初期的出版业仍相对滞后。与世界先进水平相比，我国的出版技术落后至少 20 年，技术因素越来越成为制约出版现代化的瓶颈。在 1979

---

[1]　参见方厚枢辑注：《中国出版史料·现代部分》（第三卷下册），山东教育出版社、湖北教育出版社 2006 年版。

年召开的全国出版工作座谈会上，国家出版局代局长陈翰伯专门指出了"印刷能力不足，技术落后，管理水平不高"① 等出版工作的主要困难。1983 年发布的《中共中央、国务院关于加强出版工作的决定》认为，"出版、印刷、发行事业的物质技术条件十分落后"，"急需对书刊印刷和图书发行工作进行体制改革和技术改造"。② 除了政策支持，国内外大环境也为出版技术的转型升级提供了有利条件。改革开放后，中国长期保持和平稳定，经济与科研实力稳步增长。从 20 世纪 80 年代开始，新一轮的科技革命席卷全球，以计算机为代表的高新技术正全面进入包括出版业在内的众多领域。以上因素相互叠加，使中国的出版技术迎来了一次全面、深刻甚至是颠覆性的变革。它改变了出版业的生产方式、产品形态、管理体制、经营模式，塑造了新的出版生态与出版文化，可谓中国出版的第三次"典范转移"。历经 40 多年，以改革与创新为特色的出版技术成为建设中国特色社会主义出版事业的重要支撑。

出版技术的改革是在既有规范的基础上重新制定统一的技术标准和操作流程。1980 年颁布的《出版社工作暂行条例》是改革开放后我国最早制定的与出版技术标准相关的文件。该条例对编辑、印刷、发行工作的基本原则作出了明确规定，开启了新时期技术标准化改革的序幕。目前，我国已成立全国文献工作标准化技术委员会、全国印刷标准化技术委员会、全国出版物发行标准化技术委员会、全国新闻出版信息标准化技术委员会等专业性组织，负责出版技术标准的制定和管理工作。出版技术标准共跨越国家、行业、地方、企业四个层级，保证了各项出版流程均有章可循。具体来看，编辑技术规范可分为：出版物基本规范、装帧设计规范和语言文字表述规范。出版物基本规范包括开本、版式、书号、刊号等内容，代表性标准有《图书、杂志开本及其幅面尺寸》《中国标准书号》《国内统一刊号》。装帧设计规范的涉及范围有封面、封底、书脊、扉页，代表性标准

---

① 参见方厚枢辑注：《中国出版史料·现代部分》（第三卷下册），山东教育出版社、湖北教育出版社 2006 年版。

② 《中共中央、国务院关于加强出版工作的决定》，《出版工作》1983 年第 6 期。

有《图书书名页》《图书和其他出版物的书脊规则》。语言文字表述规范的适用对象包括汉字、标点、数字、单位、注释等，代表性标准有《量和单位》《文后参考文献著录规则》《关于出版物上数字用法的试行规定》。①印刷技术规范主要包括技术用语规范、技术控制规范、成品质量规范，相关文件有《印刷技术术语》（1—6 部分）、《装订质量要求及检验方法》（骑马订、平装、精装）、《凹版／凸版／平版装潢印刷品》。发行技术规范可分为发行设备规范、物流运输规范和营销分类规范，以《出版物包装设备基本要求》《出版物物流基本业务流程》《图书、音像制品、电子出版物营销分类法》为代表。据不完全统计，我国现行的各类出版技术标准多达百项。一系列划分严密、分工合理、可操作性强的文件构成了完备的出版技术标准化体系，使出版业走上了科学化、规范化的管理轨道。

出版技术的创新是在全球化、信息化的背景下，以光电技术、数字技术逐步取代模拟技术，引导出版业告别"铅与火"，走过"光与电"，迈向"0 与 1"。从改革开放到 20 世纪末是出版技术的光电化阶段，国内出现了以汉字激光照排、电子编辑、光存储等为重点的新科技。汉字激光照排技术由"当代毕昇"王选主持研制，其工作原理是通过"轮廓加参数描述汉字字形的信息压缩技术"将汉字存储到计算机，到输出时再以激光束直接扫描成字。该技术成功将汉字带入电脑时代，彻底结束了中国印刷业铸字排铅的历史，对推动汉字印刷现代化意义非凡。得益于包括激光照排在内的汉字信息处理技术，从 20 世纪 90 年代开始，中国的编辑出版走向了电子化。传统上以纸、笔为媒的手工编辑方式被以键盘、显示器、编辑软件、桌面打印机为依托的电子编辑系统所取代。作者用计算机写作、投稿，编辑用计算机收稿、审核、校对成为通行做法。出版业的另一重大转变是电子出版物兴起，光盘成为新的出版载体。光盘利用激光刻录和读取信息，集文字、声音、图像等多种存储手段于一身，具有体型小、容量

---

① 参见匡导球：《中国出版技术的历史变迁》，湖南人民出版社 2009 年版，第 4—5、87 页。

大、损耗低、寿命长的特点。它的出现改变了以纸张为主要媒介的出版信息存储方式，带动了电子音像出版业的繁荣，也催生了中国第一批电子图书和文献数据库。

21 世纪初，出版技术进入数字化阶段。计算机技术、多媒体技术、移动通信技术、阅读终端技术大规模融入出版流程，"将出版数字化由作品的数字化、编辑加工的数字化，扩展到发行的数字化和阅读消费的数字化"[①]。随着数字技术的飞速发展，自助出版、众筹出版、按需出版等个性化出版方式层出不穷，一个以用户为中心的时代正在到来。在由出版社主导的传统出版模式中，读者处于出版产业链的下游，属于被动接受信息的对象。但在数字出版时代，读者能影响内容生产和渠道分发。出版商可根据用户画像确定出版内容、实行精准营销，读者也可基于个人需求实现内容定制。技术创新正将出版业带向多元化、细分化的发展轨道，但也挑战了其固有的观念和生产方式。特别是最近几年，大数据技术、人工智能技术、5G 技术来势汹涌，中国出版业再一次走到了变革的十字路口。这些新技术将如何引领出版现代化还需大家拭目以待。

四、总结与展望

70 载风雨兼程，终迎来月明花开。时至今日，我国已成为全球领先的出版业大国，出版规模多年稳居世界第一。共和国的出版事业史是一部不断走向现代化的历史，也是一部技术与出版纠葛缠縻、齐头并进的历史。技术的变迁是否有规律可循，又在多大程度上促成了中国出版的现代化，中国出版的现代化是否也影响了技术的变迁。解决上述疑问是本文考察新中国出版技术史的主要目的。

---

① 张立、汤雪梅：《月下沉吟久 几时锦字裁——中国数字出版业十年发展历程及趋势预测》，《编辑之友》2012 年第 1 期。

　　纵观 70 年来的出版技术变迁可发现，在现代中国的历史语境中，技术的发展自有其规律。首先，出版技术的发展总体是进步的，但也有坎坷和曲折。从总体上看，出版技术的变化可谓翻天覆地。机器作业基本取代了出版活动中的繁复性工作，被解放了的双手转向了对政策方向、管理经营的把控。出版技术不仅实现了机械化的目标，而且正朝着标准化、数字化、智能化的方向发展。各类出版器械、出版软件，各项出版规范、出版标准构成了中国出版业坚实的技术基础。从部分上看，出版技术的发展并非一帆风顺，有时也会有跌宕起伏、循环往复的过程。"文革"时期，我国的出版业一度陷入混乱，当时的出版技术更呈现出奇特的内部对比。一边是印刷工业在机器轰鸣中屡建新功，另一边是各项技术规范又被政治运动碾压殆尽。技术的扭曲发展是特殊时代下特殊政策影响的结果，正确处理好技术发展与外部环境的关系是我们要谨记的历史教训。其次，出版技术的成果新旧共融、相互叠加。技术的变革并非新技术对旧技术的完全取代，而是各取所长，最终达到合和共生的效果。尽管电子排版代替了铅活字版，但铅版印刷的主要成果——纸质出版物并未因此消失。即便在数字出版时代，电子读物仍极力创造类似纸质书的阅读体验。墨水显示屏、翻页特效、笔记功能等莫不如此。人类几千年来的纸质阅读习惯根深蒂固，短期内难以改变，以至于新型出版物必须加以模仿。从纸质出版物到电子出版物、数字出版物的变化展现了出版载体由实到虚、虚实相生的发展历程。它们前后相承、和谐共存，共同丰富了出版物的表现形式。最后，出版技术并不孤立，而是受到多方因素的影响。历时地看，改革开放前 30 年，国家意志主导了出版技术的变迁。新中国成立初期，政府以行政指令主导私营出版业的社会主义改造，将沿海和大城市的技术力量布局到出版业欠发达的边远地区。为了快速实现出版现代化，政府制定技术标准，鼓励各地各企业研发技术工具，最终以短短 17 年的时间初步建立起了与出版业相配套的技术体系。与之类似，"文革"期间印刷技术的大发展也与大量印刷领导人著作的要求存在一定联系。改革开放后 40 年，国家、市场和科技共同主导出版技术变迁。中国经济步入快速增长期后，出版需求与日俱增。加之全球科技发展如火如荼，以新技术提高出版生产力成为必然。在如此前提下，政府才有可能制定出版技术的发展规划。简而言之，市场是动力，科技是来源，政府是推手，三者合力促成了出版技术的数字化革命。

根据以上分析，我们尝试理解技术变迁与出版现代化的关系。一方面，技术变迁是出版现代化的因素之一。"现代化"的所指十分复杂，从不同角度得出的解释往往南辕北辙。一般而言，现代化是事物由传统走向现代的动态过程，它常与工业现代化、制度现代化、管理现代化联系在一起。魏玉山认为，"现代出版的诞生标志，不是某一个环节具备了现代因素，而是指整个出版行业的现代化"："蒸汽动力运用于图书出版有关的环节""现代管理方法和观念""出版物的现代化""现代图书发行体系的建立""现代版权制度开始确立"。① 因此，出版的现代化就是所谓"现代性"因素的动态发展过程。基于上述观点，可归纳出新中国出版现代化的主要特征：机械工具和数字软件、出版规章制度、非纸质出版物，全国性出版发行体制，著作权保护法。从广义上看，出版现代化的相关特征或多或少地受到了技术变迁的影响，但技术并非唯一动力，而仅是出版现代化的一个层面。另一方面，出版变迁与出版现代化存在复调关系。二者互不隶属，但又在"出版"的大范畴内交织运动，技术的变迁会加速出版现代化，出版的现代化也会推动出版变迁，形成了相对独立但又有机统一的和谐整体。在中国出版的历史叙事中，存在着"现代化"的研究范式。此种范式认为，从 19 世纪开始，中国出版业的变迁是抵御外国侵略、实现民族独立和国家富强的宏大历史的一部分，即出版现代化是社会现代化的一部分。如果我们将这一观念置于新中国的出版事业发展史中，仍可得出类似的结论：出版作为重要的社会文化产业，其发展与现代政治、经济、文化的变迁须臾难分，现代出版史也应寓于社会的现代化史。反观出版技术的变迁规律可知，技术的走向与现代中国的历史进程基本吻合，一部现代出版技术史也是一部现代社会史。社会主义改造、"文化大革命"、改革

---

① 魏玉山：《关于中国现代出版业诞生的几个问题》，《出版发行研究》1999 年第 5 期。

开放等重大事件几乎都成为技术变迁的历史节点。而这些历史节点也正是左右出版现代化的关键力量。由此可知，出版技术变迁和出版现代化同属社会的现代化。它们共同遵从历史节奏，既与社会发展同频共振，又相互影响，构成了现代出版业的特殊图景。

　　新中国成立至今，技术变迁对出版业的发展发挥了巨大作用。但需要指出的是，切不可将中国出版业 70 年来的伟大成就简单归因于技术变迁，否则会陷入技术决定论的怪圈。出版本身是一个复杂的综合体，它是技术的，又是经济的，也是文化的。技术的变迁为出版业带来了诸多好处，但也引发了不少担忧。特别是最近十年，数字技术高度发展，机器创作、自动编校、智能发行逐步成为现实，人对出版活动影响力似乎有被削弱的趋势。有人甚至指出，未来的出版业将完全由计算机主导。技术能否成功驱逐人类，或许还有待时间检验。但在当下，技术正凭借科学高效的优势成为新的出版决策者，人反倒成了技术的附庸。在数字出版产业中，利用出版大数据分析用户偏好，进而确定出版选题的做法越来越普遍。尽管大数据技术有利于出版营销，但过分迎合大众也可能降低出版物的品格与质量，技术进步在事实上加剧了出版商业性和文化性的矛盾。所以，在大力发展出版技术的同时，须重视出版产业中人的角色与价值，如编辑的再定位、受众的新变化，也要协调好人与技术的关系。毕竟"人"才是出版文化价值的真正创造者，技术与人文并重方能实现出版业的可持续发展。

（作者单位：华中师范大学学报编辑部）

编辑的基本素养与精品力作的生产

苏雨恒

出版更多精品力作是党和国家对出版工作的根本要求，也是出版业的安身立命之本和承担文化使命的重要标识，更是出版人的责任和使命。随着出版产业高度发达、出版形态不断丰富、管理体制机制不断进步，精品力作的生产具有了很多新特点，工作要求也更加复杂，但精品力作生产中起决定性作用的始终是作为优质内容资源的选择者、组织者和生产者的出版单位和出版人，这是由出版的本质所决定的。因此，可以说精品力作生产要求出版工作者，特别是编辑人员，要从多方面提升自身的能力和素养。

一、牢记出版使命

出版工作是党的宣传思想文化工作的重要组成部分，是促进文化繁荣兴盛、建设社会主义文化强国的重要力量。一直以来，出版业坚持中国特色社会主义文化发展道路，围绕中心，服务大局，深化改革，加快发展，服务经济社会发展的能力得到大幅提升，在巩固壮大主流思想舆论、增强文化自信、满足人民精神文化需求、提升国家文化软实力等方面发挥了重要作用。

近年来，我国出版业的总体规模和综合实力明显提高，年出版图书超过 50 万种、总印数超过 100 亿册，年出版期刊 1 万余种、音像制品和电子出版物近 2 万种，出版物品种数量居世界首位。但从整体上看，我国出版还存在着精品力作相对不足、有"高原"缺"高峰"的现象，甚至存在着因"浮躁"而造成的"劣币驱逐良币"的现象。这一方面是市场环境使然，出版市场的恶性竞争导致出版节奏加快、图书质量下降；另一方面也与一些编辑只是把出版工作简单作为一个谋生手段，淡化了自身的责任意识和文化使命有关。

进入新时代，出版业需要贡献更多无愧于时代、无愧于人民、无愧于民族的精品力作，更加努力用精品力作筑就中华民族伟大复兴的出版高峰。出版工作者生逢盛世，责任重大、使命光荣，必须不忘初心、牢记使命，始终肩负对出版事业的责任感和使命感，不仅要把编辑工作作为一份职业干，更要将其作为一项事业干。必须正视精品出版不足的问题，把精品力作的生产作为职业追求和奋斗目标，花更大力气、下更大功夫，努力打造更多叫得响、传得开、留得住的精品力作。

二、树立精品意识

精品力作的生产动力，首先来源于编辑的精品意识。强烈的精品意识是一种内化于心的对精品生产的渴望和追求，滋养着编辑的内在动力和持久耐力，并外化为一种职业表现和职业行为。司马迁期许自己的作品《史记》能够"藏诸名山，传之其人"，这既是他为精品力作树立的标杆，也是他毕生的追求和实践。出版传媒机构的编辑，也应当有这样的追求。

一是始终坚持把出版物的社会效益放在首位，辩证地认识与处理社会效益和经济效益的关系，努力实现社会效益和经济效益相统一。一般来说，社会效益和经济效益是统一的和相互促进的，具有良好社会效益的出版物通常也具有较好的经济效益。坚持在各项工作中把社会效益放在首位，是出版单位的社会责任，是关涉出版机构是否坚持正确的出版工作方针，是否坚持社会主义核心价值观和主流意识形态的根本问题。绝不能以牺牲社会效益为代价片面追求经济效益，因为它背离了正确的价值取向，背离了主流意识形态，背离了文明进步的社会前进方向，对社会是有害的。近些年来，随着出版单位转企改制的深入推进，出版业面临着巨大的生存和发展压力，导致盲目单一地追求经济效益，置社会效益于不顾，差错率高、同质化严重的出版物层出不穷，有的甚至产生了很坏的社会影响。作为处于出版环节核心地位的编辑，要充分认识到出版单位转企改制，并不意味着放弃对传统出版的继承与延续，而是始终将出版物质量放在第一位，将传播文化精神视为应有的历史使命，在保证社会效益的前提下努力提高经济效益，不断推出文化精品。[1]

二是始终致力于出版物的价值创造，而不是满足于工作任务的完成。编辑工作是一项智力劳动，这项劳动可以用时间计量，也可以用数字统计，却无法用时间与数字进行价值判断。编辑工作背后蕴含的是对文化的积累和传承、对知识的筛选和传播，以及对创作者的劳动和创造的尊重。编辑在工作中是否投入了知识、技术和经验，是否为原作品增加了附加值、提升了原作品的水平和价值，读者会作出判断，市场会进行检验，历史会留

———————
① 参见周国清、朱美琳：《新时代编辑主体的核心素养与使命担当》，《中国编辑》2018 年第 4 期。

下记录。美国出版史上有一位"天才的编辑"麦克斯威尔·珀金斯，他是《老人与海》的作者海明威、《墙上的斑点》的作者伍尔夫的发现者。他用专业的眼光、天赋的判断力以及超乎常人的耐心和耐力，一步步将这些作者推向创作的巅峰①，使得他们的作品成为经得住时间和空间考验的传世精品。从珀金斯的编辑生涯可以看出，"出版一个作家的成名作，要比出版他成名之后的作品，带给编辑的价值感更强，也更能衡量一个编辑的含金量"②。

三、激发创新活力

人类的认识永无止境，编辑工作也永无止境。精品力作的生产更是一个与时俱进、不断创新的过程，编辑要具有不甘平庸、勇于攀登一座又一座高峰的格局和境界，始终保持旺盛的创造力和创新活力，将创造性思维转化为有内涵有营养的优秀作品。

一是始终保持对中华优秀传统文化的创造性转化和创新性发展，对现代科学技术、先进工程技术，对国际国内各领域的发展趋势和动态，乃至对一切人类文明进步的广泛兴趣，对新鲜事物保持高度敏锐的洞察，努力使自己成为广闻博学的"杂家"。当代中国社会，文化的繁荣兴盛推动着出版事业的创新发展，人们对高质量精神文化产品的需求日益旺盛，新时代呼唤更多弘扬中华优秀传统文化精神、彰显社会创新活力的精品力作的出现。编辑的格局越宽广、眼界越开阔、学识越渊博、才华越横溢，越有足够的能力和自信生产更多反映国家、民族创新能力和创造水平的优秀作品。

二是始终保持对有关学科专业的研究兴趣，在学识广博的基础上向"专"的方向发展。编辑要对某一学科领域有深入的研究，努力成为这方面的专家，成为一名符合时代要求的学术型编辑。精品力作的生产对象是

---

① 参见［美］A.司各特·伯格：《天才的编辑》，彭伦译，广西师范大学出版社 2015 年版。

② 付如初：《从文人传统到编辑的工匠精神》，《出版参考》2016 年第 12 期。

优秀文化、先进科学技术、人类文明成果;生产的过程是与不同领域专家学者乃至大师进行对话交流甚至切磋。编辑的学术素养、学术境界和学术追求,在这一过程中发挥着十分重要的基础性作用。编辑只有具备了相关学科的扎实的专业知识,才能从专业的角度对书稿提出有依据、有见解的观点,才能真正为精品力作生产投入自己的智力。

我国历史上的编辑大多为当时著名的学者。西汉经学家刘向、刘歆父子有多部著作行世,他们对《别录》《七略》等古籍进行校对和整理,其独创的校雠方法成为沿用至今的编辑校对方法。明代《永乐大典》的总编解缙、清代《四库全书》的总纂官纪昀,均为当时知识渊博、学问高深的著名学者。近代以来,一些著名编辑如张元济、陆费逵、王云五、邹韬奋、叶圣陶等,也多为在各自的研究领域博学多才、成果丰硕的学问家,有的还集记者、编辑、作家、翻译家、出版家于一身。正是有了这些学者型编辑,才有了《四部丛刊》《辞源》《辞海》等一大批精品力作的出版。

三是始终保持对出版业务的研究探索,将现代科学技术应用于出版工作中,使出版工作不断适应时代发展的要求。从纯粹的学科专业角度来看,绝大多数编辑的学术研究无论从广度上还是深度上讲,都不可能达到专家学者的水平,但从作品的编辑、出版、传播等方面而言,编辑要比专家学者更有专业优势。一个优秀的编辑能够提升原作的质量和社会价值,甚至在某些方面能够对作者的创作给予指导,成为作者的良师益友。当前出版界"高峰"之作的缺失,原因固然很多,若从出版环节来看,编辑自身的学养不足、创新力不强,判断不出所编辑出版物价值的高下,提不出高水准的修改意见,无疑都是其中重要的原因。

四、锤炼高强本领

精品力作需要经过一个精细繁琐的出版过程才能产生,每个环节之间的界限也不是十分清晰,这就需要编辑练就高强本领、具备多方面的能力，以专业的态度、开阔的思维和较高的组织协调能力，深度介入出版的各个环节，以保证图书生产过程的标准化、精细化和精品化。

一是高水平的选题研发能力，也就是对科学知识、前沿技术、先进思想、优秀文化的价值判断和选择能力。选题研发是精品力作产生的前提，选题策划过程也是产品的设计过程和预研究过程，选题的价值和意义决定了产品可预见的社会效益和经济效益。出版机构属于文化企业，其选题立项的过程也是项目投资论证的过程，是一种经济活动的开始。高水平的选题研发能力，也就成为编辑最基本的也是最重要的能力。

二是对创作者的选择、产品创作和生产的组织，也就是通常所说的约稿组稿能力。编辑对高水平原创团队的选择能力，决定着产品能否具有先进性、科学性、创新性，决定着产品的价值和高度。要根据选题意图、选题设计，综合考虑多种因素优选创作团队，并建立科学有效的工作机制；还要深度介入产品创作和生产过程，不仅要指导作者了解熟悉出版工作的流程规范、技术标准等；更重要的是要与作者共同研讨内容的逻辑结构、组织形式、呈现方式、语言表达以及科学技术的综合应用等；在与作者的充分沟通中达到观念上的高度一致，编辑的作用和价值在这一过程中得到充分的发挥，编辑的思想和理念也会得到充分的体现。

三是文字内容的编辑加工能力。叶圣陶说："选题订稿校雠三，唯审唯精为指南。"出版工作通过严格执行"三审""三校一读"制度，从三个方面做好把关工作：一是把好政治和意识形态关，确保意识形态和主流价值观的正确；二是把好内容质量关，确保知识的科学性和准确性；三是把好语言文字关，确保不出现任何编校质量问题。把好这"三关"，是生产合格产品的基本要求，但不是生产精品力作的全部条件，编辑还要对创作者的原创是否符合选题要求、是否充分体现了产品设计思想等方面进行把关，也就是审视作品是否达到了精品的标准。否则，要与创作者协商修改，做到既尊重作者的劳动又不降低精品的标准和要求。

四是生产工艺的把关能力。精品图书的生产，还要在书籍设计的整体和谐、文化内涵的个性呈现等方面着力。编辑在图书编写的前期和审稿加工的中期，就要与设计和生产人员反复沟通、探讨，对装帧设计、纸张材料、印刷工艺等，从视觉形象的定位到材料工艺的选择，每一细微之处都要进行精心筹划，达到表里如一的美学效果，最大限度地契合目标受众的审美标准。

五是市场宣传和营销推广能力。编辑除了在策划选题前要进行精心调研和论证，在生产过程中深度介入产品的创作过程，严把质量关和生产工艺关以外，还要在图书出版后加强市场宣传和营销推广工作，使图书最终实现长销、畅销。图书作为文化商品，以满足广大读者的阅读需要和精神文化需要为最终目的，编辑要精心设计、精心组织、精心安排市场宣传推广工作，通过提升产品的社会影响力来使效益获得最大化。在信息时代，社会服务的精细化水平不断提高，编辑要重视运用数字技术和互联网来开展产品宣传推广和营销活动，以品牌服务来实现社会效益和经济效益的最大化。

五、发扬工匠精神

工匠精神，说到底是一种职业精神、一种对职业的敬畏之情，是对工作岗位数十年如一日的坚守，在平凡中见伟大的精神。工匠精神的内在要求和外在表现很多，而始终不变的文化担当、始终不移的文化坚守、始终不息的文化创新是其最基本的要义。对于编辑工作来说，工匠精神体现在以下几个方面。

一是事必尽善、精益求精的敬业精神。工匠精神不仅是一种态度，也是一种人生境界和追求，编辑要有把图书做好做精的观念和追求，要将精品意识和质量意识贯穿到选题策划、编辑校对，乃至装帧设计、印刷发行等各个环节。只有高品质高质量的图书，才能经受得住市场和时间的考验，才能得到永久的传承和传播。在《毛泽东选集》的出版过程中，"校对王"白以坦和人民出版社的编辑、校对人员将工匠精神发挥到极致，使得四卷本《毛泽东选集》至今未发现一个差错，真正做到了"百万无一失""万万无一失"。二代"校对王"吴海平说："每个字都是磨出来的……其实就是不糊弄，靠的就是认真。"① 两代"校对王"用自己对文字的敬畏，对工作的一丝不苟、精益求精诠释了编辑的工匠精神。

二是淡泊名利、甘为人梯的奉献精神。"不要人夸好颜色，只留清气满乾坤。"编辑要有独善其身、不求功勋的清高品格，也要有为他人作嫁衣裳的高尚境界。堪称"大国工匠"的周振甫，将满腹的才识和一生的心血倾注于《辞通》《二十五史》《明史》等中国文化典籍的整理和出版中。在编辑钱锺书的《谈艺录》《管锥编》等时，他提出的修改意见多达万余条，成为出版史上的佳话，也因此与这位国学大师结下了深厚的友谊。《谈艺录》出版后，钱锺书亲笔赠言周振甫："此作蒙振甫兄雠勘，得免于大舛错，得赐多矣。"②《谈艺录》《管锥编》等精品力作得以出版，既是编辑也是学者的周振甫一样厥功至伟。

三是甘于寂寞、不急不躁的职业精神。"板凳要坐十年冷，文章不写半句空。"工匠精神作为一种职业精神，除了要求对待工作一丝不苟、严谨精细外，还包括持之以恒的辛勤劳作、不计其利的情怀和定力。只有经年累月的坚持、心无旁骛的坚守，始终保持一颗平常心，方能成就精品，出版界也会少一些低水平重复，少一些模仿抄袭，少一些机械化生产、快餐式消费，多一些原创新作，多一些精品力作。

六、永葆人文情怀

情怀是一个抽象的概念，泛指人的心境、情趣和胸怀。但它又是具象的、具体的，以对事物的感性认识、理性思考为基础，建立起以特定情感为内在要求的一种品质。张元济先生辑校整理出版《四部丛刊》是一种情

---

① 转引自王京雪、李坤晨：《中国出版界有这样一位"校对王"》，《新华每日电讯》2017 年 4 月 14 日。

② 钱锺书：《谈艺录》，生活·读书·新知三联书店 2007 年版。

怀，邹韬奋先生"竭诚为读者服务"是一种情怀，叶圣陶先生写下的"堂堂开明人，俯仰两无愧"诗句是一种情怀……编辑作为出版工作的核心角色，是否具有敬业奉献的人文情怀，是否具有对读者负责、对社会负责和对历史负责的文化责任与文化良知，决定着出版物的品质。

首先，要做一个具有人文情怀的编辑。与一般产品的生产不同，精品力作的生产是对优秀传统文化、先进科学知识、人类思想智慧的选择和加工，是一种文化的传播和传承，对于人类社会的文明进步具有深刻而久远的影响。作为从事文化生产传播工作的编辑，要做一个具有人文情怀的编辑，包括对真理的追求、对知识的渴望、对科学的热爱、对事业的向往和对价值创造的孜孜以求，以及愿意为精品力作生产付出毕生精力的奉献精神。编辑有了这种情怀，就有了内生动力，有了精神支撑，有了不为利益所扰、不为诱惑所动的定力，也就具有了出版精品力作所必备的理性判断力和高尚的精神境界。

其次，编辑的人文情怀要以文化自信为基础。编辑要确立和涵养具有高尚品质的人文情怀，从思想上、情感上建立对中华优秀传统文化的自信，对中国特色社会主义道路、理论、制度和文化的自信，以及对中华民族伟大复兴的自信，努力把握时代大势、回应实践要求，这是人文情怀的核心和灵魂。坚定文化自信有利于广大编辑增强将文化传承与创新作为使命的自觉意识，培养良好的鉴赏力、非凡的洞察力和出色的思辨力。编辑用文化自信强基，就拥有了挖掘出版智慧之光的独特视角；编辑用人文情怀铸魂，就拥有了赋予图书生命之美的精神品格。

出版事业在弘扬中华优秀传统文化的过程中承载着记录历史、传承文明的重任，在实现中华民族伟大复兴中国梦的征程中承担着举旗帜、聚民心、育新人、兴文化、展形象的使命。编辑作为新时代的文化工作者，必须从思想深处认识到自身所承担的责任重于泰山，不断推出更多有质量有品质有温度的精品力作，为繁荣发展社会主义文化事业作出更大贡献。

（作者单位：高等教育出版社有限公司）

新时代编辑核心素养与能力探析

李中锋

　　党的十九大报告提出："要坚持中国特色社会主义文化发展道路，激发全民族文化创新创造活力，建设社会主义文化强国。"①出版关系到文化建设与传播的当前与长远、兴衰与成败、海内与海外。出版作为文化传承与创新的基本形式，在推动社会文化发展和思想潮流进步，引领民众理想信念、价值取向和道德观念等方面发挥着重要作用。②以出版发行纸质图书为主要目标的传统编辑工作，在新时代建设社会主义文化强国的进程中，在当今数字化、网络化和智能化发展的信息社会条件下，能否适应新

---

　　①　习近平：《决胜全面建成小康社会　夺取新时代中国特色社会主义伟大胜利——在中国共产党第十九次全国代表大会上的报告》，人民出版社 2017 年版，第 41 页。
　　②　参见周国清、朱美琳：《新时代编辑主体的核心素养与使命担当》，《中国编辑》2018 年第 4 期。

形势、新要求和新变化，能否实现融合发展和创新转型，关键就在于编辑核心素养和能力能否跟上时代的步伐，与时代同频共振，持续不断地获得进步与提升。因此，本文试就新时代编辑核心素养与能力这一问题做一粗浅的探讨与分析。

一、信息社会条件下传统编辑核心素养与能力遇到的挑战

职业素养，有时也称为职业素质，是从事某一职业所需要的知识、品德、技能、见解等方面的总称。职业素养既是从事某一职业的前提与基础，同时还决定着个人及团队职业能力的强弱和执业水平的高低。传统上，人们普遍把编辑视为"杂家"，这种特质一方面使编辑可以更好地进行沙里淘金式的选题策划，另一方面也可以使编辑在审核稿件、校正勘误方面具有更多的发言权。传统编辑的核心素养就是知识面要宽，选题策划意识要强，语言文字功夫过硬，同时还要能够妥善处理好涉及导向性、准确性、一致性等内在质量及章节目录、公式图表、版式设计、纸张开本等外在质量的一系列问题。

编辑职业中这些传统的核心素养与能力，在如今数字化、网络化和智能化发展的信息社会里，可以说依然是重要的职业素质和执业基础，并没有过时。但是，随着多种数字技术在出版业的普遍应用，随着全球范围内多媒体、多语种图书市场的相互交流与转换，传统编辑核心素养与能力遇到的挑战也是明显的。

（一）数字化载体的挑战

纸质图书随着人类发明造纸术而诞生，至今已有1000多年的历史。纸质书比起其诞生之前的甲骨文、泥板书、竹简、羊皮书或帛书等任何一种载体来说，都是人类文化历史上最伟大的革命性进步。纸质书的普遍使用，使得人类文明与文化的世代传承和大范围传播成为可能，也使得人们

接受教育的权利从王公贵族走向平民百姓。上千年来，传统编辑工作的核心都是围绕纸质书的内容编纂和内容校核来展开的，工作的对象主要是写在纸上的文字符号或其他类型的图文符号。尽管语言符号多种多样，图文符号也不尽相同，但一个共同的特点是，这些工作对象都是平面的、静态的（或者说是寓动于静的）。

而数字化图书则不是这样，数字化图书在一定意义上都可以说不是"书"，因为一是尽管它可以完全是平面的、静态的内容，但它不一定要印在纸上（第一代电子书）；二是它的内容及表达形式更多的是采用菜单式或互动式的多媒体，即在文字等传统表达的基础上，加入图片、音频、视频等动态内容，读者可以有选择地、随意自主地进行线性或非线性阅读；三是它不再有"本"或"册"的概念，它可以是碎片化的信息，也可以是系统化的知识体系，可以全开放，可以定向开放，也可以不开放。数字化图书，无论内容还是形式，都有很大的可容度和灵活性。

（二）智能化趋势的挑战

随着移动互联网、大数据以及新一代人工智能的发展，智能化工具不仅越来越多地应用到传统的生产制造业，而且新闻出版业中的应用也日趋广泛和多样。华中科技大学新闻与信息传播学院院长、教授张明新说，人类社会新闻传播实践的发展史，就是一部媒体技术不断演进和应用的发展史。人类经过漫长的"铅与火"、"光与电"和"数与网"的阶段性演变，现今已经步入"云与智"的时代。[①] 在出版领域，技术进步的脚步同样呈现出多样化、智能化的发展态势。清华大学新闻与传播学院院长柳斌杰在 2019 年初接受记者采访时指出，目前我国各种出版主体共有 3 万多个，出版业出现了印刷、电子出版、互联网出版、数字出版、大数据出版五种业态并存的状态。未来，出版将朝向智能出版方向，提供知识以及阅读

---

① 参见新华社：《你的编辑部用上机器人了吗?》，2019 年 8 月 26 日，见 https:// mp.weixin.qq.com/s/rQtPuhCBWBdVmPAclukCeQ。

场景。① 出版的智能化，意味着传统出版模式的融解重构和转型升级。尽管纸质书会有保留，但其表现的内容、方式以及相关延伸领域，与传统意义的纸质书相比，也会产生较大的变化。

（三）跨文化交流的挑战

冷战结束以后，全球化发展加速，国际产业的分工协作和跨文化的国际交流日趋常态化已经成为不争的事实。作为重要文化产品和文化业态的图书，无论是传统纸质书，还是多媒体的数字与网络出版物，都面临着如何进行跨文化交流和合作的现实课题。由于语言文字、风俗习惯、政治制度以及法律法规等方面的差异，图书出版领域中跨文化的沟通和交流还存在着一些现实挑战和问题。在中国提出并实施"一带一路"倡议的背景下，中国出版业不仅要做好面向国内的出版与文化工作，而且同时还要加强面向国际特别是与"一带一路"沿线国家的出版与文化合作，亟须克服跨文化交流的多种障碍。

（四）多渠道营销的挑战

开卷统计数据显示，新书对中国图书市场的贡献从 2008 年开始降到 30% 以下，之后一直呈现下降态势，2015 年下降到 20% 以下，2018 年维持在 17%。而老书对市场的贡献 2018 年却达到 83%，其中 31.97% 还是 3 年以上的老书。② 新书市场份额的下降，说明新书的市场销售较为乏力，这既与新书不够"新"（同质化品种过多）有关，也与读者的阅读方式、阅读对象的改变有关。新书市场销售下降的另一个背后事实，就是卖不出去的新书明显增加了库存。这一方面说明新书付印时对市场估计过于乐观，导致印量过大；另一方面也说明市场营销存在着一定的不足，潜在的市场容量可能并没有完全得到开发。大众与小众、专业与非专业、学校与农村、中老年与青少年、国内与国外等不同特点的市场，由于受众年龄、

---

① 参见陈雪：《经典作品魅力依旧　智能出版成为趋势——从北京图书订货会看出版业发展》，《光明日报》2019 年 1 月 11 日。

② 参见曾梦龙：《2018 中国图书零售市场，新书带动增长的作用持续下降》，2019 年 1 月 15 日，见 http://www.qdaily.com/articles/60283.html。

心理、文化传统、接受程度、发展阶段等方面的差异，必然需要以不同的策略和方式进行市场开发和市场营销。

二、适应新挑战所需要的核心素养与能力

适应新的趋势和挑战，需要在保持传统编辑良好素养的基础上，努力向新的目标方向进行拓展，从而形成新时代更有竞争力的编辑职业素养与职业能力。重点领域和方向应该包含以下几个方面。

（一）信息敏感意识与信息开发利用能力

敏感的信息意识是作为编辑的最重要职业素养之一，特别是在信息化和智能化发展趋势不断加快的当今时代，信息对于工作和生活的重要性和必要性更是凸显。但是，信息的爆炸式增长，有时使人们对信息的敏感性不是增加了，而是降低了，因为传播中的信息量太大、面太宽，人们无暇对信息进行有效的筛选、接收和利用。在信息量几何级数增长的情况下，信息的分众化、专业化传播利用趋势更为明显。作为编辑，建立起对信息的敏感意识和分析判断意识，既是策划图书产品的重要前提，也是审阅书稿所不可缺少的基本功夫。笔者前段时间审核书稿时发现有几句话，说吉林的"白山"发展电商经济很有地方特色，该地要打造成吉西地区电商经济的优秀典型。这几句话没有错别字，没有语病，也没有标点符号错误。但问题是："白山"位于吉林的东部，离长白山很近，如何打造成吉西地区的优秀典型？后来翻阅有关资料核查，发现吉林西部确实有一个地方正在打造特色电商经济，但这个地方叫"白城"而不是"白山"。书稿误将"白城"写成了"白山"。

数字化图书，无论就其形态还是内容来看，都对信息知识和信息工具的开发利用提出了新的要求。图书编辑不仅要善于利用纸质的工具书，如字典、词典、专业术语、标准规范等，还要善于利用网络资源、专业数据库、图像与音视频处理工具、智能编校系统等新型资源与新型工具。虽然

这些工作不一定都是由传统编辑来具体承担，但传统编辑向新时代编辑转型，至少应该树立起对这些新资源、新工具的敏感意识和利用意识，逐步培养和提高实际工作中的运用能力。

（二）组织协同意识与项目策划执行能力

传统纸质图书的策划、生产及营销早已经形成十分成熟的运作模式，产业上下游的衔接与配合通常比较流畅和顺利。但是，新时代随着图书介质及传播方式的变化，传统图书的策划、生产及营销与传统模式已不能完全适应新型图书的要求。无论是静态的电子书、动态的多媒体书还是不同类型、不同功能和不同规模的数据库产品，其生产、营销需要考虑的方面和需要协同的内容更多、更广泛。编辑不仅是作者与读者之间的桥梁，而且还是单位内外部相关创意人员、设计人员、系统架构师、程序开发员、产品测试员、市场营销员等不同角色之间的组织者和协同者。这就需要编辑人员克服传统工作的惯性，多从项目策划、项目组织和项目协同的角度进行新型图书产品的策划、生产、制造与销售。

提高项目策划与执行能力，关键是要明确项目定位、项目主体、项目规模、项目周期、项目执行机制、项目运营机制以及项目评估机制等。传统媒体与新兴媒体正在从过去的产品融合、渠道融合，逐渐演变为平台融合、生态融合，迈向合二为一的发展新阶段。[①] 传统出版向数字出版转型，既要转"形"，更要转"神"。如果仅仅是在传统出版部门里增设一个负责数字业务的部门，或者只是简单地将纸质图书加工成电子图书，这都只是"形"的转变而不是"神"的转变。要进行"神"的转变，就要以项目制为核心，从项目策划和项目定位开始，以切实解决来自作者、编者及读者的一系列痛点为抓手，将编者的作用更多、更好、更快地体现在知识筛分、知识加工、知识传播、知识互动以及知识再生的生态链中。在项目的执行和运营方面，更多地考虑读者及用户的场景体验和价值增殖，使新时

---

① 参见章红雨：《我国数字出版产业发展呈八大趋势》，《中国新闻出版广电报》2019年8月23日。

代多媒体图书产品能够成为受众心目中名副其实的良师益友。中国水利水电出版社在执行"行水云课"这一转型发展项目中，就深切体会到多方协同和提高项目策划执行能力的重要性和必要性。

（三）国际合作意识与跨文化沟通协作能力

全球化发展进程中，世界各国都不再是经济或文化领域里的孤岛，特别是在中国大力推动"一带一路"倡议的背景下，文化行业同样面临着难得的国际合作机遇。强化国际合作意识，提高跨文化沟通协作能力，这也成为新时代对中国出版业提出的客观要求。要顺利实现跨文化沟通与协作，关键要克服三个障碍：一是语言障碍，包括口头语言和书面语言；二是文化障碍，包括风俗礼仪、宗教信仰、生活习惯、阅读禁忌等；三是制度障碍，特别是要熟悉了解知识产权方面的国际惯例以及合作方的有关法律法规。

中外合作出版，更多的问题集中在语言翻译与文本转换方面，特别是在专业领域，由于翻译质量参差不齐，臆翻、误翻现象较为常见，在相当程度上影响了对中外合作出版的顺利推进。如中国水利水电出版社自 2012 年起与联合国教科文组织合作，连续翻译出版联合国水问题方面的旗舰报告——《世界水发展报告》（*World Water Development Report*），经过几年工作，中文名称《世界水发展报告》成了一个正式且有一定权威性的出版物名称。但到 2018 年，不知联合国教科文组织总部哪位官员坚持己见，非要将这个报告的中文名称翻译为"世界水资源开发报告"。社里相关工作人员协调几次都没有结果，联合国教科文组织在其官方网站已将该报告的执行摘要以中文名称"世界水资源开发报告"的形式发布。考虑到该报告中文版名称的连续性，以"水资源开发"取代"水发展"将大大缩小该报告的实质内涵、容易引起业界理解上的混淆，笔者还是决定与该报告的全球协调人进行书面沟通，请其商总部有关同事重新考虑中文译名的准确性和连续性。总协调人经内部洽商后很快回复了邮件，意见是继续沿用"世界水发展报告"这个名称。翻译出版中，有时仅仅做到"信"都很难，"达"和"雅"在很多专业领域可以说就是奢望了。反过来说，如果口头和书面的语言沟通都能够流畅进行、准确对接的话，解决另外两个障碍的难度无疑能够自然降低。

（四）多维营销意识与产品迭代创新能力

做好营销工作既是出版企业实现社会效益和经济效益相统一的重要抓手，也是出版企业安身立命、启帆远航、行稳致远的基本方式和途径。特别是在移动多媒体互联时代已经全面到来的今天，建立多维营销意识、不断提高出版企业数字产品与数字服务的迭代创新能力，对于承担出版企业核心业务的编辑来说，具有特别重要的意义。

传统的编辑工作，基本上不用太关心图书销售的事，发行人员会努力将编辑编出的书尽量卖出去。有的编辑甚至可以两耳不闻窗外事，一心只做"圣贤"书。传统的营销渠道和营销方式相对也比较简明、单一。然而，随着互联网、大数据、人工智能、移动支付、区块链等一系列信息技术对传统媒体的冲击与改造，包括图书在内的经营业态和经营模式也在发生着或主动或被动的变化。即使是作为传统方式的纸质图书，其销售的主要方式也已经由实体店转移到了网店，专业图书的销售则更多地依赖图书馆采购和定点直销。新时代编辑无论是策划传统图书，还是策划新型数字产品或服务，都需要建立互联网思维模式，强化多维营销意识，在比较分析的基础上，有效运用线上与线下的多种营销渠道和方式，向目标消费者推送定制化的产品或服务，维护老客户，发展新客户，占领并获得市场份额。同时，要高度重视用户体验和用户评价，准确掌握谁买单、谁抱怨的实时信息，不断进行产品与服务的迭代创新，争取能够实现纸质图书与数字产品及数字服务共融共生、用户体验和使用效果不断深化、出版企业社会效益和经济效益持续提高的良性循环。

三、结语

以传播内容策划和传播载体塑造为核心的编辑工作是出版企业的龙头业务。尽管当今时代信息内容生产方式与传播方式发生了很大的变化，但人们对阅读的需求没有变，对获取知识和运用知识的渴望没有变，对寓教于乐的体验要求没有变。正如纸的发明使竹书皮卷不再流行一样，如今数字阅读与数字出版物的日渐普及也已经明显改变了纸质读物曾经独步天下的旧格局。作为编辑，我们对此必须要保持清醒而冷静的头脑，既不能心慌意恐、唯叹黄花已去，又不能因循守旧、闭关不思进取。面对新时代建设社会主义文化强国的使命，出版行业的广大编辑肩负着许多光荣繁重且创新要求高的工作任务。"工欲善其事，必先利其器。"只有认清出版大势，修炼新型编辑素养，大力提高纸媒体、新媒体和智媒体的策划与运营能力，才能破昨日之"蛹"，成明日之"蜂"，在出版服务业的大道上继续舞动百花园、蜜报有缘人。

（作者单位：中国水利水电出版社有限公司）

人工智能时代编辑发展新模式的思考

——"齿轮—斧头—转轴"式发展

刘 琪

纵观人类进步的发展史，每一次的技术革新在推动世界发展的同时也带来了格局的变化和调整。近年来，人工智能技术因互联网、大数据、计算机技术的发展而迅速崛起，对世界的各个领域产生了不同程度的影响，编辑出版行业也不可避免地被重构、被融合，发生着巨大的、深刻的变化。人工智能先驱皮埃罗·斯加鲁菲（Piero Scaruffi）在《2017 未来媒体报告》中提到，人工智能与机器人协作是未来媒体十大发展趋势之一。[①]同年，习近平总书记在第十九次全国代表大会上指出，要"推动互联网、大数据、人工智能和实体经济的深度融合"，标志着人工智能发展已经明

---

① 参见罗飞宁：《人工智能时代：编辑的能与不能》，《出版广角》2018 年第 14 期。

确列入国家战略层面。① 可见，智能化时代的到来预示着出版模式与编辑发展模式将被重新定义。

面对新技术的崛起，编辑出版行业将面临怎样的变化，人工智能背景下编辑的工作是否会被取代，编辑如何在智能数字化时代提高竞争力等一系列问题引发了人们的广泛思考与讨论②，值得每一位编辑，特别是求进步、想发展的编辑研究、深思。

近期在阅读《大齿轮：面对自然危机，人类如何繁荣昌盛》（*The Big Ratchet: How Humanity Thrives in the Face of Natural Crisis*）一书时，看到地理学家露丝·德弗里斯（Ruth DeFries）将人类的发展描述为"齿轮—斧头—转轴"，即指人类发现更高产的农耕方法，在这一"齿轮"的带动下，人口数量随之上升。如果农耕方法跟不上需求或者产生令人不快的副作用，那么"斧头"就会劈下来，使人口减少。然后，人类会沿着"转轴"转向另一种新的方法③。

露丝·德弗里斯看人类发展问题的视角给我带来了启发，思考人工智能时代编辑的发展方向时，我发现编辑可以依据"齿轮—斧头—转轴"的轨迹重新进行角色定位，革新思维模式与工作方式，提升核心竞争力，主动适应技术的快速更新和产业发展的优化升级：通过了解人工智能技术找到突破自我发展的"齿轮"，借助人工智能技术砍掉繁杂单调的工作（"斧头"），转向（"转轴"）更好的文化生产方式。下面具体谈谈我的思考与看法。

---

① 参见臧晓然：《人工智能在数字出版领域的应用》，《传媒论坛》2018 年第 21 期。

② 参见罗飞宁：《人工智能时代：编辑的能与不能》，《出版广角》2018 年第 14 期；史煜虹：《人工智能会导致新闻编辑职业消失吗》，《传播力研究》2018 年第 29 期；丁晓蔚、王雪莹：《科技的渗透与融入——大数据、人工智能应用于新闻出版的研究综述》，《西南民族大学学报（人文社科版）》2019 年第 7 期。

③ 参见 [美] 史蒂芬·平克：《当下的启蒙：为理性、科学、人文主义和进步辩护》，侯新智等译，浙江人民出版社 2018 年版，第 137 页。

一、齿轮

在人工智能时代如何找到推动工作运转及自我进步的"齿轮"，提升自身的适应能力和竞争力？要回答这个问题，就必须清楚人工智能和人脑之间的区别。研究表明，人工智能是对人脑意识和思维模式的模拟，现阶段人工智能作为人思维的外延仍处在较为基础的阶段，对信息的记忆存贮能力及计算能力远超人脑，但挖掘深层联系和二次创造的能力仍不及人脑。[①] 因此，我们需要扬长避短，避免求大求全只一味地停留于知识扩展，盲目地追求宽广的知识面，而应将提升的重点放在人脑擅长的领域，以此作为自我突破与发展的关键"齿轮"，有针对性地进行训练，并通过"多齿轮"间的配合实现有效提升。

（一）思维能力

目前，人工智能技术还只能实现对人脑的简单模仿，在深度理解与学习上的表现仍有待提高。这就迫使我们主动把意识活动提升到更高的水平，重点关注思维能力，尤其是进行深度思考的能力，强化对思维能力的训练，充分发挥人脑在理解、思考、创造等方面的优势。具体来说，编辑需要提升的思维能力主要包括三个方面。

首先是理解力。我们对事物的理解与认识来源于实践和对实践经验的总结。人脑之所以能够进行深度学习，就是因为能够在不断的实践中反思与调整自己，以加深对事物的认识，实现深度理解。因此，在平时的编辑事务（选题策划、审稿、组稿、写作）中，我们应该乐于实践、勤于积累、善于反思。既要有宏观上的整体思考能力，又要有微观上的洞察与分析能力；既要有对同类事物的类比、分析能力，又要有面向不同领域的转向思维能力；既要有吸纳与整合的能力，又要有表达、解释的能力（运

---

① 参见史煜虹：《人工智能会导致新闻编辑职业消失吗》，《传播力研究》2018 年第29 期。

用概念进行逻辑推演）。莫提默·J.艾德勒等在《如何阅读一本书》中提到的主题式阅读就为我们提供了一种有效增进理解力的方式，值得学习借鉴。①

其次是思考力。那些担心人工智能会取代编辑工作的人，忽略了一个关键性的事实——思考除了需要素材积累（这方面计算机的能力要比我们更强大），还需有一套复杂的组装程序（这方面人脑更有优势）。而这套复杂的组装程序即是指抽象思维能力和组合、递归能力②。因此，建立在深度理解上的抽象和逻辑推理能力应是保持人脑智能优势的核心要素。这就要求我们以概念为起点而不是凭感觉进行思维，要穿过事物的表象认识问题的本质。要做到这一点，我们需要加强对编辑工作和学科知识的学习和研究，对具体问题形成自己独到的见解和认识，有意识地培养批判性思维，这样在选稿、审稿、用稿、改稿时就会更有思路，更能准确把握掌握文章的深层结构、逻辑层次、内容的科学性和新颖程度，防止以偏概全、人云亦云、浮于浅表现象的出现，使编辑工作从"浅犁"走向"深耕"。

再次是创造力。20 世纪的理论神经学有一个重大的发现，即神经元网络不仅可以储存信息，还可以通过各种方式改造信息，从而做出有用的推理和预测，也由此解释了大脑是如何产生智能的③。所以，提升理解力与思考力的下一步即是充分挖掘自己的创造潜能，尝试通过自己的思考改造信息。这就要求我们勇于接纳新事物、新思想，开阔眼界、不拘一格，在进行选题策划、专题报道、组稿设计、宣传营销时可以多想几种方案，尝试引入新思想、新方法、新技术，培养自己的创新能力。也可以加强研究，从别人的创新案例和创作经验中汲取养料，提升自己的鉴赏力、判断力、创造力。

---

① 参见［美］莫提默·J.艾德勒、查尔斯·范多伦：《如何阅读一本书》，郝明义、朱衣译，商务印书馆 2017 年版。
② 参见［美］史蒂芬·平克：《当下的启蒙：为理性、科学、人文主义和进步辩护》，侯新智等译，浙江人民出版社 2018 年版，第 137 页。
③ 参见［美］史蒂芬·平克：《当下的启蒙：为理性、科学、人文主义和进步辩护》，侯新智等译，浙江人民出版社 2018 年版，第 137 页。

（二）智能技术

人工智能技术一直以来都被视为人脑的延伸，可以帮助人们更好地实现目标。因此，除了强化思维能力，我们还可以通过人工智能技术提高和发展自己，比如利用人工智能提供的个性化服务从学习的深度和广度上持续精进。在深度上，人工智能技术通过追踪学习者的行为，找到其认识的薄弱环节，循序渐进（从大概念到某个精准概念）地帮助我们理解某个概念，有针对性地提供深层理解的帮助。例如，IBM 开发的 Waston Tutor 可以通过类似电子客服的在线答疑方式，以问题探知使用者对某一问题的掌握程度，并带领使用者逐渐深入。在广度上，人工智能技术可以通过知识链接，帮助我们拓宽对问题的认识，发现事物间更广泛、更深刻、更本质的联系。例如，中国知网采用的基于链接的信息整合方式，就是通过次级关系、引文以及知识元信息链接来帮助人们快速有效地掌握概念[1]。

二、斧头

通过前面的分析，我们已经认识到在人工智能时代，编辑该如何提升自身的竞争力以防止被时代所淘汰。然而，人工智能在带来挑战的同时也带来了发展的新契机。下面就来谈谈人工智能在编辑事务中为我们提供的助力，如果要想跟上时代发展，提高工作效率，就应该学会利用人工智能这把"斧头"，砍掉编辑事务中繁杂、单调、低效的工作，从机械重复的劳动中解放出来，以腾出更多的时间进行更有益、更新颖、更深入的思考与工作。

大数据、云计算和智能算法是人工智能的三大要素，其中，数据是实现云计算、体现智能算法的基础。大数据时代的到来为我们分析数据、科

---

[1]　参见刘小乐：《基于链接的信息整合研究——以中国知网为例》，《情报探索》2014年第 2 期。

学决策提供了可能，但浩如烟海的数据量也给数据的采集、整理带来了严峻的考验。人工智能技术因其数据存储量大、数据处理速度快可以帮助我们在短时间内完成对数据和信息的处理与分析。因此，人工智能技术对出版编辑行业的渗透、改造是基于数据展开的，我们可以通过梳理人工智能技术对编辑出版过程中数据流产生的影响来分析这把"斧头"的效用。

数据上游：快速实现对数据的采集与整理，形成数据库，助力内容生产。人工智能可以对各类数据进行分类、聚类、回归分析，找到隐藏数据间的相互关系，建立联系，形成完整的数据系统[1]。这既包括搜集市场信息的数据系统，也包括搜集作者信息的数据系统。对市场信息数据的分析，一方面有助于编辑迅速了解市场导向，找准选题方向，减少了繁琐的信息搜集、整理工作，以及凭借经验判断所带来的误差。另一方面有助于搭建与营销决策层沟通的桥梁，帮助企业科学决策、有效营销。例如，德国出版商英凯特（Inkitt）使用人工智能技术在策划图书出版选题、拟订出版计划和营销计划方面都取得了不错的效果[2]。而对作者数据的分析，有助于我们优化作者团队，开发整合作者资源，为专题策划、约稿等提供信息。全球顶尖的施普林格·自然集团（Springer Nature）建立的开放关联数据平台科学图谱（SciGraph）就是很好的范例[3]，它能够实现编辑、作者的即时交流，丰富与深化对内容的开发。另外，人工智能还可以提供多领域、多学科的数据分类、整理，打破因编辑自身学科背景的限制，为跨学科融合内容的开发提供更广阔的空间。

数据中游：简单的编辑与文字加工。随着技术的发展，人工智能在编

---

[1]　参见 Stalidis G., Karapistolis D., Vafeiadis A., "Marketing Decision Support Using Artificial Intelligenceand Knowledge Modeling: Application to Tourist Destination Management", *Procedia - Social and Behavioral Sciences*，2015，175, pp.106-113。

[2]　参见吴芳：《人工智能时代学术期刊业的发展战略研究》，《出版参考》2018 年第10 期；刘银娣：《从经验到算法：人工智能驱动的出版模式创新研究》，《科技与出版》2018 年第2 期。

[3]　参见白贵、王太隆：《人工智能环境下编辑角色的再定位》，《中国出版》2019 年第 11 期。

校实务和简单设计方面的助力作用也日益明显，大大减少了编辑在碎片化信息处理和日常事务上耗费的时间和精力。例如，智能机器人可以分担一部分程式化文章的写作工作，DGC 模式可以通过分析大数据自动生成内容文本（包括新闻、网络小说、分析报告等）；①语音识别、图像识别、智能翻译、格式转化等可以轻松加快编辑的信息整理能力；智能审稿可以快捷地剔除不符合或达不到要求的稿件，给出对文章内容新颖度和重复率的分析，并自动选择和发送稿件给合适的审稿专家；纠错软件和黑马等能进行简单的文字加工校对，减少因疲劳和认识盲区导致的低效的人工编校；设计软件可以为编辑提供更多可能的设计思路和备选方案。②尽管人工智能在上述很多方面的表现仍有待提高，但使用人工智能技术可以加快编辑工作效率是毫无疑问的。

数据下游：内容个性化服务。在数据采集与整理的基础上，人们可以根据自身的目的，运用数据开发个性化产品，实现更有效、全面的沉浸式服务。具体来说，通过对数据的分析，我们能更好地了解读者，根据读者的阅读习惯、喜好、职业等信息进行内容的智能推送和图书的精准推荐。例如，"今日头条"以用户为中心，为其推荐个性化咨询内容；哈珀·柯林斯出版集团（Harper Collins）推出了图书推荐机器人，可以分别为 Young Adult 和普通大众推荐合适的图书。③再者，借助人工智能技术（全息投影、增强现实、智能语音等），可以提供个性化场景，提升数字产品的呈现模式。例如，方正电子开发的"1+N"知识服务产品，能提供内容场景多形态的定制服务，增强用户对内容的体验。④

---

① 参见孙玉玲：《人工智能时代数字出版产业发展前瞻》，《出版参考》2017 年第 9 期。

② 参见张勇、王春燕、王希营：《人工智能与学术期刊编辑出版的未来》，《中国编辑》2019 年第 4 期。

③ 参见陶敏、王鹏涛：《人工智能在出版营销领域的应用机理研究：相关性、即时性与个性化》，《出版与印刷》2019 年第 2 期。

④ 参见陶敏、王鹏涛：《人工智能在出版营销领域的应用机理研究：相关性、即时性与个性化》，《出版与印刷》2019 年第 2 期。

三、转轴

博恩·崔西（Brian Tracy）曾说：要达成伟大的成就，最重要的秘诀在于确定你的目标，然后开始干，采取行动，朝着目标前进。因此，在出版业从传统出版转向数字出版、智能出版的关键时期，我们应该清楚"转轴"应指向何处？我想答案应包含两层意思：一方面我们应借助人工智能把编辑发展"转"向新的领域，这既包括内容方面的创新，也包括传播和呈现方式上的创新，还包括知识再造与服务方式上的创新；另一方面，为弥补人工智能在价值观和情感判断上的缺陷，我们要时刻把握好方向，把编辑工作"转"到合理、合适的方向，通过人工审查，去除虚假、低俗的内容，把握好价值判断和意识取向。同时，我们也要关注数据泄露、数据安全等问题，做好监控与管理，确保技术的安全性，把人工智能当成帮助我们有效实现目标的手段或途径，而不是一味依赖技术，丧失自我的判断，或是竭力抵制技术，受控于传统的操作模式。

美国前总统贝拉克·奥巴马（Barack Obama）曾说：如果你必须选择自己出生的年代，但又不知道将面临怎样的命运。你不知道自己会出生于富有之家还是穷街陋巷，不知道自己会出生在哪个国家，也不知道自己会是男人还是女人。如果你不得不盲目地选择自己想要出生的年代，你最好选择现在。在人工智能迅猛发展的今天，我们想要追求进步与发展，首先要学会认清现在、把握现在，用冷静的思考取代盲目的恐慌，调整思想与行动，去粗存精、推陈出新，形成主动式的"淘金式思维"，有理有序地运用理解力、思考力、创造力展开深度思考，成长为能够进行"人机协同"作业的复合专业型编辑人才。而不是仍采用被动式的"海绵式思维"，将个人能力与才华湮没在庞杂的数据海洋中。未来，我们不仅可以通过掌握技术，运用人工智能提升自我能力、高效完成任务，还能通过探索让工作简单化、智能化的路径，训练人工智能帮助我们实现更多有益的可能。

有人说编辑的工作是枯燥无味的，但我觉得它是能让人获得满足感与幸福感的。因为人类今天的成就来源于永不停歇的创造力和不断积累的文化记忆，正是无穷的创造力与文化传承把我们带到了辉煌的今天，正如培根（Bacon）所说：黄金时代是在我们的前面，不是在我们的背后。我们应充满信心、加足马力、不辱使命，把新技术背景下灿烂的文明成果带到美好的明天。

（作者单位：陕西师范大学出版总社有限公司）

责任编辑审稿十原则

谢清风

审稿原则是责任编辑审稿时必须坚持的重要准则和要求。从对书稿内在素养的把握来看，责任编辑的审稿原则有导向性、思想性、科学性、创造性、规范性、一致性和审美性。从影响审稿的外在因素来看，责任编辑的审稿原则是适应性。从整合审稿主体责任编辑、审稿客体书稿到影响审稿的各种因素来看，责任编辑的审稿原则是整体性。从执行主体来看，责任编辑的审稿原则是主体性。

一、导向性

导向性即政治正确。责任编辑审稿的第一责任和要务是政治把关，是评判书稿是否有政治性问题。政治正确是出版的前提，政治问题往往于出版物是一票否决，所谓"导向错了，一了百了"强调的是政治导向的极端重要。推出存在政治问题的读物，不管有意无意，都是不应该的，也是不可饶恕的。因此，出版机构在政治把关上都要格外着力，确保万无一失。譬如，中南出版传媒集团制定的"四个一"制度，指出要"坚定一个立场""明确一种身份""严守一条纪律""划定一批禁区"，以此强化包括责任编辑在内的编辑出版者的角色，强调要守住底线，明确不能"碰红线""踩雷区"。大连理工大学出版社探索出内部审读室审读模式，通过专职管理人员、社内外审读专家充分合作，确保出版物的政治质量。①

　　责任编辑审稿时要做到政治正确，则需突出重点，不留死角。所谓突出重点是指责任编辑从题材、作者等方面提高敏感性，格外注意涉及党和国家领导人、党史军史国史、国际关系、民族宗教、疆域边境、台湾和新疆等题材，特别慎重对待开口闭口言论自由和"文责自负"、思想西化或存在反党反社会主义倾向的作者。譬如，一部介绍和描述古巴的书稿，充满异域风情和特别的味道，但是，不时拿古巴和中国比较，将看到的现象和中国"文化大革命"联系起来等，这些内容既没必要也是严重的政治问题。一些被称为"公共知识分子"的学者，借助平常的题材发挥，有针对性地留下一两句看似不经意却特别有倾向性的话。在审阅一部介绍晚清风物的书稿时，作者总在描述之后加上一两句个人牢骚式的问题揭示和话题评述，而且和现实联系起来以表达不满甚至批判。这种画蛇添足的内容存在政治问题，不能用，这类书稿不能出版。所谓不留死角是指要发现潜藏在学术观点和现象描述等背后的错误看法，不因为忽视细节而留下大隐患、出现大问题。一些书稿的表述结论是对的，但原因阐述存在政治问题。譬如，一部法律方面的书稿阐述我国的法治教育是个较长的过程时，把原因归结为"文化大革命"的破坏。一些书稿描述的现象是存在的，但

---

　　① 参见曹阳：《确保出版物政治质量的新模式探讨——出版单位内部审读室审读模式浅论》，《中国编辑》2017 年第 3 期。

剖析现象时透出政治问题。譬如，一部关于道德建设的书稿描述了道德沦丧的现象，但是在分析时批判市场经济，贬斥和否定改革开放。

二、思想性

书稿的思想、思想性是结果、成果，思考是形成思想、体现思想性的过程。审稿首先看作者对待思考的态度、思考投入的程度、思考方法的选择等，即作者有没有独立思考、到底思考了什么、是怎样思考的。审阅一本关于湖南省法治建设的书稿，总有似曾相识之感，用查重软件一查，重复率达到 60%。一问，才知作者接到课题后交给学生做，缺乏指导和督查，也没有统稿。这种稿子是典型的没有认真思考，也就不可能有思想。从概念到推理再到结论是思维的基本路径，思想必然聚焦到特定的领域甚至点上，需要通过特定的概念、判断等得到体现。审稿是理清、理解作者思维的过程，是描绘作者思维导图的过程，是梳理和分析作者写作思路的过程。审阅以文物图片书写中国历史的《中国古代历史图谱》的书稿，作者们借助文物复原历史，不仅仅让一张张图片回归历史的现场，而且通过图片与图片的关系将历史结合为整体，并且在此基础上彰显我国的传承和精神，思考路径清晰，思维对象明确，体现了完整而充分的思维素养和能力。

"思想精深"是书稿思想性的充分体现，是书稿思想含量和质量的充分表现。审稿以此为标准，评判作者对所写对象是否精通，书稿内容是否深厚。"思想精深"要求作者明确表达观点、理念，是什么，不是什么，主张什么，反对什么，要清楚、明白，要始终如一。"思想精深"必然产生影响力，具备改变人或环境等的力量。审阅书稿《长征改变中国》，对人、事和环境等背后的长征精神所震撼，这种长征精神既是长征所蕴含的，也是作者挖掘长征现象而得到的思想，反映了内容的思想含量和深度。立项"从家风到作风"的本意是将家风和作风背后的思想挖掘出来，并加以联系和融通，为党员干部提供修炼的指导。审阅书稿《从家风到作风》，发现作者不但没有把成就家风的思想表达清楚，而且也没有把支撑作风的思想阐释明白，更没有将二者的关系真正弄明白说清楚，只得退稿给作者。经过作者努力，书稿基本达到了要求，具有了较为充分的思想。

消极落后、背离主流甚至反主流的思想往往以某种较为隐蔽的方式遮盖或者潜藏于书稿中，需要责任编辑的火眼金睛。一些书稿，作者态度暧昧，左左右右，没有明确的立场和态度，但是，素材集中于社会的不良现象，事实聚焦于边缘领域。这实际上透出作者的思想，这种稿子不能出版。譬如，书稿《苦力》是从国外引进的，是一位在我国生活了多年的外国人写的，主要内容反映生活在城乡接合部的底层人群的生活。确实是真实的人和事，但满满一本书表达这些，意味着改革开放带来的仅是这些，明显具有不良思想倾向，会给读者和社会带来不良影响。一些以青少年为读者对象的书稿，或者展现成人世界的非典型情感生活，或者集中描写校园中少数边缘学生的非典型的社会化生活，两者的思想底色是颓废甚至堕落，显然不能出版。

三、科学性

科学性是书稿的生命，是出版的基础和基本。书稿的科学性指内容的真实、准确，合乎逻辑和规律，要求实事求是、结构逻辑顺畅、专业把握到位、知识正确完整等。"因为真实，所以也有力。"[①] 这是鲁迅审稿时说的话，强调了书稿内容要真实。

把握书稿的科学性首先要辨伪。一些书稿的作者主观上存在想法，有意剽窃、抄袭别人的作品。一些书稿的作者并不想剽窃、抄袭别人的作品，但因为疏忽或无知而在引文等方面处理不当，实际上剽窃、抄袭了别

---

① 《鲁迅全集》（第 6 卷），人民文学出版社 2005 年版。

人的作品。编辑要充分了解作者的情况，充分将书稿和作者的其他作品进行比较，充分将作者的作品和同类作品进行比较，特别是针对作品的文献以及前言、后记等辅文，发现判断书稿真伪的依据和线索，避免推出剽窃、抄袭的作品。譬如，曾经风行一时的伪书是对书稿科学性的挑战，新闻出版管理部门多次公布伪书书目，诸如机械工业出版社的《没有任何借口》、吉林文史出版社的《世界 500 强最需要的 13 种人》等伪书成为书业的笑话。

书稿实事求是即书稿内容依托的事实真实，符合实际。直接的真实经确认后自然确凿，间接的真实需要有权威机构的评定。书稿的真实性有两方面值得特别注意。第一，在报刊网络上发表的不等于真实。一则因为发表的内容本身不真实，二则聚集一类真实的素材可能导致整体的不真实，即有限的碎片化的真实导向的结论不一定真实。第二，作者"文责自负"不等于真实，不等于责任编辑可以逃避责任。2009 年，中国电影出版社出版、黄远高创作的《我叫小沈阳——小沈阳成长密码》被北京市海淀区人民法院判决赔偿小沈阳 10 万元。[①] 这个案例是书稿不真实导致法律纠纷的典型，是书业审稿的典型教训。

书稿结构逻辑顺畅有三个要求：明确表达观念、观点；事实、素材充分，基础扎实；叙述、阐释、说理的过程明白，线索明晰。这样，书稿的构件完整、饱满，构件组合的方式有想法有层次，结构导向的功能确定，结论水到渠成。结构逻辑顺畅的书稿在一定的表达技术、技巧的支撑下，往往形成健全的基本框架，给人体例合理、到位之感。纲举目张、层次分明、重点突出是书稿基本框架健全的特点和表现。有些书稿压根没有自觉构建基本框架，写作思路乱，体例不完整，不能出版。譬如，审阅关于人类命运共同体的书稿，多个作者共同撰写，共 12 章，内容涉及传统、价值观、治理理念等。因为主编投入不够，书稿显得内容多而庞杂，前后有些重复。审稿后，从传统到现在，从价值观到理念，从理论到实务，从目

---

① 参见董利斌：《编辑审稿如何防止侵犯人身权》，《中国出版》2015 年第 24 期。

标到路径，从篇到章，一一说明并列出要求后退给主编。主编接受了意见，组织作者们认真修改。修改后书稿质量明显提升，出版后反响较大较好。

专业把握到位一方面要求对一定专业领域掌握的情况全面、充分、深刻，另一方面要求对专业领域有自己的独立思考并形成一些确定的认识。这与知识正确完整一致，即不只是懂得某专业的碎片化的知识，还掌握该专业的规律和特点，能将该领域的这些知识结合为整体。譬如，审阅解读省里党代会报告的系列书稿，因为内容涉及专业多，只得组织各方面的专家和责任编辑们一起审稿，以守住确保科学性的底线，努力提高质量。时效性是影响专业把握和知识正确完整的重要因素。因为人对专业的认识是阶段性和持续性的统一，基本原理的时间局限性相对弱些，具体知识的时间局限性较强，特别是社会科学领域的知识往往此一时彼一时。譬如，法律类、时政类的书稿，审阅时要特别注意其内容的时效性。

四、创造性

创造性是书稿内容的核心价值，组织、发现、成就具有创造性的书稿是编辑的重要价值。中南出版传媒集团将核心价值和核心能力之一定位为"催生创造"，这是对出版创造性的适应，也是创新之举。审稿的创造性和编辑出版的创造性一致，充分体现责任编辑的价值。

责任编辑把握书稿的创造性要充分尊重、发现、挖掘内容和形式的创新。所谓尊重指重视书稿的创新，以作者的创新作为书稿的重要价值标准，同时不以责任编辑自己的主观意见自以为是地盲目肯定或无端否定书稿的创新。所谓发现指创新往往从无到有或者突破了现有的框架和基础，不容易识别和认同，要求责任编辑以开放的心态和主动的作为注意、感知、体会、理解书稿的创新。所谓挖掘指书稿的创新或许只冒了点头或者有了好的基础但需要提升，责任编辑要珍惜苗子，和作者多交流，让创新之苗长出来。人民文学出版社的编辑龙世辉收到初次创作的曲波的小说《林海雪原荡匪记》，透过一堆乱七八糟的稿子，他认为作品是具有浪漫主义色彩的传奇英雄故事，建议接受出版。后经他和作者共同努力，更名为《林海雪原》的作品出版了，成就了一部经典和一位新作家。①

书稿内容和形式的创新有原创、集成创新和消化吸收后创新。自然科学的发明发现，社会科学的新理念、新模式，人文科学的新观点、新主张，总结前人的成果并得出新的结论，引进国外的新理论、新方法等后结合国内的情况提出想法或方法，在表现形式、表达方式等方面找到新的样式进而创造新的文学艺术范式，如此等等都可能产生富有创新价值的书稿。责任编辑审稿时，切记避免因为名人效应而导致失误。因为一方面名人挂虚名做主编或著作，实际上不投入的书稿多；另一方面哪怕名人投入撰写书稿，也不一定有新意。

五、规范性

审稿的规范性指审稿时必须遵守约定的规范，按照统一的规矩执行。这些规范有出版行业的规范、标准的规范和符号的规范等。出版行业的规范约束着所有出版物，是书稿的基本遵循。这些行业规范既可能成为书稿的内容，又是别的书稿不能违背的。标准的规范涉及各个领域，是各个领域的基本衡量准则，是各个领域书稿内容的表达话语，是书稿必须遵照的。符号的规范指特定内容的表达形式和方式，涉及出版行业的规范、各行各业的标准、各个学科的规范等。因为规范具有专业性，所以书稿出现较多或较严重的规范问题时，责任编辑要退回作者修改。譬如，一部社会史方面的书稿，统计数据比率不合理，引用文献没有遵循学术规范，开始

---

① 参见周奇：《编辑主体在审读加工过程中的创造性作用》，《出版科学》2003 年第 2 期。

以为是个别性的，持续看下去，发现是整体不到位，于是退回作者，要求作者解决这些问题。

规范是编辑工作的基本职能，是编辑工作行业价值的集中体现。责任编辑需要懂得甚至牢记规范，以其确定、严格的规范意识审稿。一些规范的遵循没有什么理由好解释，责任编辑审稿时照做即可。譬如，"文革"应改为"文化大革命"，"1970年代"必须改为"20世纪70年代"，等等。尽管审稿的规范性要求是确定的，但是，规范本身是动态的，责任编辑必须适时跟进，及时掌握规范的调整情况，用新的规范实现审稿的规范性。

六、一致性

审稿的一致性与规范性有重叠的地方，因为规范意味着一致；也有不同的地方，因为需要一致的不只是规范所要求的范围和情况。书稿的一致性包括图文的一致性、表述的一致性、约定的一致性等。图文的一致性指图和文在内容、位置等方面的匹配性。表述的一致性指表达逻辑的统一性，一个作者的书稿尚且因为时间、情景等的不同出现表达风格的不一致，多作者的书稿就更存在表达差异甚至极度差异的问题。约定的一致性指有些做法并不是有规范和标准规定，但是有些约定俗成的惯例，譬如作者的署名和排序等。

书稿的一致性在许多情况下具有强制性，甚至有些无法理解。譬如，书稿中的人名、地名等必须全稿一致。实际上，从长期和更大范围看，这些一致性的规定是必须的，只是一些责任编辑碰到得多些因而能自然接受，一些责任编辑见得少些因而有些不理解。一致性和个性是冲突的、矛盾的，而个性往往和创造性息息相关。因此，对待文学艺术等领域的书稿，责任编辑要妥善处理好审稿的一致性和个性的关系，既不能因为不一致而影响书稿的质量，也不能因为强求一致而影响书稿的创造性。

七、审美性

审稿求美，这种美包含内在的内容美、趣味美、文字美、格式美，外在的形式美、方式美等。有人从审美创造的角度，认为审稿是"披沙拣金的艺术""损丰益歉的艺术""集中有序的艺术""统一规范的艺术""核对求正的艺术"。[①] 确实，求美、审美创造、审美性贯穿和融汇于审稿全程，凝聚在责任编辑对书稿的理解、提升和完善中。一方面，责任编辑审稿时需理解作者和书稿的审美趣味和对美的创造，在真和善的基础上将美融入，求得三者的统一。笔者审阅国外引进的理论读物时，发现一些译者将文字写得佶屈聱牙，句子长而且结构复杂，意思含混、模糊，似是而非。这在表达上的偏向，背离了对美的追求，难怪人们一时调侃和贬斥这种现象说，凡属理论家的书稿都看不懂，凡属看不懂的都是高深的理论。另一方面，责任编辑审稿需努力促成书稿独立的美学追求和美的存在，理解拥有独特形式或表达方式的书稿对美的创造，对创新的追求。譬如，《画说资本论》用漫画的方式传播高深的理论是在创造富有独特性的形式美、审美性，责任编辑审读书稿需要创造性和突破性的视野和思想，否则可能扼杀它。

八、适应性

从外在来看，审稿需要适应市场、社会和出版社的需要，体现为市场适应性、社会适应性和出版社适应性。市场适应性主要对应读者，即责任编辑审稿时要顾及读者，考虑到读者的需求和利益。考虑读者意味着思考消费和经济效益，意味着责任编辑履行经济责任。社会适应性对应责任编辑审稿时的社会责任，需要责任编辑顾及书稿的社会影响。出版社适应性

---

① 杨秦予：《编辑在书稿审读加工中的审美创造》，《科技与出版》2009 年第 8 期。

指书稿与出版社专业分工、出书方向、出书结构等的匹配性，有时书稿内容好但是不能出版，往往由出版社的个性和特性所限。譬如，中南出版传媒集团立足于专业化发展，基于市场、社会的要求和旗下出版社的特点，确定各出版社的专业领域、核心产品、产品结构等，这为审稿提供了确定的方向、范围、路径和标准。

市场适应性、社会适应性、出版社适应性既部分融合在书稿内在要素和质量的审阅中，也需要责任编辑作为独立的要求和标准在审稿时加以考虑。这些需要考虑的要素一般集中体现在书稿与选题策划方案或图书编辑出版方案的对应性和匹配度上。责任编辑审稿时需要对照方案并衡量书稿对方案的实现程度，又不能拘泥于方案，要分析书稿对方案的创新和突破程度以及这种创新和突破的合理性和价值含量。譬如，审阅外向型书稿《什么是中国特色社会主义》，发现内容基本按照中国人的接受思维和习惯展开，虽然逻辑严谨、理论性强，但是不适合外国人读，背离了初衷。经过和作者沟通，弱化了理论，增加了故事、案例等内容，强化了表达的通俗性、易懂性。这样，书稿和编辑出版方案匹配度高了，更能达成出版意图了。

九、整体性

书稿是个整体，审稿时无论责任编辑通过何种方式对其组成部分进行怎样的分析，最终都要把这些组成部分结合为整体，也要从整体的高度和层次评价稿件，判断书稿可否出版。鲁迅堪称整体对待书稿的楷模，这可从三个方面学习。其一，鲁迅审稿时考虑到了稿件所处的环境，从稿件与环境结合形成的整体来审稿；其二，鲁迅审稿时从稿件整体出发，寻找对稿件整体起决定性作用的因素来评判稿件的价值，如果稿件的中心价值突出，其他方面弱一些，他往往认为这样的稿件可取；其三，稿件由很多因素构成，这些因素各自有着独立的要求和评判标准，但是任一因素不管如何好，都要以整体作为核心，否则就不是有利于书稿的因素。鲁迅审稿立足整体评判各个因素，以是否有助于整体效应的提高来评判各个因素的功能。

从纵向看，审稿从第一个字到最后一个字，走过线性的过程。从横向看，审稿从一个角度、标准到另一个角度、标准，留下多个截面的分析和思考。最终，纵向和横向等要构建为整体，要以整体观看待书稿，要以整体性把握书稿的整体，以此评判书稿的价值。一些责任编辑混同审稿和加工，往往一拿到作者的书稿，就红笔挥舞，一边看一边动手。这是错误的做法。审稿从初读开始，通过初读一遍整体把握书稿，掌握了整体局部处理就更能到位。

十、主体性

审稿的主体性指责任编辑是审稿的主体，责任编辑的特性对审稿会产生有利、不利二重效应，既要充分发挥有利的积极效应，又要减少直至避免不利的消极效应。

责任编辑审稿时的主体性职能表现为把关和选择。责任编辑的审稿是把关，因为他们在对作者负责的同时，要对读者、文化、国家、社会负责。责任编辑尊重作者不等于一定不能动作者的作品，或一定要出版作者的作品；相反，要充分学会和运用退改的权利，要在说不的过程中敢于拒绝出版作者的作品。价值观、学术质量存在较严重问题的书稿不能出版。虽然问题不严重但作者拒绝修改的也不能出版。书稿整体质量不高，思想内容低质粗劣，无法通过退改达到出书标准的不能出版。作者不重视作品质量，不配合修改书稿，其作品不能出版。责任编辑要特别运用退改的手段，和作者一起提高作品质量，因为推出高质量的读物是责任编辑和作者共同的目标，需要二者一起为之付出心血和智慧。责任编辑审稿时还需特别把关著作权，避免侵权。责任编辑的基本职能是选择。从浩渺的内容海洋中得到所需要的编辑出版原料是选择，从不计其数的作者中找到某部作品的创作者是选择，通过审稿把关内容、发现价值还是选择。坚守选择性意味着在审稿时切实尊重作者的著作权。这种尊重表现在承认凡属与作品相关的权利属于作者，一旦要动作品意味着动作者的权利，因而动之前必须得到作者的同意，动之后得到作者的书面认可并留档备查。这种尊重表现在对于作者的作品，要尽可能少改，在可改可不改时选择不改，在可删可不删时选择不删，在非改不可时尽量保留作者的原意，在非删不可时不破坏作品的整体性。发现是选择的更高境界，充分体现责任编辑审稿的主体性追求。发现作品的价值，发现好作品。发现作者的价值，发现作者的潜力。责任编辑往往在这种发现中实现价值，创造效益。

责任编辑的审稿主体性从结果看表现为评价和判断，即基于对书稿的全面评价而做出"退稿"、"退改"或"出版"的判断性结论。审稿具有主观性，因为它受制于责任编辑的素养、心理等不可控因素。审稿具有客观性，因为书稿是客观对象，书稿的评价和判断标准是确定的客观的。责任编辑审稿以怀疑一切、验证所有的态度考量稿件和作者，在质疑中得到求证书稿价值的路径，在质疑的消除中看清书稿的价值。责任编辑对书稿的评价和判断通过审稿报告体现。审稿报告是责任编辑的创作，既反映其审稿的成果，也彰显其表达的素养和能力。一般来说，审稿报告包含稿件的背景等基本情况、审稿基本情况、书稿评价、书稿处理意见等内容。

伴随着各种条件的改善和发展，审稿日益现代化，特别是以人工智能为代表的新技术，给审稿带来了便利，提高了审稿的效率，增强了审稿的客观性。譬如，网络文学网站一般都执行违禁词库筛查制度，借助违禁词库筛查系统对涉及违禁字词的内容进行高光标注以促进审稿，出版社也把类似的数据库和软件技术运用于审稿中。当然，审稿现代化的决定性力量是责任编辑等主体，人工智能等最新技术只能起到辅助作用。

（作者单位：湖南人民出版社）

关于如何做好新时代主题出版工作的认识和思考

温六零　吴小龙

党的十八大以来，在以习近平同志为核心的党中央领导下，主题出版迎来了一个重要的发展机遇期，众多出版机构纷纷将主题出版作为头等大事来抓，创新内容，优化形式，主题出版服务大局的能力持续提升，精品力作频出。党的十九大报告指出，中国特色社会主义已经进入了新时代，党和国家工作重点有了不同的任务要求，而主题出版的本质就是与时代同呼吸、共命运，与此相适应，主题出版也面临新的任务和要求。那么，如何做好新时代主题出版工作，如何推动新时代主题出版的内涵持续丰富、升华，让主题出版呈现一些新的特点和趋势呢？这是摆在当下的一个重要问题。

近年来，广西人民出版社围绕党和国家工作大局，就一些重大理论、重大活动、重大事件等主题，策划了一系列选题，从 2013 年起，共有 13

种选题入选中宣部、原国家新闻出版广电总局主题出版重点选题，入选数量居全国地方出版社前列，14 个项目获得国家出版基金资助，并获得了2017 年度"大众喜爱的 50 种图书""2016 年度中国好书"等众多的奖项，社会效益明显；同时，我社以做精品图书、长销读物的要求做主题出版，多种图书多次重印，经济效益方面有重要突破。实现了两个效益的统一，为建设具有强大凝聚力和引领力的社会主义意识形态发挥了积极作用。面对新时代主题出版新的需求，在多年来主题出版实践和成功经验的基础上，我们也形成了一些认识和思考，下面将其简述如下。

一、如何凝聚共识，高度重视主题出版工作

主题出版的本质就是呼应时代需求，独特深刻地反映出时代的最强音，党的十九大之后，中国方方面面发生了重大变化，于此相应的是，主题出版也已经成为新时代新闻出版工作中的重中之重！

第一，中国特色社会主义进入新时代，我国社会主要矛盾发生了变化，历史方位发生了新的变化，党和国家一系列理论、方针、政策发生了变化和调整，这些都需要与之配套的一系列主题出版物跟进宣传和解释。第二，党的创新理论在实践中不断发展，中国特色社会主义理论体系不断丰富完善和发展，马克思主义在中国大地上大放异彩、硕果累累，这些需要主题出版进行全面总结和系统推出。第三，随着世界的多元化趋势，人们的价值观念日益呈现多元化和功利化倾向，价值评价标准趋于个性化和物化，导致社会主流价值观在多元价值观念的冲击下存在被弱化和边缘化的趋势。各种社会思潮纷纭激荡，自由主义、"普世价值"、"宪政民主"、历史虚无主义成为影响当代中国意识形态的几种不可小觑的社会思潮。所有这些，都需要予以及时破解，以树立马克思主义在意识形态领域的指导地位。第四，从现实条件来看，中央和国家机构改革，新闻出版版块归属中宣部直管，这意味着主题出版未来将成为宣传出版工作的重中之重，相

关项目申报、图书评奖、经费扶持等方面，主题出版将成为一个重点，得到优先考虑和倾斜。

新时代，主题出版将迎来一个黄金时期，出版单位需要从思想上高度重视主题出版，凝聚全行业上下的共识，始终与以习近平同志为核心的党中央保持高度一致，用习近平新时代中国特色社会主义思想指导主题出版工作，深化对主题出版工作的认识，尽快出台有关做好主题出版工作的指导性意见，统一出版领域行政管理和从业人员的思想，做好主题出版规划和产业协调，从制度、政策等各方面给予全方位保障，加大对主题出版宣传、推介的力度。形成做主题出版光荣，做主题出版值得，做主题出版有奔头的良好环境和舆论氛围。

二、如何加强顶层设计，不断推进主题出版工作

由于新时代主题出版的极端重要性及其本身的特殊性，真正做好主题出版，存在较大难度，是一项系统长远的工程，并非一朝一夕、立竿见影的事情。因此，做好主题出版，并非单个人或编辑的事，应付、单一、临时、游击战式的做法将难以奏效，而需要从出版单位的角度做好顶层设计，做好系统、长远、全面、整体的总体部署。

第一，明确主题出版方向。主题出版是服务党和国家大局的出版工作，因此，需要出版单位视野、高度能够紧跟党中央布局，提升对于党中央各项方针政策、时事热点的反应和把握，及时掌握相应内容、信息，把握政策导向和资源，做出准确、全面、到位的判断，创新思维，怀大气魄，发挥主观能动性，把握方向、规划思路、明确重点，为出版单位主题出版指明方向。第二，加强主题出版政策支持。一般而言，因为内容、语言、形式、时效性等方面的特殊要求，主题出版市场化、大众化程度相对较弱，主题出版对于编辑缺乏较大吸引力，多以小项目单本图书为主，难见重大项目，难以形成规模和气象，更谈不上有大的影响力。主题出版无

法实现可持续健康发展，这就会导致主题出版动力不足。因此，出版单位需要在政策方面做好顶层设计，在评优、奖金、职称等各方面给予适当政策考虑和倾斜，灵活考核方式，以形成政策激励。第三，加大主题出版经费投入。因主题出版在内容、语言与形式等方面有着特殊要求，市场化难度较大，效益主要体现在社会效益方面，导致编辑个人或部门积极性不强，很难把主题出版做大做强，这与当前党要建设具有强大凝聚力和引领力的社会主义意识形态的重大战略不相适应。出版经费是导致主题出版难题的重要因素，因此，加大经费支持，考虑在单位设立主题出版专项扶持资金，就成了调动编辑积极性，保证主题出版成体系、成规模，形成强大的社会影响力的极为重要的力量。而前期的投入，也将推动主题出版不断探索和解决实现社会效益和经济效益相结合的有效途径和办法。

三、如何让引进与原创相结合，使主题出版形式多样

文化因互鉴而繁荣，因交融而生辉。2016 年 5 月 17 日，习近平总书记在主持召开哲学社会科学工作座谈会上指出，要繁荣哲学社会科学，就是要善于融通马克思主义的资源、中华优秀传统文化的资源、国外哲学社会科学的资源，坚持不忘本来、吸收外来、面向未来。要做好主题出版、巩固好社会主义意识形态也同样如此。在 2018 年 4 月 23 日中共中央政治局第五次集体学习时，习近平总书记强调，要熟练掌握马克思主义立场、观点、方法……要加大经典著作编译力度。

社会主义意识形态建设是一项系统工程，要做好这项工作，同样需要在"不忘本来"的基础上"吸收外来"，吸收外来，就是广泛学习、吸收、消化和借鉴外来优秀文化，以实现为我所用。自古以来，中华民族就保持一种开放的视野、开放的态度和开放的胸襟，有着善于学习借鉴外来文化的优良传统，今天更应如此，既需要牢记经典，也要古为今用、洋为中用，使主题出版实现创造性转化、创新性发展。因此，在深化主题出版方

面，需要充分吸收国外资源和研究成果，如，近年国内引进出版的《青年们，读马克思吧！》《马克思主义使用说明书》等就获得大众读者的青睐，在经济效益和社会效益方面取得了成功。一方面，引进国外成功的马克思主义通俗理论读物为我所用，对于大众深入了解马克思、强化马克思主义信仰，巩固社会主义意识形态，具有重要的作用；另一方面，外来优秀通俗理论出版物丰富了主题出版版块的内容、形式，健全了主题出版格局和出版物的多样性；此外，引进优秀出版物，以引进带动原创，将引进力内化为原创力，可以克服当前国内主题出版存在的问题，提升主题出版物质量。在主题出版版块，出版单位应重视和鼓励引进国外马克思主义研究经典和通俗理论读物，鼓励主题出版把原创和引进相结合，打造双效显著的主题出版精品，为建设具有强大凝聚力和引领力的社会主义意识形态发挥更重要的作用。

四、如何宣传营销，推动主题出版产品立体开发

主题出版图书要真正深入人心，必须靠内容和质量取胜。然而与此同时，今天已经不是"酒香不怕巷子深"的时代，要提高主题出版的社会影响力，推动主题出版图书效益最大化，出版单位必须充分认识宣传的作用，在宣传营销和产品全媒体立体开发方面积极尝试。

在主题出版的宣传营销方面，一是可以借助外力进行宣传。主题出版服务工作大局的特殊性质使得党和国家相关部门愿意积极配合宣传。一方面广播电台报纸等主流媒体都将不定期对重要主题出版物进行主题宣传；另一方面，在世界读书日、节庆或重要时间节点，它们还会不定期举办全国百家书城联合展示展销、书展等线下活动，增加主题出版物的现场读者体验。在全国各地方，对于主题出版物的宣传也会及时跟进。二是需要积极探索新型宣传模式。除在传统媒体刊登书评、书讯外，要打破传统的宣传模式，主动适应移动互联网时代需要，尝试宣传创新，如利用新兴媒体

既经济又具辐射影响力的特点进行线上宣传，运用微信、微博、网站等出版社自媒体优势，并与其他平台合作，及时完成书讯、内容等信息推送，有计划分步骤维护和提升市场关注度；同时通过全民阅读、图书出版经验交流、读书分享会、赠书等，进行多种线下推广互动活动。

与传统出版相比，数字出版、全媒体立体开发，一是在成本与流程控制、传播速度和广度等方面有天然优势；二是可以缓解、克服当前纸质出版物效益不高、受众有限的难题；三是可以提高主题出版物的社会效益，是提高影响力的有效途径，因此主题出版理应谋求嫁接全媒体立体开发，尤其是在产品形态和传播渠道方面。对于已经取得成功的主题出版的精品图书，尤其应当如此，应该充分利用新媒体的优势推动主题出版物的效益最大化。首先，推动主题出版的出版形态多样化立体化，包括但不限于微博、微信公众号、电子图书、数据库、音频、视频、动漫等等。这些形式往往具有即时、活泼、接地气的特点，非常适合年轻人，增强了主题出版物的感染力和传播力。其次，主题出版的传播渠道和平台更加多媒体化，这和出版形态的数字化是紧密联系的。现在的互联网平台如微信、优酷、土豆、喜马拉雅、百度等受众巨大，传播效果是纸质出版物望尘莫及的。通过对主题出版产品的立体开发，可以使主题出版产品的效益最大化，充分发挥主题出版的社会引领和教育作用。

五、如何出台政策，加强主题出版人才队伍建设

新时代做好主题出版，内容资源集聚是核心，技术实现手段是基础，专业化人才队伍建设是关键，出版人才是支撑出版单位持续发展的第一要素。改革开放以来，出版产业发生了巨大变化，社会影响力和经济实力都与日俱增，但在一定时期，受以市场为导向思想的影响以及严格的经济效益考核制约，转企改制后的出版单位自觉不自觉地更加重视大众图书和畅销图书的开发，更加关注图书的经济效益，主题出版说起来重要，做起来

不重要，甚至不要，导致从事主题出版的编辑改行和流失。因此，出版单位要牢固树立主题出版人才观，把主题出版人才战略当作做好主题出版的第一战略，要"用好现有人才，稳定关键人才，引进急需人才，培养未来人才"，确定人才资源优先开发、人才结构优先调整、人才投入优先保证、人才制度优先创新的管理思路，将主题出版人才队伍建设工作提到新的高度。

出版单位做好主题出版人才队伍建设工作，需要"坚持德才兼备，以德为先；贡献和能力并重，贡献为先；引进和培养并重，以培为先；干部培养和骨干培养并重，以专业骨干培养为先；事业发展和薪酬激励并重，以事业平台发展为先"等人才原则。一是可以创新性出台人才培养政策和措施。如可实施"主题出版人"计划，加强对主题出版突出业务骨干的支持和培养，对入选者给予特殊津贴，激励他们成为主题出版业务或管理专业岗位上的标杆；设立"主题出版编辑成长基金"，加快青年员工成长发展；开展定向培养计划，选派中层干部和业务骨干参加国家乃至国外相关出版业务学习，去国际知名出版企业考察学习等。二是强化干部队伍建设。选拔优秀主题出版人才充实干部队伍，优化干部队伍结构；对于在主题出版方面有特殊贡献的，可以在职称、评奖等方面放宽条件；进行干部队伍轮岗交流，在专业化发展的基础上不断交流提升，激发干部队伍活力。三是建设主题出版人才信息库，为人才队伍建设提供"蓄水池"，给予人才库中员工更多的支持、指导和培养，推动他们更快地成长，成为主题出版的编辑、校对、数字出版、营销管理、经营管理等专业化骨干人才。

通过出台具体政策，创新培养方式，投入资金，可以为主题出版人才铺设更多的成长通道，提供更丰富的职业生涯路径选择，经过三到五年的努力，可能打造出一支专业基础扎实、梯队合理、业务能力强、对出版社忠诚的主题出版骨干队伍，从而激励全体员工，以不断满足企业发展、升级转型的需要。

实践使我们深刻认识到，做好主题出版，可以增强编辑的政治意识和导向意识、把关意识和质量意识、学术意识和学者意识、责任意识和作风意识。进入新时代，主题出版也正迎来一个大有可为的新时代！主题出版已经成为出版单位的重要工作，它不仅可以服务好党和政府工作大局，也为出版社赢得市场、拓展生存空间和自身发展壮大提供了机遇。当此形势，乘此机遇，各出版单位需要继续把抓主题出版作为中心工作，结合专业，坚持正确出版导向，坚守意识形态阵地，深入学习宣传贯彻党的十九大精神和习近平新时代中国特色社会主义思想，把服务党和政府工作大局作为工作的重中之重，转变发展思路，坚定实施主题出版战略，走质量效益型发展之路，努力完成好各项重大主题出版和理论宣传任务，组织策划出版一批主旋律突出、导向鲜明、可读性强的主题图书，为建设具有强大凝聚力和引领力的社会主义意识形态作出贡献。

（作者单位：广西人民出版社有限公司）

试论新时代童书出版产业的
现实困境与路径突围

靳金龙

一、黄金十年：我国童书出版的发展现状

（一）高速扩张的童书出版

童书出版的高速扩张是我国出版产业进入 21 世纪后的最显著特点。在童书出版的"黄金十年"，童书出版市场每年都保持 10%以上的增长速度，2016 年的同比增长率达到传统行业中少见的 28.84%，2017 年为21.18%，2018 年虽有所下降，也保持了 13.74%的高增长率，且童书出版市场份额占整个图书零售市场的码洋比达到 25.19%，成为中国图书市场活力最强、增长最快、市场份额最大的细分市场。① 童书出版高歌猛进的

---

① 数据来源于北京开卷信息技术有限公司历年《中国图书零售市场观测年度报告》。

"井喷式"发展成为带动中国图书出版业发展的一支劲军,成为中国图书出版业发展的最大动力和活力来源,童书出版进入了发展的大时代。①

(二)专业出版转向大众出版

伴随着童书出版高速扩张的是童书由以前少儿出版社专业出版向大众出版的转变。我国目前共有580余家各类国有出版社,专业的少儿出版社不过也就33家,但受童书出版市场火爆的吸引,大量其他类型出版社纷纷涉足童书出版,据统计其总数已达到550多家,童书出版市场形成了"一个委员会(全国少儿读物出版工作委员会)、两个联盟(中国专业少儿出版联盟、中国童书联盟)"的大童书出版格局。② 有童书出版从业者形容目前的童书出版是"村村点火,户户冒烟,过去大炼钢铁,现在大做少儿出版"③。与绝大多数国有出版社涉足童书出版相呼应,上千家民营童书出版公司纷纷趁势崛起,把少儿出版推向了另一个极致。蒲公英童书馆、步印童书馆、爱心树童书馆等民营童书出版公司都已进入"亿元俱乐部",甚至蒲公英童书馆、步印童书馆长期稳居"亿元俱乐部"前列,成为重要的童书出版市场主体。

(三)童书出版国际化

随着中国走向世界的深入,中国的出版业也与国际出版业深度接轨,其中融合最密切的当属童书出版。引进版童书一度成为我国童书出版的最显著特征。统计数据显示,2017年境外儿童图书在中国整个童书零售市场中占到25.63%的码洋比重和13%的品种比重。④ 大量欧美、日韩等国家或地区的儿童文学读物、绘本读物、科普读物等进入中国市场,在受到读者欢迎的同时,也抢占了中国的一大部分童书市场。经过几年的发展,

---

① 参见海飞:《中国童书出版的大时代》,《中国出版》2016年第11期。

② 参见谭旭东:《改革开放40年中国童书出版的整体思考》,《中国出版》2018年第21期。

③ 陈香:《出版市场生态重建:一道并非"无解"的题》,《中华读书报》2017年7月26日。

④ 参见吴丽蓉、陈俊宇:《最火的童书市场,难觅更多一流原创?》,《工人日报》2018年5月11日。

我国的童书出版从业者渐渐认识到了提高原创出版能力的重要性，纷纷从国际童书市场引进学习，转而向国际童书市场主动迈进。如希望出版社倾力打造原创儿童绘本，其出版的《再见》《麦秸城堡》《我爱妈妈》《圣诞雪人》等一大批精品儿童绘本版权输出至英国、韩国、约旦等国家，深度参与了国际童书出版市场的竞争。

（四）中国品牌的兴起

我国童书出版产业的发展造就了一大批如曹文轩、金波、张之路、郑渊洁、杨红樱等著名儿童文学创作者和《淘气包马小跳》《青铜葵花》《草房子》等经典作品，打造了童书出版的"中国品牌"。其中，曹文轩于2016 年荣获被誉为"儿童文学的诺贝尔奖"的"国际安徒生奖"，这是中国作家首次获此世界儿童文学的最高荣誉。杨红樱创作的儿童文学系列《淘气包马小跳》，累计畅销十余年，总销量超过 4000 万册，被称为中国童书出版史上的标志性存在。伴随着童书出版蜂拥而起，以中国少年儿童出版社、"华东六少"（安徽少年儿童出版社、二十一世纪出版社、福建少年儿童出版社、江苏凤凰少年儿童出版社、明天出版社、浙江少年儿童出版社）为代表的中国童书出版专业社也逐步发展壮大，成为中国童书出版的领跑者和代言人。我国倾力打造的上海国际童书展，经过几年的发展，已成为亚太地区规模最大的专业童书出版类展会，并逐步发展成为继意大利博洛尼亚国际儿童书展之后的重要国际性专业童书展会，在世界童书出版的舞台上展现了中国的魅力和活力。

二、外患内忧：童书出版的现实困境

外患之一：政策的隐忧。

对于童书出版来说，或者更确切地对于大众化阅读的童书出版来说，来自政策的影响并不直接表现在大众童书出版本身，而是通过教育政策的变化影响到少儿出版社教育出版市场的变化，进而影响到大众童书出版。

目前来看，出版行业的利润来源主要是教材教辅产品，对于少儿出版社而言，同样如此。在大众童书出版方面做得好的出版社无一不在少儿教育出版市场有较强的占有率。强大的少儿教育出版市场是做好大众童书出版的基础和底气。然而这种厚实的底气正在慢慢发生改变，如"新三科"教材统编改革，对于拥有本版教材的少儿出版社而言，这无疑是个晴天霹雳。而接下来的教育政策也可能再做一些调整，那么对于依赖教材教辅的少儿出版社，其发展境遇实在难以预测，因而导致整体童书出版市场的不稳定性增加。

外患之二：数字出版的冲击。

数字出版是出版产业发展的趋势，这已经不仅仅是出版从业人员的意识认同，更表现在一个个具体的数字上。据《2018年新闻出版产业分析报告》，图书出版营业收入为937.3亿元，增长6.6%。而据《2017—2018中国数字出版产业年度报告》，数字出版产业总收入在2017年已达到7071.93亿元。当然，统计的数字出版包括互联网广告、互联网期刊、移动出版、网络游戏、博客类应用、网络动漫、电子书、数字报纸、在线教育等多个方面，而且互联网广告、移动出版、在线教育等占比很大。从对比数字可以看出，数字出版风生水起，传统图书出版则黯然失色。随着新技术、新媒体的快速发展，数字出版急剧改变着阅读的方式和接收信息的渠道，对传统出版造成了市场、读者、模式等多方面的冲击，严重制约了传统出版的需求空间和稳定发展。这是传统出版普遍面临的问题，不只是童书出版。虽然不少少儿出版社也在尝试推进数字出版项目，但总体来看，尚没有形成非常好的项目和盈利模式，对广大少儿出版社而言也不具有普遍学习价值。

外患之三：市场的失序。

电商渠道是图书出版产业一种非常重要的新的分销渠道，在网络兴起的过程中，对于缩短图书销售流程、提高图书销售效率、扩大图书销售规模起到了很大作用。因为价格的优势，在图书销售市场获得了大量市场份额，一举超越实体店销售，成为中国图书市场的主流销售渠道。然而，拥有了市场规模后，网店销售并未过渡到真正高质量的竞争，即由图书好坏和服务水平的高低确立的竞争上来，反而更变本加厉、竞价排名，打折已经从一年一打，到逢年过节打，最后到季度性的打，到每月，到每周每天都在打折。四五折发货还要满 200 元减 100 元，出版社已毫无利润可言。[①]在这样的恶性低价竞争中，作为行业弱势的出版社只能按照电商制定的规则起舞，在低利润的情况下只能通过尽量压缩成本来实现盈利，而这又导致对生产投入的不足、产品质量的低劣。不做出版挣不到钱，而做了书可能只是微利甚至赔本，这样的市场已折磨得大部分少儿出版社无所适从。

外患之四：民营出版的竞争。

据《2018 年新闻出版产业分析报告》，2018 年，新闻出版民营企业共有 120663 家，占新闻出版企业法人单位数量的 85.4%。与国有出版企业相比，民营出版企业没有体制的束缚和依赖，直接面向市场要生存、要效益，所以在管理机制、人才政策、资源整合、市场拓展等各方面都有着国有出版企业所不具备的优势和活力。尤其民营出版企业对于作者资源的挖掘和市场渠道的掌握是国有出版企业无法比拟的。正是源于这些外在内在的因素，导致民营出版企业最具活力，最具竞争力，也最具冲击力，一批实力强大的民营童书出版公司的崛起，直接威胁甚至挤占了国有出版企业的生存和发展空间。如国有出版企业不进行彻底的改革，这种局面将会愈演愈烈。

外患之五：出版原材料的逼迫。

如果说近三年，哪件事最能牵动所有出版从业者的神经，那么无疑是纸价上涨了。受国际国内因素影响，纸张价格自 2016 年底以来，一路飙升，国内几大造纸厂家隔三岔五宣布纸张涨价，每回涨价幅度每吨 100 元至 300 元不等，到现在出版用纸普遍已比原来上涨了 40% 左右。"洛阳纸贵非书好。"纸价上涨引起了全行业的焦虑，直接导致图书出版成本提高

---

① 　参见陈香：《出版市场生态重建：一道并非"无解"的题》，《中华读书报》2017 年 7 月 26 日。

10%—20%。[①] 而其中影响最关键的是教材教辅，两教产品大多实行政府定价，在纸价上涨导致成本上涨的前提下，图书定价却无法跟随提高，这就导致图书出版的利润被严重摊薄，基本处于无利可图的境地。对于一般大众读物来说，本来市场面不大，销售就有限，如果图书定价不涨，只会导致印一本亏一本，而图书定价上涨又会影响销量，总之无论如何，纸价上涨的恶果都由出版社来背了。

内忧之一：原创精品的短缺。

从行业内部来说，童书出版面临的最大问题是原创精品短缺，跟风出版，同质化出版，盗版盗印横行。大部分出版社在看到少儿图书市场规模迅速壮大的同时，纷纷涉足少儿出版，这种"千军万马竞逐少儿出版"的局面，无形中把少儿出版门槛变得越来越低。每年年初各出版社上报的少儿图书年度选题有数万种之多，某些儿童文学作家一个人的图书选题就达数十种甚至百余种，而在有限的作者精力、有限的编辑资源的情况下，这些少儿图书选题"如果全部出版，那将是一场灾难"（版协少读工委主任、中国少年儿童新闻出版总社社长李学谦语）。大量低水平同质化产品涌入市场，给读者选择图书带来困难，也极大地消耗着出版社自身的产能，最终影响出版社可持续发展和整个行业的健康发展。另外，童书的引进版所占份额很大，一度达到疯狂的地步，严重影响了原创图书出版的空间，虽然这种情况已经引起出版管理部门的重视并采取相关措施，一定程度上遏制了引进版的疯狂势头，但原创童书的发展之路依然艰难。

内忧之二：作者资源的不对等。

少儿出版社和作者关系，可以用"魔幻现实"来形容。一方面，少儿图书作者稿酬高，起印数要求大。在文艺出版社，很多早已成名的优秀作家，版税基本上也就是8%，起印数不过数千或一万册；而在少儿出版领域，动辄五万、十万册起印，动辄10%的版税，甚至更高。另一方面，

---

① 参见路艳霞：《纸张涨价，出版社日子难熬》，《北京日报》2018年5月9日。

出版社与作者的版权合作期一般较短，经常是三年左右，很少超过五年，但出版社培养一个作家需要时间，产品出来以后，培育也需要时间，签约时间过短，导致出版社没法进行营销，无法形成市场效应。但很少有儿童文学作家签五年以上的合约，基本上都是三年。再一方面，少儿图书作者追逐利益的趋向很明显，挣钱多少是他们选择出版社的第一目的，出版社今天培育了这个作家，也许到明天就走掉了，作者的忠诚度没有实现。

内忧之三：库存"压力山大"。

近十年少儿出版的增长可以说是一种粗放型的增长，过度的资源投入和规模扩张，带来了产能过剩、服务滞后、结构失衡、渠道不畅等诸多问题，最终导致少儿图书库存不断增多。据统计，2016 年，全国新华书店系统、出版社自办发行单位年末库存 65.75 亿册、涉及定价 1143.01 亿元；从 2014 年 1 月至 2017 年 10 月实体店、网店及零售三个渠道数据显示，年销售数量小于 10 本的图书，占全部图书品种的 45.19%。[①] 而当年全国共出版图书 50.0 万种，总印数 90.4 亿册，定价总金额为 1581.0 亿元。考虑到正常的销售周转和正常库存，可以估算每年全国出版社有接近一半的图书成为无效库存书。这将近一半的库存图书严重占用和浪费了出版社的宝贵资源，严重影响了再生产、资金周转，对出版社的经营发展造成了严峻的影响。

内忧之四：人才的短缺。

出版的背后是创意，创意的背后是人才。作为文化创意产业，人力资源是决定其发展兴衰的关键性因素。而目前出版业人才短缺和人才流失现象日渐成为阻碍出版业发展的关键问题之一。这一方面与出版业转企改制后的飞速发展有关，另一方面则是由于出版行业与互联网、金融行业相比天然的行业影响力、发展前景、薪资待遇等劣势，再者就是由于出版企业自身的人才政策不科学，导致"留人难"。目前出版行业人才的年龄结构、

---

① 参见路艳霞、徐珮慈：《国内首个滞销书数据报告：卖不掉的书都去哪儿了?》，《北京日报》2018 年 1 月 3 日。

学历结构、知识结构等方面明显不合理，领军人物不足、专业骨干流失、精英人才奇缺、新老青黄不接等问题严重，特别是出版社的中层和中高层年龄断层问题直接影响了当下的发展。

内忧之五：融合发展滞后。

虽然，出版融合已成为产业发展的趋势和潮流，不少出版社也进行了积极的探索和尝试，但总体来看，以传统出版企业为主体的融合发展还很不成熟，融合发展的主流仍被大型互联网科技公司所占据，传统出版企业的融合发展之路仍非常艰难。毕竟对于出版企业来说，融合发展尚处于起步和摸索阶段，在平台、资源、人才上均准备不足，发展规模仍然很小。已经开展融合发展探索的出版企业对出版融合的产业发展方向路径没有明确认识，也没有形成成熟的商业盈利模式机制，对出版社来说，向何处发展，如何发展，从何处着手，一头雾水，无经验可借鉴。而且出版融合项目的实施，投资大，实施周期长，回报周期长，技术含量高，一些大型项目投入动辄几百万、上千万元，这对于经济规模本就有限的传统出版单位来说，无疑有重大风险。即使获得政府资金支持，自有配套资金也是一笔不小数目。所以，不少出版社在融合发展方面仍存观望态度，与融合发展应有的发展态势不相称。

三、理性发展：新时代童书出版产业高质量发展的路径选择

从出版行政管理角度来说：一要文化自信，导向引领。童书出版既有其商品产业属性，也有意识形态属性。新时代的童书出版必须兼顾两个属性，坚持把社会效益放在首位，实现两个效益相统一。要深入学习贯彻习近平新时代中国特色社会主义思想，将新思想新观念新战略与童书出版的实际结合起来，牢固树立起中国特色社会主义童书出版的文化自信，将社会主义核心价值观贯彻于童书出版的方方面面。童书出版作为直接面向

祖国下一代的文化事业，必须坚持把好政治关、导向关，将导向把关落实到编辑出版的各个环节。出版行政管理部门要进一步加大对导向问题、质量问题的审查处理力度，为涌现更多健康向上的少儿图书精品营造良好环境。

二要控制规模，打造品牌。童书出版市场存在着一个矛盾，一方面是出版总量太大了，达到了年出版四万余种，而另一方面少儿图书的精品又相对太少。这种矛盾导致出版管理部门必须大力推动出版产业的供给侧结构性改革，做好"减法""加法""调法"。"减法"是指要控制出版规模，在现有童书出版总量的基础上，通过书号控制，确保上市图书总量只减不增，倒逼出版机构去芜存菁。"加法"是指要提升质量效益，通过强化选题论证、"三审三校"、责任编辑、责任校对等系列制度，把质量要求提高到编辑出版的第一要求，促进更多精品好书出版。"调法"是指调结构，通过政策引导、项目扶持、资金支持，推动出版机构加强原创出版能力，找准市场需求空白点，在原创文学、原创科普、原创绘本等方面发力，构建科学合理适合市场需要少儿图书产品结构。

三要强化管理，规范市场。童书出版有其特殊的职责和属性，不能任由"无形的手"进行掌控，必须恰当把握市场配置资源和行政有效调控的度，尤其要树立起行政手段调控市场的意识，有效运用两种手段促进童书出版健康发展。国家应发挥好主导作用，在宏观层面就童书出版市场的健康持续发展制定出台相应政策，借鉴学习欧美一些国家对图书出版市场的管理模式，对网络售书、新书折扣、定价等进行规定。比如可以对新书，规定在一段时间之内不得打折销售，对定价明显偏高或偏低的图书出版者进行约谈。实施专业出版资质审核政策，可提升童书出版的门槛和专业化水平。通过多种手段的尝试，进一步规范童书出版市场运行，既要保证市场参与的各个主体能合理盈利，又要保证读者能买到真正的好书，还要保证市场能够持续健康发展。

从出版社角度来说，一要凸显出版特色。激烈的市场竞争，使得出版社必须找到并发展自身的产品重点，打造有别于他人的出版品牌。这需要少儿出版社综合考虑本社的资源积累、作者群体、编辑能力和发展方向，找准可能、可行的点，进行重点发展。如希望出版社出版的《流动的花朵》《乍放的玫瑰》《少年的荣耀》连续三届荣获中宣部"五个一工程"奖，《一诺的家风》《老土豆》双双入选中宣部 2017 年"优秀儿童文学出版工程"，全国共有八家出版社九种作品获奖，希望出版社是唯一有两种作品同时入选的出版社，彰显了山西少儿出版的品牌实力。山西童书出版就应以此为基础，重点做大做强少儿文学出版，同时打牢两教为基础，辅以知识读物和低幼图书，固本培元，稳中求进，整体提升发展水平。

二要提升原创能力。提升原创出版能力已成为童书出版界的普遍认识。这一方面是由于国家大力提倡原创出版，鼓励出版社从引进版、公版书转移到原创内容生产；另一方面也是市场倒逼使然，严重的同质化已使得童书出版缺乏发展活力。提升原创出版的核心是要加强出版社对市场的精准把握、对作者资源的挖掘整合、对出版内容的优质表达，而串联起这一切的就是编辑的高水平策划。加大策划编辑的培养力度，提升编辑的策划水平，无疑是出版社提高原创出版能力的关键。出版社要重点开发好原创出版选题，挖掘培育原创出版作家，为本社的原创出版夯实作者资源基础。

三要推动机制改革。在国家全面深化改革的大潮流下，少儿出版社也要勇于面对体制机制中的阻碍因素，深入推进机制创新和改革，建立起以市场为中心的运营机制、以编辑为中心的管理机制和以质量为中心的生产机制。以市场为中心，就是要眼光紧盯市场需求，一切以市场和读者需求为出发点，试点事业部制、非核心业务外包模式，注重市场调研、市场营销，避免闭门造车、拍脑袋上项目。以编辑为核心，就是要充分凸显文化创意产业的根本要素，出版社管理机制要围绕编辑工作展开，要以提升编辑出版水平为目标，薪酬、考核、人事等制度要向编辑侧重。以质量为中心，就是要确保政治导向正确和出版物质量提升，强化"三审三校"、责任编辑、质检等机制，编辑出版机制的改革不得以牺牲图书质量为代价。

四要培育专业队伍。对于出版社来说，人的问题不解决，出版社就很难取得发展。少儿出版社要注重人才引进，瞄准关键岗位的紧缺人才和突出人才，建立完善人才信息库和人才需求发布平台，灵活运用项目合作、协议工资等方式，引进市场化、数字化、国际化等急需紧缺人才。同时要强化人才培养，根据出版产业发展状况及不同岗位需求、不同人才层次，实施有针对性的培训，逐步实现人才的知识更新、能力转型和人才队伍结构的优化，推行"导师制"，构建"老带新"的员工帮扶教导机制。更要加大人才使用力度，对优秀青年人才早发现、早扶持、早使用，确保用当其位、人尽其才，建立人才交流使用、能上能下机制，充分激发人才政策的活力，为出版社发展充足动力。

五要拓展市场渠道。在这个渠道为王的时代，出版社在大的渠道商面前总是如此弱势。然而市场渠道又是出版社不得不面临的一道坎，没有市场渠道，再好的书也只怕是"酒香难飘巷子深"。少儿出版社要面临的市场渠道是多元的，既包括主流新华书店发行渠道，也包括民营发行"二渠道"，既包括政府采购的馆配渠道，也包括电商平台销售的网店渠道，还包括直接面向小学、幼儿园、童书馆等渠道。拓展市场渠道要结合自身产品特性来重点布局，传统渠道自不必说，网店渠道是要重点拓展的对象，要深度介入天猫、京东、当当等网店渠道。同时积极发展本社自办发行的微信销售渠道等小型新媒体渠道和直接面向读者的渠道。

六要拥抱融合出版。加快纸质产品的数字化转换，推进传统出版的价值链延伸，是未来出版的必由之路。虽然对于少儿出版社来说，发展融合出版还存在不少问题，但出版社必须放下顾虑，以积极的心态迎接融合出版。要成立专门的部门来推进融合出版，及时了解融合出版前沿资讯，关注融合出版重点项目进展，做好本社融合出版规划，布局重点融合出版项目，推动儿童图书出版向舞台剧、电影、电视、玩具以及幼儿园、小学等社会教育机构的阅读推广及资本运作转化[1]。依托自身资源优势探索适合

---

① 参见海飞：《努力推动童书出版的高质量发展》，《中国出版》2018 年第 11 期。

本社发展的融合出版模式，加大对纸质产品的数字化改造升级和转化，鼓励编辑人员开展众筹出版、红包做书等新兴出版方式，建立起数字出版融合的思维，积极委托地推进融合出版。

七要深度融入世界。出版产业的国际化已经日益深入，出版社的国际化发展已成为做大做强童书出版的必然。少儿出版社要在国家大力提倡文化"走出去"的政策下，深化"走出去"工作机制建设，加大出版走出去资源力量的整合力度，建立健全出版"走出去"工作责任机制，全方位拓展走出去渠道，重点加强对欧美英语国家和"一带一路"沿线国家的出版"走出去"渠道建设，深度参与国际出版交流与合作，积极参加国际少儿图书展。改变图书版权输出的单一模式，积极探索与境外出版机构联合策划选题，主动参与国际合作出版项目，积极推动出版人文交流，尝试建立海外出版分支机构，丰富出版"走出去"的模式，建立童书出版的国际视野。

八要立体服务转型。少儿出版社要改变单一图书出版的单向思维，在做强主业的基础上，以主业为依托，建立起以读者客户为中心的立体化经营模式，积极介入少儿阅读、亲子互动、幼儿教育、儿童游学等周边产业，以童书馆、绘本馆、幼儿园等多种形式，延伸产业链条，扩大服务供给，变单纯的图书出版商为针对少年儿童的综合文化教育服务提供商，构建多元化的发展体系。国有少儿出版社要善于与民营少儿教育文化服务公司开展合作，在确保产权清晰、管理规范的前提下，优势互补，共同经营，以主业带动辅业，以辅业助力主业，最终构建起少儿出版文化服务的大产业格局。

（作者单位：山西出版传媒集团）

以法治思维做图书质检，助力编校质量提升

姚晓光

  质检，在当前出版界可以说是一个让编辑闻之色变的词。国家层面有每年一度的出版物专项质量检查，各省部级主管部门也会定期组织各种出版物的专项质量检查。随着图书质检工作的常态化，各出版单位，无论是出版社，还是民营出版企业，都纷纷组建了内部质检队伍，从成品到印前，有的甚至到原稿，开展各种质检，质检把关的关口不断前移。笔者自2007年开始从事专职质检工作，一直到现在，经历过民营出版企业和出版社两类单位。但无论哪类单位，内部质检都存在一对共同的关系，那就是编辑和质检员的关系，或者说是编辑工作和质检工作的关系。

一、当前图书质检工作存在的一些问题

一般来讲，编辑和质检员的目的和责任是相同的，都是提高图书编校质量，特别是出版单位的内部质检部门，在方向上和编辑应当是完全一致的。但笔者通过多年的工作经历，有一个总的体会是，编辑和质检员之间总是或明或暗存在着一定的矛盾，关系较为紧张。一方面，编辑对质检员挑出的问题有意见，认为是鸡蛋里挑骨头，很多不是错误，不应计错，或者计错过重。另一方面，质检员对编辑对待错误的态度有意见，认为编辑的理由多为狡辩，没有端正的态度。究其原因，笔者认为有如下三点。

第一，对各类国标、规范、用法等的学习和理解不全面、不透彻、不到位。

编辑如果这样，就会在编辑过程中遗漏各种问题，或者把正确的改错。质检员如果这样，就会出现瞎指挥，把对的认定为错误，引发编辑的质疑。

例如，国标《标点符号用法》4.5.3.5 条规定："标有引号的并列成分之间、标有书名号的并列成分之间通常不用顿号。"有些编辑和质检员就会理解为并列的引号、书名号之间一律不加顿号，有的甚至把这一规则扩展到逗号上，见到引号、书名号之间的逗号也要删掉。实际上，这一条不是绝对的。条文只是说"通常不用"，并非绝对不能使用。在一些比较正式的文件，比如党的十九大报告中，并列引号之间的顿号都保留了。

第二，质检员对计错规则的理解和把握存在偏差，滥用计错规则。

在发现问题之后，质检员要对问题进行判定和计错，这一权力使得质检员在编校规范方面具有较大的话语权。大多数情况下，编辑都会鉴于质检员会计错而遵照质检员的要求修改。但质检员对计错规则的理解和把握也不是全都一样，也会有千差万别，一旦出现偏差，就会引来编辑的质疑。而编辑也存在曲解计错规则来进行申辩的情况。

例如，《图书编校质量差错率计算方法》有一条："前后颠倒字，可以

用一个校对符号改正的，每处计 1 个差错。"有些编辑会依据"用一个校对符号改正的"来对计 2 个差错的问题进行申辩，期望减少 1 个差错。实际上这条仅限于"前后颠倒字"，不适用于其他情况。

第三，质检员对发现的问题，处理过于简单，搞"一刀切"。

稿件中的问题类型众多，十分复杂。同样的问题，背后的原因却可能并不相同。同一个错字造成的后果，既可能是一般性差错，也可能是知识性差错，更有可能是政治性差错。也有的问题属于好与不好的区别，不是对与错的区别。总之，质检员在对问题进行判定和计错时，不能搞"一刀切"，一律以计错了之，而应当有所区别、分类对待，引导编辑准确、完整地理解和执行各类编校规范。

面对这样的现状，如何才能理顺编辑与质检之间的关系，使之相互促进，共同致力于图书编校质量的提升呢？笔者以为，在质检工作中，贯彻一些法治思维和原则，或可使前述问题在相当程度上有所改观。

二、三大法治原则理顺编检关系，助力编校质量提升

（一）"罪刑法定"原则

"罪刑法定"原则，是刑法中的一项基本原则。其基本含义是"法无明文规定不为罪"和"法无明文规定不处罚"。即犯罪刑罚必须事先由法律作出明文规定，对于什么行为是犯罪和犯罪所产生的法律后果，都必须作出文字清晰、意思确切的实体性规定。

质检工作贯彻这一原则，就是要做到"有依据"。判定某问题为错误要有依据，计几个差错也要有依据。目前，在判定错误方面有很多依据，法律法规、国家标准、行业标准、对标准的各类解读、《现代汉语词典》等各类工具书等等。在计错方面，主要有两个依据。首先是《图书质量管理规定》的附件《图书编校质量差错率计算方法》，其次是 2016 年原国家新闻出版广电总局质检中心培训班上公布的一份《图书编校质量差错判

定细则计错表》（以下简称"计错细则"），在《图书编校质量差错率计算方法》基础上细分了许多条目，成为目前普遍执行的计错依据。

1.判定错误方面。在判定错误方面贯彻"罪刑法定"原则，就是指对每一条错误的判定，以及对其错误性质和改法的判定，都要有相应的权威依据。稿件中存在的问题，有的的确是错误，需要改正，而有的不是错误，只是改了更好。但往往有些改了更好的问题，被判定为错误，这就会产生矛盾。例如某图书的质检结果中有下列内容：

①为了保证质量，他对书稿做了又一次校译。（质检要求将"做了又一次"改为"又做了一次"）

②对这个学生，我们还是得有信心的。（质检要求删掉"的"）

这些都被质检员判定为语法错误。而实际上，从语法角度来讲，并没有确凿、权威的依据能判定其为错误。例①中，原句的"又"和"一次"一起，共同修饰"校译"，重点强调校译是又一次。而质检的改法，是把"又"移到"做"的前面，是重点强调了"做"。这二者只是强调的侧重点不同，并非对错之分。例②中，"还是……的"的用法更是司空见惯，如"我们还是有机会的""我们还是得去的"等等，删掉或不删掉"的"并无区别。

2.计错数量方面。计错数量直接关系到书稿的差错率，关系到质检结果是否合格，编辑尤为关注，所以更要贯彻"罪刑法定"原则。这就是说，某个问题被判定为错误后，到底计几个差错，必须要有依据。根据上面提到的两个文件，绝大部分错误类型都有对照，计几个错一目了然。关键是，有些错误由于性质、改法存在特殊性，既可以对照计2个差错的条目，也可以对照计1个差错的条目，甚至有可能对照计0.1个差错的条目。这时就有问题了，到底按哪个计错？一般来说，业内普遍认可计错"就低不就高"，即如果某条错误既符合计2个差错的情况，又符合计1个差错的情况，一般计1个差错。但也并非绝对。这里主要参考改法和错误的性质来综合酌定。但无论怎么计，都应该有理有据。例如某图书的质检结果中有下列内容：

③某条参考文献中的"商务印书馆，1995年"，应改为"商务印书馆，1991年"。（判定为知识性错误，计2个差错。）

④序号"（一）……（六）"，要求改为"1.……6."。（判定为格式不统一，计 1 个差错。）

例③中，质检员应该是按照计错细则的 A2 条"时间年代（年号）差错，每处计 2 个差错"计的。但是，这里还应该分析该错误的性质。A2 条属于 A 类知识性错误，指的应是某些事件、人物涉及的时间年代，属知识范畴，而例③只是一条参考文献中的出版年份，应当参照计错细则 J12 条"参考文献内容差错每处计 1 个差错"计 1 个差错。（按错误性质）

例④中，错误应为序号层级错误，认定为格式不统一没有问题，但计 1 个差错没有依据。计错细则有 K6 条"页码、标题、公式等序号标注错误，每处计 0.1 个差错，全书最多计 10 处"，据此，序号共有 6 处，所以最多计 0.6 个差错，而不是 1 个差错。（按错误性质）

（二）"疑罪从无"原则

疑罪从无，是指刑事诉讼中，检察院对犯罪嫌疑人的犯罪事实不清，证据不确实、不充分，不应当追究刑事责任的，应当作出不起诉决定。《刑事诉讼法》第一百七十七条规定，犯罪嫌疑人没有犯罪事实，或者有本法第十六条规定的情形之一的，人民检察院应当作出不起诉决定。

这一原则贯彻在质检工作中，主要表现在对错误的判定上，如果没有确凿、权威的依据证明某个问题是错误的，便不能认定其为错误。前面的"罪刑法定"原则与本原则相辅相成，前者主要指判定是错误及是什么性质的错误要有依据，后者则指没有依据便不应判定为错误，更不能计错。

在质检工作实践中，书稿中存在的各类问题，有相当一部分是属于"好与不好"的范畴，即判定为错误缺乏足够的依据，但根据大众的认知、习惯用法等，显然改了更好一些。但往往这类问题也被归为"对与错"的范畴，被判定为错误并计错。编辑对此必然喊冤叫屈，提出质疑。对于这类问题，质检员最好采用"记录、指出、提醒但不计错"的方式，建议编辑改正，使其更好。实践证明，这一方式能够起到与编辑共同提高书稿质量的目的。例如下面几个例句：

⑤本书结合高职院校的人才培养目标，本着"基础、够用"的原则，

针对高职学生学习积极性不高、领悟力不强、注意力难以集中等情况，在……的基础上，深入浅出地阐释了经济学的基本内容。

⑥不文明用语是不良网络信息，虚假信息也是网络不良信息。

例⑤中，前面已经提到了"结合高职院校"，表明该书就是针对高职学生的。然而后面却仍然提到"针对高职学生"的一系列不好的现象，明显给人一种印象，即这些不好的现象是高职学生特有的。这样的表达就有歧视、贬低高职学生的嫌疑，令人产生反感。这个问题质检员并没有判定为错误，只是做了记录，指出并提醒编辑。因为它只是在表达上给人不舒服之感，从各类规范上看，却并无错误之处，属于修改一下表达，使之更好就行的情况。可将第二个"高职"删掉，不做强调，只是针对学生普遍存在的一系列不好的现象，这样就没有问题了。

例⑥中，前面是"不良网络"，后面则是"网络不良"，从上下文逻辑看，句子是在列举同一类事物的不同情况，用语应当前后一致。但从语义表达上看，"不良"在前还是在后，都没有实质区别，算不上错误。故此，只是记录、指出、提醒，但未计错。

以上两条法治原则在编校质量检查工作的贯彻和落实，可以起到两方面的作用：一是精准判定编校差错，只计"硬伤"，准确反映书稿编校质量；二是促使编辑提升书稿语言文字表达水平。

（三）"谁主张谁举证"原则

这一原则主要体现在《刑事诉讼法》和《民事诉讼法》中，基本含义为：当事人对自己的主张，要自己提出证据证明。《中华人民共和国民事诉讼法》第六十四条第一款规定："当事人对自己提出的主张，有责任提供证据。"《最高人民法院关于民事诉讼证据的若干规定》第二条规定："当事人对自己提出的诉讼请求所依据的事实或者反驳对方诉讼请求所依据的事实有责任提供证据加以证明。"

这一原则贯彻在质检工作中，主要体现在两个方面：一是质检员在对问题进行判定时，如果认定其为错误，应当给出判定依据，而不是只计错，或者简单地注明"语法错误"等大概类型。二是编辑如果对错误判定不认可，在申辩时应当给出自己反驳的理由和依据，而不是简单地申辩一句"不算错误""这样也可以""大家都这么说"等等。

1.质检员对错误的判定。质检员对错误的判定，决定着一本书稿编校质量的高低，责任重大。判定某个问题是错误时，质检员应当给出自己的依据，说明理由，这既是对自己的工作负责，也是对书稿质量和编辑工作负责。如果什么说明都没有或者非常简单笼统，一方面会使质检员降低责任感，对结果不负责任；另一方面也会让编辑不明所以，不知为什么错，不利于编辑成长和书稿质量提升。贯彻"谁主张谁举证"原则，关键在质检员。笔者在近几年的工作实践中，均是在每条问题和错误后的"备注"栏，写明依据或理由，有时"备注栏"的字数比前面对错误的描述还要多。这一措施不仅促使自己在判定错误时更加慎重，反复查阅各种规范、标准，也同时把各类规范和编校知识向编辑做了宣传普及，另外也降低了沟通成本。下面即为两个样例。

质检样例

页码	行数	原文	改为	计错	备注
161	5、7	我写的诗。"……等待父亲回来。"等等	我写的诗"……等待父亲回来"等等	0.2	据标点国际附录 B.2.1，引文不独立但带有问号或叹号时，引号内的句末点号保留，除此之外，引号内不用句末点号。即，引号内只能有叹号或问号。句号不用保留。
112	倒 7	有失偏颇	失之偏颇	0.2	"有失"是"失去"的意思，后面跟的一般为"应该有的东西"，"偏颇"为贬义。"失之"为"失之于"，意为"过失于""失误于"

2.编辑对错误的申辩。在各层级、各种类的编校质量检查中，申辩一般都是必不可少的环节之一。既然是申辩，责任编辑对错误基本上是能不认可就不认可。不认可就要提出自己的理由和依据，而不能随意否定。但在一些培训中以及笔者自己的工作实践中，经常看到某些编辑的申辩理由

太过简单，"不算错误""这样也可以""大家都这么说"等等。这样的申辩理由是苍白无力的，如同质检员要抓"硬伤"，以过硬的理由和依据判定错误一样，编辑的申辩也应当是有依据、有力度的。下面举几个有效申辩和无效申辩的例子：

⑦在这场选举中，联邦党……从此一蹶不振直至堙没无闻。（质检意见："堙"应改为"湮"，因"湮没"为固定词语，且"堙"为异体字。）

申辩理由：《辞海》中有"堙"字，解释为"埋没"，例句中有"堙没"一词。"堙"是《通用规范汉字表》内规范汉字 5064 号。

该申辩理由有理有据，援引《辞海》和《通用规范汉字表》反驳了质检员的意见，申辩成功。

⑧ 1905 年，连横与人创办《福建日日新报》，所办报纸由于鼓吹反动，得到南洋同盟会赞赏。（质检意见："反动"为贬义，用词不当。）

申辩理由：据《汉语大词典》（普及本，2012 年第 3 版），"反动"一词释义有："1. 谓与原来的行动相反。2. 反对；反抗。3. 相反的作用。"句中"鼓吹反动"并非通常意义上的贬义词，应为中性词。

该申辩理由直接依据权威工具书的释义，有理有力，申辩成功。

⑨没有任何形象能更好地显示一出般真实和特殊真实之间的关系。（质检意见："一"和"出"位置颠倒，应为"显示出一般"。）

申辩理由：修改以后更好，但也不影响对原文意思的理解。应该只算 0.5 个差错。

该申辩理由没有提出任何依据，其"只算 0.5 个差错"的主张也没有任何依据。实际上例句中的问题是个典型的颠倒字错误，无可辩驳。强行申辩只能失败。

三、小结

当前，在图书出版领域，质量问题受到越来越多的重视，各级各类评奖活动也会设置质量检查环节，把质检结果作为参评获奖的硬杠杠。然而，由于质检员并不是一个专门的岗位，从事质检的人员很多都是各出版单位的编辑、编审等人员。不同的人，对问题的理解、对规范的理解、对计错标准的理解都不一样，参差不齐，宽严不一。因此，提倡质检员在编校质量检查工作中贯彻落实法治思维，以谨慎的态度对待稿件中的问题，很有必要。

笔者的实践也证明，以上述法治思维做图书质检，不仅可以促使质检员进一步增强责任心，慎重对待每一个问题，更可以和编辑一起相互促进，共同提升业务水平，从而有效助力书稿编校质量提升。而提高编校质量，正是我们做质检工作的初心所在，是我们全体出版人的共同目标。

参考文献：

1. 刘远志、徐进功：《运用法治思维建设法治中国》，《中国纪检监察报》2019 年 5 月 16 日。

2. 熊觉：《图书质量专项检查应加以完善并成为常态》，《出版发行研究》2015 年 第 5 期。

3. 张严：《罪刑法定原则的内涵与适用》，《学习时报》2018 年 8 月 13 日。

4. 侯金江：《浅论疑罪从无原则》，《天津政法报》2014 年 5 月 13 日。

5. 胡东海：《"谁主张谁举证"规则的历史变迁与现代运用》，《法学研究》2017 年 第 3 期。

6. 部分案例来自中央宣传部出版产品质量监督检测中心 2017 年第二期质量管理与质量检查培训班讲义。

（作者单位：教育科学出版社）

融媒体时代的百科全书编纂

龚　莉

百科全书在西方已有两千多年历史，在中国，如将类书归入"中国古代百科全书"范畴，起源时间也大体与西方相当。现代百科全书在中国起步于 20 世纪 70 年代末，在之后的三四十年时间里，不但有了国家级大型综合性百科全书，还涌现出大量专业百科、专题百科。百科全书作为知识系统、全面、准确、权威的工具书，在国家建设和社会进步中，在人们的工作和生活中发挥了重要作用。

在知识大爆炸、信息技术高度发达的当今，网络百科全书一夜爆红，在世界范围内形成新热潮。它内容无所不包、查找方便、实时更新，在满足用户需求方面具备许多优势。然而同时它也受到社会的质疑和批评，包括条目质量、信息准确度、呈现态度的客观性以及无法提供一致的准确内容，有些还因商业利益、竞价排名、知识产权等问题纠纷不断等。

传统纸质百科全书的式微是必然趋势。著名的国际权威百科《不列颠百科全书》于 2012 年 3 月 13 日宣布纸版停印，成为轰动一时的头条新闻。现今，欧美传统大部头百科全书纸本基本都已停止印刷。

知识生产、获取、传播、学习、服务的方式发生了翻天覆地的变化。以往声名显赫、有着很高公信力的传统百科全书面临严峻挑战，同时，机遇更是前所未有的。认清时代变化，探索融媒百科转型，是传统百科的必要选择。

融媒百科是一种跨界融合。它立足创新，将传统媒体与新媒体的优势相整合，使单一媒体竞争力变身为多媒体集聚的竞争力，从而使百科全书的功能、价值得以全面提升。以融媒助力，攀登新的制高点，掌握知识话语权，让权威准确的知识惠及普天民众，让老品牌焕发新荣耀，对辞书工作者来说，这是使命，也是重大的新课题。

本文结合读者需求，就融媒百科编纂中的相关问题做一初步探讨。

一、一查就有，一查就准

"一查就有，一查就准"，是百科全书使用者的刚需，也是传统百科全书曾经长期具备的优势。百科全书被誉为"没有围墙的大学""人类知识的总汇"，这体现了它的定位：知识全面、准确精要。

但是，在科技迅猛发展，知识爆炸式增长的今天，事情发生了很大变化。

"一查就有"这在与网络相比容量少得可怜的纸书上，是很难做到的了。而目前的一些网络百科，内容天南海北、上天入地、无所不包、无所不有，新内容即时性也很强，几乎可以做到"一查就有"。

至于"一查就准"，因为纸介百科全书的出版周期长（大型综合性百科编纂出版动辄一二十年），知识更新、新发现、新成果、新资料的纳入难免滞后，所以也会打了折扣。而当下的网络百科，准确性欠缺、重复、过载等则成了它最大的短板。由于网络容量的海量性，使人们在发布时不再考虑容量限制。同时，发布门槛降低，使任何个人参与撰写及发布成为可能。内容急剧膨胀，质量参差不齐，严重干扰了使用者对相关有用内容的准确分析和正确选择。真实性无法验证，随时可能被错误误导，很难实现"一查就准"。同时，重复、过载使得获取高质量有价值的内容成本越来越高，浪费的时间越来越多。正如美国学者赫伯特·西蒙所说："信息的富足带来了注意力的贫瘠"。

辞书人要做的融媒百科，第一要义是继承传统百科"一查即准"、质量至上的优良传统，将准确性、权威性，即内容质量放在首要位置，任何境况下都不可动摇。在这一前提下，要想快速达到相当规模并还能保证质量，在传统作业方式之外，还应当积极探索，引入、创新编纂机制，比如众筹、众源机制。

众筹，即写作者众筹。网上公开招募，具有相应学术及写作资质的人员，均可就自己熟知、研究的领域申请参与写作、贡献词条。这里的作者众筹，有一定学术、职称门槛，仍然遵循了传统百科"合适的人写合适的条"的基本原则，这与现有网络百科的全民开放写作有明显区别，以保证内容的准确性、权威性。同时，也有别于传统的单一通过某个单位选拔、某个个人推介的模式，打破可能存在的地域限制、门户之见等，为更多"合适的人"创造脱颖而出、崭露头角的机会。

还可以进一步考虑的是，现在有大量生活类、实用类知识，可能来自一些"能工巧匠""生活达人"日常的发现、提炼、创造，而且这些知识可能恰恰是学府、学者所不屑、不及、不能的。所以，有些领域、有些主题也可以吸纳非学者、但确有研究的人来写，本质上亦符合"合适的人写合适的条"。

众源，即内容众源。在总体设计的框架下，对社会上已经正式出版的百科类工具书及相关书籍、在线的权威知识平台及内容进行甄别，通过各种合作方式进行聚合。这些出版物及在线产品，均能遵循严格的质量标准，同时，其内容又是百科全书知识体系中的构成部分。如此相机整合、有效利用，无论从哪个角度看都是合算的。从这个意义上讲，融媒百科的架构已经突破传统工具书格局，成为聚合、拓展、呈现权威知识的专业平台。

众筹、众源，是开放性合作，需要预先建立相应的规则、标准、体例、流程，以及组织、审查、协同等一应机制。以确保项目的整体性、准确性、效率性。

二、既要好用，又要好看

在两千多年变迁中，传统百科全书逐渐发展完善。不但内容精要，还设计了学科分类、知识层级、字顺、参见、主题词、大事年表等"路路通"检索系统，为使用者提供查检、学习之方便。传统百科还以珍贵的文献图片、考究的版式和装帧来增加阅读的愉悦感。但总体来说，百科全书体量越大，查找便越需要更多时间、脑力，甚至体力。

网络环境下，好用已上升为刚需。由于网络内容、网络产品太多，同时读者的时间越来越碎片化，耐心越来越有限，而跳跃、转移只需要动动手指，一键搞定，实在太容易了，读者的注意力基本上是随着是否好用来跳跃、来定位的，所以，是否好用，已经成为传统百科转型融媒百科的标配。

随着网络技术日臻成熟，融媒百科面向知识服务，"好用""好看"的功能可以持续拓展。

一是检索。除了速度快，无搬弄"大砖块"之累外，检索方式也可以多样化，保留传统检索手段的同时，手写输入查询、语音输入查询、意义相关词、摄像头组词查询等数字化检索方式将渐次纳入其中。

二是知识组织。知识组织，即将各种知识按照内在的关联归序，以便最为快捷地为用户提供知识和服务。传统百科全书的框架、条目表、内容的编排方式等就是它的知识组织方式。然而，传统的知识组织方式，实质是基于"读者应该知道什么"，体现了学者、百科全书编纂者的主观推送意向。而在网络时代，用户表明的意愿往往是"读者想要知道什么"。传统的知识服务主要以人的智力服务为主，网络环境下，自助式获取知识已成为主要手段。面向知识服务进行知识组织，达到快速响应用户需求的目的，是编好融媒百科的关键。这不仅需要传承过去，更需要借助信息技术不断创新。

三是分类。传统百科往往使用学科分类、本体分类、图书馆分类等，而现在网络上反映民众需求大行其道的还有"社会分类""主题分类""自定义分类"等。

超文本知识组织。用户在网络上可以不必顺序阅读，而是顺着指针实现跳跃式阅读、联想式阅读。超文本知识组织是一种非线性的知识组织结构，这样的结构其实在网络还未出现前的百科全书中就存在了（内文参见、索引等），只是由于纸本不能解决即时阅读，一套全书数十卷翻找起来费时费力，作用受限。如今网络发展普及，尤其是 Web 技术的出现，使这种结构可以极大地方便用户，知识的超文本组织还突破了传统一个文本内部的跳跃指向，包括了文本之间的指向，甚至资源之间或网页之间的指向。

基于语义推理的知识服务。用户往往使用自己熟知的关键词进行检索，有可能与学院派百科全书提供的可检索条目（标引词）不一致，就是说检索与标引相互脱离，从而降低了查全率。而在网络环境下，本体技术、知识图谱、语义网络技术等可实现语义推理，完成更高级的知识服务。使用者不再为无法知道具体检索对象的名称造成无法检索的情况而苦恼。知识服务系统可以根据用户所掌握的某一信息或知识，借助一定的语义关系实现推理检索，提供知识服务。

百科全书从传统的封闭型模态转向开放型知识组织工具。知识扩展、多维标引，建立知识与知识、知识与分类之间的关系，以及各种分类之间的联系等。随着本体技术、人工智能技术、数据挖掘技术、数据仓库技术、云计算技术等的不断发展，必然推动百科全书的知识组织朝着不断满足使用者需求的方向变革、完善。

四是知识延伸、拓展。通过与大量专业性、专题性、特色性网站链接，建立合作，四通八达，使专、深、广、博成为可能，这类增值服务深得人心。《大英百科全书》线上版就精心挑选了 120000 个以上的优秀网站链接，帮助使用者拓宽知识获取渠道。

五是互动。互动是网络化环境下消费者行为的典型特征，来自人们更高层次的需求，也即位于马斯洛需求金字塔塔尖的"自我实现"。用户可以通过多种感官与百科全书进行实时信息交互，发表意见，贡献知识，获取参与的愉悦感。世界正在经历一个前所未有的"知识民主化"进程，知识发现、挖掘、创造、贡献不再只是高深学术殿堂的专利。当然，为确保百科全书的准确、权威，内容是不能随随便便由人改写、提供的。从操作层面，可以考虑设立互动社区，提供互动平台和渠道，充分听取用户意见，重视参与者的知识贡献，并通过审查、筛选、评议等专业人员把关，然后再将确有价值的内容吸纳、输送、采用至百科全书中。

六是好看。网络将各种媒体一网打尽，融媒百科可以富集文本、图像、音频、视频、VR/AR 等。可视化、具象化、多维度、立体化展示知识，帮助使用者更好地学习和理解知识。

总之，融媒百科要在"三新"上下功夫。即，新技术——融媒百科与传统百科的根本区别，是建立在信息技术、互联网平台基础上的知识服务；新形态——知识的平面解读转向多媒体解读、立体解读、多维解读、动态解读、交互解读；新功能——从传统的释疑解惑，进阶至满足多方需求的知识服务。

三、文化担当，文化自觉

由于在提高国民科学文化素养、推动国家进步富强，以及国际交流中的重要助力作用，融媒百科的文化担当、文化自觉，是应该特别关注的问题。

（一）为建立国家知识体系效力

百科全书不仅代表了一个国家、一个时代的知识水平，而且体现了一个国家、一个时代理解世界、把握世界的认识水平。也就是说，百科全书既是知识总汇，又是思想标杆。因此，在构建国家知识体系中责任重大。

知识体系缺失的严重结果显而易见。外来的知识体系不能完全解决中国实践中的问题，借用外在世界尤其是西方的知识体系来认识自己、解释自己，借用他人的话语权来向他人推广自己，这实际上就是丧失了国际话语权。

融媒时代，正当知识爆炸、老学科不断发展、新学科大量涌现之时，编纂者编辑者更应自觉担当起文化责任，在知识体系构建上，展现中国智慧、中国特色。

例如，这些年，新闻传播业插上高新技术的翅膀飞速发展，直接从业人员已达500多万人，开设专业的高校超过700所。在《中国大百科全书》第三版中，传播学在《中国大百科全书》中第一次作为独立学科设计。而近年传播业在快速发展的同时也乱象丛生，同时，改革开放以来作为舶来品引入中国的传播学，大抵属于一套以美国的社会政治、历史文化、传播实践、理论话语为基本蓝图的知识谱系，对中国社会与传播而言，这套知识谱系有"横向不到边，纵向不到底"的局限。因此，传播学自身知识体系、知识架构的构建成为本卷重中之重。这就需要学者和编者下功夫，在《中国大百科全书》传播学卷中，充分体现中国人在传播理论与传播实践中的立场、观点与方法，改变以往传播研究亦步亦趋、唯人马首是瞻的总体格局。

突破西方话语体系的前提，是构建中国自己的知识体系。出版人应当在构筑国家知识体系中留下努力的印迹。

（二）重视实用知识的收录

传统百科全书在知识的组织上，强调"上档次"，强调纯粹性、基础性知识，忽略实用性、应用性知识。而实用性、应用性知识，与民众现实中的工作、生活密切相关，在当今网络环境下，已经成为学习、检索、使用的兴趣和需求触发点。

"纯粹知识"与"实用知识"的差别古已有之。"纯粹知识"，比如希腊文和拉丁文经典著作的知识，在 16 世纪中叶前地位很高，而"实用知识"，像生意和生产过程中的知识，有如掌握它的手艺人和工匠一样，地位低下。那时被上层阶级视为七种"机械技巧"的是，制衣、造船、航海、农业、打猎、医疗和表演。

后来，情况有了变化。17 世纪在欧洲发生了伟大的文化运动——科学革命。这场运动的支持者试图将另类知识并入"学问"之中，比如化学，曾得益于古老的炼金术工艺，植物学则从园丁的知识发展而来。"纯粹知识"与"实用知识"的相对重要性发生了转向。培根"知识就是力量"中的知识，更多是指重视实用知识。到 18 世纪，实用知识已受人尊重。"最有用的知识应排在最显要的位置，其次才是最为时尚和适用于绅士的知识。"（1971 年 5 月《绅士杂志》评论）

我们所处的环境，过去"实用知识"似乎比"纯粹知识"低等，而如今，有的时候实用知识、应用知识似乎比纯粹知识、基础知识具有了更多的吸引力。

实用知识，有着最为广泛的民众需求，正因如此，也是这些年来伪科学、伪知识、谣言最喜冒用、胡编的，且借助网络、微信满天飞。按照辞书定义："文化是相对于政治、经济而言的人类全部精神活动及其活动产品"，辞书人有责任重视科学的、标准的实用知识之编纂和传播，正本清源，满足人民需求。笔者认为，这也称得上是一种文化自觉。

参考文献：

1. 苏新宁等：《面向知识服务的——知识组织理论与方法》，科学出版社 2019 年版。

2.［英］彼得·伯克：《知识社会史》，浙江大学出版社 2016 年版。

3. 李彬：《中国大百科全书第三版·传播学建议》。

（作者单位：中国大百科全书出版社）

全媒体时代下的学术出版转型融合发展实践

——以"人卫助手系列知识服务数字平台"为例

贾晓巍

2019 年 1 月 25 日，中共中央政治局新年的第一次集体学习，选择了位于北京市朝阳区的人民日报社新媒体大楼，把"课堂"设在了媒体融合发展的第一线。[①] 从中可以清晰地看到党中央对新媒体发展的高度重视。习近平总书记在集体学习中提出了"四全媒体"，即全程媒体、全息媒体、全员媒体、全效媒体，给媒体转型指明了方向。同为以内容生产、复制、传播为核心价值的出版业，与媒体发展高度相关。因此，这次集体学习对出版业的转型发展同样具有战略指导意义。

---

① 参见独孤九段：《政治局开年首次集体学习，为何选在了人民日报?》，侠客岛微信公众号，2019 年 1 月 27 日。

作为我国最大的一家医学专业出版机构，人民卫生出版社在传统出版行业有着良好业绩和优质品牌。在全媒体时代，公司决策层抓住新的历史机遇，抢先在医学学术出版领域布局，利用优质出版内容为数据源，以智能检索、人工智能、大数据为代表的数字互联网技术为支撑，规划建设了人卫助手系列知识服务数字平台，开启了由内容出版向知识服务转型的序幕。以下，笔者将以之为例，与读者分享在这一过程中获得的一些经验和认识。

一、全媒体的诠释

（一）出版业对"全媒体"的认识

2009 年，出版行业就有学者提出了"全媒体出版"的概念[1]。2015 年以后，关于"全媒体出版"研究成果及论文出现了大幅度增长。这些研究和论文总结起来主要是从三个方面入手对全媒体出版进行了阐释和分析：一是从内容整合方面，强调对内容的多平台、多媒体投放；二是从媒介技术形态方面，强调突破单一媒介（纸媒）传播态势，形成了全方位多角度的传播形态；三是从产业链方面，强调交互性较强的出版产业生态。[2]

（二）对"四全媒体"的理解

习近平总书记提到的"四全媒体"，可以理解为以数字互联网为传播媒介的四个传播特性。全程，意思是一个事件、一项工作，从发生到结束，无时无刻不处在信息传播的链条中；全息，意思是传播的呈现形式愈加多元，图文、视频、游戏、VR/AR 等，让用户可以根据需求个性化选择；全员，意思是人人都是媒体中的节点，都是媒体中的一部分，媒介与人不再是分离的，而是你中有我、我中有你；全效，意思是媒体越来越分众化，可以利

---

[1]　参见前瞻产业研究院：《中国全媒体出版商业模式与投资战略规划分析报告》，2014 年 4 月 8 日，见 http://baike.qianzhan.com/detail/bk_9e39f3ac.html。

[2]　参见张亚运：《华东师范大学出版社全媒体出版现状研究》，上海师范大学 2017 年硕士学位论文。

用大数据、人工智能、云计算等技术了解用户，用户画像越来越清晰使传播更精准、更有效率。[①]"四全媒体"的提出，对于出版同样具有指导意义。

二、全媒体时代下出版转型

（一）技术推动下的传播媒介革新

现代出版业诞生于工业革命，在机械革命、能源革命、信息革命三次工业革命中，新技术的应用大幅度提高了出版业的工作效率，但并没改变以内容生产为中心的单向式传播模式，也没改变内容生产者、传播者和受众三者之间的关系。进入 21 世纪，以移动互联网、人工智能、大数据等技术为代表的第四次工业革命让传播媒介产生了质的飞跃，不仅有全程、全息、全员、全效的传播特性，更表现为载体多样化、终端小型化、信息多元化、传输移动化、应用场景化、传播智能化的传播特点。新的传播模式重新定义了内容生者产、传播者、受众三者之间的关系，推动了以内容生产为中心的出版者，向以"用户"为中心的知识服务提供者的转型。[②]

（二）内容出版与知识服务比较

传统出版是对信息的记录和呈现，为读者提供的是图书作品。而全媒体时代的知识服务，则是基于应用场景的信息发现、决策和应用，为用户提供的是解决方案。

1. 从满足消费者需求角度看出版是以纸质媒介为传播载体，通过对标准内容的多次复制，形成有统一形态的出版物的生产模式，如图书、期刊、报纸。纸质媒介对图片、文字的承载性良好，有较好的阅读体验感，适合于学习类的"深阅读"。纸质出版物对内容无延展性，对读者的阅读

---

① 参见独孤九段：《政治局开年首次集体学习，为何选在了人民日报?》，侠客岛微信公众号，2019 年 1 月 25 日。

② 参见孙利军、邵甜甜：《知识服务：重塑出版与读者关系》，《出版发行研究》2018年第 12 期。

环境一般要求较高，也需要一定时间的保障。而借助新媒体传播的知识服务却是以数据化、结构碎片内容为核心的，以互联网媒介为传播媒介的服务模式。内容的延展性和拓展性可以不断满足读者个性化的需求。由于阅读终端的多样化、移动化和小型化，使用户可以方便切换各种使用场景，可以充分利用碎片化时间。

2. 从价值链构成角度来看价值链是不相同但又相互关联的生产经营活动，构成了一个创造价值的动态过程。内容出版是围绕编辑、印制、发行，以出版物经营为核心，动态创造价值的过程。而以数字互联网为传播媒介的知识服务是围绕内容生产、用户服务、平台构架、技术研发、商务运营，以满足用户需求为核心的一种动态创造价值的过程。虽然内容出版与知识服务以内容传播为目的，但是两种业态价值链的驱动力内核已经完全不同了。

三、全媒体时代的学术出版转型融合发展实践

2014 年 8 月，中央全面深化改革领导小组第四次会议审议通过了《关于推动传统媒体和新兴媒体融合发展的指导意见》。按照党中央部署，人民卫生出版社在保持传统出版优势的情况下，提出由专业出版向全媒体时代的专业知识服务转型的决策，2015 年 11 月启动开发人卫助手系列知识服务数字平台（以下简称"平台"）。在平台开发运营过程中，实现了传统出版助推平台发展，平台发展助推出版转型的良性互动。

（一）人卫助手系列知识服务数字平台

平台是以提升医疗服务能力为重点，以助推医疗信息化为目标，利用智能检索、大数据应用、人工智能等现代信息技术为支撑，以权威优质内容为基础数据资源，围绕用户使用场景开发，能够为医务工作者，提供权威、可信的临床证据和指导意见的专业知识服务系统。根据用户分为个人用户端（To C）和企业用户端（To B）。目前，移动端下载用户已达 55

万次，企业用户也达到 50 余家医院，取得了一定的社会效益和经济效益。

1. 个人用户端由人卫临床助手、人卫用药助手、人卫中医助手三个手机移动 App 客户端组成，是以临床医师、临床药师、中医师、中医爱好者等为用户，为其提供专业知识学习、检索的数字平台。

2. 企业用户端包括人卫 inside、人卫 CDSS 等。

（1）人卫 inside：是人民卫生出版社提出的知识服务新概念与产品形态，是直接用于临床医生工作场景的应用型知识库，可单独安装于医生工作站，也可为医院 HIS 系统、病历系统、PAS 系统、LIS 系统及临床决策辅助系统（CDSS）提供知识内核，为用户提供疾病、病例、药物、用药分析、医患沟通和临床检验等快速查询服务及辅助诊疗、合理用药、相似病例、知识查询等服务。

（2）人卫 CDSS：是利用现代数字互联网技术（自然语言分析、大数据应用、人工智能等技术）构建的数据分析引擎，以人民卫生出版社优质专业内容为基础数据源，基于临床真实应用场景开发的，能够为提供临床决策意见计算机支持系统，并可以通过数据内容持续更新和数据分析引擎迭代发展不断提升性能。

（二）以传统学术出版助推平台发展

1. 利用传统出版积累的专家资源强大的专家资源是传统出版积累的重要财富，在平台的建设运营过程中能够发挥巨大作用。初期，成立了"项目建设专家评审委员会"为平台建设的可行性及框架设计提供决策意见和建议；运营期，成立了三级专家委员会，包括咨询委员会、指导委员会、工作委员会，为平台内容生产、质量把关提供支持。

2. 利用传统出版积累的内容资源内容是知识服务平台运营的核心要素。平台建设初期，充分利用了传统出版积累的图书内容资源，对原有的纸质图书的内容进行了数据化、结构化处理，建立了平台内的疾病、药物、手术等相关知识库，为平台的初步功能实现起到了支撑作用。

3. 利用传统出版培训的编辑队伍优质内容的生产离不开医学专业编辑。在平台建设初期没有大量用户支撑的情况下，组织招聘大量新编辑会形成大量的人力成本支出，给平台持续发展带来风险。因此，在平台建设初期，笔者单位组织对数字化比较熟悉的传统图书编辑成立内容编辑工作组，并设置了专业负责人和栏目负责人，基本保障了平台的内容生产运营。这样既培养了人才，又减少了转型中的人力成本风险。

4.利用传统出版图书的流量入口图书是传统出版业中的产品，在全媒体时代却是很好的流量入口。平台上线运营初期，用户量比较少，将链接平台的二维码及简介加印到图书的封面和封底，通过纸数融合的方式，给平台带来了很好的用户引流。由此，图书读者也就直接转变成平台用户。媒体关系也由图书与读者之间的单向传播转变为平台与用户之间的双向互动。

（三）以平台推动传统学术出版转型

1.运营组织结构的变化如前所述，传统出版与全媒体时代的知识服务价值链的驱动内核不同。传统的编、印、发组织结构已不能驱动平台运行，要求重新构建包括内容构架、技术研发、用户服务、平台运营等新的组织结构。为了不影响传统出版，出版社决定成立新公司（北京人卫智数科技有限公司）以新的组织架构独立运营平台（见图1）。

2.内容组织方式的转变改变了传统出版中以主编为核心的图书编写模式。主编从编写会到定稿会要领导全体编者按照统一要求完成编写任务，其组织工作、审读工作繁重，出版周期长。因此，学术图书传播信息的速

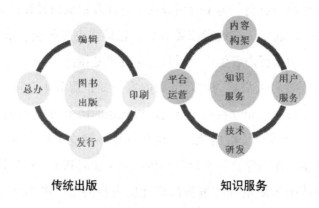

图 1　传统出版与知识服务运营组织结构对比

度已经不能满足日新月异的医学发展。全媒体时代的知识服务是以内容为核心的多中心编写模式，可以根据平台需要将内容切分为多个知识模块，每个模块都由专门团队负责编写及更新，所有过程均在线上进行，大大提高了信息传播速度（见图2）。

传统出版

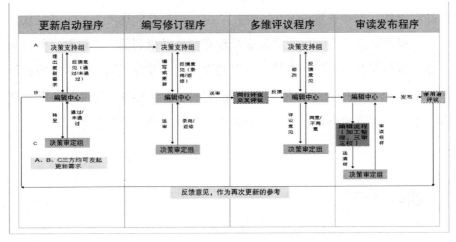

知识服务

图2　传统出版与知识服务专业内容组织模式对比

3.编辑能力要求的变化从传统出版到知识服务，传播媒介变了，要求编辑所具备的素质和能力也变了。编辑视野不再囿于图书，而要延展至平台；编辑不再只是内容的发现者、提供者，更应该成为优质内容的筛选者、提炼者；编辑不再只面对图、文，而要面对图、文、声、影全部信息元素；编辑不再只注意目录框架，而要关注搜索技术、知识图谱；编辑不再只会审读稿件，而要懂得如何结构化、碎片化标引；编辑不再只关注装帧设计，而要时刻关注用户体验。

（四）面临的问题

1. 技术瓶颈由于从事业务的关系，传统出版企业对数字互联网技术人才储备较少，同时对数字技术内涵缺乏理解，从而限制了企业融合转型升级的速度，成了最关键的转型障碍之一。

2. 榜样缺乏对于医学学术出版转型融合实践，人民卫生出版社是先行者，前面没有榜样可循。组织机构设置、人才招纳激励、运营流程制度、销售模式政策等方面都需要摸索、试错，不断在失败中积累经验。

3. 跨界竞争在全媒体时代的知识服务转型中，竞争对手很少再有同行，往往出现的是有很深技术背景的互联网公司以及创新创业公司。同时，竞争的方式和场景也发生了变化，这给出版企业提出了巨大的挑战。

4. 利益整合平台的出现给出版社现有业务带来利益上的调整。平台如果想获得传统业务部门的支持，不仅要设计内部业务机制，同时也要设计利益分配机制。平台要与传统业务部门形成融合态势，实现各种媒介资源、生产要素有效整合，让其看到未来，为其赋能，不与争利。

四、结语

尽管全媒体时代下出版转型融合发展实践是一条艰难而漫长的道路，但对于传统出版业又是不得不走的道路。虽然没有前人走好的路在脚下，但相信在党中央的坚强领导下，"通过流程优化、平台再造，实现各种媒介资源、生产要素有效整合，实现信息内容、技术应用、平台终端、管理手段共融互通"[1]，在不同出版领域尝试突破，一定会找到一条符合国情和行业发展规律的道路，打造出具有国际影响力的中国新出版企业。

（作者单位：人民卫生出版社有限公司医学学术编辑出版中心）

---

[1]　中央全面深化改革领导小组：《关于推动传统媒体和新兴媒体融合发展的指导意见》（新广发〔2015〕32 号）。

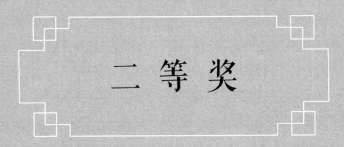

二 等 奖

新中国70年编辑学研究路径回溯

姬建敏

  1949年10月1日，中华人民共和国成立，开天辟地，万物更始，中国掀开了崭新的一页。在中国共产党的领导下，编辑出版业开启了波澜壮阔的发展历程。随着编辑出版业的发展，作为客观反映、理性总结编辑出版实践的编辑学研究也同步展开并持续深入。70年来，我国的编辑学研究与新中国同命运共进步，不仅取得了丰硕的成就，实现了由"无学"到"有学"的历史性转变，而且为建设中国特色的社会主义出版事业作出了突出的贡献。回顾70年的发展，同在1949年出版的《编辑学》被认为是其开端①。新中国成立后，从"文革"前"小荷才露尖尖角"的稚嫩弱小

---

① 参见姬建敏：《中国编辑学研究60年（1949—2009）》，社会科学文献出版社2015年版。

到"文革"中的荒芜凋零，再到改革开放 40 年研究的复苏崛起、深化发展及至数字媒体时代的变迁、重构，编辑学研究由自在、自为到自觉，走过了一段不平凡的历程，探索了开拓、创新、发展的学科演化路径。

一、零星的自发研究阶段（1949—1978）

新中国成立伊始，党中央和中央人民政府高度重视编辑出版业，不仅在政务院新成立的 34 个部、会、院、署中专门设立了领导全国出版工作的出版总署，而且在新中国成立的第三天，即 1949 年 10 月 3 日毛泽东同志为在北京召开的全国新华书店出版工作会议专门题词"认真做好出版工作"。1950 年 10 月，周恩来同志签发了《中央人民政府政务院关于改进和发展全国出版事业的指示》，这是新中国成立后中央人民政府发布的关于出版工作的第一个纲领性文件。[①]1955 年 12 月，毛泽东同志在《合作社的政治工作》按语中指出"报刊编辑要重视文法和修辞"。1956 年 3 月 5 日，刘少奇同志在《关于作家的修养等问题》中强调："应该重视编辑工作，对于编辑的待遇，各方面都要提高。编辑工作是一种高级创作。"[②]在人民政府和党的最高领导人的重视下，1949—1956 年我国的编辑出版事业出现了欣欣向荣的新局面。1957 年后，虽然反右斗争、"大跃进"等政治运动不断，但 1958 年中国人民大学新闻系编辑出版的《报纸编辑学习参考资料》以及"双百"方针指导下零星的编辑出版工作小讨论，也说明 1957—1965 年的编辑学研究也还星光闪现。然而，1966 年"文革"爆发，接下来的"十年"动乱，不仅使新中国社会主义出版事业遭受重创，而且刚刚起步的编辑学研究也命悬一线。"1957 年以后，新闻学成了荆棘丛生的园地，社会学、心理学等许多社会科学都被判为资产阶级伪科学，编辑

---

① 参见方厚枢、魏玉山：《中国出版通史：中华人民共和国卷》，中国书籍出版社 2008 年版。

② 转引自宋应离、袁喜生、刘小敏：《中国当代出版史料》，大象出版社 1999 年版。

学研究自然不可能被提到议事日程上来"①。

这一时期的编辑学研究，一方面因为学科本身刚刚起步，另一方面也因为编辑学赖以生存的出版业受政治运动不断、学术潮流多变的时代环境影响，弱小稚嫩，研究成果少，研究内容零星、散乱。比如，1956 年8 月中国人民大学出版社根据苏联 K.И. 倍林斯基教授的"书刊编辑课大纲"讲稿，翻译并出版了教材《书刊编辑学教学大纲》，把"编辑课"误译为"编辑学"②，使"成了一个学科术语，带有专门的学问、学术、学理等含义"③的"编辑学"开始在我国流布。编辑学科概念的自发出现，反映的是编辑实践理性认识的初步探索和研究的初级阶段。

二、有组织有计划的建制化发展阶段（1979—1999）

如果说 1949—1978 年的编辑学研究还属于自发的、无意识的懵懂状态的话，那么，从 1979 年到 20 世纪八九十年代，则是我国编辑学研究有组织、有计划、有目的、有建制的繁荣发展期。

（一）中央重视、各方努力，编辑学研究走上建制化发展道路

1978 年 12 月党的十一届三中全会召开，改革开放、开拓进取，我国的编辑出版业进入了突飞猛进的新时期，随着出版业的快速发展，"很需要一套切合实际的编辑学"，研究编辑学已是"当务之急"。1979 年 12 月，中国出版工作者协会成立，引领有组织有计划开展编辑出版科研活动之先。1983 年 6 月，党中央和国务院发布《中共中央、国务院关于加强出版工作的决定》，不仅明确指出"编辑工作是整个出版工作的中心环节"，

---

① 王华良：《我国的编辑学理论研究》，宋应离、袁喜生、刘小敏：《中国当代出版史料》，大象出版社 1999 年版。

② 参见孙琇：《编辑学研究二十年之回顾》，《编辑之友》2001 年第 1 期。

③ 王振铎：《编辑学研究 60 年的 6 大发现——编辑学的理论创新与学科发展》，《中国出版》2010 年第 13 期。

而且提出要加速建设北京印刷学院，"建立出版发行研究所"。1984 年，在中共中央政治局委员胡乔木的倡议下，教育部批准北京大学、复旦大学、南开大学建立编辑学专业，次年开始招收本科生。1985 年 3 月，国务院批准成立中国出版发行科学研究所，该所作为我国第一个专门从事出版科学研究的科研结构，"十分重视编辑学的研究，立即着手组织图书编辑学、期刊编辑学和科技书籍编辑学的研究和编写工作。仅在建所后的第一个十年就出版了编辑工作和编辑学方面的书近十本"①。与此同时，1985 年，上海编辑学会成立、《编辑之友》创办、《河南大学学报》"编辑学研究"创设。1987 年，中国科学技术期刊编辑学会在北京成立。1989 年天津书刊编辑学会成立，1990 年河北图书编辑学会成立，此后湖北、辽宁、江苏、湖南等地也成立了图书编辑协会。② 特别是 1992 年，中国编辑学会在北京宣告成立，标志着"以马克思主义为指导，遵照党的基本路线和出版方针，开展编辑工作、编辑理论、编辑学和编辑史的研究，探讨出版工作中的重大问题，逐步建立编辑学学科的理论体系，促进出版事业的繁荣，更好地为我国社会主义现代化建设事业服务"③ 的中国编辑学研究步入了有组织、有计划的研究历程。

可以说，在 20 世纪 80 年代，各种类型的专业研究机构、专业学术期刊和高校学报的"编辑学研究"栏目，以及几十所高校设立的编辑学专业等的竞相"绽放"，不仅助推了编辑学研究在中国的狂飙突起，而且唤醒了中国编辑沉睡几千年的主体意识，一大批长期奋斗在编辑出版一线的编辑工作者，积极投身到编辑学研究的热潮中去，或总结经验，或分析实务，或探索学理，阙道隆主编的《实用编辑学》、林穗芳编著的《列宁和编辑出版工作》、刘文峰主编的《编辑学》、伍杰编著的《中国古代编辑家小传》、戴文葆等著的《编辑工作基础知识》、叶再生的《编辑出版学

---

① 邵益文：《20 世纪中国的编辑学研究》，河北教育出版社 2000 年版，第 5 页。

② 参见方厚枢、魏玉山：《中国出版通史·中华人民共和国卷》，中国书籍出版社 2008 年版，第 353 页。

③ 《刘杲出版论集》，湖北人民出版社 1998 年版，第 478—483 页。

概论》、朱文显和邓星盈的《编辑学概论》、刘光裕和王华良的《编辑学论稿》、王振铎和司锡明主编的《编辑学通论》、萧汉森和戴志松等主编的《编辑学概论》、赵航编著的《编辑应用写作》等"60 多部"[1]编辑学研究论著的出版，在彰显了这一时期编辑学研究的高度和水平的同时，也为编辑学研究的深化奠定了基础。

（二）编辑学理论研究风生水起，学术地位初步确立

有学者指出："到 20 世纪 80 年代后期，进入所谓'思想家淡出，学问家登场'阶段。"[2]中国编辑学研究到 20 世纪 90 年代，也可谓进入"编辑家淡出，编辑学家登场"阶段。

新中国成立以来的编辑学研究，编辑工作总结、实务性探讨居多，理论研究严重滞后。改革开放后的十余年间，虽然也有少量的理论研究成果问世探讨，但关于编辑学学科性质及归属、研究对象、研究范围、"编辑"概念、编辑活动起源等基本理论问题的讨论还没有进入主流话语体系。进入 20 世纪 90 年代，随着编辑实践变革和编辑出版教育发展对编辑学理论的迫切需要，积淀了一定的研究成果、研究力量、研究热情的编辑学界，对编辑学基本理论的讨论与争锋以井喷之势迅速达到高潮。这场围绕编辑学的概念、理论框架、基本规律、学科性质等基本理论问题的论争，争论的时间之长，参与的人数之多，争论的程度之激烈，碰撞的场面之火爆，在新中国 70 年编辑学研究历史上是史无前例的，也是其他学科研究中所少见的。从时间上看，这场论争，最早从改革开放后编辑学研究勃兴之时开始，历经 1985 年、1987 年的两次理论研讨会的酝酿，20 世纪 90 年代达到高潮，余波延至 21 世纪第一个十年。从参与的人员看，既有像刘杲、邵益文、蔡学俭、高斯等从中央到地方出版系统的行业领导，也有像阙道隆、戴文葆、林穗芳、蔡克难等具有丰富的编辑实践经验又潜心钻研编辑学研究的业界精英，还有像王振铎、任定华、刘光裕、杨焕章、赵航等既

① 姬建敏：《中国编辑学研究 60 年（1949—2009）》，社会科学文献出版社 2015 年版，第 105 页。

② 徐秀丽：《中国近代史研究 70 年(1949—2019)》，《经济社会史评论》2019 年第 2 期。

从事高校学报编辑工作又承担编辑学教育教学任务的学术骨干。从争论的激烈程度和火爆场面看，"《编辑学刊》从 1990 年 11 月到 1997 年 12 月发表争鸣文章 20 余万言，涉及的作者分布于全国 11 个省、市的高校、出版社及其他编辑出版和科研单位"①。研究者各持己见，或争鸣，或讨论，见仁见智。以"编辑"概念为例，当阙道隆将"编辑"概念分为"广义""狭义"时，蔡克难批评这两层编辑概念定义并无实质差别；②任定华也批评阙道隆所下的编辑与编辑学定义过于随意。当王振铎针对"横断编辑群和纵贯编辑史的编辑活动"，提出内涵抽象度极高的编辑概念，并从文化缔构的大视角审视编辑活动时，刘光裕则视这种观点为学术上的"跑马圈地"，批评这种编辑概念外延"泛化"。同样，与王振铎观点一致的学者则认为刘光裕把编辑活动拘泥于出版，是编辑概念"狭化"。围绕编辑概念的"泛化""狭化"，研究者对编辑概念、编辑本质认识不同，并由此形成了不同的理论认知，观点相近或大致相近的研究者以群体形式出现，不仅形成了以阙道隆为首的"选择优化派"、王振铎为首的"媒介文化缔构派"、任定华为首的"信息智化派"、刘光裕为首的"中介服务派"等编辑学理论流派，而且出现了一大批热衷于编辑学理论研究，执着于编辑学学科建设，既有高度的编辑文化自觉和编辑理论自觉，又乐于奉献，且在编辑学理论研究和理论建构中有一定创见和造诣的编辑学家。编辑学理论流派的形成和编辑学家的"扎堆儿"出现，标志着编辑学研究作为中国出版事业的一部分，堂而皇之地登上了中国的学术舞台。特别是像姚福申的《中国编辑史》、任定华等的《科技期刊编辑学导论》、高斯的《编辑规律探论》、邵益文的《编辑学研究在中国》、阙道隆等的《书籍编辑学概论》、肖东发的《中国编辑出版史》、王振铎等的《编辑学原理论》等有影响、有分量的学术著作的出版，以及 1993 年国家教委把"编辑学"列入《普通高等学校本科专业目录》，1998 年教育部颁布的"普通高等教

① 丛林：《中国编辑学研究述评（1983—2003）》，齐鲁书社 2004 年版。
② 参见蔡克难：《编辑概念、编辑活动基本规律和编辑学研究的意义》，《中国编辑》2003 年第 5 期。

育本科专业目录"中把"编辑""出版发行"等出版类专业合并为统一的"编辑出版学"方向，再次入选《普通高等学校本科专业目录》，不仅展现了不同媒介、各具特色的编辑学术观，而且史、术、论相结合的学术研究成果大量出现以及普通高校编辑学专业教育得到官方正式确认，也表明编辑学作为一个独立学科建设和理论研究的学术地位得以确立。

三、自觉的创新发展阶段（2000—2019）

进入 21 世纪，媒介技术的日新月异和全球化进程的加速，数字化、产业化、媒介融合等急剧变革的社会实践使我国编辑出版业的形态、业态、生态都发生了重大变化，编辑学研究作为编辑实践的积极呈现，在承继上一阶段轰轰烈烈的编辑学基本理论研究基础上，研究更趋自觉、理性、时尚、多元。

（一）数字媒体发展，构建涵盖多种媒体编辑活动的普通编辑学理论体系备受关注

21 世纪以降，随着计算机、互联网与数字技术在编辑出版业的广泛运用，电子媒介、数字媒介、移动互联网等新媒介层出不穷，以传统纸媒编辑活动为主要研究对象的编辑学研究受到了前所未有的挑战，"建立普通编辑学已经不是要不要的问题，而是必须抓紧的当务之急，这是实践的需要，时代的需要，也是编辑学学科建设的基本目标，或者是编辑学界在 21 世纪初需要共同奋斗的目标"[①]。2006 年中国编辑学会换届，换届后的新一届领导班子积极把构建涵盖多种媒体形式的普通编辑学理论体系当作一项迫不及待的任务来抓。2008 年 4 月，新会长桂晓风基于 2002 年党的十六大做出推进文化体制改革的战略部署后文化产业化加剧以及媒体数字化迅猛发展的形势，提出了"大文化、大媒体、大编辑"的编辑观。该编辑观作为编辑学研究领域一种科学有效的引导性理念和编辑学研究的新

---

① 邵益文：《编辑的心力所向》，贵州人民出版社 2004 年版。

成就，从时间上来说，最早以"大"视角被研究的是文化，"大媒体"方面的研究是伴随着新媒体的方兴未艾而产生并日渐形成潮流的，"大编辑"的提法最后出现，从实践上来说是"大文化""大媒体"的现实发展趋势使然，从理论上来说则是一种方法论的借鉴。理论来源与实践，又反过来指导实践。该理念既体现了编辑学研究顺应实践变化情境和大的学术研究语境主动做出的视域上的调整，又反映了编辑学理论研究的发展和进步。从某种程度上来说，一个"大"字包含了多种媒介、多种形态的编辑活动，不仅与编辑学研究的最终目标——"我们从研究社会主义历史阶段的编辑活动入手，从建立图书期刊编辑学入手，由个别到一般，最终建立涵盖各种传播媒体编辑活动的普通编辑学"[1] 相吻合，而且对普通编辑学理论体系的建构与发展是一种积极的探索和有力的推动。

与此同时，面对飞速发展的编辑实践，对编辑学研究有着强烈的文化自觉与理论自觉的编辑学研究者，都以贯通各种媒介形态的编辑概念立论，明确提出了涵盖各种编辑实践形态的编辑本质论。如王振铎的《编辑学理与媒介创新》、靳青万的《编辑学基本原理》《编辑五体研究》、周国清的《编辑学导论》等，力图构建普通编辑理论体系。尤其是 2012 年由邵益文、周蔚华担纲主编的《普通编辑学》一书，第一次对普通编辑学的学科体系、理论框架、基本原理进行了大胆探索，在"大文化、大媒体、大编辑"的编辑观的基础上，实质上迈出了系统探讨涵盖所有媒介编辑活动基本原理的步伐。

（二）媒介融合进程加速，编辑概念、范畴及编辑学理论变迁与重构受到热议

2014 年 8 月，中共中央《关于推动传统媒体与新兴媒体融合发展的指导意见》的出台，标志着媒体融合上升为国家战略。自此，传统媒体和新兴媒体逐步进入从合二为一到融为一体的实质性融合阶段，再加上大数据、人工智能等数字技术的深度应用，新媒体不断呈现，由此引发对编辑

---

① 刘杲：《出版笔记》，河北教育出版社 2006 年版。

学相关概念、范畴的新一轮探讨以及在此基础上对编辑学理论的创新与重构。郝振省、周蔚华、范军、张志强、李频、吴永贵、段乐川、吴赟等从不同角度、不同视域对编辑学理论的变迁与重构发表了建设性理论建议。《编辑之友》策划的系列选题如《创新编辑概念，是理论回应还是叠床架屋》邀约周国清、吴平、王勇安、李建伟等也对数字媒体时代编辑概念及其理论创新问题进行了讨论。段乐川等的《媒介融合视域下编辑客体论》《媒介融合视域下编辑活动主体论》《论媒介融合视域下编辑活动的"主体间性"特征》[1]《媒介融合视域下编辑社会关系论》[2]等论文，立足互联网编辑场域实践，回答了媒介融合环境下编辑与社会、编辑与平台、编辑与技术、编辑与媒介之间的逻辑关系，显示了新一代编辑学人高度自觉的学术担当和学术创新。

另外，特别值得一提的是，2016 年中国新闻史学会编辑出版研究委员会成立，在编辑学研究历史上具有里程碑意义，它不仅为媒介融合时代编辑学研究与交流建立了新的更广阔、更有凝聚力的平台，而且被认为是编辑学学科建设和发展迈向新阶段、走向新征程的标志。它成立三年来已成功主办了 2016 年度、2017 年度两届"全国编辑出版学优秀论文奖"评选活动，每年评出的十篇优秀论文，"无论选题视角还是方法逻辑，无论理论探索还是现实问题分析均具有很好的示范引领性"[3]。特别是理论探索性文章，像《媒介融合视域下编辑社会关系论》《论媒介融合视域下的编辑功能》《微信编辑：基于文本生成观的认识》《自出版概念探析：基于社会分析的视角》《知识传播视角下数字出版创新发展的框架分析》等，无论是相关概念的内涵厘定，还是理论演化发展的本质探讨，都及时、清晰地映现出理论对实践的导引性以及理论研究的创新性和前瞻性。

---

① 参见段乐川：《论媒介融合视域下编辑活动的"主体间性"特征》，《河南大学学报（社会科学版）》2019 年第 1 期。

② 参见路畅：《媒介融合视域下编辑社会关系论》，《河南大学学报（社会科学版）》2017 年第 4 期。

③ 吴平：《"第二届编辑出版学优秀论文奖"评选述评》，《现代出版》2019 年第 1 期。

当然，这一时期的编辑学研究，面对媒介变革的日新月异，问题意识和实践属性进一步加强，研究者在自觉自愿反思历史、辨析学理的同时，在理论与实际的结合上也取得了新进展、新进步。

老会长刘杲曾说过，"振兴中华离不开出版，繁荣出版离不开编辑"。回顾过去 70 年的编辑学研究，虽成就多多，"霞光满天"，但当初理论建构时各执一端的论争还言犹在耳，如今"苟日新，日日新"的媒体变革，编辑概念的无限延展性和媒体发展的不确定性，都昭示着未来编辑学研究的任重道远。展望未来，在全面深化改革的新时代，编辑学人需同心同力、开拓创新，建构更加成熟、更加完善的编辑学理论体系，为社会主义出版文化的进步发展作出更大贡献。

（作者单位：河南大学编辑出版研究中心）

从我国古代编辑出版制度看新时代的
编辑出版工作

一、从古代书院刻书制度看新时代出版与教育的相互融合

我国古代存在五大刻书系统，也可以称为五大出版系统，分别是官刻、私刻、院刻、坊刻、寺刻。[①] 这其中，院刻指的便是书院刻书系统，即书院出版。"书院"，是中国古代的 种文化教育机构。[②] 书院最早萌芽于唐代，勃兴于宋代，在元代经过稳步发展后，最终于明清时期得到全面

---

① 参见万安伦：《中外出版史》，高等教育出版社 2017 年版。
② 参见万安伦：《中外出版史》，高等教育出版社 2017 年版。

普及，遍地开花。

书院自诞生起就与编辑出版工作有着密不可分的关系。学界普遍认为，最早期的书院"源出于唐代私人治学的书斋和官府整理典籍的衙门"①，是唐代雕版印刷术发明普及，图书品种、数量大规模增加后应运而生的产物。书院可以看作是我国古代大学的雏形，其志在网罗四方优秀学子，以教化民众、培养人才为根本目的。而书院作为一种文化教育机构，无论是在横向的空间范围内传播知识，启迪民众；还是在纵向的时间尺度上传承文化，孕育人才，书籍都是必不可少的凭借。因此，书院与刻书，也即我们今天所说的编辑出版，便天然具有不可分割的关系，可以说书院是建立在刻书发展基础之上的，而书院的不断发展同样也能够反哺刻书事业，为古代编辑出版工作的开展作出极大贡献。这一点从历代书院所刻书籍之精美程度中便可略知一二，如宋代白鹭洲书院编校刻印的《汉书集注》《后汉书注》、建安书院编印的《晦庵先生朱文公文集》《续集》《别集》《目录》等书籍，在内容、版式等方面均堪称一流，即使在被奉为稀世精品的宋版书中，宋代书院刻书亦是精品中的精品。

宋代是我国古代经济、文化与科技发展的高峰期，更是出版发展集大成的时代，也是书院发展的重要时期。据统计，北宋共有书院 71 所，南宋书院总数当在 500 所以上。②其中知名的书院有白鹿洞书院、丽泽书院、象山书院、龙溪书院、白鹭洲书院等。宋代书院具备研究、讲学、教育、藏书、刻书、祭祀、经济、传播等多种功能。因此，我们可以通过考察宋代书院如何与刻书相结合，在促进自身教育事业发展的同时助力编辑出版事业的进步，并以此观照当下，探索教育与出版应如何更好地融合。

总的来说，书院刻书，尤其是宋代书院刻书，其最值得借鉴的制度可以总结为两点。

---

① 邓洪波、周月娥：《八十三年来的中国书院研究》，《湖南大学学报（社会科学版）》2007 年第 3 期。

② 参见白新良：《中国古代书院发展史》，天津大学出版社 1995 年版。

（一）出版内容：精益求精，编研结合

宋代的书院刻书十分注重教育学术研究与编辑出版实践相结合。书院因刻书而立，因此刻书出版在书院中不仅仅是作为教学研究的工具。对历代藏书进行整理编校、刻印出版本身也是书院的重要任务。但因书院同时具有教学研究性质，因此其刻书活动在内容方面便形成了一种稳定的编辑制度，即内容务必精审考究，选题与学术研究联系紧密。

书院刻书本就以公益为目的，加之编辑者水平卓越，相较于以商业获利为目的的书坊等机构，其用心更甚，在内容、版式等方面均精益求精，例如，林耕山长为石鼓书院在淳祐十年（1250 年）所刻《尚书全解》所作的序中提到："字稍加大，匠必用良"①，为后世编辑出版工作树立了标杆。在选题方面，书院最常编刻的是历代典籍，这些书籍主要作为书院诸生的学习教材，但因书院中从事刻书的多为饱学之士，其所编校刻印的经典书籍，不仅具有较高的教育价值，其本身对于传承传统文化，促进后世文化建设也发挥着举足轻重的作用。此外，书院学者的文集著作也是书院刻书的重要类型，这些著作在丰富教学科研的同时，也给当时的出版业提供了上佳的选题，更为宋代的文化繁荣作出了卓越贡献。

而以此观照当下的编辑出版工作，则是要充分利用学术研究成果，编辑、出版社都可与高校进行进一步的紧密合作，一是可以将最新的学术成果推向大众，在促进学术发展的同时也能够提升全社会的文化建设水平。二是学术研究本身是一座蕴藏丰富的宝库，其内涵了丰富的选题资源，在作为学术成果出版之余，许多学术研究本身还具有较大的商业潜力，可以挖掘出许多受普罗大众喜爱的文化内容，实现经济价值与文化价值双丰收。且学术研究本身严谨科学，加强与高校的结合更能够切实提高编辑的工作能力，以学术研究的标准从事编辑工作，提升编辑水平。

（二）刻书流程："三复校正"，万无一失

宋代书院刻书哪怕是在善本林立的宋刻本中也属于较高水平，其在内

---

① （清）《衡州府志·卷三十》，林耕：《尚书全解》，清乾隆十二年刊本，"序"。

容和形式上较前都有了很大进步，所刻书籍内容更加精准严谨，形式更加精美实用。宋代书院刻书凝聚了宋代文人的文化追求和审美时尚，故为后世所推崇。顾炎武曾经总结宋代书院刻书善本频出的原因："书院刻书有三善焉：山长无事而勤于校雠，一也；不惜费而工精，二也；板不贮官而易印行，三也。"①山长作为书院的最高领导者，对于书院刻书的质量把控往往十分严格。此外，书院刻书较高的质量更得益于宋代书院大多建立了完善的出版审校制度，其部分审校制度可以说已经具备了"三审三校"制度的雏形。例如，建阳龙山书院刻印的宋代王明清《挥麈录》余话总目后所镌牌记："敬三复校正，锓木以衍其传，览者幸鉴。"②众多的书院出版人以刻书为毕生事业，进行了大量细致的校勘工作，"三复校正"可以说在某种程度上开启了后世"三审三校"的先河。

从校审制度的维度观照，宋代书院刻书十分注重校勘，有着严谨的工作流程和严肃的工作态度，而这正是当下编辑出版工作所极不能缺少的。宋版书之所以能够成为传世精品，核心便在于其极高的编印质量，即使流传千年仍能够兴而不衰。而面对互联网的来势汹汹，传统出版企业更是应该严把质量关，发力做好优质内容，摆脱低质化竞争，以质量求生存，才能够在大潮中立于不败之地，成为历久弥新的出版精品。

二、从古代图书整理制度看新时代"学者型"编辑培养

我国古代编辑制度方面一个十分显著的特点是"编著合一"，即中国古代文献不论是官方撰写还是私人著作，作者往往融合了著作者与编辑加工者双重身份于一身。在对前人著作进行编辑加工的同时，将自身对原文

---

① （清）顾炎武：《日知录·卷十八》，《监本二十一史》，清康熙九年顾炎武刻本。
② 林申清：《宋元书刻牌记图录》，北京图书馆出版社 1999 年版。

献的理解和阐发通过体例编排、增写注释等方式融入编辑加工的环节中去。这与如今创作与编辑分属两个不同体系的出版编辑制度大相径庭。这种特点的形成与古代出版产业发展尚不成熟，故没有产生细致分工不无关系。在了解了古代编辑工作的这一特点的基础之上，我们考察古代的编辑整理制度，以期对培养新时代下的"学者型"编辑有所启发。

正如前所说，我国古代尤其是雕版印刷术产生前，出版产业并不发达，编辑出版工作也主要是作为封建政权文化建设的一种手段。但正是因为古时编辑出版工作的"公有"性质，才使得这项工作能够不受市场影响，诞生了一大批优秀作品，并且产生了许多杰出的编辑出版家。而因前面所提到的"编著合一"的编辑特点，他们同时以编辑者加著作者的身份，以学术研究的思想从事编辑工作，成为最早的"学者型"编辑，为后世树立了编辑工作的典范。

我国古代历朝历代的帝王，在问鼎皇位后往往都选择通过大规模的图书编印活动来标榜功绩、倡导教化。因此在我国历史上，官方曾主导进行过数次规模不等的图书整理编校活动，这其中诞生了许多编辑大家，为后世的编辑工作开创先河、确立典范。汉朝是我国官方进行系统编辑整理工作的开端，在经过了长时间的休养生息后，汉朝综合实力空前强大，而统治者也迫切需要通过对文化典籍的系统整理来确立对文化领域的统治。于是在河平三年（公元前 26 年），汉成帝诏令天下，搜集图书，开始了中国官方历史上第一次大规模的图书编辑整理工作。这次整理活动前后长达20 年，对当时传世的先秦和汉初官私人著述进行了前无古人的大规模整理。负责此次整理活动的刘向、刘歆父子也制定了一整套严谨的编辑整理制度，对后世图书编辑出版工作产生了重要影响。其主要的编辑工作流程可以分为以下几个步骤：广搜异本、校订篇章、撰写序录、分类缮写。

纵观刘向、刘歆父子所确立的编辑工作制度，其对于当下培养"学者型"编辑具有两方面突出启示。

（一）编辑要具备学者般宽阔的视野

刘向在对文献进行整理时的首要工作是广搜异本，即将一部书的不同版本尽量收集齐备，这其中既有皇家藏书又有民间藏书，清章学诚《校雠通义·校雠条理》称："校书宜广储副本。刘向校雠中秘，有所谓中书，有所谓外书，有所谓太常书，有所谓太史书，有所谓臣向书，臣某书。夫中书与太常、太史，则官守之书不一本也。外书与臣向臣某，则家藏之书不一本也。夫博求诸本，乃得雠正一书，则副本固将广储，以待质也。"[①]其中所说的"中书""外书""臣书"均指的是同一部书的不同藏本。可见在刘向看来，只有广搜诸本，才能够最大限度地保证校勘质量，提升编辑水平。而对于新时代下的学者型编辑来说，"广求诸本"依然极为重要，只不过这里求的不再是书籍的不同版本，而是要求编辑能够对其要编辑某一类型的书籍有全面、广泛的了解。只有在这个基础上，编辑才能够对其所编之书的水平与定位有更加深刻的了解，并在此基础之上进一步提高书籍质量，否则闭门造车，极易成为井底之蛙，书籍质量也难以进一步提升。

（二）编辑要具备学者般深入探索的能力

在刘向所确立的编辑制度中最具有文化及学术价值的便是"撰写序录"和"分类编目"两项工作。刘向受命编校图书，每完成一部分便需向皇帝奏报书籍整理状况，"每一书就，向辄撰为一录，论其指归，辨其讹谬，叙而奏之"[②]。并因此形成了一定的格式与内容标准，其主要包括书籍的版本信息、作者生平、书籍基本内容及学术渊源辨析评价等。而在刘向去世后，其子刘歆子承父业，继续主持最后的编目整理工作，完成了我国历史上第一部系统目录《七略》的编制，创立了我国古代早期的图书六分法体系，使得此前众多凌乱无序的先秦古籍得到了系统的梳理与保存。刘向、刘歆父子对于所经手编辑的每部书都能够做到"论其指归，辨其讹谬"，这就需要编辑对一部书甚至书背后所涉及的学科领域进行深入的探索与挖掘，以学术的视角对书籍做出总结评判，并归入相应类目，使得其能够更好地流传后世，服务文化建设。这相当于以学者的方法去做编辑，

---

① （清）章学诚：《史通义校注·校雠通义》，叶瑛校注，中华书局 1985 年版。

② 黄镇伟编著：《中国编辑出版史》，苏州大学出版社 2014 年版。

也就要求编辑需要有过硬的学习能力与谨严的学术态度。

刘向、刘歆父子这次的编辑整理活动可以说确立了我国古代编辑工作的规范化流程，极大地推动了我国编辑整理工作的制度化发展。后世无论是撰修史书还是编选类书、丛书，大都沿用了刘向、刘歆父子所确立的这套编辑整理制度，如司马光编写的《资治通鉴》、郑樵撰写的《通志》等，均可以看出刘向、刘歆父子编辑活动的影子。

虽时过境迁，刘向、刘歆父子这次的编辑整理活动，已经与当下意义上的编辑活动有所不同，但其共同的目标是亘古不变的，就是"出好书"。刘向、刘歆是如此，今天更是如此。因此我们从其父子当时所确立的编辑出版工作制度和基本流程中，依然可以汲取养分，促进新时代的编辑出版工作的开展，尤其是其中所体现出的"学者精神"，足以流芳后世。刘向、刘歆父子在编辑活动中始终以一个学者而非编辑的身份要求自己，即做好一个真正的学者型编辑，不仅要能够对书稿进行简单的文字校对，还要能够深入到书稿中去，尤其是深入到书稿背后所涉及的学科中去，以学术的视角，对书稿的整体水平做出评判，并提出专业的修改意见，使得书稿经过编辑之手后更上一台阶。要做到这一点，就需要"辨章学术，考镜源流"，真正扎到书稿中去。近代出版史上这方面的例子也很多，如周振甫先生给钱钟书先生当《管锥编》的责任编辑，提出的修改意见达万余言，深深打动了钱钟书先生，不仅成为出版史上的佳话，而且成就了《管锥编》这一精品力作。①

三、从古代书坊经营制度看新时代编辑出版品牌打造

互联网作为连接一切的平台，它的出现激活了每一个个体，使得所有人都有机会在这个平台上创造内容、传播内容，内容已经不再是稀缺品。

---

① 参见周慧琳:《倡导工匠精神 做学者型编辑》,《中国编辑》2017年第2期。

但在这个泥沙俱下的时代，真正高质量的内容却成了极度稀缺的产品。而出版业作为最古老的内容生产提供商，本应在这个优质内容极度稀缺的时代大展身手，独占鳌头，但有的出版商反而陷入了一种低价竞争、低质竞争的泥潭中不能自拔。这样的情况在历史上并非没有出现过，而古人的选择也同样可以对当下出版业所面临的困境有所启发。

自唐代雕版印刷术发明以后，书籍的制作和传播方式发生了划时代的改变，其对于当时社会的震动丝毫不亚于互联网之于今日。雕版印刷术以其前所未有的复制传播技术为内容的大规模生产传播创造了条件。传播方式的变革也大大刺激了人们进行内容生产的热情，而这也往往意味着内容质量的下降与劣质内容的泛滥。与雕版印刷术一同快速发展的是坊刻。坊刻即书坊刻书，是以营利为目的的商业刻书活动。随着南宋雕版印刷术的进一步普及和繁荣，民间的一些书坊为进一步降低刻书成本，以获取更多的商业利润，往往会仿制或盗用他人的书版，所刻之书版面粗糙劣质、内容错漏百出。到了明代，图书市场更为成熟，竞争也更加激烈，但明代图书市场的恶性竞争也在加剧，翻刻改刻之风盛行。如万历十二年（1584年），安徽程大位编印《算法统宗》一书，因刻印精良和实用，受到人们的欢迎。"一时纸价沸腾，坊间市利，竞相翻刻"①。更有甚者开始随意删节原版，胡编乱凑，在雕刻工序中偷工减料，刻意选取廉价劣质材料，使得部分明代坊刻本在内容与形式上均质量低下。为此，官方还曾派专人监督刻书"翰林春坊官一员，监校麻沙书板，寻命侍读汪佃领其事"②，从这个侧面也可以看出明代图书市场的恶性竞争已经十分严重。

商业社会恶性竞争的最大恶果便是劣币驱逐良币，长此以往，优秀的产品反而会被挤出市场。那时的此中情形丝毫不亚于当下互联网时代各种内容媒体间激烈的竞争，而在古时官方管制并不完善的情况下，刻书大户为保证自身利益所做出的选择是打造精品、树立品牌。此种做法在当下互

---

① （明）范时春：《算法纂要·跋》。
② （清）施鸿保：《闽杂记》。

联网各媒体激烈竞争的时代仍然适用。因此我们希望考察古代尤其是自南宋后，书坊在激烈的竞争中所确立的经营制度尤其是品牌策略，以期对当下互联网时代中的编辑出版事业发展有所启发。

南宋时期的临安是当时最大的图书市场之一，书坊林立，竞争激烈，当日由开封南迁而来的荣六郎家所刊刻的《抱朴子内篇》中有这样一段文字，"旧日东京大相国寺东荣六郎家，见寄居临安府中瓦南街东，开印输经史书籍铺。今将京师旧本《抱朴子内篇》校正刊行，的无一字差讹，请四方收书好事君子，幸赐藻鉴。绍兴壬申岁六月旦日"①。这实际上是一则图书广告，其专门说明了书坊自"东京"而来，所刊刻的亦是"京师旧本"。书坊专门撰文说明此事，一则从侧面证明了南宋时期的书坊竞争已十分激烈，二则表明了其已将自身"京师血统"作为一种品牌，以此来彰示书坊刻书质量上乘，以避免与其他低质书籍恶性竞争。

其实自唐代开始，印本便开始在书上刻印售卖者姓氏、店铺名和地址，而发展至宋代，则开始刊刻有介绍书籍内容和质量的广告词，后人称这种形式为牌记。②如南宋刻本《东都事略》有牌记云："眉山程舍人宅刊行，已申上司，不许覆板。"这还是迄今为止发现的世界上最早的著作权声明。而明代牌记的使用则更加普遍，如明万历间宝印斋监制的《宣和集古印史》，书前印有一副汉佩双印印记，图案复杂，刻印精致，极难伪造，其功能已经类似于今日之防伪标识，或说是品牌标识。正如叶德辉所言："世风日降，遇有风行善本，无不展转翻雕，则又无怪刻书者之防范增严矣。"③从技术上来讲，任何时代都无法完全阻止他人对内容的非法复制传播，即我们今天所说的盗版，在古代尚无完善严格的著作权法规时更是如此。因此牌记或其他标识的目的不在于从技术上阻止他人翻刻，而在于树立自身品牌，验明正身，防止伪造。

面对日趋激烈的市场竞争，尤其是低质化、低价化的恶性竞争，以上

---

① 郑士德：《中国图书发行史》，高等教育出版社2000年版。

② 参见李明杰编著：《中国出版史（上册·古代卷）》，湖南大学出版社2008年版。

③ 马晓莉：《中国古代版权保护考》，《法律文化研究》2007年第00期。

乘的质量赢得人心，打造优质品牌，是古今中外经营者的一致选择。在成熟的商业社会中，品牌是一个经营主体最为重要的标识，出版业同样不例外。面对互联网时代泥沙俱下的同质化、低质化竞争，出版业也毫无疑问已经进入了品牌竞争的时代。优质品牌背后所代表的是企业对自身严格的要求以及由此带来的消费者的信任。

出版社品牌的打造可以从一个品类起，也可以从一套书甚至是一本书起，前者如财经品类之于中信出版社，后者如《辞海》之于上海辞书出版社。出版社的品牌归根结底要由图书来打造，而打造一本或一套优质图书，最终是要落脚于编辑工作。从选题至发行，编辑始终要具有品牌意识，只有将一本图书作为一个产品甚至是一个品牌去打磨，才能够在当下环境中脱颖而出，成为精品，为企业带来收益，为社会增添价值。知识付费等内容产业正发展得如火如荼，再次证明了在当下互联网时代优质内容依然紧缺，人们对于优质内容的需求永远不会改变，而出版社作为最古老也最具原生优势的内容经营者，更应该充分利用自身优势，发力优质内容，打造出版品牌，在互联网大潮中勇立潮头。

（作者单位：北京师范大学新闻传播学院）

新时代下出版工作如何守正创新

刘　辉

2018年8月21—22日，全国宣传思想工作会议在北京召开，习近平总书记发表重要讲话，指出宣传思想战线进入了守正创新的重要阶段，强调"推动宣传思想工作不断强起来"。习近平总书记的重要讲话，为新时代宣传思想工作指明了前进方向，宣传思想文化战线应以习近平新时代中国特色社会主义思想为指南，自觉肩负起新形势下宣传思想工作的使命任务，奋力开创宣传思想工作新局面。

在新时代，作为宣传思想工作的重要组成部分，出版工作如何做到守正创新，实现高质量发展，是值得思考的课题。

一、新时代出版工作如何"守正"

什么是守正？古有《史记·礼书》："循法守正者见侮于世，奢溢僭差者谓之显荣。"《后汉书·侯霸传》："〔霸〕在位明察守正，奉公不回。"宋代曾巩在《责帅制》中讲道："有苟简姑息之心，无守正奉公之谊，阃外之事，朕孰赖哉！"这些"守正"的意思是恪守正道、守正笃实，具体来讲就是：守思想之正、守道德之正、守法律之正。也就是要尊重和传承人类社会所积累的道德理念，教育大众形成良好的道德认知和道德自觉，并在社会上起到引导和传播优秀道德的作用。文以载道，文以传情，文以植德，文化是一个国家和民族的灵魂，具有引领风尚、教育人民、服务社会、推动发展的强大作用。一个时代有一个时代的主题，一代人有一代人的使命，新时代出版工作的"守正"，就是增强"四个意识"，坚定"四个自信"，坚决做到"两个维护"，自觉承担起举旗帜、聚民心、育新人、兴文化、展形象的使命任务，促进全国人民在理想信念、价值理念、道德观念上紧紧团结在一起，为服务党和国家事业全局作出更大的贡献。

（一）新时代出版工作的"守正"，首先是"守社会效益之正"

出版工作始终要明确政治方向和出版导向，将社会效益放在首位、努力实现社会效益与经济效益相统一。任何时候都要把社会效益放在首位，是因为出版工作肩负着生产精神食粮、传播先进文化、培育民族素质、建设社会文明的神圣使命，这也是由出版社性质所决定的。在新时代，出版工作应该紧紧围绕宣传阐释习近平新时代中国特色社会主义思想、党的十九大精神、中国特色社会主义和中国梦、深化社会主义核心价值观、全面建成小康社会、中国共产党成立 100 周年等方面进行选题策划，推出讴歌党、讴歌祖国、讴歌人民、讴歌英雄的精品力作，为宣传阐释党的路线、方针、政策，为中华文化的传承和创新，为社会发展和社会进步作贡献。

出版工作实践证明，一本图书有着好的社会效益的同时，一定会带来好的经济效益。例如，党建读物出版社只有 20 多名编辑，全年出新书 120 余种，但该社 2018 年的销售总码洋却近十亿元。该社出版的"组织工作基本丛书"累计销量达几万套，这套丛书对基层党组织如何加强自身建设、党员队伍建设和组织制度建设等进行详细介绍和阐述，为广大基层党组织、党务工作者提供权威、务实、管用的工作指导。丛书刚上市时，销量一般，但出版社发现当时许多基层党支部不知道怎么开支部会，这套丛书应该是基层党员干部迫切需要的好书，于是加大宣传和营销，不断扩大丛书影响力，并根据党的十八大、十九大精神不断更新内容，大大提高了图书的实用性，深受基层党员干部的喜欢。就这样，一套指导党建工作的图书，因为其内容精准地服务于特定人群而成为畅销书、长销书，成功实现了两个效益的统一。

（二）新时代出版工作的"守正"，要"守中国故事之正"

讲好中国故事，传递好中国价值、发出中国声音，关系到国家形象，关系到国际话语权，关系到提升国家文化软实力。通过讲好一系列的中国故事，让世界更多地以客观、历史、多维的眼光观察中国、认识中国。出版工作应该积极配合国家外交工作大局，充分发挥我国独特的区位优势和特色文化资源优势，主动融入"一带一路"建设，打好历史渊源牌、文化亲和牌、经济互利牌、民间交流牌。例如外文出版社的《"一带一路"这五年的故事》、北京大学出版社的《丝绸之路与东西文化交流》、清华大学出版社的《中国传统文化》、中国人民大学出版社的《最美中国人》等，无不向世界展示了一个全面、真实、立体的中国，所以出版工作更应为推动中华文化"走出去"，提升我国国际吸引力感召力贡献力量。

（三）新时代出版工作的"守正"，要"守原创出版之正"

当前，中国社会正进行着伟大的变革和创新，出版社的编辑策划选题要切实发挥思想引领作用和文化支撑作用，着力策划和打造出既属于这个时代又有鲜明中国风格的精品图书。编辑要在选题策划、增强原创能力上下功夫，主动策划选题，邀请权威作者研究、创作，做到策划一批、出版一批、储备一批，杜绝平庸、低质、重复、缺少新意的图书。编辑要联合作者深入生活、贴近现实，主动从日常生活中挖掘素材、获得灵感，用心用情用功抒写伟大时代，策划更多富有历史底蕴、充满时代气息、散发泥土芬芳、展现我国我党我军伟大成就的精品力作，推动原创出版从"高原"向"高峰"迈进。花城出版社的《中国桥：港珠澳大桥圆梦之路》、作家出版社的《大国重器：中国火箭军的前世今生》、北京联合出版公司的《种子·钟扬》等图书无不彰显了"原创出版之正"。出版工作更应该担负起历史责任，通过出版这个文化阵地、打造图书盛宴，让人们感受中华优秀传统文化的魅力和风采，进一步增强文化自信心、民族自豪感。

（四）新时代出版工作的"守正"，要"守图书质量之正"

图书质量是出版社的生命线，加强图书质量管理，提高图书产品质量，对推动出版业高质量发展、推出更多符合新时代要求的出版精品、满足人民群众精神文化生活新期待具有重要意义。编辑在日常工作中要体现工匠精神，在选题策划上精心论证，在编校加工中精心打磨，编辑要坚持稿件三审责任制、坚持责任编辑制、坚持印前审读制，要严格执行"三审三校一读"流程，让出书速度"慢"起来，让编校环节"实"起来，让图书质量"优"起来，让单品效率"高"起来，出版社要瞄准国家出版基金、国家重点图书出版规划、丝路书香出版工程、经典中国国际出版工程等重要项目，多出"放心书""精品书"，不断增强出版工作的传播力、引导力、影响力、公信力。

二、新时代出版工作如何"创新"

出版工作的"创新"，就是推陈出新。"守正"是出版工作的根基、前提、保障，是第一位的，解决的是"去哪里"的问题；"创新"则是出版工作的源泉、动力、能力，是"守正"的实现路径，解决的是"怎么去"的问题。出版工作要走在前列，任何时候都不能停下创新的脚步。

习近平总书记在全国宣传思想工作会议重要讲话中指出："宣传思想

干部要不断掌握新知识、熟悉新领域、开拓新视野，增强本领能力，加强调查研究，不断增强脚力、眼力、脑力、笔力，努力打造一支政治过硬、本领高强、求实创新、能打胜仗的宣传思想工作队伍。"

贯彻习近平总书记的重要指示精神，出版社的编辑应在担当使命任务和增强脚力、眼力、脑力、笔力上下功夫，切实做到守土有责、守土负责、守土尽责。编辑树立自动创新意识是保证出版业并使之在推动社会发展中发挥重要作用的前提条件。因此也就决定了编辑不能只做闭门编稿、专门下案头功夫的文字编辑，而应以"主动创新"的姿态自觉地走在新时代前列，并锲而不舍地把"主动创新"意识渗入到自己策划选题、联系作者、组织书稿等实际行动之中。

（一）新时代出版工作的"脚力创新"

出版社的编辑应该从被动接受来稿转变为主动策划。现在的"80后""90后"编辑逐渐成为各个出版社的主力军，但是很多年轻编辑还没有建立起自己的作者队伍，很多时候需要社领导、编辑部主任"给稿子"。要打破这种僵局，年轻编辑就要主动走出编辑室，去追踪社会热点问题和学术研究的前沿性课题，跑选题、找选题，多让自己的"脚力"发挥出来。案头工作固然重要，但如果只是坐在编辑室里埋头改稿，就很可能因"两耳不闻窗外事，一心只'编'圣贤书"而使自己落在时代发展和学术研究的后边，不可能成为一名好编辑。如果编辑将策划选题定位在反映社会热点问题和学术研究的前沿性课题上，他就可以做到"春江水暖鸭先知"，从而在图书市场的竞争中占尽先机，出版深受读者喜爱的好书。

一个好选题的得来绝不是凭空想象的，它需要编辑对市场充分地调研，反复地论证。在构思过程中要考虑选题内容所涉及的领域有哪些新的发展，它的前沿和制高点在哪里；社会生活呈现怎样的发展态势，它同选题有多大的切合度；社会的文化需要什么，它同选题特色是否存在关联性。需要对读者的需求、作者的创造性与选题的可操作性做深入的了解；需要根据市场的变化，进行合理的筛选，最终大浪淘沙，选出"金子"。

　　例如，北京 301 医院的一位权威牙医出版了一本牙医专著，卖不出去，出版社要他包销，致使其办公室堆满了积压的书。人民卫生出版社一位年轻编辑经常跑他的办公室，看到这种情况后，和作者交谈，分析作品和市场，根据自己的编辑经验给作者提出修改建议，让作者改变写作方式，后来该医生按编辑思路写了《牙病防治》一书，首印即达到 20 万册，之后每年都在重印。这个案例说明编辑"脚力"的重要性，如果腿不勤，永远也发现不了好的选题在哪里，作者和市场的距离有多远，其实只需编辑的一点点助力，一本好书、一个好作者就诞生了。

（二）新时代出版工作的"眼力创新"

　　策划图书，从选题到作者、内容到形式、语言到修辞、结构到装帧，都需要编辑负责完成。我们今天的选题创新要求编辑对相关领域的学术研究工作有较深入的了解，对相关领域的热点问题、难点问题以及相关的学术研究人员有较深入的了解，对相关图书的未来走向有较准确的预测，并对选题操作的全过程有全面的考虑与统筹安排。应该说，新时代的出版业要求的能够进行选题创新的编辑人员，除了是一个学术"杂家"以外，一定要对某一学科领域有较为深入的了解，甚至在某一学科领域达到一定的水平，能够熟知某一学科领域主要研究课题、研究动态和研究方法，能够和某一学科领域中一些有影响的研究者对话，在某种意义上成为学术"专家"。只有这样，编辑才能具有学术鉴赏力，才能在某一学科领域和相关领域进行体现时代特点和学术前沿的选题策划，才能使自己策划的选题取得较好的社会效益和经济效益。

　　例如，中信出版社的一位编辑，在 2011 年的时候一直关注美国苹果公司总裁乔布斯的病情，得知他已经到了癌症晚期后，立即策划引进了《史蒂夫·乔布斯传》，该社同时组建了 100 多人的团队来全程营销此书，2011 年 10 月 5 日，乔布斯去世，24 日，该书上市，在不到一年的时间内销售达到 100 万册。这个案例充分体现了编辑的"眼力"。在这一过程中，编辑要具有独特的眼光，如果没有前瞻性眼光，没有敏锐的洞察力，没有对市场信息的迅速捕捉与准确把握，就不能识别出"金子"，更出不了

"金点子"，也就谈不上策划出好选题、制作出具有复合性价值的双效图书。策划出选题容易，策划出好选题不容易！这里都凝聚了编辑的创造性劳动，只是前后者的价值截然不同。一个好选题，无论是内容选择，还是文本设计，都应体现出编辑的"眼力创新"。

（三）新时代出版工作的"脑力创新"

勤思考、善琢磨，是一个编辑需要具备的基本能力，不断学习才能使自己"脑力创新"。今天，面对国内国际新形势、意识形态领域新态势、信息化发展新趋势，做好出版工作，比以往任何时候都更加需要创新。有些做法过去有效，现在未必有效；有些过去不合时宜，现在却势在必行；有些过去不可逾越，现在则需要突破。如果编辑还靠老思想、老做法来从事出版工作，必然跟不上社会进步的步伐，图书市场竞争的残酷性很多时候都在提醒我们"逆水行舟，不进则退"。

从一个市场信息的捕捉，到一种选题思路的打开，都体现出编辑的创造能力。这种能力必须得到出版社的重视和培养，它能给出版社带来不可估量的效益。从某种意义上说，编辑的"脑力创新"与科学家发明出一项新技术或企业开发出一种新产品具有同等重要的意义，好选题产生的出版物，将会产生巨大的社会效益与经济效益。

在新时代，出版物的产品形态、传播方式、消费方式不断变化，从而催生了许多新的出版形式。例如近年来，很多出版社通过加强互联网和出版形态的创新，推出了更多有思想、有温度、有品质的融媒体出版物，从"纸媒时代"到电子书、互联网出版物到"微博、微信"，再到"视频、H5、AR、VR 全景"……抖音、快手、喜马拉雅 FM、红蜻蜓等平台的出现，让传统纸质出版物找到了重生的可能。2015 年 8 月，刘慈欣的科幻小说《三体》获得第 73 届世界科幻大会的"雨果奖"，后来，又获得第 6 届全球华语科幻文学最高成就奖，截至 2019 年，重庆出版社出版的《三体》系列图书销量已经超过 200 万册，该书的编辑看到《三体》在国内获得巨大成功，马上趁热打铁，策划推出了《三体》有声书下载版、电子书、互联网出版物等多种形式的衍生产品，同时推出英文版，全球销量超过 15

万册，版权输出到多个国家和地区。从这个案例可以看出，每一位编辑都应该用"脑力创新"来进行选题创新、出版创新，把"脑力创新"当作是自己编辑职业最基本的要求，使自己成为一名符合新时代出版业要求的创新型编辑，不断有所发现，有所创造，有所前进。

（四）新时代出版工作的"笔力创新"

编辑的"笔力"包含有选题报告、编辑计划、审稿意见、出版说明、内容简介、凡例、编后语、图书推荐、约（退）稿信件等。编辑的"笔力"就是编辑的创作素质，这是编辑重要的基本功之一，练不好这门基本功就不是一个合格的编辑。创作素质并非与生俱来，也不是每个人都均等的，它需要编辑到图书市场去"摸爬滚打"，需要长期的学习和积累，需要具有对选题的感悟力和洞察力。一边编书、一边读书、一边买书、一边卖书，一边评书写书；平日是编者，有时是作者，有时还是读者，编辑的"笔力"能让编者和作者的交流更流畅深入，让好书通过编辑的推介走得更远。

"笔力"创新在于观点的创新，也就是"脚力、眼力、脑力"创新的具体体现，同时也是宣传形式的创新，例如根据图书的不同特点选择性地利用微信、微博、广播电视、报刊、读书会等多种形式进行新书宣传，来扩大图书的影响力，尽最大力量让更多的读者了解图书信息，势必会取得很好的效果。所以，编辑树立"四力"创新意识是保证出版业创新并使之在推动社会发展中发挥重要作用的前提条件。

总而言之，做好新时代出版工作，应以守正促创新，以创新强守正，守正永无止境，创新永不停息。不忘初心，牢记使命，坚持守正，持续创新，新时代的出版工作大有可为，气象万千。

（作者单位：湖北科学技术出版社）

构建全媒体出版格局的发展策略研究

张立科

今天我们讨论融合发展，需要从根上理解出版自身的基础属性。从古至今，出版容易被人理解也显而易见的是其所具有的产业属性和文化属性，与之相匹配的则是经济效益和社会效益；而相对被人所轻视的，则是出版的技术属性。放眼整个出版的发展史，技术属性一直都存在，且在不同的历史时期以不同的方式推动产业向前发展。出版的本质就是将筛选集成的优质内容在更大范围内传播，不管是优质内容的生产还是传播，技术对出版均起到了巨大的推动作用。如果没有纸张的发明，没有印刷机的出现，就没有现代出版业；如果没有铅与火向光与电再向数与网的迭代，我们今天也就没有机会讨论融合发展。大信息时代的蓬勃发展，标志着融合发展大时代的来临，而出版社对于出版技术属性的把控力度强与弱，将会成为推动出版行业发展壮大的关键。

信息化为我们带来难得机遇，却也蕴含着风险。对于绝大多数出版机构而言，在数十年的传统出版业务中形成的企业文化与相对固化的业务模式惯性极大，这种惯性在编辑对新兴业务的不适应中表现得淋漓尽致。如何正确地处理好传统业务和新兴业务的关系，需要从多个角度进行思维的转换，没有变化就不可能获得成功。无论是内容的生产与运营模式，还是人才培养与制度的优化，均需要出版机构的决策层站在全新的高度来进行系统的布局，需要认真思考融合发展的终极目标是什么，当前发展的核心问题在何处，该用何种策略去推动新兴业务的发展。

一、构建全媒体出版格局——融合发展的整体目标

坚持推进融合发展，首先就要明确我们进行融合发展的整体目的是什么，方能围绕目标制定行动指南并实施行动。

融合发展的整体目标就是要运用信息革命成果，坚持一体化的发展方向，加快从相加阶段迈向相融阶段，加快构建融为一体、合而为一的全媒体传播格局。关于这一点，习近平总书记在中共中央政治局就全媒体时代和媒体融合发展举行第十二次集体学习时明确作出指示：推动媒体融合发展，要坚持一体化发展方向，通过流程优化、平台再造，实现各种媒介资源、生产要素有效整合，实现信息内容、技术应用、平台终端、管理手段共融互通，催化融合质变，放大一体效能，打造一批具有强大影响力、竞争力的新型主流媒体。

推进融合发展，需要正确处理好传统出版与新兴出版的关系，两者不是取代关系，而是迭代关系；不是谁主谁次，而是此长彼长；不是谁强谁弱，而是优势互补。对于绝大部分出版机构而言，当前融合发展的相关业务特别是纯数字化业务所产生的利润相对全社的总体规模而言仍是九牛一毛，在未来几年其体量也会有较大差距，这种状况也直接造成大部分编辑对融合发展的重视程度不够，使得以知识服务为典型代表的融合出版相关

业务游离于传统业务之外，虽有交叉，但远远达不到相通相融的程度。虽为星星之火，亦可成燎原之势。展望未来，信息技术的进一步发展以及用户对内容选择的多样化，迫切需要出版社进行全方位的变革，决策者和执行者均需以发展的眼光看待市场的变化，并对变化快速响应，才能在未来取得发展的先机。

二、现阶段融合发展主要矛盾的变化

近年来，在国家相关指导性意见以及财政资金的支持下，各出版机构在信息化流程再造、数据管理与运营、知识服务等融合出版领域均进行了积极的探索，并取得了一定的成绩。以人民邮电出版社为例，通过持续多年的资金投入、人才培养、思维创新以及平台开发，基本完成了面向未来转型发展的技术基础建设，正处于从融合发展的初级阶段迈向相融阶段的分水岭。在业务层面，通过信息技术为传统出版物赋能效果明显，2018年实现新形态图书发货码洋 1.2 亿元，电子书和有声书业务也保持高速增长。在技术平台建设层面，围绕顶层设计打造了人邮融智知识服务平台（见图 1），依托于出版社的优势出版领域初步实现了线下出版机构向线上知识服务机构的转变，每一个线上运营产品就相当于传统出版机构中的一个出版分社（见图 2），如人邮学院是教育出版中心的线上课程平台，数艺社对应线下的数字艺术分社。通过底层数据平台支撑，各产品矩阵通过多样化的知识服务模式为用户提供多形态的知识服务，实现了线下图书销售到线上知识服务的转变，为全媒体出版格局以及知识服务生态体系的构建奠定了基础，使出版社从"相加"迈向"相融"。同时，平台还推动了"一个选题同步策划多种形态产品"的全媒体生产格局的形成，实现了内容优势领域从单一图书的一元向图文课程、音视频课程、直播、专栏等多元化产品拓展，促进了产品和服务形态的多样化、一体化发展。

着眼于当下，绝大部分出版机构虽然还走在技术开发迭代和内容生产

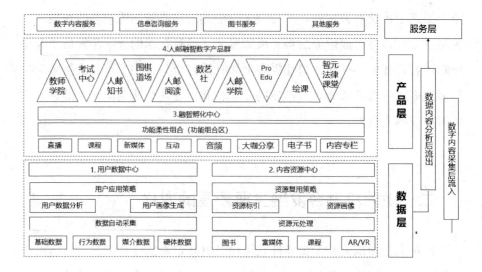

图 1　人邮融智知识服务平台顶层设计

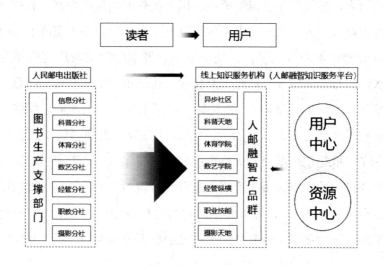

图 2　从传统出版社走向线上知识服务机构

模式复制的路上，但就整体而言，融合发展在技术层面和内容生产层面已不存在太大问题，几年前存在的生产力严重落后于市场需求的问题已经得到很大程度的解决。从矛盾发展的角度来看，以技术或者内容为代表的生产力的欠缺当前已成为次要矛盾，而生产关系与生产力不匹配、生产关系相关要素严重制约生产力发展已成为当前融合发展的主要矛盾，这也就是说，在未来一段时间，组织结构创新等生产关系要素的融通将比技术的更新更为重要。

这些年来，出版社以分头探索、项目带动为主的方式推进融合出版，依托项目培养了一批复合型出版人才，锤炼队伍的同时也涌现了一些可持续发展的项目。然而，面对错综复杂的互联网环境以及互联网公司的跨界挑战，我们仍然面临内容流失、人才流失、数据流失的多重风险，其关键原因在于我们的数字业务生产流程再造、组织结构保障、体制创新、运营开展等还相对滞后，这些生产关系的要素会成为我们下一阶段发展的掣肘。

主要矛盾的转变需要出版机构的决策者和执行者立足当下进一步创新，从分头探索向总体布局、统筹规划、系统推进进行转换，围绕流程再造、组织结构调整、体制创新、提升运营能力等多个角度进行全面的结构性的优化，以适应全媒体出版格局发展的需要。

三、构建全媒体出版格局的核心原则

构建全媒体出版格局，需要结合自身的情况与市场的情况，审时度势、循序开展。各出版机构的业务模式虽有差异，但其成功背后所遵循的原则却基本一致，尤其是市场检验原则、比较优势原则与生态链原则，这三条原则均是推动融合出版业务良性发展的关键。

（一）市场检验原则

市场检验原则指的是融合出版相关业务必须以市场为导向，围绕真正的市场需求开展，业务逻辑清晰，用户愿意购买服务，具备自身造血功能而不是单纯依靠输血。市场检验原则的本质是贴近用户并服务于用户，以用户需求为导向。融合出版业务探索到今天，没有明确目的的内容开发可以暂停，不能通过市场检验只能依靠政府和出版社资金投入才能续命的项目可以止损；反之，对于已经实现盈利、有发展潜力的部门和项目则要加大投入。以人民邮电出版社的智元法律课堂为例，该项目启动资金 10 万元，2018 年全年收入 350 万元，3 人的小团队实现盈利 80 万元，这样的模式就应当大力推广。融合发展之路，必须遵从市场原则，不能为了保护而保护，不能给落后产能或者落后的商业模式打强心针，而应当尊重市场的选择，加快自身调整的节奏来适应市场。

（二）比较优势原则

适者生存、赢者胜出是自然法则，赢是因为有比较优势，有自己的核心价值。做商业要把我们有什么、目前哪些能做、哪些做不了弄清楚，我们必须立足于自己的核心价值之上去创造新的价值，而不能抛却自己的比较优势去搭建空中楼阁，这就是比较优势原则的核心内涵。以人民邮电出版社的人邮学院为例，2015 年上线的人邮学院慕课平台如果单纯以在线教育平台的商业逻辑去开展业务的话，有很大的可能性会失败，因为类似的项目合作模式并非邮电社所擅长，在市场中也必然超越不了众多具备高强度服务能力的竞争对手。反过来思考，出版社的核心价值是什么？是优秀的内容生产者和版权拥有者，而我们的比较优势是什么？是我们长期以来成熟的传统出版物商业模式。因此，人民邮电出版社转换思维，2015 年就明确把人邮学院、微课云课堂的慕微课的价值附加到纸书上，通过提高定价实现了数字内容的价值，以我们擅长的方式赢得市场的认可，既推动了传统出版物高速增长，又变相获得了数字收益，而人邮学院慕课平台也因此获得第四届中国出版政府奖网络出版物奖提名奖。

（三）生态链原则

生态链原则是指融合出版业务必须融入产业生态，出版机构所能够从事的工作只是生态链上的若干个环节，不管是过去还是将来，闭门造车做不大也做不长久，围绕生态来思考未来的发展才是正途。在过去，传统出版的生态链为"作者—出版社—渠道—读者"，层层相关、环环相扣，但是在用户数据上，我们并不能直接获取，大量的数据被以电商为典型代表的渠道商截留。出版机构坚持融合发展，从相加迈向相融，确实有机会能够直接触达用户。以人民邮电出版社为例，我们已经可以通过融智知识服务平台实现内容向近 200 万用户的直接传递，产品的触达率较高。但是，我们也要清醒地认识到，短期内出版机构通过自建平台直接触达的用户还是少数，用户获取数量有限，用户留存更是问题，单纯依靠自己的平台来发展力量非常有限。因此，从生态共荣的角度出发，我们应当将视野放宽，守住内容源头的同时构建充沛的数字分销渠道，和所有具备流量的平台建立合作，比如大型内容分发平台、优质的自媒体平台等。江河千万，汇聚成海，逐步构建用户之海，就不能只盯着门前的几十条江河，流量在哪儿，数字业务就应该耕耘到哪儿。海纳百川，有容乃大，未来出版机构和互联网平台的流量之争还会持续很长时间，孤立不能使自己壮大，牢牢把握住内容的源头，在竞争中提升自己才是正途。

四、构建全媒体出版格局的发展策略

构建全媒体出版格局是融合发展的整体目标，围绕此目标，出版机构应当顺应主要矛盾的变化，推进融合出版的创新发展，以市场检验原则、比较优势原则、生态链原则为行动准则，对外部环境与自身条件进行准确判断，构建完备的全媒体出版格局发展策略。

首先，要以前端编辑部门组织重构为基础，鼓励内容优势领域从单一图书的一元向图文课程、音视频课程、专栏等多元化产品拓展。在产品开发的过程中，应当培养大选题观，改变产品的生产流程，将原来的"选题—图书—图书衍生品"生产流程转换为"选题—选题—多形态产品"（见图 3）。不同形态的数字产品其对内容的处理方式会有不同（见图 4），因此选题在一开始就应该做好产品线的整体设计，适合什么形态的产品形态就进行什么形态的产品设计，而不是将其他形态的数字产品仅作为图书的衍生品。需要注意的是，多形态内容生产的过程与现有的出版流程有所不同，不同形态产品的生产需要相应的生产流程来配合，这也就意味着业务流程体系和组织结构必须再造。

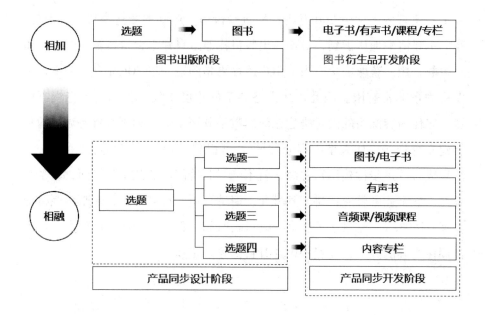

图 3　生产流程再造

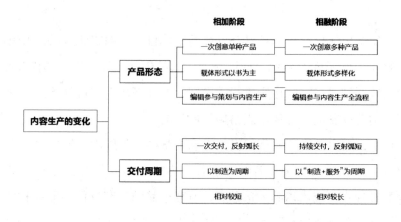

图 4　内容生产在融合发展不同阶段的变化

其次，要构建完备的数字分销体系，形成适合自己的产业模式。从相加走向相融，产业生态在未来会发生很大的改变，与生态共荣发展，需要出版人在新的环境中尽可能地把握住所有的市场需求，通过竞争使自己成长，最终构建完备的数字分销体系，形成自己的数字产业模式。当前可行的产业模式主要包括三种（见图 5）。第一种是依托内容平台的产品分销模式（2B），通过和产品形态所对应的大的内容平台建立分销合作机制，利用内容平台的超高流量完成产品的销售，这种模式目前已经在电子书、有声书等领域广泛应用；第二种是自建平台或者利用第三方技术搭建平台，通过和自媒体进行合作或者直接进行自媒体流量的购买，完成产品的销售（B2C）；第三种是自建平台，通过图书导流，完成用户积累并实现数字产品的销售（2C）。

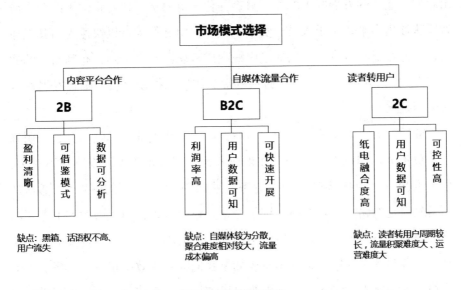

图5　市场模式选择

再次，要坚持试点先行，通过试点来确立将来可以复用的商业模式，降低风险，试点成功后再进行大面积推广。在试点的过程中要坚持三个原则。第一个是优势垂直领域试点原则。选择垂直领域试点是因为我们原本就是服务于这类用户，只是服务的手段、载体用的是图书，知识服务的本质并未改变，信息技术只是赋能手段，因此编辑在自己的出版领域里进行数字业务试点会如鱼得水，比另起炉灶探索新业务稳健得多。同时还应该选择优势领域，如果我们按照设想的商业逻辑，选定一个不具备优势的垂直领域开展业务，那么试点成功与否并没有参考性，因为你不清楚到底是商业逻辑不行还是因为项目本身的内容不佳、资源不充沛、品牌认可度不高，这样就会丧失试点的意义。第二个是一体化原则。对于试点的项目，一定要组建自上而下的团队，采用项目组的方式来进行试点业务的开展，并且必须明确第一负责人，建立相应的权责利机制，否则难以形成上下合力，严重影响项目试点的正常开展。第三个是择优原则。对于在试点工作中涌现出来的优秀项目或者优秀个人应当重点扶持，让其发挥自身优势，树立典型标杆，上下同欲者胜，想干事、能干事、干成事。出版机构融合出版相关业务的发展并不均衡，只有强化试点遴选工作，将优秀的个人或者团队抽离出来，给予人员、资金、技术、财务等支持以快速提高其战斗力，才能在瞬息万变的市场环境中蜕变成有思路、有干劲、有判断力的战斗"尖刀"，并通过"尖刀"的示范带头作用，推动全员向融合发展深水区健康发展。

最后，需要强化领导职能，提高具体业务线上的管理效率。必须明确第一负责人，明确领导线条，如果业务开展到一定程度发现路线不对头，该由谁来进行抉择调整？探索业务，就像创业，一开始想的路，通常都不是最后走的路、成功的路，到了分岔路口怎么走、由谁来领着走需要明确。数字业务发展到一定阶段后会出现一定的不均衡，有些业务必然会走到需要调整的十字路口，这个时候如果我们的管理效率跟不上，我们不但会损失人力物力的投入，还会因为错过市场机会而使得机会成本高昂，因此，强化领导职能是未来融合发展过程中出版社能够快速响应市场、调整策略的关键所在。

五、构建全媒体出版格局对未来业务的启示

电商的兴盛给图书的销售带来了极大的增量，在过去的几年里，绝大部分出版机构的纸书业务经营状态都很不错，这也让很多编辑产生了数字时代还远未到来的假象。即便在融合发展在决策层越来越受重视的今天，仍然有很多编辑对数字业务持观望态度。我们应该清醒地看到，电商红利

并非纸书用户总量增长的表现，而是信息效率提升、支付便捷后，单一用户复购率的提升带来的增量。我们还应该看到，用户的需求正在多样化发展，已经有少量用户尤其是年轻一代已经养成了脱离纸书获取知识的习惯，且这种趋势还在扩大。未来纸书不会消亡，但用户习惯会持续转变，这正是我们要构建全媒体出版格局的根本原因。趋势在发生之时，新生事物会将它庞大的身躯藏于阴影之下。只有构建全媒体出版格局，提供多形态的内容产品与服务，构建完备的流量渠道，才有可能在未来直面用户需求，顺应时代的变化。未来将来，出版人还需持续努力。

参考文献：

1. 冯宏声：《大数据时代，新闻出版业如何跟进?》，《中国出版传媒商报》2016年9月9日。

2. 李忠峰：《中国出版社转企改制走出关键一步》，《中国财经报》2011年1月13日。

3. 张立科：《守正创新　推动出版工作高质量发展》，《中国编辑》2019年第6期。

4. 郑诚：《浅谈全媒体发展中体制机制创新的三个发力点》，《出版发行研究》2012年第2期。

（作者单位：人民邮电出版社有限公司）

功能性视角下大众图书融合出版的
实现逻辑与路径

梅若冰

一、引言

技术的发展使传媒环境发生了深刻的变革。从"数字化时代"概念的提出，到移动互联网技术的迭代，技术爆炸带来了内容生产井喷，内容呈现媒介的界限逐渐淡化，泛传播环境形成的融媒体生态①，是每个文化产业从业者必将面临的时代难题。

传统出版产业在数字技术发展的背景下显示出了融合与转型的紧迫

---

① 参见严功军、张雨涵:《内爆转换与传播危机:融媒体生态的批判解读》,《现代传播（中国传媒大学学报)》2017 年第 11 期。

性。相关统计报告显示，2018 年中国图书零售市场码洋规模 894 亿元，同比增长 11.3%[①]；国内数字出版产业整体收入规模为 8330.78 亿元，比上年增长 17.8%[②]，数字出版产业规模高达传统出版产业规模的 10 倍，同比增长率高 6.5%。与传统出版中以纸质书为核心形态、以折扣差为主的相对单一的盈利结构相比，数字出版产业媒介形式丰富，内容变现渠道广泛，我国数字出版产业统计数据包含了互联网期刊、电子书、数字报纸、博客类应用、在线音乐、网络动漫、移动出版（移动阅读、移动音乐、移动游戏等）、网络游戏、在线教育、互联网广告等一系列内容产品的收入[③]，这些领域几乎涵盖人们信息需求的方方面面，与纸质大众图书的应用场景高度重合，市场需求广泛，市场潜力巨大。

2015 年，原国家新闻出版广电总局和财政部出台的《关于推动传统出版和新兴出版融合发展的指导意见》强调，推动传统出版和新兴出版在内容、渠道、平台、经营、管理等方面深度融合，创新内容生产和服务，将传统出版的专业采编优势、内容资源优势延伸到新兴出版。[④] 近年来，大量传统出版企业在产业融合背景下积极寻求转型，做出了多种颇有意义的尝试。然而，数字出版业务在传统出版单位行动迟缓，功能性不全，营收占比较低[⑤]，大众出版领域的表现尤为明显。因此，在当下，整理纸质书融合出版的实现逻辑，探索在纸质书基础上融合出版的可能路径，构建可持续性的共赢传媒生态，为传统出版单位提供融合出版的实现逻辑和可能路径，具有很重要的意义。

---

① 数据来源：《开卷 2018 年中国图书零售市场报告》。

② 参见王俊：《中国数字出版产业年度报告：去年产业整体收入超 8330 亿元》，见 https://www.thepaper.cn/newsDetail_forward_4235253，2019 年 8 月 24 日。

③ 参见王俊：《中国数字出版产业年度报告：去年产业整体收入超 8330 亿元》，见 https://www.thepaper.cn/newsDetail_forward_4235253，2019 年 8 月 24 日。

④ 参见《关于推动传统出版和新兴出版融合发展的指导意见》，见 http://www.gapp.gov.cn/news/1663/248321.shtml，2019 年 8 月 24 日。

⑤ 参见周百义：《从三个维度看融合出版》，《中国出版》2019 年第 1 期。

二、纸质书的功能

从传播学的"使用与满足"理论出发，受众选择特定的媒体或内容，是一种功能性行为，即以功能为导向，主动选择和使用媒介，用来满足自己的需求和愿望。[①] 读者会依据自身的需求，选择相应的内容载体进行阅读，目前市面上可供选择的阅读载体可以分为纸介质与非纸介质两类，其中，非纸介质包括电子墨水屏阅读器、手机、平板电脑、电脑等。

纸质书可以满足的功能如下。

（一）实现长久的信息保存，提供永久的信息获取入口

一般情况下，在非物理化损坏的情况下，纸张可以保存百年以上。而集成电路芯片每隔约 18 个月性能提升一倍，电子产品更新换代周期从几个月到一两年不等。

介质的性质决定了其更新过程中所带来的信息读取隐患。一是信息存储设备和信息读取设备是否同步更新。随着设备的迅速发展，新的读取设备可能无法获得旧的存储设备上的数据。二是信息存储设备本身的损坏可能。纸介质的损坏原因一般是物理形态的损坏，如撕毁、烧毁、腐蚀、丢失，修复难度较低，重新获取信息的经济成本也相对较低。电子介质的损坏原因除了物理形态的损坏，如水、尘、芯片物理损坏、丢失等，还可能因为计算机病毒、内部数据出错等原因导致信息丢失，修复难度较高，重新获取信息的难度也比较大。三是介质所存储信息的修改。纸介质稳定性较好，信息修改通常留有痕迹，因而更适用于重要票据、档案等信息的保存。电子介质修改门槛低，通常不留痕，误操作的可能性大，导致数据失真的可能性相对较大。

因此，纸介质能够实现信息相对稳定的保存，其读取、修改、重新获

---

① 参见周丽锦:《"使用与满足"理论视角下的阅读载体选择问题浅探》,《北京印刷学院学报》2019 年第 4 期。

取信息的过程比较可控，适用于存储长期的、稳定性强的信息。

（二）纸质书遵循严格的出版制度，能够提供信息质量得到较高保障的内容

传统出版社的图书生产流程管理十分严格，在出版单位的设立、出版物的编辑、印刷、发行方面有规范的条例，图书生产遵照诸如编辑责任制、三审制、重大选题备案制度等相关规定，所有的出版物必须保证其内容、编校、印制、设计全部合格，且具备严格的质检机制。电子媒介的产品虽然也有相应的审核管理机制，但出于发布时间的限制，大部分审查机制主要针对内容而不针对形式，文本规范性相对较弱。

（三）纸质书能够提供更好的深度阅读体验

研究表明，当受众进行快速阅读的时候，更倾向于选择电子书；在深度阅读的时候，更倾向于选择纸质书。[1] 对成人而言，相比电子书，纸质书对内容的记忆和理解时间更短；[2] 在阅读自己感兴趣的书或者想阅读整本书的时候，通常会选择纸质书。[3] 对少儿而言，阅读纸质书能够使孩子更好地形成阅读习惯，理解文字内容，不容易被电子设备的其他功能分散注意力，家长能更好地掌控孩子的阅读计划。[4]

（四）纸质书能够赋予读者更全面的审美感受

纸质书的装帧设计，一般从排版、装订、印刷、包装等角度呈现。纸质书是一个可触可感的实物，能从视觉、嗅觉、听觉、触觉等方面给读者带来审美体验，如色彩搭配、文字图案设计、油墨气味、纸张厚度、纸张

---

[1] 参见周丽锦：《"使用与满足"理论视角下的阅读载体选择问题浅探》，《北京印刷学院学报》2019 年第 4 期。

[2] 参见赵蕾：《电子书衰落与纸质书回归：近年来美国图书市场销售趋势与读者媒介选择分析》，《编辑之友》2019 年第 1 期。

[3] 参见周丽锦：《"使用与满足"理论视角下的阅读载体选择问题浅探》，《北京印刷学院学报》2019 年第 4 期。

[4] 参见 Ross, K. M., Pye, R. E., Jordan, R., "Reading Touch Screen Storybooks with Mothers Negatively Affects 7-Year-Old Readers' Comprehension but Enriches Emotional Engagement", *Frontiers in Psychology*, 2016, 7。

质感等元素的组合与变化，在阅读以外给人审美感受的同时，还可以实现装饰、收藏、礼赠等功能。而电子图书装帧一般从文字设计和排版方面呈现，审美体验主要来源于视觉、听觉，如文字设计、图文排版、音视频元素的插入等，且同样的内容可能会受到阅读设备兼容性的影响，审美体验的丰富程度相对较弱。

三、大众图书融合出版的实现逻辑

融合出版是指传统媒体和新型出版的深度融合。我国的传统出版以书号授权为准入机制，呈现方式以纸质媒介为主。通常意义上，新兴出版以数字技术为基础，实现知识财产（Intellectual Property，即 IP）的多媒体展示、多平台呈现、多渠道分发、多模式盈利。因而，融合出版的实质，是在不同传播介质的参与下，实现多平台 IP 的链接和互动，并形成一套产业链式的具备内容生产、消费、服务功能的全方位 IP 开发机制。

菲利普·科特勒的产品层次理论认为，从满足客户需要的角度，产品所提供的服务可以分为核心产品、基础产品、期望产品、附加产品、潜在产品五个层次。[1] 在此基础上，纸质书产品可以分为核心层、形式层、延伸层三个层次。其中核心层指图书实际效用，及提供内容；形式层指具体物质形式，包括内容载体、装帧等；延伸层指图书附加利益之总和，包括附加服务和价值。[2]

大众图书融合出版实现逻辑可以围绕纸质书产品设计和开发的三个层次分别展开。在核心层面，可以实现线下和线上内容的融合；在形式层面，可以实现内容形式的变化和拓展；在延伸层面，可以实现图书附加价值的开发和延伸。

---

[1]　产品层次，见 https://wiki.mbalib.com/wiki/，2019 年 8 月 31 日。

[2]　参见方卿、姚永春编著：《图书营销学教程》，湖南大学出版社 2008 年版。

（一）高质量经典内容 + 时效性更新内容

纸质书的选题申报，需要经过严格的选题论证，选题论证过程是对内容价值和市场价值的综合研判，有些文本甚至是经过了大量市场考验的经典或准经典内容，由此决定了图书产品较高的内容质量。纸质书的生产流程需要经过多次审校并通过严格的质量检验，由此决定了图书产品较高的编校质量。但其缺陷也显而易见，如内容的更新周期极长，时效性差，对差错或补充材料无法做到及时更新，无法提供实时的信息服务等。而通过一定的技术手段，实现线上和线下的内容融合，能够达到弥补纸质书产品缺陷的目的。例如，通过提供固定的网络链接，将固定的线下内容转化为可变的线上内容，并定时对链接中的线上内容进行修订更新，真正做到"常读常新"。最终呈现的效果是，纸质书提供固定的信息入口，并将消费者引入功能更为广泛的内容平台，提供更多的内容变现可能。

（二）深度阅读体验 + 内容拓展服务

纸质书能为读者提供深度阅读体验，但囿于图书生产形式，只能提供文字、图片的单一视觉效果。纸质书可以通过内容拓展的手段，实现内容的多种形式呈现。从内容拓展的起点划分，可以分为图书内部和图书外部。图书内部的内容拓展，即在图书内容适当的地方插入补充链接，引入音频、视频、AR 等其他媒体形式的内容，作为图书文本的补充参考资料，丰富阅读的感官体验。图书外部的内容拓展，即将图书产品与影视、综艺、知识付费课程等其他相关产品捆绑链接，以此实现同一 IP 的各种呈现形式相互引流的目的。

（三）审美收藏价值 + 社会关系价值

实物形式存在的纸质书能够提供良好的审美收藏价值，但图书的销售通常是一次性购买行为，用户黏性较差，图书产品的附加价值表现不够明显。作为文化产品，融合出版能体现出图书为读者提供的社会关系价值。将图书产品与线上具备社交功能的平台相融合，能够实现图书的社会关系加成。一方面，将图书跨平台融入社交功能，能够更好地提供读者服务，还能够通过品牌人格化设计、社会化营销账号矩阵、社群运营等内容运营方式，提高品牌价值，提升用户黏性。另一方面，在泛媒体背景下，人人皆可成为媒体，通过互动引导读者自发进行内容的高质量二次创造，例如对图书的评价和讨论，并将这种功能与纸质书的盈利模式有机结合，能够很好地实现产品内容的价值延伸。

四、大众图书融合出版实现路径

（一）"图书＋"：二维码、增强现实技术、虚拟现实技术在纸屏融合上的应用

二维码能够承担纸质书线下内容和平台线上内容相连接的功能，实现文本与视频、音频等多种媒体渠道的结合。增强现实技术（AR）是将虚拟空间和现实空间相结合，虚拟现实技术是通过辅助设备建立模拟和方针场景。①

1. 补充文本内容，丰富文本形式

长江文艺出版社 2018 年出版的《世界文学名著名译典藏》系列，先后在纸质书上附加二维码，扫描二维码将进入"名家讲名著"的网络页面，点击音频即可听知名学者讲解该名著。该功能主要是为了简化文本阅读难度，为内容提供附加值。华东理工大学出版社的《小学生必背经典文言文》，在每一篇文言文标题旁边都附有二维码，扫码即可听文本的朗读。该功能主要是可以很好地解决小学生阅读文言文时的生僻字读音、阅读节奏的问题，帮助读者理解内容，培养良好的读书习惯。在果壳网出品的《物种日历》中，每一天的日历背后都有一个二维码，链接到一个物种的简介页面，页面跟随时间推移而更新。由于日历提供文本的页面有限，二维码的方式可以增加内容含量，增强实用功能。

---

① 参见余人、于凤：《AR、VR 技术在出版实践中的应用》，《编辑学刊》2017 年第 5 期。

2. 纸屏互动，优化阅读体验

例如，长江文艺出版社的《侏罗纪世界：3D实境AR互动恐龙百科》，利用AR技术1：1还原真实的恐龙；北京少年儿童出版社的《大开眼界：恐龙世界大冒险》，通过手机App和附赠的VR眼镜创造虚拟恐龙世界，目的都是提高阅读的趣味性。[①]

3. 营销、内容运营带来的图书价值延伸

调查显示，图书上印制的二维码98%与图书营销有关[②]，这些二维码会通向行业信息、留言评论、纸屏互动App、内容服务平台等。例如，长江文艺出版社开发了"长江乐读"融媒体平台，配合纸质书提供数字资源，以免费或付费的方式为读者提供图书产品以外的附加功能。此外，武汉理工数字传播工程有限公司研发的RAYS平台，也是很有代表性的内容运营平台，能够以二维码的链接形式形成线上线下的互动定制化服务，并借助大数据、云计算等数据分析技术，深入分析读者特征，挖掘读者需求，以此为出版单位决策提供参考。[③]

（二）"纸质书→X"：以纸质书内容为核心的多形态衍生产品

在互联网兴起之前，以纸质书内容为核心的多形态衍生产品开发已经颇具成效，最典型的案例如四大名著的翻拍、改编。互联网技术的发展，让纸质书内容的开发渠道更加广泛，形式更加多样，盈利模式也更为成熟。

1. 影视

将畅销的纸质书内容拍摄成影视作品，捆绑多种形式IP，实现共同推广盈利。如2009年长江文艺出版社出版的《大江东去》，作者阿耐。该书被誉为"描写改革开放30年的第一小说"，曾荣获中宣部"五个一工

---

① 参见余人、于凤：《AR、VR技术在出版实践中的应用》，《编辑学刊》2017年第5期。

② 参见刘兆寅、张新华：《基于二维码技术的纸屏融合出版物现状分析》，《台州学院学报》2018年第1期。

③ 参见白立华、刘永坚、施其明：《面向媒体融合的出版企业内容运营策略——以RAYS平台为例》，《传媒》2018年第2期。

程奖"。2018 年，由《大江东去》改编的影视剧《大江大河》播出，以良好的口碑吸引了大量观众。而 2019 年年初上映的科幻电影《流浪地球》，则斩获 46.55 亿元的票房。该电影改编自刘慈欣于 2008 年出版的中篇小说作品。电影上映后，为图书的销售带来了相当可观的带动。在由纸质书改编为影视作品的过程中，为了满足影视制作的需要，原著内容通常会进行一定程度的改动，由此形成了纸质书和影视作品的显著差别与不可替代性，从而能达到同步促进、相互引流的目的。

2. 电子书

"长江乐读"融媒体平台在纸质书销售期间，同步上线了包括《世界文学名著名译典藏》在内的大量市场口碑较好的电子书。这些电子书的价格均低于纸质书，而内容则与纸质书完全相同，保证了电子书的内容品质。其他平台如亚马逊、微信读书、网易云阅读等，则可以通过版权合作的方式获得纸质书内容的授权。

3. 有声书

以图书内容为基本框架，转换文本形式，为读者提供另一种阅读体验。例如，"长江乐读"融媒体平台提供了《暖心美读书》系列、《安武林朗读本》系列有声读物等部分畅销品的有声书，中信书院在喜马拉雅 FM 平台上以付费方式提供有声读物。

（三）"Y →纸质书"：以 IP 为核心的图书选题策划

这种路径是在 IP 产品策划阶段就将纸质书的规划纳入其中，多种形态的产品并驾齐驱。纸质书的选题策划和其他类型产品策划同时完成，或者先有其他类型的产品，后衍生出纸质书。通过纸质书的整理，实现了内容的系统优化和精练。

1. 影视

电视剧《女不强大天不容》电视剧播出时间为 2016 年 5 月 31 日，长江新世纪出品的《女不强大天不容（小说版)》，图书出版时间为 2016 年 1 月。从电视剧和图书的制作周期来看，电视剧制作先于图书。从出版流程来看，2015 年年底与作者沟通拿到原始文本，2016 年编辑出版，尽可能做到出版时间与电视剧播出时间相近。

2. 综艺

热播综艺《奇葩说》第一季综艺播出时间为 2014 年 11 月 29 日，目前第五季已经完结。读客出品的《奇葩说》，图书出版时间为 2019 年 7 月，本书是在综艺 IP 积累了一定人气的前提下转化制作的纸质书。博集天卷出品的《鱼羊野史》出版时间为 2016 年 6 月，该书是东方卫视于 2013 年播出的脱口秀节目《晓松说——历史上的今天》的衍生读本。

3. 微信公众号、专栏

磨铁出品的《北京女子图鉴》，图书出版时间为 2019 年 7 月。作者王欣，笔名"反裤衩阵地"，在作者公众号上，该书第一话更新时间为 2017 年 3 月 5 日，连载口碑较好，转化为纸质书。磨铁出品的漫画作品《一条狗》，图书出版时间为 2016 年 4 月，作者使徒子，2015 年年初开始在新浪微博更新该漫画，累计阅读量超过 20 亿，该书同样是由专栏作品转化而来的图书。

（作者单位：长江文艺出版社）

直面战争："持久的武器"如何无形亮剑

——对军事出版工作服务备战打仗的思考

丁晓平

党和人民军队的军事出版事业诞生于炮火连天的战争岁月。人民军队成立 90 多年来，军事出版工作始终围绕为人民服务这个最高宗旨，坚持为兵服务、为基层服务、为战斗力服务，团结、凝聚和巩固了国防和军队的思想、舆论和文化阵地，为人民军队从胜利走向胜利发挥了极其重要的不可替代的历史作用，成为直面战争却又身处没有硝烟的战场上的一种"持久的武器"。

一、军事出版工作的历史地位和作用

革命战争年代,军事出版工作和党的出版事业是紧紧联系在一起的。从革命斗争史来看,军事出版工作至少在两个方面发挥了巨大的作用,作出了重大贡献。

(一)用先进理论武装头脑,坚定"党指挥枪",统一全党全军的思想

战争年代,无论是在江西中央苏区还是在延安、西柏坡,无论是抗日战争时期还是解放战争时期,中共中央和毛泽东始终高度重视出版工作,编辑出版了大量报纸、刊物和书籍。1937年4月24日,中共中央在革命圣地延安的清凉山创立了新华书店,统管图书出版发行工作。1939年9月,中共中央成立出版发行部(后改为"中央出版局"),同时期还先后成立了解放社、八路军军政杂志社、光华书店等出版机构,不仅编辑出版了《反对本本主义》《论持久战》《中国革命战争的战略问题》等革命理论著作,而且还翻译出版了马恩列斯的著作,用党的先进创新理论武装全党全军,统一思想,培育干部和人才,打赢意识形态领域的战争。尤其在国统区,党的地下组织冲破国民党的封锁,成立了许多出版机构、书店,出版、翻印了大量宣传革命理论、介绍革命事迹的图书。

(二)用优秀的作品鼓舞士气,团结群众孤立敌人,发挥战斗堡垒作用

以《西行漫记》为例。1936年,为打破敌人的政治、经济和宣传封锁,中共中央和毛泽东邀请美国记者埃德加·斯诺访问陕北。1938年2月,著名出版家胡愈之在我党的帮助下,主持翻译出版了斯诺的《西行漫记》(即《红星照耀中国》),许多青年都是阅读这本书参加了共产党参加了革命。《西行漫记》出版80多年来,无论是在中国还是在欧美,都产生了无法估量的积极影响,不仅给世界打开一扇了解中国共产党和红军的窗口,而且使中国革命获得了世界人民的理解、支持和同情,在当年达到了团结群众、孤立敌人的作用，至今也依然是了解中国革命历史的必读书。

二、军事出版工作平时如何服务于练兵备战？

军事出版工作与新闻工作是政治宣传工作的左膀右臂，它们的地位、作用、价值和目标是相同的，但属性和手段又有所区别。新闻是易碎产品，出版不是；新闻在前线，出版在后方；新闻是轻武器，出版是重武器；新闻是舆论，出版是文化；新闻是舆论炸弹先发制人，出版是精神炸弹后发制人；新闻是从大众走向更多的大众、是引导社会舆论的风向标，出版是从大众走向小众或个体，是建设个人内心的精神家园。出版工作对内是凝聚一个民族、国家和军队的思想、理论、文化的阵地；对外则是重武器，是杀手锏，它是一个基础性、根本性的"持久的武器"，它是精神武器，或者说思想武器，它是无形的，却影响、决定和固定着人的核心价值观。

养兵千日，用兵一时。军事出版工作如何服务部队备战打仗，为战时做哪些准备？结合当前军队出版工作的实际，笔者认为必须要以党在新时代的强军目标为最高要求，坚定"四个自信"，强化阵地意识，做到"四个坚守"。

（一）坚守军事教材的阵地

军事教材（包括政治理论教材，军事训练教材、武器装备教材等）的编辑出版工作，是一个日常的基本的工作，这一个阵地相当于"训练基地"，必须坚守。军队出版工作应与各大军事院校、军事科学院和地方军事研究机构，实现强强联合，与时俱进地做好教材编写工作，这是使命任务，是军事出版工作的"规定动作"，直接为战场服务，为战斗力服务。当前，军委领率机关要适时成立全军性的军事教材编审委员会，统一组织、统一管理、统一标准，实现军事教材的科学化、专业化、系统化、标准化、现代化。

（二）坚守军事文化的阵地

毛泽东同志说："没有文化的军队是愚蠢的军队"。文化是一种软实力。对军队来说，军事文化同样也是一种"软战斗力"。中华民族有着悠久的军事文化传统和历史品格，人民军队也有区别与历史和世界上任何一支军队都没有的红色基因和文化品德。坚持、传承和弘扬军事出版工作的职能使命和光荣传统，就必须在军事历史、军事理论、军事科技、军事文艺等不同领域进行跨界"联演联训"和"联合作战"，实现"集团冲锋"，为丰富、发展、创新新时代人民军队的先进文化贡献智慧，讲好"强军故事"。笔者建议创办的《军事故事会》杂志，受到军地读者的广泛欢迎和好评。

（三）坚守国防教育的阵地

军队出版工作不仅承担着教育部队、教育官兵的责任，还应该有责任和义务教育全民。打赢人民战争，这是我党我军赢得革命胜利的基本经验。提高全民的国防意识，就提高了全民对人民军队的认识，就能够发动群众组织起来、依靠群众团结起来、组织群众武装起来。这也是军事出版工作在新时代的人民战争中能够发挥更大责任和使命的所在。尤其表现在军事文学、文艺和文化上。比如，战争文学为什么经久不衰？军事影视始终受到热捧？《亮剑》为什么能成为军民都认可的精神？军队出版社在"强军目标"指引下，更应该打造更多的优秀文化产品，为把我军建设成为世界一流军队创造优质的国防教育生态环境。

（四）坚守培育人才的阵地

习近平总书记指出："硬实力、软实力，归根到底要靠人才实力。"人才是党和军队的宝贵财富，对军事出版工作来说同样如此。人才的接力培育，是事业赓续的保证。当下，军事出版人才和军事理论、军事文化人才队伍面临着日渐减少的趋势，甚至出现了青黄不接的危机。在讨论备战打仗的时候，我们更需要思考和关注这个问题。没有人才，备战打仗从何说起？因此，军队出版工作如何备战打仗，首先还是要培育人才，不仅要培育出版领域的人才，还要培育具有深厚政治理论素养、军事理论储备、文学修养与艺术创作能力的全能型、复合型人才，如此才能真正在战时拉得出、顶得上。

三、军事出版工作战时如何亮剑？

谈到图书出版战时如何应对，我们可以举一个美国人的例子。1944 年 6 月 6 日，以美国为首的盟军在诺曼底登陆仅仅数周，一批奇怪的货物——成箱的图书与增援部队、武器弹药、食物和药品一起运抵诺曼底海岸。这些书籍被运往法国各地的书店以及报刊零售商店，由于时机很好，这些图书很快被销售一空。随后还会有数以百万计的美国图书陆续运达，最终发往整个欧洲乃至世界的其他地方。这个故事是真实的。它来源于一本名叫《作为武器的图书：二战时期以全球市场为目标的宣传、出版与较量》的图书。该书讲述了鲜为人知的关于美国图书出版人和美国政府开展重要的合作，将精心挑选出的旨在突出美国历史和价值观念的近期出版的图书分发到那些从轴心国武装解放出来的民众手中的故事。他们将图书看作是"一切宣传工具中最为持久的一种"，是战争期间以及战争之后宣传"战争思想的有效武器"。图书被赋予了此前闻所未闻的更为伟大的责任或更多的重要意义。[①]

无论是作为武器的图书，还是作为图书的武器，它都属于一种文化战争的范畴（笔者认为最终是价值观的战争），是对战争进行思想、理论、文化的保障，更是一种精神的保障，这是人类战争最后的边疆和防线。美国人写的这部《作为武器的图书：二战时期以全球市场为目标的宣传、出版与较量》，对军队出版人有一个重要启示，那就是如何更加坚定以理论自觉和科学的学术精神来体现我们的核心价值观，如何打赢一场文化的战

---

① 参见［美］约翰·B.亨奇：《作为武器的图书：二战时期以全球市场为目标的宣传、出版与较量》，蓝胤淇译，商务印书馆 2016 年版。

争。对军事出版工作来说，就是如何在新时代大力弘扬爱国主义精神和革命英雄主义精神，提升战斗力，关键是要把教条主义和蹩脚的表现手法更换成有文化含量、思想含量、理论含量的知识和技艺，通俗易懂，活学活用，雅俗共赏。

当然，时代不同了，我们身处一个"互联网+"时代，但军事出版工作没有实现"互联网+"，其实也很难实现。军事出版现还处于一个传统出版+互联网的时代，而不是"互联网+"时代。图书是人类最后的精神家园。即使进入"互联网+"时代，传统出版在未来战争中的作用依然无可替代。军事出版工作战时如何应战，做到主动亮剑呢？笔者认为可以在以下三个方面努力。

（一）战略上服务大局，生于忧患，军民融合

军事出版工作，作为为国防、军队和战争服务的对象，不是某一个出版社的事情，而是一个国家战略问题。军事出版工作必须时时怀抱生于忧患的意识，未雨绸缪，服从并服务于国家的政治战略和军事战略。一是要建立军队层面的战时军事出版机制，实现创作、编辑、出版、印刷、发行"一条龙"的高效战斗体系；二是要在国家层面联合地方出版行业建立联动机制，实现军民融合，战时一体化。

（二）战术上灵活机动，创新引领，思想先行

1.要在内容上守正创新

图书出版永远要坚持"内容为王"，既要做好原创产品的开发，也要做好传统资源的深度挖掘和创造利用。笔者策划编选的《红色基因：感动父辈的革命回忆录（选本）》就是充分挖掘红色资源，为全军"传承红色基因，担当强军重任"提供一部教科书式的主题读物。同时，新时代要大力做好外版军事图书的引进、翻译和出版工作，为部队官兵学习、了解、鉴别和吸收外国、外军的先进军事思想、作战理论和军事科技等做好保障工作，知己知彼，思想先行。

2.要在形式上推陈出新

要将图书出版的资源在新媒体上实现全天候的有效融合，包括宣传口

号、标语海报等等，实现传统纸质出版和数字出版的高效融合，战时要依托军队、地方和民营甚至个体（名人、"大 V"）的新媒体和融媒体平台，互相配合，相得益彰，真正实现"互联网 +"。

3. 要在结合上出陈易新

打赢任何一场战争，最重要的因素还是人。实现人与武器的结合，武器先进，人也必须先进。人的先进性表现在"强军目标"上就更加明显：一是忠诚，二是能力，三是作风。如何使军事出版在战时逼近战争、抵达前线，使有限的出版手段发挥无限的作用，就必须注重人和武器的结合，打造优秀的产品影响人、塑造人、鼓舞人，关键有三点。（1）要将平时工作的文化战斗力储备发挥最大的潜能，把优质图书产品在第一时间快递前线，鼓舞士气。（2）组成战时工作队，发动作家深入前线创作文艺作品，这在抗美援朝战争和南疆作战中都可以找到生动的例子。比如，朝鲜战争爆发后，著名作家巴金、魏巍等深入前线，创作了《团圆》《谁是最可爱的人》等优秀作品。在南疆作战中，解放军文艺出版社编辑和军队作家深入前线，创作了小说《高山下的花环》和歌曲《十五的月亮》等优秀文艺作品，凸显了军事出版的文化力量，掀起了整个民族的爱国热情。（3）在战时或战后发动参战人员拿起笔，兵写兵，比如：解放军出版社出版的《星火燎原》丛书就是"中国人民解放军三十年征文活动"的结晶；解放军文艺出版社出版的《志愿军一日》，就是中国人民志愿军政治部号召全军指战员以自己在朝鲜战场的亲身经历，选择生活中最有意义的一人一事、写最值得纪念的一天的征文作品集。2003 年"非典"期间，笔者策划编辑出版的《小汤山日记》，也是在重大非战争行动中军事出版工作的实际行动。近年，笔者策划了反映党的十八大以来人民军队强军实践和风貌的"强军进行时报告文学丛书"，被列入全国主题出版重点项目，也是军事出版工作为备战打仗服务的具体实践。

（三）策略上先发制人，知己知彼，瓦解敌军

在对敌宣传上，要做到敌人怕什么，我们就出版什么。在这方面，军事出版工作要主动作为，先发制人。一是与军队的高层指挥机构、智囊机

构构建信息网络，实现联合作战，发挥平台作用；二是要联合地方研究院所的专家、学者，统筹谋划，合纵连横，实现四面八方资源共享，达到知己知彼、瓦解敌军。

总之，从某种意义上说，军事出版工作作为"持久的武器"，战前是"播种机"，战时是"宣言书"，战后是"宣传队"，在政治建军、改革强军、科技兴军、依法治军上都发挥着不可替代的重要作用。在党和新时代强军目标的指引下，把我军建设成为世界一流军队，军事出版工作如何备战打仗、打赢未来战争贡献出自己的智慧和力量，任重道远。

（作者单位：解放军出版社）

培养名编辑 推动人才强社

蔡一鸣

名编辑指的是在出版界乃至全社会具有高知名度和高影响力的编辑人才。早在2004年，全国宣传文化系统就启动了"四个一批"人才培养工程，旨在培养包括"一批名编辑"在内的优秀的宣传文化人才，以凝聚人才人心，增强人才在宣传文化工作中承担重要任务的能力，为社会主义精神文明建设提供高素质的人才保证。可以说，人才战略是持续推动我国新闻出版事业的繁荣进步的关键举措。

然而，与当今出版界不断涌现的名书、名作者相比，名编辑仍旧寥寥。在实际工作中，一些出版社还没有完全树立起培养名编辑的意识，存在种种培养名编辑的体制和人为障碍，许多编辑自身也缺乏争当名编辑的理想抱负和实际行动。针对这一现状，我们认为，在新时代下呼吁和重申培养名编辑的重要性十分必要，出版社应全面分析阻碍优秀编辑成长的主客观因素，并积极采取对策。当然，我们也要明确指出，国家倡导培养名编辑并不是鼓励编辑个人功利性地追求"出名"，而是指明了中国编辑群体的历史使命和价值取向，具有深刻的精神文化内涵。

一、培养名编辑的重要性

（一）名编辑是出版社的核心资源和核心竞争力

"人才是一个国家、一项事业发展的最重要的资源。国以才立，业以才兴。"[1] 作为出版业的高端人才，"名编辑是出版企业的稀缺资源，是出版企业核心技术和实力的载体，也是核心竞争力的根本源泉"[2]。首先，名编辑的存在本身就是出版社的"活广告"和"金字招牌"，可以为出版社在业内的声望和影响力添砖加瓦。拥有多位名编辑是一家出版社综合实力的重要体现。老牌出版社之所以闻名遐迩，必然是和一群熠熠生辉的名编辑相联系的。如商务印书馆有张元济、蔡元培、茅盾、郑振铎、叶圣陶等；开明书店有夏丏尊、邵力子、丰子恺等；三联书店有邹韬奋、徐伯昕、艾思奇等。他们既是学者大家，也是名编辑，编辑出版了一部部传世之作。其次，名编辑可以凭借其在业内的高知名度和认可度，吸引更多优秀作者投稿合作，增强作者对出版社的信任度，从而成为优秀稿件源源不断的保证。此外，名编辑自身往往具有突出的知识技能和专业素养，不仅能独具慧眼地开发优秀选题，而且能全方位地对稿件质量进行提升，从而打造出更多高品质的图书。总之，"一家出版社名编辑较多，这家出版社的知名度就高。名编辑较多，有文化价值的图书必然多，这是成正比的。所以，优质图书—名编辑—出版社知名度，是构成出版社'招牌'的三要

---

[1]　梁凯：《论邓小平人才培养思想的科学体系》，《毛泽东思想研究》2005年第3期。

[2]　陈林艳：《基于无形资产学的出版业"名社、名书、名编辑"战略研究》，苏州大学2008年硕士学位论文。

素，其基础是名编辑"①。

"高素质的名牌编辑是企业实力的象征，是企业最具竞争力的无形资产。"②在当今出版业竞争日趋激烈的大环境下，出版社通过打造一支在业内具有影响力和知名度的名编辑队伍，可以进一步提升出版社的核心竞争力和品牌影响力。而从反面上讲，如果出版社的名编辑因为种种原因跳槽或离职，这种人才流失就会造成出版企业无形资产的流失，给出版社带来难以估量的损失。

（二）名编辑的榜样旗帜效应

与很多行业不同，编辑行业对于编辑个人的职称考核和科研成果等没有强制要求，再加上业内一直流传的编辑定位是无名的"幕后英雄"，因此，很多编辑工作多年后热情渐渐退去，甚至妄自菲薄，失去持续进步的动力。习近平总书记强调，伟大时代呼唤伟大精神，崇高事业需要榜样引领。名编辑的存在，是社会对编辑个人成就和影响力的认可。一个出版社的名编辑，可以凭借个人魅力和名人效应，以点带面，如同一面鲜艳的旗帜，引导和激励编辑群体以其为榜样，不断学习，奋发向上，积极规划职业生涯，也争当名编辑，从而在出版社内培养起一批名编辑的后备人才，营造出整体积极向上的良好氛围。因此，从长远来看，名编辑的榜样旗帜效应对于出版社的稳定和进取、对于中国出版事业的繁荣发展都具有深远的意义。

（三）名编辑对于建构编辑学的重要意义

一般认为，"编辑学是由中国首创的，在中国提出'编辑学'之前，国外还没有这方面的记录和表述"③。但编辑学于20世纪80年代初才在中国正式恢复建立，仍旧是一门尚不够成熟的学科。"若要不断推进编辑事业向前发展，就必须有一门学科统领并开展系统的研究才能解决其前进道

---

① 胡光清：《时代呼唤名编辑》，《出版发行研究》1995 年第 3 期。
② 陈林艳：《基于无形资产学的出版业"名社、名书、名编辑"战略研究》，苏州大学 2008 年硕士学位论文。
③ 王波：《编辑学为什么首先在中国诞生》，《编辑学刊》2000 年第 5 期。

路上碰到的各种问题。"①因此，在新时代建构与发展编辑学十分迫切和必要。要深入推动编辑学的发展，与时俱进，需要一批高素质的编辑人才，他们必须长期从事编辑学研究，具有丰富的编辑实践经验，在国内外出版业具有一定的知名度和影响力，是名副其实的名编辑。正如其他学科的知名学者一样，名编辑可以凭借其权威性和影响力，发挥领军人物的作用，吸引更多的有志之士共同努力，提升编辑学的学科地位，将编辑学发展成一门更成熟、更具影响力的学科，进而更科学系统地指导编辑出版事业的实践发展。

二、培养名编辑的可能障碍和背后成因

中国老一辈的编辑家璀璨夺目，如邹韬奋、叶圣陶、郑振铎、巴金、周振甫等，既是鼎鼎有名的学者也是公认的编辑大家。当今中国的编辑出版事业蒸蒸日上，但耳熟能详的名编辑却乏善可陈，其背后的原因是多样而复杂的。我们试从内外因两方面简单分析。

（一）外因：部分出版社缺少培养名编辑的良好氛围

首先，从制度层面上讲，一些出版社缺乏科学合理的名编辑培养制度。如今出版社虽然大多已从事业单位转国企性质，但很多都还沿袭着事业单位的一些"陋习"，实行的是计划经济时代遗留下来的用人机制，论资排辈，聘任干部只上不下，缺乏完善的优胜劣汰的竞争机制，无法充分激发编辑人员的工作积极性，优秀的中青年编辑尤其缺少展示的平台和晋升的渠道，难以脱颖而出，无法顺利成长为业界的知名编辑。

其次，从用人的理念层面上讲，能否形成有利于人才成长的土壤，领导是关键。"领导者不一定是业务专家，但必须要有最优秀的人品，要能

---

① 郑确辉：《论编辑学研究与编辑工作研究》，《编辑之友》2018年第10期。

影响人、感染人、鼓舞人。"①可是现实生活中，往往是千里马常有，而伯乐不常有。有些出版社领导没有意识到名编辑品牌对于创立名牌出版社的重要作用，而是认为编辑个人的成才成名是一种"不务正业"，会和编辑工作本身产生冲突；更有个别领导心胸狭隘，目光短浅，自身不求进取，却十分忌惮和阻碍优秀编辑的成长，这种领导"在乎权力重于一切，认为有才之人往往直言犯上，甚至才华出众容易功高震主，威胁自己的'宝座'，因此，宁用亲信、庸人，却不容贤才、能人"②。还有的领导则出于本位主义考虑，不希望编辑冒尖、成名，"其真实思想是怕编辑一旦羽毛丰满便流失、高飞"③。

总之，出版社相关激励制度的缺乏和部分领导用人理念的狭隘短视，是阻碍编辑人才成长为名编辑的重要外因。

（二）内因：编辑自身缺乏成长为名编辑的内源动力

除却出版社制度和用人理念的外界因素，编辑自身也很容易因为多种原因产生懈怠情绪，丧失不断进取的内源动力，无法成长为名编辑。首先，"传统意义上的好编辑，似乎只是乐于为人作嫁。因而，我们往往要求编辑人员要甘为'人梯'，淡泊'名利'，似乎非如此就有悖于编辑的职业道德"④。不可否认，身为编辑确实需要埋头耕耘、无私奉献的职业精神，但若一直只是将本职工作视作"为他人作嫁衣"，难免缺乏内源性的、持久性的拼劲，随着时间流逝，工作热情殆尽，最终只将编辑工作当成一份得过且过的职业而不是全力以赴的事业。其次，编辑职业虽然算不上金领，但总体来说较为稳定，一般出版社对编辑个人的职称晋升和科研成果方面也没有强制的要求，因此，许多编辑容易工作懈怠，安于现状，不思进取，虚度时日；此外，还有些编辑受社会不良风气的影响，唯利是图，只看重经济效益和眼前利益，只求工作量多、速度快、超编（校）费高，

---

① 卞葆：《造就名牌编辑的障碍及对策探析》，《编辑之友》2003 年第 5 期。
② 卞葆：《造就名牌编辑的障碍及对策探析》，《编辑之友》2003 年第 5 期。
③ 卞葆：《造就名牌编辑的障碍及对策探析》，《编辑之友》2003 年第 5 期。
④ 宋军：《编辑也要当名家》，《中国出版》2002 年第 6 期。

而不愿坚持学习、精雕细琢，长此以往，自身的能力得不到提高，也就永远无法成长为名编辑。

三、培养名编辑的主要对策建议

名编辑不是凭空产生的，而是时代造就的，需要编辑出版界、出版社和编辑自身等多方的共同努力。针对上文分析的阻碍名编辑成长的内外因素，我们相应地提出培养名编辑的一些对策建议，以抛砖引玉。

（一）出版界持续打造有利的大平台、大环境

令人欣喜的是，近年来，我国编辑出版界积极响应党和国家的号召，鼓励编辑从幕后走向前台，在全国范围内推出了不少评优活动，让优秀编辑通过这些大平台崭露头角，为名编辑的培养营造了良好的大环境。例如，国家新闻出版署定期举办"韬奋杯"全国图书编校暨高校编辑出版能力大赛，中国编辑学会、中国大学出版社协会、一些省（区、市）出版协会等机构定期都会举办编辑论文大赛等；中国编辑学会从第 16 届年会起就设立"中国十大名编辑"奖项，旨在培养编辑名家，树立编辑大家，推动出版界多产精品，多出人才；自 2016 年起，法兰克福书展组委会与《出版人》杂志社联合主办"出版新星"评选活动，旨在选拔中国出版界的优秀年轻人，把他们推向国际舞台；等等。这一系列助力名编辑培养的活动得到了编辑群体的积极响应，也反映了编辑出版界对于编辑职业传统定位的挑战，正如"出版新星"评选活动的口号所述，"再也不是只为他人作嫁衣，出版业也可以有属于自己的明星"。

（二）出版社制定科学的培养机制，加强人文关怀

要贯彻落实中央关于在新闻出版行业努力造就名家的要求，仅靠外部大环境的有力支持是不够的，出版单位也要积极配合，落到实处，制定科学的人才培养机制，加强人文关怀，真正做到唯才是举、任人唯贤，支持和鼓励员工成长为业内的名编辑。

尽管如前文所述，国内一些出版社尚存在体制和用人方面的弊端，但令人欣慰的是，也有不少出版社已经注意到了培养名编辑的重要性，并通过长期实践，形成了各具特色的名编辑培养机制。在这里，我们列举两种较有代表性的、较为成熟的名编辑培养模式。（1）"名编辑"工程。近年来，社会科学文献出版社、时代出版社以及不少报纸期刊都积极开展了社内名编辑的评选活动。例如，2014 年，社会科学文献出版社在业内率先推行"名编辑"工程，制定了《社科文献出版社名编辑工程管理办法》，并专门成立了"名编辑"评审委员会。通过严格的选拔流程和标准，遴选出的"名编辑"中既有资深编辑，也有出版新秀，均为该社最突出的骨干编辑。社长谢寿光强调，"名编辑"工程是社会科学文献出版社人才强社战略的重要举措，是人才队伍建设的核心工程。通过打造一支在学界具有一定影响力和知名度的学者型名编辑队伍，社会科学文献的核心竞争力、品牌影响力和创新能力得到了进一步提升。[①]（2）"首席编辑"制度。首席编辑制是在 20 世纪末出现的一种编辑名家培养制度，最初由一些都市报和广播电视机构推行。近年来，很多出版机构，如中国大百科全书出版社、广东出版集团、黑龙江出版集团、江西出版集团、南方出版传媒等也都先后实施了首席编辑制度。黑龙江出版集团董事长李久军表示，"集团设立首席编辑制，旨在发挥首席编辑的引领示范作用，扩大集团图书的市场影响和编辑知名度，实现出版社的可持续发展"[②]。首席编辑制作为一种制度性设计，其"本质在于探索编辑名家培养模式，拓展编辑人才培养的可能性路径，提升出版核心竞争力"[③]。首席编辑入选者需要参加严格的业绩考核，往往具有一定的任职年限，而且也会获得一定的物质奖励，比如广东出版集团给予入选者一个聘期 10 万元的经费，支持首席编辑参加相

---

① 参见《社科文献出版社第二批"名编辑"及"名编辑后备人选"产生》，中国社会科学网，2018 年 10 月 10 日。

② 《黑龙江出版集团实行首席编辑制》，中华人民共和国新闻出版总署，2012 年 9 月 17 日。

③ 杨效方、段乐川：《编辑名家培养路径分析——以首席编辑制为中心》，《中国编辑》2018 年第 3 期。

关培训、学术会议等，进一步提升综合素养和业内知名度。

编辑的成长不仅需要出版社制定科学合理的培养机制，而且需要一个充满支持、鼓励和关心的人文环境。"人文关怀的核心与本质强调的是以人为本。"①物质激励虽然是促进编辑成长的重要因素，但精神激励、人文关怀才是增强编辑的责任感、荣誉感和归属感的关键因素。出版社领导应当重才、爱才、敬才，对员工成长中取得的成绩予以肯定和鼓励，哪怕只言片语，有时也能激发出员工超乎寻常的潜力和动力。备受人文关怀的员工会对出版社更怀有感恩和回馈之心，在自身成长的同时，会尽力提升出版社的品牌效应，从而达到双赢。例如，在社领导和同事们的关怀和支持下，笔者和另一位同事于 2018 年和 2019 年分别参加了法兰克福书展组委会与《出版人》杂志社联合主办的"出版新星"评选活动，在评选环节除了个人展示，更积极地通过文字、视频和现场介绍等方式向媒体大力宣传上海外语教育出版社，并最终赢得了"出版新星"荣誉称号，也进一步提升了上海外语教育出版社在业内的知名度。外教社孙玉社长对我们表示了祝贺，并在会上公开表示，他对编辑的成长和发展十分支持，看到员工在业界获得各种荣誉，由衷地感到高兴和自豪，并坚称一个出版社的品牌建设不能只靠几名领导，而是要靠全社员工的共同努力。一席话令在场的笔者和同事们都十分感动、深受鼓舞，也更坚定了撸起袖子加油干的决心。

（三）编辑自身不断提高专业技能，提升思想境界

外因总要通过内因才能起作用。一方面，"名编辑的形成是需要长期锤炼的，专业化知识水平加上必要的技能操练和市场磨炼是一个编辑成才的必要条件"②。编辑不能满足现状，安于做井底之蛙，要以身边的、社会公认的名编辑为榜样，不忘初心，坚持学习，立下争当名编辑的志向，为出版社的品牌建设添砖加瓦。具体而言，编辑个人可以利用大环境的利

---

①　张彦秋、何利江、谢建荣：《浅谈人文关怀在高校人才引进工作中的重要性》，《教育教学论坛》2014 年第 48 期。

②　陈林艳：《基于无形资产学的出版业"名社、名书、名编辑"战略研究》，苏州大学 2008 年硕士学位论文。

好，多参加各类编辑技能大赛、编辑论文大赛等，通过赛事锻炼自己，积极提升专业能力；此外还要制定清晰的职业规划，在职称评聘和科研成果上设定目标，在专业所学上有所建树，建构学者型编辑的复合身份。另一方面，虽然编辑应志存高远，怀揣争当名编辑的抱负，但切不可为"名利"所累，需要始终端正和提升个人的思想境界。"个人的名与利，应该牢牢地建立在为党和人民的新闻出版事业的服务之中，从而形成一种血肉相连的关系，而不是鼠目寸光，相互对立。"①也就是说，不能只是功利性地为了出名而立志做名编辑，而是要看到这一光环后所蕴含的深刻而丰富的精神文化内涵，看到名编辑头衔上肩负的神圣的历史使命和时代担当，在工作中既要出类拔萃，勇于争先，发挥榜样带头作用；更要脚踏实地，甘为人梯，无私奉献。只有同时拥有突出的专业技能和崇高的思想境界，编辑才能真正成为名家。这样名编辑的身份不仅不会和编辑工作相冲突，反而会相得益彰、相互促进，更利于编辑出版工作的开展和出版社的品牌建设。

四、总结

出版界也存在有数量缺质量、有"高原"缺"高峰"的现象，因此一定要致力于培养编辑名家，打造出版精品②。当今出版业市场竞争激烈，归根到底是人才的竞争。在新时代的背景下，出版社应当更加积极地响应党和国家关于培养新闻出版事业领军人才的号召，树立和加强培养名编辑的意识，认识到名编辑是出版社的核心资产和核心竞争力，将培养一支专业技能强、思想境界高的名编辑队伍作为人才强社的重要战略，制定有利于编辑人才培养的科学机制，加强对编辑人才的人文关怀，用人之长、唯

---

① 宋军：《编辑也要当名家》，《中国出版》2002 年第 6 期。

② 参见中国编辑学会：《凝聚共识培养名家打造精品》，《中国文化报》2015 年 11 月23 日。

贤是举，通过培养名编辑来打造名产品，通过名编辑和名产品创立名牌出版社，从而真正实现出版社的可持续发展，进一步提升中国出版业在国际上的竞争力和影响力。

（作者单位：上海外语教育出版社）

试论新时代革命传统教育中编辑的担当

——以红色经典《星火燎原》系列图书为例的探讨

董凌锋

当下，很多人遭遇了严重的精神困惑，金钱至上、个人至上、享受至上等不良风气依然存在，由于精神空虚导致抑郁、自杀的人负面新闻不绝于耳，因丧失初心与使命导致贪污腐败、违法乱纪的干部官员常曝光于媒体，以苦为乐、甘于奉献、大公无私、矢志报国等革命传统亟待发扬光大。面对当下社会中存在的精神困境，编辑作为先进文化的传播者和社会舆论的引导者，有责任"以优秀的作品鼓舞人，以正确的舆论引导人"，为营造积极向上、充满正能量的社会氛围贡献力量。

笔者从事过数年红色经典图书的编辑工作，深为其中所蕴含的革命传统所感动，故认为：革命传统是革命前辈们留给后世的宝贵精神遗产，新时代并不过时，应被继续发扬光大，在全社会尤其是在作为国家民族未来希望的青少年中加强革命传统教育很有必要。革命传统教育有助于克服目前社会中存在的精神困境，有助于指引国人积极奋进、国家民族不断前进，有助于推动中华民族伟大中国梦的实现进程。在全社会尤其是青少年中弘扬革命传统教育，作为先进文化引导者的编辑应有所担当、有所作为。鉴于此，本文紧紧围绕"新时代革命传统教育中编辑的担当"这一重要话题，以笔者所参与编辑的红色经典图书《星火燎原》系列图书为例，略陈己见，敬请方家指正。

一、"革命传统""革命传统教育""红色经典图书"之内涵

笔者认为，首先有必要厘清"革命传统""革命传统教育""红色经典图书"与这几个本文中重要概念的内涵。

（一）"革命传统""革命传统教育"

革命传统是指中国共产党和人民群众在长期革命斗争中形成的思想、品德、作风，是广大爱国志士、革命先烈用鲜血和生命创造出来的宝贵精神财富，是中国共产党领导下的中国革命斗争实践的产物。[1] 革命传统的内涵主要有：坚定执着的理想信念，一心一意为人民服务的思想，自力更生、艰苦奋斗、百折不挠、视死如归等宝贵精神，爱国主义、集体主义的高尚情怀，革命英雄主义等。"南昌起义精神""井冈山精神""长征精神""延安精神"等都是革命传统的典型代表。[2]

革命传统教育则是培养教育者继承和发扬老一辈革命家、英雄、模范人物为人民解放和社会主义建设事业奋斗中形成的革命精神、优良作风、

---

[1] 参见金艳芬：《论高校的革命传统教育》，《吉林师范大学学报（人文社会科学版）》2008年第6期。

[2] 参见刘东朝：《应高度重视革命传统教育》，《红旗文稿》2005年第12期。

高尚情操和道德的教育活动。① 其实质是通过宣传中华民族近百年的发展史、中国共产党和人民军队的奋斗史、中华人民共和国创建史，使人民群众尤其是青少年，能够继承发扬革命前辈的优良作风，树立正确的世界观、人生观和价值观。② 革命传统教育不仅有助于青少年树立正确的世界观和人生观，而且对于他们增强克服困难的信心和能力，培养爱国主义情怀以及树立报效祖国的远大理想，都具有十分深远的意义。

新中国走过了 70 年不平凡的历程，经历了社会主义革命、社会主义建设、改革开放各个不同的历史阶段，革命传统也伴随着共和国的发展历程，它是各个时代都大力弘扬的主旋律。新中国成立以来所涌现出来的英模人物，如雷锋、王进喜、焦裕禄、王杰、赖宁等，都是弘扬革命传统的典范。革命传统是我们应该倍加珍惜和继承发扬的宝贵精神财富，任何时期都不会过时。革命年代，我们依靠它推翻了旧社会，建立了新中国；改革开放以来，革命传统依然是我们建设社会主义强国的强大精神动力；新时代，革命传统应继续发扬光大，革命传统教育应该继续加强，发挥革命传统鼓舞士气、催人奋进的积极效果，甚至起到振奋民族精神的正向功效，为全面建成小康社会和中国梦的实现提供精神动力。

（二）"红色经典图书"

在阐释"红色经典图书"的内涵之前，有必要先解释"红色经典"的内涵。狭义的红色经典是指中华人民共和国成立后至"文革"结束前，以抗日战争、解放战争和社会主义建设时期为时代背景，以革命斗争题材为内容的文艺作品，包括红色小说、红色歌曲、红色电影、红色戏剧（主要是"样板戏"）等。广义的红色经典是指凡是以革命年代为背景，以反映英雄事迹或者英雄人物为内容的所有经典文本。③

红色经典图书的内涵与广义的红色经典内涵相近，指以图书形态面世

---

① 参见夏征农、陈至立主编：《辞海》（第六版缩印本），上海辞书出版社 2010 年版，第 477 页。

② 参见刘东朝：《应高度重视革命传统教育》，《红旗文稿》2005 年第 12 期。

③ 参见田义贵：《试论红色经典的传播效果》，《北方论丛》2005 年第 3 期。

的红色经典。这类图书多为战争题材，反映了中国共产党领导的革命斗争，内容既有关于重大历史事件、重要历史人物、重大战役战斗等的宏大叙事，又有关于历史细节的细致入微的描写，这些作品可以当作历史来读，具备"史诗"般的性质。比如被称为"三红一创，青山保林"的八部红色经典小说，即《红旗渠》《红日》《红岩》《创业史》《青春之歌》《山乡巨变》《保卫延安》《林海雪原》，以及《苦菜花》《山菊花》《迎春花》《亮剑》、《星火燎原》系列图书（包括《星火燎原》《星火燎原·未刊稿》《星火燎原全集》《星火燎原精华本》《星火燎原连环画》）等，都属于红色经典图书。

《星火燎原》系列图书即为红色经典图书，这套丛书已出版的包括《星火燎原》（10卷）、《星火燎原·未刊稿》（10卷）、《星火燎原全集》（20卷）、《星火燎原普及本》（11卷）、《星火燎原精华本》、《星火燎原连环画》（100卷）以及正在开发编辑的《星火燎原》漫画版等各种版本。以荣获中国出版政府奖的《星火燎原全集》为例，此书堪称鸿篇巨制，共20卷，1066万字，被誉为"红宝石砌成的万里长城，记述中国革命战争的东方史诗"，全景式地再现了在中国共产党领导下人民军队进行革命斗争、从南昌起义到新中国成立初期历经苦难辉煌的光荣历史；这部书是丰富革命传统的精神高地，艰苦奋斗、百折不挠、理想坚定、视死如归、淡泊名利、一心报国等革命传统都蕴含其中，"是革命烈士鲜血、革命群众鲜血构成的一部书"①。

二、革命传统教育中红色经典图书的意义

红色经典图书和革命传统教育关系密切。红色经典图书是革命传统的依托和载体，是革命传统教育的好教材。以《星火燎原》系列图书为例，

① 朱德、刘伯承等：《星火燎原全集》，解放军出版社2009年版。

其中所反映出的革命者艰苦奋斗、迎难而上、不计名利、甘于奉献等高贵精神，以及为民族解放和人民幸福事业奋斗终生的人生追求，都是革命传统教育的重要内容。

对于革命传统教育而言，编辑出版红色经典图书有着十分重要的独特意义。

（一）以崇高精神促教育

"人无精神则不立，国无精神则不强。精神是一个民族赖以长久生存的灵魂，唯有精神上达到一定的高度，这个民族才能在历史的洪流中屹立不倒。"[1]红色经典图书是令人仰望的精神高地，其中蕴含着革命者对党无限忠诚的信仰、革命必胜的坚定信念和以苦为乐、迎难而上、百折不挠、视死如归等崇高精神，这些高尚的精神正是革命光荣传统的体现，是永不过时的精神财富。革命传统是青少年健康成长的精神食粮，红色经典图书中所蕴含的革命传统会使读者尤其是使作为民族和国家未来的青少年读者受益无穷，有助于他们树立正确的世界观、人生观、价值观，增强克服困难的信心和能力，潜移默化中得到思想境界的升华，无形中接受了革命传统教育。

以《星火燎原》系列图书之一的《星火燎原精华本》的编辑出版为例，此书自 2009 年发行以来，被教育部指定为"向全国中小学推荐的百种优秀读物"之一，发行量已逾百万册。这本书堪称"红色经典皇冠上的璀璨明珠"，收录其中的 36 篇文章曾多次入选新中国成立以来历届中小学语文课本，如《朱德的扁担》《一根灯芯》《老山界》《强渡大渡河》《飞夺泸定桥》《记一辆纺车》等，这些文章如润物细无声之春雨，滋润过新中国几代人的心田，成为他们童年、少年时期接受革命传统教育的最初读物。在价值观多元化的当下，《星火燎原精华本》中收录的文章并不过时，其中所蕴含的革命传统更应该发挥更广泛的影响，使更多的读者尤其是青少年接受其革命传统教育。

---

[1]　田义贵：《试论红色经典的传播效果》，《北方论丛》2005 年第 3 期。

（二）以一流品质促教育

红色经典图书既是蕴藏革命光荣传统的精神宝库，也是融思想性、知识性、艺术性等于一体的一流作品。像《红岩》《青春之歌》《星火燎原》之所以能历经岁月洗礼不被淘汰而成为经典，拥有一流的品质是关键原因。从这个意义讲，编辑出版具有一流品质的红色经典图书有助于促进革命传统教育。

以《星火燎原》这部毛主席生前唯一题名的红色经典图书为例，其内容在史学和文学两方面都达到很高的造诣。史学方面，被文化巨匠郭沫若誉之为"红宝石砌成的万里长城，记述中国革命战争的东方史诗"，其中涵盖了我党我军在土地革命战争、抗日战争及解放战争各阶段的重大事件、战役、人物等，同时也反映了很多弥足珍贵的历史细节；文学方面，开国上将萧华称赞它"是历史，又是文学，是极好的文学作品"。阅读这部品质一流的著作，在欣赏其卓越内容的同时，也在潜移默化中进行了革命传统的教育。

三、革命传统教育中编辑的作为担当

前面的论述已经证明：编辑出版红色经典图书有助于革命传统教育。那么，编辑如何作为担当，才能扩大自己所编辑出版的红色经典图书的影响力，达到助力于革命传统教育的目的呢？对此，笔者结合亲身经历，以《星火燎原》系列图书为例进行阐述。

（一）定位明确有的放矢

要发挥好红色经典图书的作用，编辑就必须找准定位，针对不同读者群，有的放矢，打造多种版本。编辑可以围绕一个红色经典图书选题，开发适合不同读者的不同品种及版本，不失为一种行之有效的举措，不仅可以扩大图书品牌的影响力，影响更多的读者，而且有助于将革命传统教育的范围扩展得更广，最大限度地发挥对于革命传统教育的助力作用。

以《星火燎原全集》为例，这套书多达 20 卷，1066 万字，是当之无愧的鸿篇巨制，这套书适合于想全面了解党史军史者、党史军史研究者使用或供收藏，对于想短时间了解《星火燎原全集》精华以及特别喜欢精彩故事的读者，这套书就不太适合。针对这一问题，在《星火燎原全集》出版前夕，编辑组策划同时推出针对不同目标人群推出不同的版本，即针对全面学习研究及收藏者，策划推出《星火燎原全集》平装本和精装本，平装本供学习研究，精装本则主供收藏；针对想短时间内了解《星火燎原》精华的读者，以及青少年读者，策划推出《星火燎原全集精选本》，收录 48 篇文章，每篇均为经典，其中 36 篇多次入选中小学语文课本，具有很强的思想教育性，尤其适合中小学生阅读，之后此书获得"教育部向全国中小学生推荐的百种优秀读物之一"；针对部队官兵以及中等文化程度人士学习党史、军史及革命传统教育，策划推出《星火燎原普及本》（11卷），收录文章均有故事性强、教育性强、通俗易懂之特点，之后"入选农家书屋工程"。由一个图书选题衍生出的四个品种一经问世，就受到不同类别读者的青睐，好评如潮。同时，品种版本的多样化极大地增强了《星火燎原》这一图书品牌的影响力，使更多的读者从中受益，进而扩大了革命传统教育的范围。解放军出版社目前正在开发编辑适合与时俱进的各种类型的版本，有档案版、漫画版、精华版等。多种版本的面世，必将使更多读者从中受益，也有助于革命传统教育。

（二）借助媒体加强宣传

在每天都有大量新书面世的当下，一本新书要想短时间内赢得读者的认可，除自身具备优质的内容外，借助媒体、加强宣传既有必要又很重要。唯有如此，才会使新书被更多的人知晓。对于新出版的红色经典图书而言，传播得更广，读者越多，其中所蕴藏的革命传统才会发挥更大的影响力。《星火燎原》系列图书在出版后，编辑组就采取了借助多种媒体进行宣传的手段，短时间内极大地提高了图书的知名度，吸引了数量众多的读者，使革命光荣传统教育受惠于更多人。如在《星火燎原·未刊稿》出版后，正值中国人民解放军建军 80 周年，解放军出版社抓住这一契机，除了在《光明日报》《人民日报》等国家级媒体上发表书讯、书评外，还摄制了《星火燎原·未刊稿》纪录片在央视播出，纪录片播出后反响强烈，收效甚多，既为图书进行了宣传，同时也借助电视这一具有广泛影响力的主流媒体，使亿万观众在观看纪录片时无形中接受了革命传统的教育。还如在《星火燎原全集》（2009 年版）出版前夕的 2008 年下半年，由上级部门牵头、出版社领导主抓、《星火燎原全集》编辑组负责具体实施，借助报纸、电视、广播、网络等多种媒体，对出版社原副社长、编辑家黄涛进行了全国出版战线先进人物的宣传。黄涛是《星火燎原》原编辑之一，他在"文革"中冒着生命危险抢救保护了"中国人民解放军三十年征文"的大量珍贵手稿，为日后《星火燎原》系列图书的出版作出了巨大贡献。在宣传他的过程中，扩大了《星火燎原》这个图书品牌的知名度，为 2009 年出版的《星火燎原全集》《星火燎原精华本》《星火燎原普及本》提前造势，吸引了大批《星火燎原》迷，宣传扩大了革命传统教育的范围，潜移默化地对所有观众与读者进行了革命传统教育。

（三）多策并举出奇制胜

红色经典图书出版后，作为图书的编辑可以策划多种方式宣传图书，多角度、多策略、多方法，起到出奇制胜的效果，将红色经典图书的影响力尽可能最大限度地发挥出来。如《星火燎原全集》出版后，为了扩大这套书在大学生中的影响力，对他们进行弘扬革命传统的教育，我所在的"星火燎原编辑部"专门策划组织了"红色经典进校园"活动，携带《星火燎原》系列图书中的各种品种，并邀请开国将帅子女先后走进清华大学、北京师范大学，为青年学子们讲述他们与《星火燎原》之间的故事，大学生们与开国将帅子女分享了阅读《星火燎原》的感受，开国将帅子女与大学生两代人围绕《星火燎原》，就人生、理想、信念等话题，展开深入对话。这种形式使参与活动的大学生们无形中受到了很好的革命传统教育。此外，2011 年，在首批《星火燎原连环画》7 本出版之际，正值七一前夕，考虑到中国革命军事博物馆游客量大、少年儿童游客集中，适合宣传图书以及进行革命传统教育，编辑部专门策划组织了免费赠书活动，在军事博物馆展厅显要位置设立图书展位，免费将新书赠给来馆参观的少年儿童们，一人一本，通过免费赠书的方式使他们在阅读红色经典图书中受到革命传统教育的熏陶。

　　对于革命传统教育这样一个意义重大、关乎国家民族未来、永不过时的重要课题，作为有"人类灵魂工程师"美誉的编辑应责无旁贷有所担当，为革命传统教育贡献自己的智慧和力量。如文中所述，编辑可充分发挥聪明才智，多策略、多方法、多角度，与时俱进，勇于创新，尽可能最大限度地发挥所编图书的影响力，使更多读者尤其是青少年读者在阅读中接受革命传统教育。

（作者单位：解放军出版社）

"锻造"作者

——论新时代有效提升编辑力的五个路径

赵 强

作为出版业核心地位和图书出版最中心一环的编辑，是自古以来就有的职业。然而，多年来，无论是学术理论界、出版界还是整个社会，对编辑这个职业的职业特点、职业定位、职业传承、职业作用等似乎发掘研究得还很不够。加上在整个出版业转企改制、转型升级的过程中，不少出版机构对编辑职业的轻视、编辑岗位的边缘化、去中心化，使得很多编辑，特别是核心骨干萌生退意，或者是纷纷改行，或者是在其位不谋其政，编辑核心价值没有得到充分的发挥。如此下去，对整个文化产业的发展都是十分不利的。

那么，作为出版物第一催生者的编辑和出版物的第一创造者的作者，究竟是一种什么样的关系？大幅度提高编辑力的路径何在？

本文试图根据自身几十年的编辑经历，以及出版业成功的编辑力范例来充分说明这样一个事实：没有编辑，就没有出版物的问世，没有好编辑的精心策划和催生就不会有优秀的出版物的产生。而一个编辑如果找不到优质作者，将是一生的职业遗憾。而有了优秀的作者，编辑不会策划、包装，也会"使好肉烂在锅里"，成为永久的职业遗憾。

因此，打铁必须自身硬，好钢还要用在刀刃上。好编辑还得需要好作者的搭配。编辑如何在茫茫人海中发现好作者，不单是一个综合性的编辑工程，还是考验一个编辑的编辑力是否到位的问题。

锻造，本来是机械术语，指的是一种利用锻压机械对金属坯料施加压力，使其产生塑性变形以获得具有一定机械性能、一定形状和尺寸锻件的加工方法。那么，在出版业的编辑与作者之间又何尝不是如此呢？

因为对编辑来讲，再好的作者写作的选题，在正式出版变成出版物之前，都是图书"毛坯"，距离合格的出版物标准还有千差万别。即使是一个大作家、大文豪、大学者的选题，在出版之前，都是有这样或者那样的问题。编辑拿到这个选题，需要几十道出版工序，才能把选题变成合格的出版物，也就是出版产品。在这较为漫长的出版过程中，编辑还得借用编辑专业手段和知识，来为这个出版"毛坯"，进行全方位、多角度、多手段的"打磨"，甚至是重塑。可以说，没有一个优秀的编辑把脉，即使再好的选题，也不会成为优质出版物！

"锻造"作者，实际上是编辑倾其全部智慧、体力、流程，对所编辑的选题，进行全面升级的再创作。在这一过程中，编辑不是被动的，也不是无所作为的旁观者。编辑作为出版产品的把关人、"施肥者"、"浇花者"、推广者，将会把自己负责图书选题，最终变成优质的出版物。

一、以职业出版人素养，让作者的选题点石成金

既然编辑的核心工作就是策划优质的选题，那么，挖掘、策划优质的

选题就是一个合格编辑毕生的追求。很多职业出版人到了退休时，都会如数家珍地说出自己一生中编辑的最得意的产品，这类图书爆款对一个资深编辑来说，也是一生可遇不可求的。有的干了几十年编辑的人，没有做过一个图书爆款，因此也会遗憾终身。

那么，选题就是重在一个"选"字。选题既体现了一个编辑的文化素养，还体现了一个编辑的文化追求。因为出版本身就是一种文化选择。编辑的选题活动在本质上是一种创造活动。通过编辑的选择，一些经典得以优先保存，并绵延后世。比如陶渊明的诗文，如果不是因为萧统的征集与发现，就可能早已湮没。也有一些作品因为编选者选择价值标准的不同而遭到删改乃至焚毁，如清代纪昀主持编修的《四库全书》，就焚毁删改了无数的文章和作品。

如今，在我国 582 家出版社中，基本都有自己的选题方向，那种"捡到篮里都是菜"的一把抓的寻找选题方式，几乎不多了。既然每个单位都有自己的选题优势和选题专业方向，编辑就应在这个基础上精耕细作，学会点石成金、化腐朽为神奇的本领，随时捕捉那些有可能成为优质选题的作者人选。

选题是出版社赖以生存的基础，没有了选题，也就没有了出版社存在的必要。然而放眼望去，每年近 50 万个品种的庞大规模，又使得中国的出版业在完成了规模化的任务之后，带着"出版大国"的桂冠，默默地负重前行。如今我们早已经度过了书荒的年代，变成了图书相对过剩的书海年代。面对新媒体的巨大冲击，读者对图书越来越挑剔，让他们掏钱买书，变得十分艰难。这样的一种外部出版环境，对编辑发现选题、优化选题带来很多的干扰。因此，没有坚定的出版定力，是不会寻找到优质选题的。

一本书要想别开生面，屹立在众多的出版物面前，没有一个高明的策划，等于你做出的品种出版后就是给众多同类的品种垫底，生命力也就是几个月。因此与其盲目出版，不如拿出全部的勇气和智慧，在选题的前端多下一些苦功夫、真功夫。这样选题策划就变得尤为重要，成为出版中作为重要的一环。

我在策划"独行天下"的重头戏——《智慧旅行——行走 40 国旅行妙招》时，还真是颇费一番周折。

这套丛书的起步也是出于我对行走这个领域里十几年的关注和实践。十多年前，我还在天津的新蕾出版社时，就总策划了 9 本的《探险家丛书·亲历者故事》，记得当年这套丛书一上市就引起读者关注，而其中的一本《拜见非洲大酋长》还位居当年的畅销书，一年发行到 3 万册。后来由于很多原因，这套丛书没有继续做下去。

从 2012 年 1 月我来到测绘出版社做文化生活出版分社社长之后，我就考虑可以先做一本行走选题试一下市场。当时我选中了一个"90 后"的新闻人物——青年旅行者陈超波，我和他多次沟通并面谈后，决定做他的口述实录《90 元走中国》。当时就设想，这不是一本单纯的行走书，还要为以后留出足够的空间，于是想来想去，决定用"独行天下"这个名称来作丛书名。以此显示这套丛书的与众不同，和旅行家、探险家的行走天下、探索世界的勇气和智慧。这本书出版以后几个月，没有任何的市场宣传和营销，但是很快一版一次的 6000 册销售完毕，随即一版二次。这个情形给我们以极大的鼓励。为了充分保障这套丛书的价值和商业利益，我们在 2013 年 6 月在国家商标局对"独行天下旅行文学系列"进行了商标注册。并开始了大规模的约稿。从目前上市的几本丛书看，都在读者中产生不小反响，其中《智慧旅行——行走 40 国旅行妙招》问世十天就在京东商城新书排名中位居第一名。

著名编辑何启治曾经介绍过他与著名作家陈忠实 40 年的编创友谊。从 1973 年冬天他到西安向陈忠实组稿，约请他写农村题材的长篇小说，到 2016 年 4 月陈忠实病逝，他们之间的友谊跨度达到 40 多年。他认为，《白鹿原》的诞生有三个奇迹。第一个奇迹是《白鹿原》从组稿到成书接近 20 年。第二个奇迹是《白鹿原》发表以后，好评如潮，长销不衰，评价很高。但是，批评压力也不断，最终，作者做了适当的修订，在 1997 年终于获得茅盾文学奖的殊荣。第三个奇迹就是获得茅盾文学奖以后，

《白鹿原》在改编歌剧、舞剧、话剧、电影电视等方面还是波折不断。直到作者去世，《白鹿原》终于成了公认的当代文学经典。

可见，很多优质选题是编辑的智慧最大化、异常执着的结果，当编辑把有可能成为优秀选题的作者找到后，如同影视剧导演一样，在编辑的手上，"导演"了一出出优质的内容好戏。

二、以园丁的心态，为作品精心修剪；以文字家的功底，做文字清道夫

作者提交的选题，基本都是"千疮百孔"。如当代文学史上重要的里程碑式的作品《林海雪原》，作者曲波从 1955 年 2 月到 1956 年 8 月，经过一年半的秘密创作，《林海雪原荡匪记》终于基本成型，当作者自投到作家出版社时，还是问题不少。当时年轻编辑龙世辉从稿件登记处领走了厚厚一大摞《林海雪原荡匪记》草稿，这个自投稿，稿纸不够精致，有大有小，每一叠都被作者的爱人刘波用各种不同的碎布条拴着，参差不齐。龙世辉最初没有对这个装订粗糙的稿件抱有多大希望，但当他一页页地翻下去，完全被小说中惊险传奇的战斗故事所吸引。他没有门户之见，也没有因为这个自投稿是作者自己送来的就有所轻视，而是把作者请来和他谈书稿中的不足，建议在一群男人的战斗中增加一些诗性与爱情文字。经过三个多月的修改，小说增补了白茹这一人物。白茹的出现，几乎是神来之笔：其意义并不是因为她是小分队中唯一的女性，健康美丽；也不是因为她是青年军官少剑波的恋人，位置突出；更不是因为她的原型是曲波的恋人，有文献学上的意义，而是因为她以差异化的性别身份，打破了小说此前一个战斗接一个战斗的叙事常规，以一种空间化场景降低了叙事上的密度。可见，编辑的独具慧眼是何等重要。可以设想，如果这部划时代的《林海雪原》不是编辑龙世辉偶然发现并及时处理，最后精心出版，那么出版史上也不会有这样一部影响深远的名作！

1957 年 9 月，《林海雪原》由作家出版社正式出版，引起轰动。到 20 世纪 60 年代初，《林海雪原》印数就已经超过 100 万册，成为那个时代阅读量最大的作品之一。

编辑作为园丁，拿到一个选题，都需要反复打磨，有时会打磨好几个月，乃至好多年。可以说，好作品也是打磨出来的。作为职业编辑，因为每天浸在出版物中，深知作为一个优质出版物所需要的条件。再好的选题，也要过编辑的精心加工这一道关口。

三、以产品经理人的视野，让选题进一步贴近市场

随着出版业进一步贴近图书市场，出版物的商品属性也越来越浓。不过，图书作为一种特殊的商品，除了符合国家的政治导向和主流价值取向之外，还得充分贴近读者的阅读需求。

其实，编辑每做一个选题，都是这个选题的项目负责人和产品经理人。编辑试图做完编辑工作之后，就可以对自己的处在流程的选题袖手旁观、高枕无忧了，那是不现实的。作为一个选题的全程编辑，还要一统选题的全部流程。因此，编辑在策划选题的市场意识就要远远超过作者。同时，还要指导作者如何将即将进入出版流程的选题，更加贴近市场、贴近读者。

前几年我在策划作文读物选题时发现，自以为做过 14 年的全国中学生作文第一刊——《作文通讯》杂志主编的自己，应当对作文市场有所了解，结果在策划作文选题时，还是陷入深深的苦恼之中，那就是如今的作文图书市场太过于饱和，全国每年动销的作文品种都在一万种之上，涉及的类型五花八门，几乎没有更新鲜的选题可言！我当时走访了全国十几个地方的图书大厦，发现货架上最多的还是作文书，有的多达十几个。在广泛调研的基础上，我策划的《作文第一现场》丛书的中高考两种，还是能独树一帜，销量也不错。但是到了第二年，再做同样的选题，就发现类

似跟风的多达十几种，而且跟风的图书出版速度更快。因此后来我就果断地停止了策划作文书项目，虽然我对此情有独钟。

可以说，不管你是什么专业出身，但是你一旦选择了编辑行业，就意味着终身要学习，要做某一方面的大家、专家，至少是达人的艰苦追求。就意味着要手不释卷，广交朋友，对某些领域要投入相当的精力。还要经常深入图书市场，了解读者经常变换的阅读需求。还要海纳百川，融入新知识、新思维的探寻中。编辑策划一个选题，就要把握所策划选题的领域的前进大方向，就要成为所涉足的领域的一个小小的通才。久而久之，编辑成为知识高手、百科达人就不是一个梦想了！

编辑在策划选题时所付出的艰巨劳动，有时真不能用简单的几周、几个月所能概括。有时看似是如椽大笔的选题策划，是策划人十年磨一剑的结果！比如，我从 2012 年 1 月开始考虑策划旅行方面的选题，经过几个月的市场调研、走访、阅读资讯、电话沟通等，最终确定了策划一套大型旅行文学丛书，那就是"独行天下旅行文学系列"。

这套书约稿的第一人——来自湖南的陈超波——就是一个名不见经传的"90 后"行者。我从网上看到他的介绍和事迹后深受感动，但是也想过，像他这样的行者，行无定所，哪有时间写自己的故事？何况像他这样的小人物，给他出书也有风险，万一读者不买账怎么办？万一这个选题失败，这套书就会出师不利，难以为继。我也试着想让这套书的第一本，找个名家来开路。但是我发现，我所谈过的名家，要么是事情忙，要么是要价太高，还不知道猴年马月能完成选题。于是我快刀斩乱麻，当即决定向这个小人物约稿！

我费了很大的劲从网上找到了他的 QQ 号，很快联系上他，他十分意外。但是我相信自己的判断！几个月后，在他来北京为一家电视台做节目时，我把他请到了单位。当我一见到他也差点失语，简直就是一个流浪汉情形的年轻人。不过我还是热情地接待了他。当他哆哆嗦嗦地、忐忑不安地从衣袋里掏出一张皱皱巴巴的白纸时，我接过一看，也真有些失望，他似乎看出了我的疑惑，告诉我那是他旅行笔记撕下的一个片段。我一看，字体东倒西歪，所写的景物根本提不起人们的兴趣，似乎还不如一个中学生作文。我无奈地看了看这张纸，没有说什么。在吃饭过程中，他开始放开讲了自己的特殊经历，我听后觉得故事很有传奇性，当即决定，他的故事采取口述办法，最后请几个大学高才生润色。他也同意了。于是我们定好了口述的时间表和路线图。经过随后十天的口述，五名名校研究生组成的团队一个月的书面整理，又经过我们文化分社的高标准的加工、设计，这本精致的、别具一格的旅行故事《90 元走中国》终于在 2013 年 1 月全国图书订货会上亮相，获得好评，几个月之后就进行了重印，市场反响良好。在出版之前，我们就把它作为"独行天下旅行文学系列"的第一本来隆重推出。这本书的出版，也提高了文化生活出版分社的美誉度，从而为这套丛书的继续推进奠定了良好基础，作者也因为这本书的出版而提高了自己的声誉，引得了更多读者、驴友的关注，声望扶摇直上，又在几家电视台录制了节目。一年后，我们又推出了《90 元走中国 2》作为该书续篇，依然获得好评。该书出版后，我就考虑必须借用知识产权保护自己，同时也能为下一步的商业化运作奠定基础，于是在 2013 年该书出版后的半年，同 6 月在国家商标局进行了商标注册。如今这套丛书已出版了14 种。

策划选题需要韧性，不能一口气吃成胖子，也不可能一分钟就搞定一部选题。更不可能通过足不出户打几个约稿电话，这个稿子就会飞过来。可能在策划上许多人还存有幻想，那就是我们是大型出版机构，不愁找不到作者。其实此论差矣！如今的作者并不是冲着出版机构的名声而出书。相反很多大牌却选择了很多名不见经传的民营文化公司。这还是冲着服务！多年来，我们相当多的出版机构是店大欺客，自以为招牌硬，不愁作者不上钩。其实出版也是一种服务。很多作者刚一开始接触，就问我，你们的市场营销手段怎么样？铺货能力？首印量？版税到多少？有的甚至说，要和你们签合同可以，我得先看看对这本书的市场推广计划。因此，对我们从事大众出版的编辑来讲，每一次选题的实施，都是一次智力、体力的马拉松。

然而，当图书市场上旅行文学风起云涌，同类图书太饱和之时，我又及时地停止了这个项目的策划。围着市场转、围着读者的口味转，编辑就得随时调转策划方向。

四、以思想家的智慧，让选题增强思想底蕴，牢牢守住内容的安全闸门

众所周知，孔子也是中国历史上名副其实的编辑大家。《诗》《书》《礼》《乐》《易》《春秋》六部儒家经典，相传皆由孔子删定。《史记·孔子世家》称"孔子以诗、书、礼、乐教弟子，盖三千焉。身通六艺者七十二人"。"诗"为诗歌选集，又称《诗经》，孔子从古代民间流传的诗歌中选定三百零五篇，称"诗三百，一言以蔽之，曰思无邪"。"书"为古代历史文献的选编，又称《尚书》，记载商、周时期的一些重要历史，以及一些文告、谈话。"礼"为古代各种典章制度的总称，"乐"为配合礼制、礼仪的音乐，两者是密切相连的。孔子称"立于礼，成于乐"，又说"文之以礼乐，亦可以为成人矣"。"易"为古代占卜的书，又称《易经》，孔子称"加我数年，五十以学易，可以无大过矣"。《春秋》为鲁国的史书，孟子称"孔子作《春秋》而乱臣贼子惧"。《庄子·天运篇》有"孔子谓老聃曰：'丘治《诗》《书》《礼》《乐》《易》《春秋》六经，自以为久矣'"。

孔子删《诗》《书》，定《礼》《乐》，赞《周易》，修《春秋》，整理保存了中国古代典籍，对中国文化发展作出了重要贡献。由此来看，孔子的编辑工作，也是牢牢地以他当时的政治标准来做这些典籍的整理工作，体现了他的人生观、价值观。历代的学者编辑古籍、整理文献都是按照各自的政治标准来完成的。正如有的专家所说，试想，如果没有孔子以"述而不作，信而好古"的选题原则编述"六经"，如果没有司马迁以"究天人之际，通古今之变，成一家之言"的选题主旨编创《史记》，如果没有司马光以"专取国家兴衰，系民生休戚"的选题标准编撰《资治通鉴》，

如果没有萧统以"事出于沉思，义归乎翰藻"的选择标准编辑《文选》，直到清代，如果没有纪昀以"以实心励实行，以实学求实用"的经世价值编纂《四库全书》，那么中华文化何以能存续到今天？

我在策划、编辑著名作家张宝瑞的谍战小说《梅花谍影》时，也体会到，作为一个称职的编辑，即使遇到名家作者也要对内容的审核、把关不松懈。这本书稿，作者刚交给我们时，我发现故事主线不太突出，多余的枝蔓比比皆是，如对女特务的描写，就充斥着大量的一些庸俗内容的描写，甚至作者对这些细节有过多的呈现。我感到，太多的这些无关内容宗旨的铺陈，反而削弱了作品的思想张力。于是约见作者，把自己的想法充分说明，让作者理解，后来他同意删掉书稿中多达近万字的这些没有什么价值的描写。如此，书稿的故事更加紧凑。这部作品出版后，广受好评，还被拍成同名的网络电影。

五、以作家的素养、学者的学识，练出笔力，成为学者型、创作型人才

编辑是复合型的人才，不是随便一个人就能干好的。我们审视一下我国的近现代出版史就会发现，很多当时的著名编辑，都是在社会上享有崇高威望的作家、翻译家、学者、社会活动家。如茅盾在 1916 年来到上海商务印书馆做编辑，多达十年。他曾经坦言："我如果不是到上海来，如果不是到商务印书馆来工作的话，可能就没有自己文学上这样的成就。"在商务印书馆工作的十年中，茅盾完成了从一位进步青年到一位马克思主义者的蜕变，完成了从一位童话作者到一位革命文艺理论家的转变。看看这几位大师的名字，张元济、叶圣陶、章锡琛、舒新城、赵家璧、周振甫都是几十年如一日扎根出版。即便有争议的王云五虽几度进入政界，但都与出版若即若离，最终还是复归，终老于此。而鲁迅、郭沫若、茅盾、郁达夫、巴金、沈从文等都做过编辑。

当然，我们也应看到，如今的出版环境和过去已不可同日而语，就是和 20 世纪 80 年代的编辑相比，也有很大不同。在计划经济时代，编辑一年也就编辑两本左右几十万字的书稿。因此有大量时间，充电学习。我清楚地记得，我当年所在的单位的中年编辑，几乎都是当地作家协会会员，平时写作、参加笔会都是常事。工作之余，经常交流创作心得。有的还是专攻某一领域的著名学者。

如今，随着出版竞争的加剧，编辑工作的内涵无限制地扩大，编辑已经不是简单的加工书稿，不仅需要申报选题、策划选题，还要融入大量"新活儿"，比如产品运营、配合渠道推广等，很多编辑开始抱怨，自己的精力被无情地分散，核心的"做书"没有时间，多出好多"杂事"，看稿反而成为业余工作。常常是挑灯夜战。有的编辑坦言，如今编辑还要深度参与到如公众号建设、软文撰写、各类电子书制作、有声书制作、课程开发与制作、网店页面设计、视频制作、媒体联络、线上及线下活动策划与实施、拜访高校与渠道、参加各类学会和展会等各项工作，已成常态。这样高强度的工作，的确让很多编辑苦不堪言，也无法实现自己在业余时间搞点写作，发展自己的业余爱好的梦想。久而久之，很多编辑不会写书评、审读意见，更不会写一些文学作品，由此，不少编辑在与作者的沟通和学养差距方面也越来越大。

为了充分发挥编辑的工作能动性，很多出版机构将编辑细分为文字编辑、策划编辑、流程编辑、营销编辑，各司其职，各谋其政，较好地解决了编辑工作庞杂的问题，这样有了一定的业余时间，编辑才能将自己的爱好最大化，反过来也会最大限度地促进工作。

我们说，一个有远见的出版机构，不但应有在全行业有举足轻重地位的著名编辑，还应当有驰名义坛和学界的作家、学者、社会活动家，这样的出版机构，才是充满人文关怀及有着巨大号召力、影响力的文化机构。

编辑的编辑力其实就是一个编辑的创造力、竞争力、影响力。一个有为的编辑，绝不会停止在策划的一部或者几部有着某些光环的图书上，而是会将策划进行到底，将思考进行到底，将出版传承进行到底！有了编辑力，编辑就会放大自己的眼光，在茫茫人海中寻找到适合自己和所在出版机构品位的优质作者，并按照编辑力的要求，进行大规模的提升、完善，最终促成优质出版物的问世！在此意义上，编辑就是文化产业的重要推手、优质出版物的催生者、发现者、培育者。作为职业出版人，我们在职业生涯期内，一定要时刻处于头脑清醒、捕捉信息和市场快捷有力、与作者沟通畅通无阻的状态。只要静下心来，审时度势，精准定位，我们的出版业还是有不少策划空间的。因为读者对出版物精品的渴望也是无止境的！

编辑在"锻造"优秀作者、寻找优秀选题之时，其实也是对自己一次次的业务提升和编辑思想的升华。"锻造"作者，也"优化"了自己，最终成为一个出色的职业出版人！

（作者单位：中国地图出版集团）

新时代编辑应该具备的
若干语言文字规范素养

朱宏一

近读张中行（1909—2006）先生发表于 1995 年 7 月 19 日《光明日报》上的文章《动笔前想想如何》，于我心有戚戚焉。该文慨叹有些编辑的自以为是，常动笔乱改别人文章，以致改成笑柄令人啼笑皆非，列出了十个例子作证明。其中有：一、原稿"看到"什么、"涉及"什么，刊出后变为"看到了"什么、"涉及到"什么。二、原稿"胡涂""根柢""三十年代"，刊出后变为"糊涂""根底""30 年代"。三、原稿"成分""本分""身分"之类，刊出后"分"多变为"份"。四、原稿"有名的理学家之一"，刊出后变为"最有名的理学家之一"。五、原稿"莫明其妙"，刊出后变为"莫名其妙"。六、原稿"婆婆世界"，刊出后变为"娑娑世界"。七、原稿"庄周梦为胡蝶"，刊出后变为"庄周梦为蝴蝶"。……所以，张先生"奉劝有动笔权的人，大笔一挥之前，先要想想，一时想不好，可以查书，问人，切不可过于自信"，妄改书稿。说老实话，读了这篇文章，作为高校编辑的我，觉得这种编辑真是可笑又可气。

无独有偶。吕叔湘（1904—1998）先生 1981 年 1 月在商务印书馆举办的"编辑出版业务讲座"上也说过："有的编辑把'编辑把关'理解错了，对于自己不赞成的观点，要求作者向编辑靠拢，一改再改，这样的出版物不就变成编辑的一言堂了吗？确有这种情形，有的编辑过于自信，不把作者放在眼里。我听到有一个人说，我有一部稿子，送给出版社，三年，印出来了，打开一看，书名上写的是我的名字，没错，看里面，不像，我看看什么东西是我的，只有标点符号是我的！就是说，稿子改得面目全非了。"（见《谈谈编辑工作》，《吕叔湘文集（第四卷）》）所以提醒编辑"尽量少改，非不得已不改"（见《编辑的任务是把关》，《吕叔湘文集（第四卷）》）。

但作为一名负责任的编辑，该改的还是得改，否则就是失职。据说王力先生《汉语词汇史》初版，责编认为这是著名语言文字大师的书稿，不用编辑，直接付排付印，结果编校质量很差，几乎是不忍卒读，后来只好重新编辑加工。

那么，在编辑中怎样才能做到精细加工而避免"妄改"呢？一定的词汇语义学、语法学、语音学等知识，对国家有关语言文字规范标准的熟悉，这都是必需的。但在编辑过程中会碰到各种各样具体而不易处理的问题。要做到语言文字的精细加工和妥善编辑，需要编辑具有较高的语言文字规范素养。本文结合本人平时编辑时的一些经历和经验，谈谈新时代编辑须具备的语言文字规范素养。

一、须摒弃"生造词"概念，自由、准确地使用词语

常有年轻编辑问我：《现代汉语词典》有【厘清】而无【理清】，那么，"理清脉络"中"理清"是不是生造词，要不要改为"厘清脉络"？

《现代汉语词典》中有【明察暗访】无【明查暗访】，那"加大事故多发地区、行业领域的安全专项检查和明查暗访力度"中的"明查暗访"是不是生造词，要不要改成"明察暗访"？诸如此类问题。

其实"生造词"是个伪命题。所谓生造词，无非是没有人用过的词或词典没有收录的词。没有人用过就不能用吗？不一定，哪个词不是从无到有、从用的人少到用的人多发展的呢？

词典没有收录就意味着汉语中没有这个词吗？错！因为汉语的基本结构单位是字，单字都是有义的（极少数联绵词中的字除外），而且单字之间可以根据表达的需要，按照与短语组合规则一样的词语的组合规则，自由地组合成词语。（王力，1964；徐通锵，1994；王洪君，2007）所以，虽然作为基本结构单位的"字"数量是有限的，但通过直接组合，数量有限的"字"可以生成数量无限的词语和句子，充分满足口头交际和书面交际的需要。（吕必松，2011）有的编辑不明白汉字的特点和汉语词汇生成的无限可能性，简单地以为词典中未收录这个词就意味着它是汉语中所没有的所谓"生造词"，于是大笔一挥，动辄妄改，造就不少"冤假错案"，以致有些大专家交稿出版社后提出"可退不可改"。

回到上文。"厘"是整理使清楚、使有别，"理"是整理使整齐有序，所以"理清脉络"没错，要改成"厘清"反而错了。"察"是观察、仔细看，"查"是检查、查证，所以"加大事故多发地区、行业领域的安全专项检查和明查暗访力度"也没有问题，要将其中"查"改成"察"却很成问题了。

前段时间读到《刊物上的文章看不懂？邢福义先生谈学风文风"九字诀"》一文，颇有感触。文中曾引吕叔湘先生1992年88岁时写的《有感》诗："文章写就供人读，何事苦营八阵图。洗尽铅华呈本色，梳装莫问入时无。"邢先生特加按语："第四句中吕先生用了'梳装'。先生选用字词，从来十分讲究。'梳'即'梳妆'，'装'即'装束'。'梳装'涵盖不同性别，不应随便将之改为'梳妆'。"还真是，如果没有邢先生加按语说明，相信不少编辑都会把"梳装"改为"梳妆"。由汉语和汉字的特点品味词语运用的奥妙，这是一个生动的例子。

工作中常有编辑问怎样的词语才是规范的词语。其实，只要符合汉语词语组合规则，能准确表达你的意思，且符合国家有关语言文字规范标准的词语，都是好词语，都是规范的词语，可以大胆、自由地使用，实在不必考虑是不是所谓"生造词"。"生造词"这个概念应该摒弃。

二、须具有柔性规范观，不简单一律地选用"首选词"

柔性规范观与刚性规范观相对而言。刚性规范观，即要么 A，要么 B，二者不能共存；柔性规范观则是推荐使用 A 或 B，但 A 可 B 也可。《现代汉语词典》的词语规范观就是柔性规范观，这是符合汉语词汇特点和客观实际情况的。

以汉字为文字形式的汉语历史悠久，使用地域广阔，具有超时空性。同一个意思，其词语表达形式既可以是 A 也可以是 B，甚至还可以是 C 或 D。表达的同一个概念，也可能因为构词理据的不同而出现不同的词语表达形式。这也是汉语词汇丰富多彩的一个体现。所以，很多音义相同而词形不同的异形词，不宜作舍此取彼的刚性规范，而应该采取柔性规范法处理。

"腊梅""蜡梅"是一对异形词。《现代汉语词典》第 1 版中只有"腊梅"；第 5 版立"蜡梅"为主条，"腊梅"为副条。于是，有的编辑一见到"腊梅"就改为"蜡梅"。［按："腊梅"又称黄梅花，最初写作"腊梅"，如杜牧《正初奉酬歙州刺史邢群》："越嶂远分丁字水，腊梅迟见二年花。"宋哲宗元祐年间（1086—1093），苏轼、黄庭坚"以其色酷似蜜脾（蜂房，蜡黄色），故命为蜡梅"（郎瑛《七修类稿》）。苏、黄文学地位和政治影响都很高，所以宋诗中"腊梅"多写作"蜡梅"。如王十朋《蜡梅》："蝶采花成蜡，还将蜡染花。一经坡谷眼，名字压群葩。"从此文献中写作"蜡梅""腊梅"的都有。李时珍《本草纲目》中写作"蜡梅",徐光启《农政全书》中写作"腊梅"。清乾隆皇帝有《蜡梅》诗:"蜡梅腊月正开花,从月以虫两不差。更有相应色香处,氊芗(按:通"馨香")原是姓黄家。"可谓道尽"蜡梅""腊梅"的关系。]今二者呈现出了一些分野:科技文章中多写作"蜡梅",而在文学作品和人名地名中,绝大多数写作"腊梅"。"腊梅""蜡梅"构词理据不同,都有其存在的理由和价值,取一舍一不合适,应该像《现代汉语词典》第5—7版一样,采取柔性规范法使之同时存在。

同理的,还有"树荫——树阴""姑父——姑夫""哧哧地笑——吃吃地笑"等,因为《现代汉语词典》最新版推荐前者,所以有的编辑一见到后者就以为后者"不规范",马上就改为前者。这都是不妥的。阴,是"阴影"义(树阴、日阴、月阴等中的阴均此义);荫,指"树的阴影"。由于词语中字形的同化作用,"树阴"后也写作"树荫",《现代汉语词典》第1版【树阴】【树荫】并列立条。今写作"树荫"的更多,但并不能说"树阴"就错了,二者是可以并存的异形词。"姑父——姑夫"也一样。姑夫即姑姑的丈夫,《三国志·蜀志·李恢传》有"(恢)仕郡督邮,姑夫爨习为建伶令"例,后因"姑夫"读为轻声,"夫"读为很短的降调,听起来像是去声,所以又写作"姑父"。至于"哧哧"与"吃吃",都是形容笑声的拟声词,拟声词有个特点,就是重在记音而往往词形不定,所以,鲁迅《野草·秋夜》中有"我忽而听到夜半的笑声,吃吃地,似乎不愿意惊动睡着的人"例,其中的"吃吃"绝对不能改为"哧哧"。

因为汉语中异形词具有丰富词汇、帮助修辞等许多积极作用,所以编辑工作中一般都应该尊重作者的用词习惯,不宜强行作取一舍一的刚性规范。也正因为此,《第一批异形词整理表》出台已经近20年了,至今未启动第二批异形词整理工作。

三、须注意规范使用的范围和条件，避免过度规范现象

所谓过度规范，就是指对规范的过度解读和过度使用。例如，有的编辑根据《通用规范汉字表》《第一批异形词整理表》，以今律古，妄改该规范发布之前的文献特别是古代文献中的异体字、异形词；有的编辑根据《汉语拼音方案》和现代汉语语音规范原则，改叹词"嗯"的拼音 ng 为 eng——以为前者不规范，却不知叹词的语音往往超出一个语言的语音系统之外，妄改则不符合语言事实；等等。过犹不及，过度规范，其实也是一种不规范的表现。

2013 年发布的《通用规范汉字表》三级字表中有类推简化字"锺"，在附录 1《规范字与繁体字、异体字对照表》有尾注"鍾：用于姓氏人名时可简化作'锺'"。于是，不少出版物便以今律昔，一见到学贯中西的人文学者——中国社会科学院文学所的钱钟书（1910—1998）的名字，就大笔一挥改成"钱锺书"，一见到"伯牙摔琴"典故中伯牙的知音钟子期的名字，就改成"锺子期"，这就是过度规范了。

要回答"钱钟书"还是"钱锺书"，至少要注意以下影响因素：一是繁体还是简体。钱先生写自己的名字，繁体写作"錢鍾書"，简体写作"钱钟书"；《人民日报》《光明日报》以及有关钱钟书的图书也多如此。二是钱先生名字的得名之由。据钱先生夫人杨绛《记钱钟书与〈围城〉》中说，钱钟书的"钟"乃是钟爱、钟情的意思，钱钟书抓周时抓了本书，所以取了这个名字。而钟爱、钟情的"钟"，是绝对不可能写作"锺"的，即使是下死规定，老百姓也不会照做。三是无锡钱氏字辈情况。"钟"是无锡钱氏的一个字辈字，除了钱钟书，还有其弟钱钟韩院士等，他们名字中的"钟"都不写作"锺"。所以，钱先生的姓名，宜写作"钱钟书"而不是"钱锺书"。之所以有不少人把钱先生的名字写作"钱锺书"，恐怕主要还是因为 2013 年发布的《通用规范汉字表》承认"锺"字为规范字。

殊不知，钱先生是1910年而非2013年后生人，规范不能逆推，所以钱先生名字不在此规范字表规范范围之内。

至于"钟子期"过度规范地写作"锺子期"，道理也一样。而且那还会造成汉字繁简对应的混乱。本来，"鍾"对应简化为"钟"，这是明了的；现在再来个第三者"锺"，那问题就来了："鍾"对应的简化字是"锺"还是"钟"？姓钟的都改为"锺"？著名民俗学家钟敬文，从未见写作"锺敬文"的。作为规范字，"锺"和作为姓氏的"钟"是什么关系？繁简关系？不是；正异体关系？不是；古今字关系？也不是；毫无关系？不符合事实！

更为离谱的是，在简体横排图书中，有的编辑竟将姓名中的繁体字恢复使用，造成繁简混杂，自乱文字系统。如把历史教材中的魏征改成"魏徵"，把文征明改成"文徵明"，刘知几改成"刘知幾"，连胡适也改成"胡適"，这就不仅是过度规范问题了，而是错误理解《国家通用语言文字法》了——该法指出，人名中的异体字（而不是繁体字）可以继续使用；但很显然"徵（zhēng）"等都是繁体字，而不是异体字。

四、规范与否，不唯书，唯大众之语言事实

"书"这里主要指辞书，甚至也包括一些规范标准。不唯书，主要是因为辞书、规范标准都有一定的滞后性，甚至也会有错误。如"郫"，《现代汉语词典》第7版释为"郫县，地名，在四川"，这在其2016年出版时是对的，可2017年郫县又改为郫都区了；"平地一声雷"，有的成语词典释为"平地上响起了一声雷"，显然释错了"平地"之义（突然义）；而"一牙儿西瓜"中"牙儿"的量词义项，《现代汉语词典》根本就没有。

令我等编辑最头疼的是所谓的"语义重复现象"："凯旋"是"胜利归来"的意思，那"凯旋归来"规范不规范？"质疑"是"提出疑问"的意思，那"提出质疑"可不可以说？"涉及"是"牵涉到，关联到"的意

思，那"涉及到"对不对？这种"语义重复现象"，在《图书编校质量差错案例》中都是要求改正的。

其实，"语义重复现象"教材中也有。如统编本八年级上册的语文课文鲁迅《藤野先生》中有"在我所认为我师的之中，他是最使我感激，给我鼓励的一个。"其中"的"与"之"语义重复；茅盾《白杨礼赞》中有"让那些看不起民众、贱视民众、顽固的倒退的人们去赞美那贵族化的楠木（那也是直挺秀颀的），去鄙视这极常见、极易生长的白杨树吧，我要高声赞美白杨树！"

为什么会有语义重复现象？语义重复是不是毫无用处，必须删改？最近重读赵元任先生的论著，很是受教。他说："为什么语言要有多余的成分呐？因为你传达的时候，未必都是最好的情形……事实上，多数语言都有重复的成分在里头，使得你这一部分错过了，靠别的部分还可以听得出来说的是什么话。"（《语言问题》，1959）"现代汉语口语结构中，有一种稳定的、不大不小的单位，我把它叫作'句法词'。围绕着这种词，常常发生羡余、矛盾等问题。"这种羡余"是不可容忍、饶有趣味、过得去还是完全无伤大雅，全依句法词中各成分的意义的活力强弱或衰竭程度而定"。"一般情况下，如果一个复合词的结构成分在该复合词中的意义已经丧失，那就只好或是重复该结构成分，或是加一个同义词来表示已经失去的意义。"例如"既然已经这样"（按：既：已经。然：这样）中的"已经这样"就是重复、羡余的成分。（《汉语结构各层次间形态与意义的脱节现象》，1956）读到此，我们就明白了，其实像"凯旋归来"之类完全是语言的正常现象，而且还具有规律性。语言的简约或重复、羡余，是语言的经济性要求或明晰性要求所决定的，都有一定合理性，都不是错。

令我等编辑们头疼的还有所谓成语"新义"。对于成语的新义，往往反对声浪很大——因为在一般的语文知识里，成语往往有典源，意义是有定的；用了"新义"，那就认为是用错了。所以，一些编辑视之如雠仇，一见成语"新义"就改或判错。例如成语"炙手可热"，手一靠近就感觉很烫，语出杜甫《丽人行》："炙手可热势绝伦，慎莫近前丞相嗔。"诗中用"炙手可热"形容气焰盛，权势大。之后历代也有用例。但是，当代使用情况显示，"炙手可热"的这个意义已经罕用，而出现了"抢手、热门、走红"等新义。据统计，当下传媒中的"炙手可热"语义，新义已占95%以上，像《人民日报》《环球时报》等语言文字把关较严的媒体差不多是100%，使用已经十分普遍。所以，"炙手可热"的新义再也不应该作为"误用"受批评了，它也应该收入权威词典中。实际上，一个成语既可以比喻一个事物也可比喻其他事物，这就是比喻的多能性。根据我承担的国家语委"成语新义产生的机制及其规范原则"项目研究，这种情况在成语中有几百个用例，具有很强的规律性。

一些词语的语音规范也是这样。语音规范应充分照顾语音历史演变规律，但最根本的是依据共时层面上的大众的语音事实，也就是大众是怎么读、怎么说的。这对地名、姓氏人名来讲，就是所谓"名从主人"。"吐蕃"的读音，至今还有人不根据《现代汉语词典》新版标 tǔ bō 而依据《现代汉语词典》第 1 版改标 tǔ fān 的，他们认为那是吕叔湘、丁声树先生精心审定的词典，权威可靠，而且根据唐诗押韵情况，此字押的是元韵，就应该读 tǔ fān。这确是事实。但是"吐蕃"一词现在规范的读音到底应该怎样，最根本的依据还是现在藏民是怎么说的。根据 1929 年民族学家任乃强的实地调查，藏语专家金鹏的实地调查，以及当代学者对不少藏族学者、教授和当地语言文字政策主管部门的调查，"吐蕃"应读 tǔ bō。（当然，这一结论也得到了古藏语研究大家的支持，如李方桂《古代西藏碑文研究》，王尧《吐蕃金石录》《西藏文史考信集》等。）所以《现代汉语词典》自第 5 版开始"吐蕃"注音 tǔ bō 是正确、规范的。

语言是大众交流的工具。语言文字规范与否，不能光看书，而应该看大众普遍使用的语言生活实际。大众的语言事实是判定语言文字规范与否的唯一标准，也是国家制定语言文字规范的根据。

结语

以上讲了新时代编辑要避免"妄改"，应该具备四个方面的语言文字规范素养：一是须摒弃"生造词"概念，自由、准确地使用词语；二是须具有柔性规范观，不简单一律地选用"首选词"；三是须注意规范使用的范围和条件，避免过度规范现象；四是规范与否，不唯书，唯大众之语言事实。

回过头来看张中行先生《动笔前想想如何》一文中提到的编辑乱改的例证，其第一例"看到"改为"看到了"、"涉及"改为"涉及到"，增加了羡余成分，属于没必要的改动，当然改了也不能算错。第二例属于过度规范现象，"胡涂""根柢""三十年代"没必要改为"糊涂""根底""30年代"，因为当时还没有发布《第一批异形词整理表》和《出版物上数字用法的规定》。第三例"成分""本分"至今不能改为"成份""本份"，纯粹属于错改；"身分"也不必过度规范地改为"身份"，因为它们在1995年还属于并行词形。第四例、第六例也是纯粹属于错改。第五例属于因不明汉语与汉字的特点而妄改，因为"明""名"意思有异，"莫明其妙"与"莫名其妙"意义有微别，编辑未准确理解作者的意思。第七例以今律古，以今之异形词整理办法妄改古籍（况当时还没发布《第一批异形词整理表》），属于过度规范现象。

妄改之风不除，不仅伤害作品本身，伤害作者权利，也不利于作为制定语言文字规范最重要根据的自然语言语料的保真，从而影响语言文字规范研究的客观性和科学性，危害很大。

作为一名新时代的编辑，如果具备以上语言文字规范素养，多思考，多研究，妄改怪象才会日渐减少甚至消失，编校质量才能更上一层楼，才能出更多的精品，不负于我们这个伟大的时代。

参考文献：

1. 吕必松：《我为什么赞成"字本位"汉语观》，《语言春秋》2011 年。

2. 王洪君：《"字本位"与汉语二语教学》，载《汉语教学学刊（第 3 辑)》，北京大学出版社 2007 年版。

3. 王力：《汉语浅谈》，北京出版社 1964 年版。

4. 邢福义：《刊物上的文章看不懂？邢福义先生谈学风文风"九字诀"》，《语情局》2017 年 11 月 6 日。

5. 徐通锵：《"字"和汉语的句法结构》，《世界汉语教学》1994 年第 2 期。

6.《赵元任全集》第 1 卷，商务印书馆 2002 年版。

7.《赵元任语言学论文集》，商务印书馆 2002 年版。

8. 中央宣传部出版产品质量监督检测中心组编：《图书编校质量差错案例》，商务印书馆 2019 年版。

9. 朱宏一：《"吐蕃"的读音》，《语文建设》2001 年第 12 期。

10. 朱宏一：《"钱钟书"还是"钱锺书"？——兼谈人名用字规范问题》，《语文建设》2018 年第 34 期。

（作者单位：北京语言大学语言科学院语言政策与标准研究所

《语言规划学研究》杂志编辑部）

上下同欲，合作互动，有效提高图书质量

——对图书策划编辑和文字编辑分工的思考

褚　蔚

随着图书出版规模的不断扩张，每年都有大量的新书出版，但图书市场参差不齐，尽管其中不乏优秀和精良图书，同时也出现了很多不合格的图书产品，图书质量依然堪忧。

图书质量包括图书的内容质量、编校质量、设计质量和印制质量四项，通常情况下影响图书质量的主要是内容质量和编校质量问题，这也是一直以来各级出版管理部门关注和治理的重点，每年都会开展图书质量专项治理活动，对出现质量问题的出版社和相关责任编辑进行处罚。尽管制度完备、管理严格，但图书质量下滑的趋势并未得到根本扭转。图书编校质量降低成为普遍性问题，制约着图书出版行业的发展。

多年来，许多出版社在图书生产中推行策划编辑制，实行策划编辑工

作和文字编辑工作分工，适应了市场经济条件下出版业发展的现实需要，但是在有些出版社，特别是一些采取策划编辑个人考核模式的出版社，采取将书稿策划与文字加工截然分开的方式，又没有设置相应完好的配套政策，导致确保图书内容质量和编校质量的两项工作脱节，这样不利于出版工作保持长期良性循环，也大大影响了图书的整体质量。

本人试从策划编辑工作和文字编辑分工中加强合作的角度，谈提升图书内容质量和编校质量的思考。

一、策划和文字分离导致书稿加工质量下降的问题分析

策划编辑和文字编辑专业化分工使得编辑和出版工作效率提高，但同时也应该看到，随着这种模式的多年延续，策划编辑和文字编辑"形"合作而"神"不形成合力，甚至策划编辑工作和文字编辑工作完全分离，两者在工作中产生矛盾，有时相互置书稿质量于不顾，最终导致图书质量和出版社的社会效益下降。

（一）责利分离，书稿加工中不能形成合力

在一些出版社，策划编辑的审稿环节形同虚设。策划编辑只负责与作者联络交往和组织稿件，组来稿件后，或者因为加工时间急，或者因为其他原因，一般做不到认真通读，往往只是大致地翻阅一下，甚至压根儿不审读就直接交给文字编辑。一些本应该退修或者退稿的书稿进入了编辑加工的环节，浪费了文字编辑的时间和人力，加工整理费力再多，也难以成为佳作。

目前，许多出版社采取图书效益与策划编辑的收益挂钩的考核制度，而对于文字编辑采取的是计件工资制，与图书的效益无关，仅仅与加工的字数有关，以致文字编辑侧重加工的数量，而不注重书稿加工的质量。

图书出版后，一些看重选题策划的出版社将策划编辑视作责任编辑，一本图书的内容经过加工提高后，文字编辑不留名，似乎与其无关。这在

一定程度上削减了文字编辑在工作中的责任感和荣誉感。

因此实际情况中，出版社的很多文字编辑在工作中容易产生倦怠感，加工书稿时只愿做一些相对简单的修改，不愿全心投入书稿，为提升书稿质量尽力。

由于职责不明，两者之间不能真诚合作，无法持续"1+1>2"的合作优势，甚至在工作中互相推诿，导致图书的质量无法满足出版的要求。

（二）策划编辑疏于审稿

一些策划编辑平常忙于市场调研或公关，热衷于与作者沟通、打交道，组织稿件，但他们时常忘记自己还是一个"策划＋编辑"的策划编辑，在他们的观念中，工作中的重点就是要做好选题策划工作，而不是要进行编辑加工。出版过程中，他们过分依赖分工，书稿的内容加工完全交由文字编辑，自己乐得做个袖手等待者。

重策划而轻审读，这是一种退步。策划编辑首先要对稿件作出准确全面的评价，如果策划编辑不审稿，就不能够发现书稿是否体现了策划的初衷，内容是否得当；策划编辑不审稿，也不能把握书稿结构的合理性，切断了与文字编辑在加工过程中的互动与互补，无法就稿件加工中应该注意的事项如强化主题、调整结构、理清层次等，同文字编辑进行全面的沟通和交流，这样很不利于文字编辑在加工中有效提升图书的编校质量。

（三）文字编辑忙于应付

文字编辑整日埋头于书稿中，他们中很多人内心不平衡，认为自己是为策划编辑"作嫁衣裳"，不能真正从心底将编辑加工的书稿看作凝聚自己心血的成果，而只是为了完成文字任务而敷衍了事。工作中遇到疑问也懒得查、懒得推敲，只为确保稿件中没有明显的错别字，疏通一下病句，想着保证校对差错率在合格范围内就行。书稿加工的质量可想而知。

同时出版社的文字编辑，应是策划编辑最有竞争力的后备军，如果文字编辑为完成书稿的编辑加工而忙于应付，则不利于选题策划新生力量的培养。

二、加强策划编辑和文字编辑工作有效合作互动的对策

作为出版管理者，要协调好策划编辑和文字编辑之间的关系，平衡两者的责权利，通过相对合理、公正的措施来调节，在出版社内构建一种积极的、体现协作精神的工作体制，发挥每一位编辑的主观能动性，从而充分调动图书出版所需要的集体智慧的力量，保证图书生产流程的顺畅，这样也有利于出版社编辑队伍的建设；作为编辑主体，应该加强自身的文化使命和社会责任，在书稿中自觉投入精力，努力优化和提升书稿内容，尽力将精心组来的稿件做成精品图书。

（一）改进考核机制，完善管理模式

改进编辑绩效考核制度。出版社在成员绩效考核的理念上应作调整。在绩效考核中，可以把不同编辑岗位的绩效考核合二为一，对策划编辑考核发货码洋；在文字编辑考核中，可以将文字审校和工作量根据一定的比例折算成码洋，以计入考核。这样有利于平衡文字编辑与策划编辑之间职责与利益的关系，增强两者的融合。① 经过文字编辑认真加工过的书稿，如果图书获奖，获奖的各项奖励应该对策划编辑与文字编辑共同颁发，文字编辑同样也应该获得一定的效益奖。同时在图书出版物署名方面，也可采用改良办法，改变只认策划编辑是责任编辑的做法（也有的出版社是将加工编辑署名为责任编辑），可确立策划编辑与文字编辑共同担任图书责任编辑的办法，② 从身份上将二者的职责统一起来。

加强策划编辑审读制。审稿和加工是两个不同的环节，是图书质量保障机制的一个重要组成部分。策划编辑审稿重宏观，从总体上把握和评价

---

① 参见贺军生：《构建新型编辑绩效考核体系　平衡图书双重效益》，《科技与出版》2015 年第 12 期。

② 参见赵静：《策划编辑与加工编辑对图书质量所负职责应有所重合》，《科技与出版》2009 年第 7 期。

稿件质量，决定稿件取舍。而文字编辑加工的目标是使书稿达到出版标准，提高稿件质量。审稿是编辑加工的基础和前提，编辑加工是审稿的延伸和补充，是审稿的细化和深入。对于策划编辑而言，首先要审查稿件是否达到了合同原定的要求、选题是否适当。出版社管理中，应加强对策划编辑审稿制的落实。也有人提出，应该让策划人员担任书稿的二审或者三审①，特别是对于重点书稿和难度大的书稿。落实策划编辑审读，不仅能够避免书稿中出现政治性以及思想性的问题，减少技术性问题的出现，同时还能够增强后期编辑的加工效率，对于书稿整体质量的提升有很大的帮助。

加强文字编辑培训制度。出版社应该经常组织文字编辑进行培训，提高大家的书稿加工的实务能力。可将手边编辑加工后的书稿或总编审读后的书稿扫描投影，供编辑校对人员学习借鉴，避免一些常见的或有共性的错误出现，形成全社相对一致的书稿编辑处理共识，快速提高年轻文字编辑的业务水平。

建立有效的考核机制和管理模式，有利于调动文字编辑工作的积极性，也加强策划编辑的主观能动作用，从而对图书质量的提升会有很大的帮助。

（二）增强编辑主体意识，提升综合能力，全面提高书稿质量

文字编辑：在书稿加工工作中要树立自己的格局、摆正态度，不应该将自己看作是从属于策划编辑的配角，认为选题策划与自己无关。如果持有这种心态，就不能积极对待书稿、对待书稿中的问题，"不求有功但求无过"，时间一长，就成了文字"加工匠"。具体在书稿加工中，不能只注重文字性加工和技术性加工，只改改标点符号、改改错别字、改改病句，更要着眼于书稿的整体和全局，在内容安排上使篇、章、节的层次安排更具逻辑性。书稿加工过后，再将详细、中肯的加工意见汇成报告，与策划编辑交流，或者与作者交流，保持良好的协调互动。每接受一本书稿

---

① 参见孙彤：《策划编辑与加工编辑不可截然分开》，《科技与出版》1999 年第 5 期。

的加工任务，都应该看作是一次历练自己的机会。

文字编辑还可以在书稿加工中培养自己的悟性。徜徉在书稿中，随着知识和信息的逐渐积累，特别是与自己专业方向相关的书稿看多后，可以增强自己的判断、理解、分析能力，从书稿中学会对作者的学术水平进行判定，了解作者的优势，感知学科发展的方向，提高悟性。编辑能力的培养过程就是养成悟性的过程。对书稿的敏感度和悟性培养起来后，文字编辑无形中也就具备了一定的策划能力。

策划编辑：一个优秀的策划编辑应该是复合型人才，有较深厚的专业素养和过硬的文字功底，除了能很好地策划选题外，还应对组来的稿件比文字编辑更明了作者的写作思路、编写意图，更能对书稿的创作思路、作品结构和风格等进行解读和鉴别，故对书稿的框架、结构、内容进行修改时更能得心应手。有时候一部内容一般的书稿，经过编辑的妙心巧改会变成一部内容较好的图书。反之，若策划编辑完全放弃书稿加工，而文字加工编辑又不能很好地领会策划编辑的意图，或许会让一部内容原本不错的书稿，因为没有能够通过编辑认真巧妙的加工和提升而成为一部没有特色的图书。同时，策划编辑参与审稿和加工，对作者的书稿提出具体切实可行的修改建议甚至提出作者没想到的创意，则更能得到作者的尊重，增强了与作者的良好关系，之后也就能从优秀的作者那里得到更多更好的书稿。

另外，策划编辑在策划选题和组稿时不应为了追求短期经济效益，而随意涉足不熟悉或出版社不占优势的版块选题，因为学科的多样性与复杂性决定了文字编辑与策划编辑很难做到相互对应，有些选题的编辑加工难度完全超出了出版社文字编辑的专业范围，图书的编校质量可想而知。对策划编辑而言，应该有所为有所不为，在自己的主攻方向明确的选题上下功夫，确立品牌意识，力争创造精品图书。

所谓"上下同欲者胜，左右齐一者强"，虽然选题策划和文字加工从工作内容上进行了区分，但策划组稿、审稿加工是密切相关的有机整体，是书稿质量的保障体系，策划编辑和文字编辑应该分工而不分家。作为出版管理者，要协调好两者之间的关系，平衡两者的责权利，在出版社内构建一种积极的、体现协作精神的工作体制。而策划编辑和文字编辑在实际工作中应该互相理解、互动互补、及时沟通，形成一种"你中有我、我中有你"的合作方式，因为两者的工作目标是一致的，都是对同一本图书负责，都是为了提高图书质量。在具体工作中，文字编辑要想深入理解策划思路，准确地把握书稿出版目的和读者对象，就要多和策划编辑进行有效沟通，争取做到无缝对接。策划编辑对组来的稿件加强审稿，对于重点书稿或难度大的书稿应承担二审或三审工作，以弥补文字编辑加工工作中可能的不足。这样，在提升两者工作效率的同时，更提升书稿整体质量，出更多的好书、精品书。

（作者单位：东南大学出版社）

大数据时代编辑智能化路径分析 [*]

陈　铭　　徐丽芳

引言

互联网和移动互联网所产生的海量数据为观察用户行为和信息传播过程提供了宝贵的资源，促成了学界和业界广泛的研究和实践。尤其在近几年大数据技术和人工智能（Artificial Intelligence）技术取得实质性突破之后，在数据挖掘、机器学习和智能算法的助力下，我们逐步立足于计算社会科学的全新起点，数据要素和计算能力将成为所有社会科学赖以生存和

---

　　*　本文系武汉大学"双一流"学科建设（图书情报与数据科学）项目"混合现实出版"的中期成果。

发展的关键①。在过去的时间，数字出版的发展使出版的各个环节都有海量用户的参与，形成大量的出版数据②。我国出版业一直在积极探索和厘清大数据技术的应用思路，并取得一定成就，但对数据的应用仍需要结合机器学习、智能算法等新技术的出现来开展更加深入具体的研究和实践。而为了将高质量发展融入新时代的编辑工作中，编辑应密切关注智能媒体时代新范式的技术逻辑，用数据和算法的思维看待和解决出版业的各类新旧问题。换言之，计算传播学等计算社会学科所推崇的数据主义既是认识论也是方法论，有利于推动编辑工作在理念层面和实操层面拥抱大数据和算法技术。

一、变革编辑理念：从经验主义到数据主义

如今，智能媒体时代展露初容，旧的出版业问题正在升级或重构，编辑可通过全面的数据分析和全新的技术工具来重新解读和界定内容、用户、营销等基础问题。例如，未来的出版内容将趋向于某一特定形态的新服务，用户需要的不再是干巴巴的一本书，而是能精准解决用户在获取信息或内容消费等方面痛点、痒点的个性化产品服务，编辑可运用数据挖掘和智能算法等工具去匹配每个用户的个性化需求，开展更精准、有效的营销工作。但产业实践的转型成功首先得益于理念上的升华重构，在未来的编辑工作中，编辑群体需从数据主义视角深入思考大数据时代对编辑工作的解构和重构。

---

① 参见《计算传播学：智能媒体时代的传播学研究新范式》一书的专家（喻国明）推荐语。

② 参见张博、乔欢、李武：《基于大数据的出版内容价值发现与应用》，《出版发行研究》2014 年第 3 期。

（一）大数据技术与编辑工作的关系

就波普尔的"三个世界"① 理论而言，编辑工作本质上是"世界三"即"客观知识世界"的构造活动。在智能媒体时代，数据技术将在这一活动过程中扮演重要角色。首先，出版物一直都是内容和技术的综合体，从本质上来看，内容和技术从来不是相对的二元存在体，而是在人为条件下知识的不同表现形式②。因此，出版物可被视为通过编辑活动实现的人工产物，并会带有一定的技术性成分。其次，数据逐渐成为编辑活动中的基本生产要素。从历史角度看，出版一直是一个技术驱动的行业，技术发展在很大程度上影响了出版发展的速度甚至走向③。编辑作为出版业务流程中的必要环节，势必会受到大数据技术的冲击和影响，对数据的利用程度将不断攀升。最后，正如克莱·舍基所言："新的工具赋予我们新的能力，继而又使我们能为彼此创造新的机会"④，大数据技术会随着在编辑活动中的使用成熟与进化，从而赋予编辑新的能力。目前越来越多出版物以数字原生型（Digitalborn）的形式生产和传播，这部分机器可以直接读取的知识资源将成为大数据技术所需的基本原料，机器学习在此基础上不断训练，在发现数据背后的规律上越来越出色，进一步帮助编辑发现优质内容资源和匹配细分用户。

（二）计算能力成为编辑工作的关键

正如许多传播媒介在完成数字化、数据化工作之后迈入了算法化的新阶段⑤，编辑智能化的实现需要数据和算法的双擎推动。目前，大数据已逐

---

① 波普尔的"三个世界"是观察、定义现实的一种方法，将世界分为三个种类。"世界一"指的是由物理客体和事件组成的世界，包括生物的存在；"世界二"指的是由心灵主体和其感知事件组成的世界；"世界三"指的是客观知识组成的世界。引自维基百科：《波普尔的三个世界》，见 https://zh.wikipedia.org/wiki/%E6%B3%A2%E6%99%AE%E5%B0%94%E7%9A%84%E4%B8%89%E4%B8%AA%E4%B8%96%E7%95%8C。

② 参见王晓光：《人工智能与出版的未来》，《科技与出版》2017 年第 11 期。

③ 参见徐丽芳：《网络出版策略研究》，武汉大学 2002 年博士学位论文。

④ [美]克莱·舍基：《认知盈余》，胡泳、哈丽丝译，中国人民大学出版社 2012 年版。

⑤ 参见刘庆振、于进、牛新权：《计算传播学：智能媒体时代的传播学研究新范式》，人民日报出版社 2019 年版。

步成为出版内容的基本生产要素，编辑从业人员日益重视对数据的采集、加工、标引等，而数据计算则是推动数据应用成为核心驱动力的关键所在，只有高超的计算能力才能挖掘出海量数据中所蕴含的价值，为编辑智能化创造机会（见图1）。一方面，算法可推动出版内容的改进，迭代出

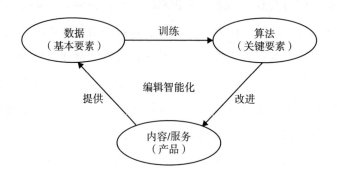

图 1　技术双擎助力下的编辑智能

版数据的附加价值。用户产生的行为数据以及用户评论等衍生数据都将作为机器学习算法改进的依据，这种算法的稳步改进让编辑工作中选题、研发、后期等每一个环节和细节变得更有针对性、更高效，促使出版产品的不断完善。另一方面，算法可更加突显出版内容的服务功能，[①]通过数据发现个体需求，丰富服务类型。在大数据提高了对用户的"能见度"后，算法通过机器所"看见"的用户画像分析和匹配用户的个性化内容需求。因此，算法技术不仅是在筛选、甄别内容，同时也日益成为编辑和用户与比特世界中的数据、信息、知识等进行互动的中介，为人们的日常生活、学习、工作和社交发挥越来越重要的服务作用。诸如国外以亚马逊、苹果公司为首的互联网企业，凭借自身积累的用户数据和专业的数据分析能力，由网络渠道商逐步转型发展内容服务业务。这些互联网企业通过算法得出用户的偏好，从而使得它们网页的推荐更加贴近用户的痛点和痒点。

---

①　参见曹海峰：《算法时代编辑出版专业人才培养模式创新与思考》，《中国编辑》2018 年第 9 期。

（三）作为新范式的"编辑智能论"

大数据时代下，"编辑智能论"正逐渐形成[1]。作为新范式的"编辑智能论"，应充分了解技术对编辑工作的可供性和局限性，主要体现在以下三个方面。第一，以大数据和算法技术为支撑，但不唯数据是从。毫无疑问，大数据技术丰富了编辑对存在于出版内容里的各类语义内容的理解，使海量语义数据和用户信息价值化。但编辑不能让自身对出版内容进行深度阅读、理解和甄别的意愿被数据之间的相关性分析分散和降低，也不能让文字内容本身的魅力被数据和信息取代。第二，编辑的"把关人"职能应进一步加强。一方面，大多数用户只是通过内容产品来满足消遣、宣泄等个人情感需求，在用户至上主义的背景下产生的碎片化内容需要专业人士进一步规范；另一方面，算法技术也会因算法自身局限、算法设计者的偏见和输入数据的偏见[2]，导致算法在选择和分发内容上有所偏差。因此，编辑的"把关人"角色不可或缺[3]。第三，编辑智能化的"智能"不仅仅是大数据技术和算法为编辑工作带来的单一机器智能，而是联合作者、编辑和用户的群体智能。出版业属于文化产业，文学作品需要百花齐放而不是标准化生产，机器算法等人工智能并不能取代作者所能给予读者的文学智慧。此外，不只是在专业视角下生产内容，编辑还应主动接触包括用户在内的各类社会主体的触网和信息内容，达成互联网环境下的协同编辑。

二、重塑工作流程：从方法论到实践层面

随着数据主义视角和数据分析工具在编辑工作中越来越受到广泛关注

---

[1] 参见王成文：《信息权力结构的演变与大数据时代的"编辑智能论"》，《出版发行研究》2013 年第 6 期。

[2] 参见张超：《作为中介的算法：新闻生产中的算法偏见与应对》，《中国出版》2018 年第 1 期。

[3] 参见曹海峰：《算法时代编辑出版专业人才培养模式创新与思考》，《中国编辑》2018 年第 9 期。

和高度认可，基于大数据的内容价值发现和分析复用正深入出版产业的不同层面和编辑工作的各个环节，国内外编辑开始尝试通过算法思维对编辑工作进行解构和重构。但出版业并不像其他用户群体相对集中的行业一样具备大数据应用的"先发优势"。一方面，由于出版业尤其是大众出版领域内长此以往的 B2B（Business-to-Business，企业对企业）商业模式分散了企业直面用户的机会，无法获取大量"第一手"用户数据；另一方面，由于出版业面对的用户群体较为多样化，所以在大量复杂的数据集生成后，仍须由专业人员管理、分析和操作。这对不具备技术优势的传统出版企业和编辑来说都是一个很大的挑战。但随着出版业数字化转型的逐步深入和大数据应用规模的不断扩大，大数据和算法技术在编辑工作中的应用将在广度和深度上不断增加，在选题策划等业务环节扮演重要角色，甚至会给营销方式等市场运营方面带来全新的变革。因此，编辑不能继续持观望态度，必须克服自身困难在大数据浪潮中开启对大数据应用的实操探索。目前，国外在这方面的发展相较于国内更为丰富和成熟，下文通过总结国外编辑借靠大数据和算法技术的实践经验，作为他山之石为我国新时代编辑工作的开展提供思路。

（一）聚合数据，形成反馈闭环

为了能获取第一手数据，欧美大多数大众出版商最初通过向下游延续销售环节以获取用户数据，纷纷开设图书推荐平台直接与用户对接。2013年 2 月，由三家大众出版商巨头阿歇特图书出版集团、企鹅出版集团和西蒙＆舒斯特公司联合创立的图书推荐平台 Bookish 正式运营，拥有霍顿·米夫林·哈考特集团、哈珀·柯林斯和独立出版商等多家合作伙伴。Bookish 旨在借助机器学习（Machine Learning）和数据技术为用户推荐下一本适合的书，并在用户选择图书的过程中持续地收集用户数据。除了专注于挖掘用户数据，目前还有很多为出版商提供图书数据的服务公司可以给编辑人员提供帮助。例如苹果收购的 BookLamp 公司就是一家收集和分析图书数据的技术公司，其业务主要是基于自然语言技术完成图书内容分析。在被苹果收购之前，BookLamp 的服务订阅者包括兰登书屋和肯辛顿图书公司等出版商，其"图书基因组计划"通过分析图书自身的"基因"信息，帮助编辑制定、调整他们的图书宣传策略和市场定位 [1]。在大数据时代，图书语义数据和用户行为数据的价值都将被智能化处理，在这过程中，编辑可通过构建各类数据的反馈闭环（Feedback Loop），利用算法技术将数据转换为创造价值的效率系统（见图 2）。例如内容创作公司

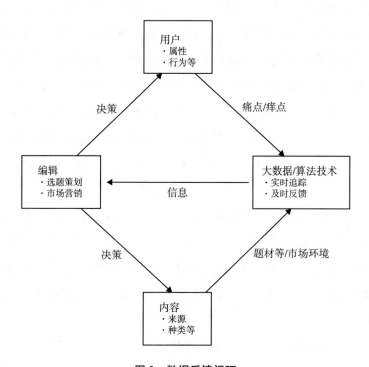

图 2　数据反馈闭环

BuzzFeed，通过将市场环境和读者反馈数据量化和结构化，并及时反馈给内容编辑人员等，构成一个辅助创作的数据反馈闭环 [2]。

（二）聚焦内容分析，选题策划

如今，出版管理正逐渐迈向一个以数据为中心的发展阶段，但由于

---

　　[1]　参见徐丽芳、池呈：《基于图书"基因"的阅读推荐：BookLamp》，《出版参考》2015 年第 13 期。

　　[2]　参见闫泽华：《内容算法：把内容变成价值的效率系统》，中信出版社 2018 年版。

许多编辑并不具备技术优势，所以在数据获取分析层面更多是寻求"外援"，以便选题策划工作的开展。图书咨询公司 Archer Jockers 致力于使用大数据分析技术破解小说畅销的一般模式，探寻暗藏于畅销书中的独特信号①。其利用机器学习、深度学习和递归神经网络等算法，对图书内容进行拆解，从句子结构、用词、语法等方面做"诊断"，着眼于文风、主题、人物和情节等维度生成精细数据，朝着为编辑等书籍业务相关机构提供畅销书选题服务的方向努力②。社交平台上例如书评等用户衍生数据同样也是编辑选题策划时需要重点分析的内容③，大数据技术可将每一个内容片段标签化和体系化，进行内容画像。还可将社交平台上与图书相关的关键词进行排序，发掘近期的热门题材，而不是依靠片面的人工方式管理选题。2019 年 1 月，全球最大的阅读和写作社区 Wattpad 推出出版业务部门 Wattpad Books，结合机器学习和人工编辑从其平台上的 560 多万个故事中甄选精品，同时基于用户行为数据选出最具价值的出版书目。此外，随着大数据应用逐渐渗透到选题工作中，一些编辑直接通过量化的方式锁定出版选题。例如一些小型出版商致力于一些非虚构类题材的创作，另辟编辑蹊径，通过收集网络书店或搜索引擎上的近期搜索数据，挖掘用户需要的阅读题材，然后招聘写手依据数据分析得出的大纲快速创作，抢占出版先机。

（三）具化用户画像，开展精准营销

虽然越来越多大众出版商深刻感受到大数据在改进商业模式方面的驱动力和压力，但并不是每个出版商都有信心把获取的数据货币化，市场

---

① 参见 Jianbo Gao，Matthew L. Jockers，John Laudun，Timothy R. Tangherlini，"A Multi-scale Theory for the Dynamical Evolution of Sentiment in Novels"，International Conference on Behavioral，Economic and Socio-cultural Computing（BESC），Durhamm，2016。

② 参见陈铭、徐丽芳：《Archer Jockers：用机器算法解密畅销小说基因》，《出版参考》2019 年第 3 期。

③ 参见 Yucesoy B.，Wang X.，Huang J.，et al，"Success in Books: A Big Data Approach to Bestsellers"，*EPJ Data Science*，2018，7（1）：7。

营销是将数据货币化的关键环节[①]。根据温德尔·史密斯的STP理论[②]的根本要义，识别和获取核心用户的数据有利于选择目标市场和制定营销策略。这对出版业这类兼具利基市场和垂直行业特征的领域而言尤为重要。随着数据主义和计算主义将市场传播推向精准传播，从同质化的大众传播模式转向异质化的智能传播模式，用户、场景和内容之间有望实现良好匹配[③]。换言之，大数据时代的市场营销工作需要将大众分化为一个个具象的个体，勾勒出更加清晰的用户画像，以反映异质化市场形态。但相较于内容分析，用户画像的难度更大。目前，大多数编辑工作是通过收集读者阅读行为及购买记录，以此量化读者的阅读偏好及个性化阅读需求，提升市场营销效果。但这些简单的数据远远不足以构建全面立体的用户画像，用户的显性需求和隐性需求还是无法很好地呈现，编辑人员可以通过一些专门的用户数据分析公司获取更全面的数据服务。例如科技公司Tekstum一直都是依靠数据和人工智能技术帮助出版商解读读者情感，通过分析社交媒体上用户发布的内容，为编辑提供了解用户情感反馈以及对特定种类图书看法的渠道[④]，有助于编辑在熟悉用户心理特征的前提下做出营销决策。

结语

如今，5G、AI、云计算等技术的出现扫除了许多信息处理、数据传

---

① 参见 Yiying Hu，"Marketing and Business Analysisin the Era of Big Data"，*American Journal of Industrial and Business Management*，2018（8）：1747 1756。

② STP 分别指代的是：Segmentation，市场细分；Targeting，目标市场选择；Positioning，市场定位。

③ 参见刘庆振：《计算传播学：智能媒体视阈下传播学研究的新范式》，《教育传媒研究》2018 年第 6 期。

④ 参见贺钰滢、徐丽芳：《Tekstum：图书网络口碑的晴雨表》，《出版参考》2016 年第 11 期。

输和利用等基础设施层面的重大难题，物理世界中的现实属性（包括人的现实属性）越来越多地迁徙到数字空间中，编辑工作将有望触达更多关于内容产品、用户的不同数据，获得更先进的算法技术的支持。因此，新时代的编辑应当要有导向意识和担当精神，辩证看待计算传播范式对出版环节的重塑，以此为照应对编辑工作进行改良和重构，让我国编辑界的发展更上一层楼。此外，编辑人员应积极熟悉聚合、量化和结构化数据等新的技术手段，以便从技术层面深入了解未来内容市场的利基点，为企业赢得长足的发展。

（作者单位：武汉大学信息管理学院）

数字出版时代传统编辑向产品经理的
转型之路

丁　越

2018 年，互联网期刊、电子图书、数字报纸的总收入为 85.68 亿元，相比 2017 年的 82.7 亿元，增长幅度为 3.6%，低于 2017 年 5.35% 的增长幅度，在数字出版总收入中所占比例为 1.03%，相较于 2017 年的 1.17% 和 2016 年的 1.54% 来说，继续处于下降态势。①

伴随着互联网技术的发展以及读者阅读需求的改变，传统书报刊数字化收入增长幅度却逐年下降，传统书报刊面临的挑战日益艰巨。其原因一方面是数字出版只囿于纸质出版物的电子化而并未研究探索出新的商业模式，另一方面是出版社在数字化转型中仍存在着互联网思维滞后、缺乏与用户交流等问题。选题确定后用传统方法加工生产优质内容的出版专业人

---

① 参见中国新闻出版研究院：《2018—2019 中国数字出版产业年度报告》，2019 年。

才，统称为传统出版编辑。① 传统编辑出版经历了选题策划、稿件收录、三审三校和排版等环节，编辑更关注的是图书内容，而对营销职能、用户调研、资源整合的能力较弱，传播方式较为保守，传播速度也难以适应数字化时代发展。

在 5G 技术商用、物联网大数据及人工智能的浪潮下，用户的阅读习惯、出版形式、传播方式和内容载体也发生了颠覆性的变革，出版流程已从传统的线性流程转向非线性流程，编辑除了继续坚持高质量创作外，还需有产品思维，深入了解用户需求，不断迭代产品，从而创造出更多有价值的产品。产品思维跨界应用于很多领域，对于出版行业，编辑需站在用户角度思考问题、解决问题，成为出版业中优秀的产品经理。如何从传统编辑转型成一名优秀的产品经理，主要从以下几个方面考虑。

一、成为复合型从业人员

数字化时代所需要的编辑是复合型人才，传统编辑需顺应时代发展趋势，积极更新出版理念，合理利用资源，关注最新的技术发展，转型为复合型的产品经理。编辑还应了解互联网运营，熟悉社交网络及书（报刊）网端微的运营；此外，编辑人员需把握数字出版最新发展动态，了解专业数据库的特点，熟悉各项新技术在数字出版领域的应用，如检索、数据埋点、会员体系、商品库存及智能推荐系统等技术。编辑还需对阅读形态有清楚认知，如碎片化、社群化、移动阅读等，以优质的内容引领用户进行高质量阅读。

从传统编辑转型到产品经理，还需具备良好的行业研究及分析能力，能够面对当前行业做精准判断，洞察行业发展的趋势，找准自己产品的位

---

① 参见韩生华：《传统出版机构编辑数字化能力提升研究》，《中国出版》2016 年第 3 期。

置。要理解行业规则，首先要了解出版业的最新动向，通过阅读《新闻出版产业分析报告》《中国出版产业发展报告》《中国互联网发展状况统计报告》《中国数字出版产业年度报告》等分析报告和蓝皮书，获取互联网行业和出版业的最新报告结果和未来趋势，在做一个产品时，要清楚了解产品所在行业赛道，找准自己产品的位置。

二、内容为王，渠道制胜

一款好的产品离不开好的内容，传统编辑需强化自身优势，做研究型编辑，始终坚信只有好的内容才会得到正反馈的传播效果，好的传播效果才能带来更好的盈利。事实上，对于好的内容来说，互联网的发展非但不会阻碍优秀图书的出版，反而为其提供了更广泛、快捷的传播渠道。

随着互联网的发展，人们获取知识和信息的手段越来越便捷，阅读习惯也发生变化，拥有优质内容只是第一步，如何把优质内容传递给用户也是同样重要的问题。在当前互联网环境下，除了有优质的内容还需要有完善有效的信息分发渠道。面对个性化、差异化的用户，我们需要在坚持内容为王的基础上，通过个性化加工、差异化服务，通过多元化的传播渠道把优质内容传递到读者手中，尽量满足读者差异化需求。

无论传播载体如何变化，传播的主体依旧是信息内容。传统编辑依旧需要对内容把关，需编辑发现、选择和再创造，为用户提供优质的内容。作者写著的内容和编辑的专业能力决定了出版产品的质量，所以在任何情况下优质的内容作为传播核心依旧不可或缺。但只有好的内容还是不够的，还需要有效的传播渠道，才能把优质内容传递给更多的用户。产品经理需要根据内容，针对用户个性化需求来为用户推送不同内容。比如网易蜗牛阅读 App，用户每天可免费阅读一小时，用时长计费吸引用户阅读，另外领读人模式给读者提供了一个和书籍作者产生交流互动的平台。微信读书则是利用熟人社交，在提供阅读的同时还可与微信好友讨论图书内容，分享想法。而得到

App 则针对不方便阅读文字的用户提供有声阅读，使用场景多为无法有完整时间阅读图书的用户，比如忙碌的上班族在出行地铁上听书。

三、深入挖掘用户需求

产品经理是否能准确判断出用户的需求，很大程度上决定了产品的成败。产品经理需依托互联网平台增强与用户之间的交流沟通，以便于了解用户的阅读需求。作为从传统编辑转型成长起来的产品经理，应充分发挥职业敏感性，深度挖掘用户需求，筛选出有价值的内容。挖掘用户需求主要有以下几种方式。

（一）以用户视角思考产品

产品经理不能单纯凭想象或经验来制作产品，要结合具体使用场景，从用户角度来体验使用产品时的真实感受，因为用户提出的需求，往往是在使用产品时遇到问题而产生的，产品经理站在用户角度往往更能发现问题。在出版过程中，编辑需要了解用户喜欢的选题内容是什么，用户常用载体是什么，用户更喜欢哪种形式的消费模式。

（二）需求分析体系的完善

数据是验证需求的基础，通过数据分析能进一步验证产品需求的结果，验证产品需求就是数据埋点的不断完善。数据埋点可以分为两类，一类是页面统计，一类是行为统计。页面统计可以知晓某个页面被人访问了多少次，同时也可以监控到用户在某个页面的停留时长，从而分析出某一页面对用户的吸引力。行为统计则是用户在界面对操作行为，比如某一功能选项对点击次数、分享次数等操作。如何利用数据、挖掘数据、分析数据是每一位产品经理的必修课。编辑要建立起与用户之间的联系，了解用户的喜好和需求，比如一本图书在某周内销量大增，背后的原因可能是图书的推广带来了更多的读者；运营对图书电商平台 App 里的商品排序有所调整；产品的改版带来的影响；周期的波动或是受社会事件的影响等因素，都有可能带来图书销量的波动，作为编辑要仔细研究这些现象背后的原因是什么。

四、数字传播技术的应用

数字传播技术的主体是信息技术，信息技术是用于管理和处理信息所采用的各种技术的总称，也常被称为信息和通信技术。信息技术的发展经历了语言、文字、印刷术、电报、电话、广播和电视的发明和使用以及现代计算机技术和通信技术的融合几个阶段。数字技术是各行各业通用的技术，但每个行业如何应用，则需根据特定行业的具体需求来确定技术的使用场景。内容检索与采集技术（全文检索、扫描识别、网络爬虫）、内容存储与加工技术（网络存储技术、云存储、数据压缩技术）、内容呈现与传输技术（3D打印、二维码）、网络和平台技术（互联网、移动互联网）以及新技术应用（大数据、云计算、人工智能、物联网、区块链、虚拟现实、增强现实、网络直播），都与出版产业的发展息息相关。作为产品经理的出版编辑，应该了解各项技术的功能特点并在合适的场景中应用这些技术，数字技术应用的本身并不能为出版业带来经济效益，而是在应用数字技术的条件下，对内容进行深层次、有特色的开发，为出版业开辟一个新的营利天地。必须认识到，只有创新，而不是复制原有"存量资源"，才能产生财富[1]。

五、商业模式的构建

2018 年，全国新华书店系统、出版社自办发行单位年末库存 69.06 亿册（张、份、盒）、1375.40 亿元；与上年相比，数量增长 9.69%，金额增

---

[1] 参见陈源蒸：《数字技术在出版业应用的几个问题》，《大学图书馆学报》2012 年第 6 期。

长 12.07%。2014 年库存总金额首次超过千亿元，达到 1010.11 亿元；2018 年库存总金额则达到 1375.40 亿元，远远超过当年纯销售 982.58 亿元[①]。高库存导致的整体高风险正在快速积聚，首先，一些图书内容已无法满足读者日益增长的精神文化需求，用户对于图书选择要求越来越高，质量不高的图书自然会被淘汰。其次，传统出版社盈利模式过于单一，导致库存连年积压，卖不出去。再次，随着互联网信息技术发展及传播载体的多样化，出版行业发生颠覆性变革，数字出版登上历史舞台。数字出版作为信息技术催生的新型出版业态，是技术创新的过程，也代表了一种新的商业模式。[②] 作为产品经理的出版编辑，出版商业模式的构建是一项必不可少的工作。

影响出版社商业模式的构建主要有两点。

一是定位。任何企业要想在市场中盈利，首先要明确自身定位，产品定位决定了企业提供什么样的产品和服务来实现客户的价值。出版社要根据自身定位，统筹考虑传统出版和数字出版，找到最适合自己的出版方式。比如人民卫生出版社涵盖了大量医学方面的优质内容，枯燥课本可能难以吸引用户去阅读，他们制作了 3D 解剖学数字图书，方便读者在阅读图书的时候还可以根据 flash 演示动画来在线上实验操作，在购买图书时可享有此增值服务，提高图书销量。

二是内容资源的整合。无论是数字出版，还是传统出版，都必须纳入整个内容产业的大平台进行考虑，未来的传媒产业，必然是一个以内容资源为基础，纸、电等各种介质互动共赢的大传媒、大出版的局面。就传统出版而言，也必然是一个与其他媒介形成互动、内容资源共享、合作共赢的局面[③]。出版资源经过深度加工、标引及分类后，应用大数据中的知识

---

① 参见国家新闻出版署：《2018 年全国新闻出版业基本情况》，《中国新闻出版广电报》2019 年 8 月 29 日。

② 参见陈丹：《我国出版社数字出版发展策略及商业模式探析》，《出版发行研究》2009 年第 11 期。

③ 参见谢寿光：《以内容产业整合传统出版与数字出版》，《出版参考》2005 年第 21 期。

关联等技术，满足读者可便捷获取信息的需求。比如中国知网上线的工具书功能，读者在阅读图书的同时，可以对专有生僻名词划词查看，了解专有名词在专业词典中的解释。

商业模式是出版业运转的底层逻辑和商业基础，是出版业健康发展的前提。传统出版业面对科技的发展、市场的快速变化、消费者阅读习惯的改变、跨界竞争对手的出现，其沿用多年的商业模式面临着被颠覆、被淘汰的风险，出版业需转变思维，探索新的商业模式。

用户对图书内容的选择性越来越多，他们不再为出版业垄断买单，而更关注产品内容和产品使用体验。数字化时代带给编辑的既是挑战也是机遇，出版编辑必须重新认知自身职业定位和社会角色，只有不断学习各项新技术并应用于出版领域，保持同理心和好奇心，站在用户角度去看问题，即强化自身编辑优势，又以产品经理角度思考问题，才能在快速发展的数字化时代抓住机遇，乘风而上。

（作者单位：中国知网）

传统编辑如何向产品经理转型

陈　聪

　　产品经理最早见于快消行业，最为大家所熟知却是在互联网行业。近年来，出版行业也逐渐引入产品管理的概念，有些出版单位尤其是民营公司，还专门设置了产品经理的岗位，从编辑、发行部门中调派经验丰富的人员任职，全流程把控图书的出版发行。这种单设新岗位新部门的做法收效不一，相较而言，更具有普适性和大势所趋的做法是由出版工作的中心环节——编辑扛起图书产品全程管理这面大旗，为出版的跨越式发展提供动力和支持。

　　因为数字出版与同样依托数字技术的互联网行业更加贴近，所以早有研究探讨数字出版编辑如何做产品经理。传统出版由于沿袭长久以来的管理制度和出版流程，新型人才资源匮乏，因此转型之路道阻且难，更需要相关的理论方法指引他们不断探索前进，本文就侧重于探讨传统编辑如何向产品经理转型，如何运用产品思维打造满足新时代人民需求的优质图书产品。

一、编辑与产品经理的区别与联系

（一）编辑与产品经理的联系

产品经理最早于 1927 年出现在宝洁（P&G）公司，现已普遍存在于各现代企业，是企业组织管理的重要职能岗位，主要负责在深入进行市场调研的基础上，组织并监督产品的研发和生产，与销售、营销人员密切沟通配合，保证产品顺利投放市场以满足客户需求。如今，"产品经理"更是成为互联网行业的热词，人们一提到产品经理，首先联想到的就是互联网公司的产品经理，他们的职责也是调查用户需求，选择技术和商业模式，推动产品开发并协调运营，不过他们负责管理的是互联网产品。

而编辑是从事编辑活动的人员，其业务主要包括信息采集、选题策划、组稿、审稿、签订出版合同、稿件加工整理，以及协调出版流程各环节，督促图书产品的生产制作和营销发行。可见，编辑和产品经理在工作内容、职责等方面有一定的相似性，都需要调查市场需求、组织产品生产、协调各个环节，只是编辑所"管理"的"产品"是图书。

（二）编辑与产品经理的区别

既然图书编辑的工作性质跟产品经理高度相似，为什么编辑作为出版社的产品经理的角色定位还没有得到大家的广泛认可呢？最主要的原因就在于，目前绝大多数传统编辑在实际工作中，缺乏与时俱进的产品思维，这是传统编辑与产品经理的最大区别，也是编辑最需要学习之处。

编辑缺乏产品思维，根本就在于缺乏用户意识。产品管理的最终目的是满足用户需求，其所有业务都围绕用户需求展开。产品经理要求能够洞察消费者的潜在需求，会针对目标受众的消费心理和行为偏好进行营销推广，关注用户反馈并及时对产品进行调整升级，以满足用户不断变化的需求。

而编辑呢？且不论只埋头看稿的文字编辑，即便是策划编辑，在选题策划时对用户需求也缺少深度挖掘，仅简单将同类图书信息和销售数据罗列出来而不加分析，并不能反映市场状况和读者需求；在图书生产制作过程中，对图书产品的装帧设计、排版印刷缺乏对读者阅读体验的考量；在图书出版上市后，很多编辑不知道图书卖给了哪些读者，不了解读者真实的阅读感受，更谈不上根据读者反馈对图书进行升级。这些不以读者为中心的做法，很容易使编辑陷入自我欣赏的窠臼，让出版脱离为读者服务的原则，成为编辑的个人游戏。

（三）编辑向产品经理转型之必要和可能

编辑向产品经理转型是融媒体时代发展的必然趋势。数字技术的发展和互联网的浪潮颠覆了传统媒体的业态，内容的生产流程、产品形态、传播方式和消费模式都在深刻变革。而我国当前正处于深化文化体制改革，大力促进社会主义文化大发展大繁荣的关键时期，媒体融合、数字化转型是时代的必然要求。要实现传统出版业的转型升级，发展人才是关键所在，负责出版工作中心环节的编辑则是转型的核心。

编辑向产品经理转型更是出版企业和编辑自身免遭淘汰、实现跨越式发展的内在要求。精准的数据分析挑战着主观的市场判断；电商、自媒体、社群等平台的接入冲击着传统营销渠道；人工智能有可能取代编辑审稿加工的工作；读者意识觉醒，形成明显的买方市场……种种情形的倒逼下，编辑唯有转变思维模式，吸收互联网行业打造产品的经验，围绕用户需求，将各出版要素协调统一起来，才能适应不断变化的市场环境，实现出版企业的跨越式发展。

而正如上文提到的，编辑与产品经理的工作有很多相似之处，只是当前传统编辑更多还是以加工整理稿件为主，缺乏用户意识，缺乏对全流程的把控。其实编辑要成为产品经理，不变的是基本功，变的只是思维。审美能力、文字功底、工匠精神是编辑无论如何转型都必须具备的职业能力，编辑只需转变思路，不再将自己的角色仅仅定位为一个内容生产流水线上的操作工，而是作为一名市场化环境中的经理人，去思考，去学习，去行动，就不难实现自身的转型升级，推动出版企业的发展。

二、编辑如何用产品思维打造图书

（一）内容的用户、需求和场景

产品经理是做产品的，产品是什么？产品就是满足用户需求的东西。编辑是做书的，图书产品也是要解决读者的问题，满足读者精神生活的需要。产品思维的核心是用户思维，即不管做何种产品，都要以用户为中心，不仅要了解目标用户是哪些，更要深入挖掘这些用户的核心需求，而用户需求通常产生于某种场景下，与场景条件紧密关联，所以也要密切关注用户需求场景。

编辑打造图书产品，必须以读者为核心，明确图书针对的读者对象是哪些，这些读者的核心需求是什么，他们在什么情况下会产生这种需求。这在图书产品诞生之初就要考虑清楚，在图书的生产制作和营销推广环节都要围绕这些进行，后期还要根据读者需求的变化进行动态调整。

做书的起点在于了解读者，发现需求才能满足需求。在选题策划之前，编辑要进行充分的信息采集和市场调研。不同于以往单向的、主观的市场判断，互联网时代的新型编辑应掌握信息挖掘和数据分析等方法，对海量信息进行筛选、处理，精准地把握和整合所需信息，并分析信息数据背后的意义。

目前许多出版社都建立了 ERP 出版管理系统，编辑可以方便地收集社内同类图书的发货、退货和卖场销售数据。此外，编辑还可以利用各卖场和书店的销售排行、读者评论等公开的信息资源。一些重视市场的出版社也会购置其他平台的数据库为选题决策和市场营销提供参考，如编辑最常采用的开卷数据和当当、天猫等电商平台的庞大数据库。仅收集数据进行信息罗列也是毫无意义的，编辑还要对这些数据进行整合分析。不仅要分析同类图书大致有多少品种，市场竞争程度如何，销售周期呈现什么样的变化，更要分析目标读者的体量有多大，性别结构、年龄层次、消费水平、文化程度、阅读方式、阅读场景等，了解同类书卖得好是戳中了读者的哪些需求痛点。

在长江文艺出版社，编辑进行选题论证前都必须进行市场调研，利用社内 ERP 出版管理系统获取社内同类图书发货、退货和卖场销售数据；考察当当、京东的榜单和读者评论；分析开卷销售排行榜和图书单品的监控销量、网店和实体店的销售比率、单品在架比率、每月销售走势、销售地域和渠道分布；利用天猫生意参谋获取搜索热词排行，某一热词的搜索人气，搜索人群的性别结构、年龄层次、地域分布等。通过对作者已出版图书的销量数据、同类图书的销售数据、年度月度的销售数据和其他相关数据进行综合考量，对图书产品定位、针对的读者对象、读者的需求和需求场景进行细致分析，再以此为依据，对图书内容、产品形态、营销方案进行思考。

（二）需求的转化、执行和沟通

在深入研究用户、采集需求、获取场景之后，产品经理要组织相应的产品研发、生产、销售，这是将用户场景需求转化为问题解决方案的过程，需要强大的执行和沟通能力，架构良好的协作体系，进行资源的合理配置，保证产品落地，满足用户需求。这要求编辑不能仅仅负责对稿件进行加工整理，而要进入管理角色，运用立体思维，协调各部门工作，打通图书产业链，实现作者、设计、印刷、发行、渠道、媒体的多方联动。

首先，编辑要了解各种作者的写作风格特点、适用的读者对象、各种内容编排形式的优劣，针对读者的需求选择合适的作者，搭建合理的内容框架，组织内容的生产制作，了解各种装帧设计的优缺点和适应场景，针对需求场景设计产品形态。其次，编辑要参考同类图书的销售周期变化，了解读者在什么时间点会需求爆发，从选题立项开始，编辑就要做好各方面的时间安排，包括图书到稿时间、编校时间、设计排版时间、印刷制作时间、上市发行时间、营销推广时间等，协调各个出版流程，统筹规划并深度参与，实现各部门配合，通力完成图书产品的生产、上市工作，将读者需求切实转化为解决方案，并以适应需求场景的形式呈现出来。再次，在图书上市后，编辑还要加强对图书产品的维护，了解图书发货、销售和库存情况，结合市场动向和行业动态，适时调整产品策略以满足读者需求。

值得一提的是，编辑尤其要懂得产品运营，做好营销规划。互联网时代，再优质的内容也容易湮没在信息浪潮中，图书营销的重要性越来越凸显。运营人员可以不做书，但编辑必须要懂运营。作为图书产品的策划者、组织者、执行者，编辑对读者需求和图书内容最为了解，因而在营销和推广自己的图书方面具有先天优势。在选题之初编辑就要根据读者的偏好和特点考虑后期的营销可能性，并结合作者和出版社的资源及其他可能的资源，针对图书需求可能爆发的时间节点，做好图书营销的大体规划，之后有节奏地启动各轮营销。

在长江文艺出版社，编辑进行选题论证时，会召集营销人员参与，共同商议图书如何营销，针对这一图书产品有哪些匹配的资源可以运作，在每个阶段如何进行宣传推广等。有的编辑甚至亲自上阵，打入社群进行图书推广，比如《窦桂梅：写给亲爱的同学》的编辑在"小阅悦"等多个家长群中与家长进行图书分享，一方面能更全面地向目标读者展示图书丰富的细节；另一方面也是对自己的图书产品进行反刍，在与读者的交流互动中，发现图书的新亮点、读者的兴趣点，以及图书还可以进一步完善的地方，甚至在与读者的思想碰撞中，发现拓展和延伸的方向，进行产品的迭代和成长。

（三）产品的反馈、迭代和成长

对于产品经理而言，产品从研发、生产到销售、推广，并不是一个线性的结构，产品不是生产出来走向市场就完结了，而是在吸收用户反馈后不断迭代，以升级的姿态走向下一轮的生产销售，进而形成一种闭环结构，这是产品思维中的迭代思维和闭环思维。

对编辑来说，图书产品出版也不应该是工作流程的终结，而应当形成一个动态持续的工作闭环，不断吸收读者群体的反馈，实现图书产品的迭代和成长，以图书产品为联结，形成与读者稳定持久的价值和情感联系。图书上市后的发货数据、上架状态、库存情况都有助于编辑了解图书当前的状态以及是否满足读者需求，也为后续图书的选题提供了参考。除了这些数据反馈，编辑还应通过网络平台、图书社群等渠道获取读者对图书的评价，包括对图书内容、编排设计的直观感受，进而深入分析这一图书产品及其出版形式是否满足当前读者的需求。

尽管图书产品不像互联网、数字出版，可以利用数字传输方式，迅速对产品进行更新传播，但编辑仍需要具备迭代思维，时刻关注读者反馈，实现图书产品的改版升级和内容价值的深度开发。图书产品迭代最常见的一种形式就是图书的修订改版。当前许多编辑仅仅通过换封面、换书号等形式将一些旧书包装成新书，美其名曰"升级版"，实际上换汤不换药，本质内容并没有根据读者的需求进行更新，甚至对读者反映的上一版图书中的错漏也不管不顾，这根本算不上图书的迭代，只是内容的重复，不仅不能为读者解决问题，满足其需求，反而会损害读者与编辑之前的情感联结，让读者对图书编辑和出版社失去信任。

产品迭代的本质还是满足用户需求，满足用户不断更新、变化的需求，满足用户在不同场景下的需求。对图书产品进行迭代，除了要对图书内容的错漏进行纠正，还可以对图书内容进行结构升级，或针对某一个读者细分需求深入挖掘拓展，对图书的内容价值进一步开发，如专业出版向知识服务方向发展，满足学者的科研需求；图书内容转化为付费音频，满足读者开车听书的场景需求；图书 IP 可以与文创、影视、动漫等周边产品的联动开发，满足狂热粉丝的多样化需求。产品迭代升级的过程中，不能将图书仅仅看作图书，而应该将其视为内容产品，围绕用户变化的细分的需求进行调整、重组和转化，在反馈、升级、再反馈、再升级的循环中实现螺旋式成长和跨越式发展。

结语

出版业态和内容市场的深刻变革，压缩了传统出版的生存空间，给了传统编辑当头一棒。只顾埋头看稿、知识老化、思维僵化的编辑终将被技术和市场淘汰，唯有转变思维，转型升级，向产品经理靠拢，才能使自己和出版企业立于不败之地。像产品经理一样思考，核心就是要有用户意识、统筹意识、迭代意识，传统编辑务必学习互联网时代的产品思维，更新知识结构，开阔出版思路，不断实现自我超越。

（作者单位：长江文艺出版社）

融媒体时代学术期刊编辑意识的重构[*]

王　颖

　　编辑意识是编辑在工作中呈现出的高级认知加工的主观品质。它是出版过程中最为隐蔽又最具张力的研究内容，其实质是编辑反思与担当的内在自觉。在媒介融合发展的过程中，出版方式和编辑方式均发生了重要转变，传统学术期刊的部分职能逐渐被消解，加之融媒体时代对编辑工作能力提出了更高的要求，导致编辑意识的边界模糊，编辑意识的重构已迫在眉睫。学术期刊编辑只有主动适应变化，重构编辑意识，才能引领学术期刊在融媒体时代走出一条适合自身发展的道路。重构编辑意识不是要全盘否定以往编辑意识，而是在原有基础上的传承与创新。对编辑意识的重构

　　*　本文为中国教育学会"十三五"教育科研规划立项课题"《教学与管理》杂志引领教师专业发展支持策略研究"（课题编号：1604070019B）的研究成果。

不仅是期刊对编辑的要求，也是期刊在激烈的行业竞争中得以生存、发展的关键。① 具体而言，学术期刊编辑应重构导向意识、转型意识、特色意识、学者意识、学习意识和用户意识的当代内涵。

一、导向意识

出版具有意识形态的属性②，出版活动一方面离不开社会政治环境，另一方面又反过来影响社会政治的发展③。立足媒体融合的政治环境，学术期刊应牢记自己的政治使命，构建对外传播话语体系。立足学术期刊自身发展的现实环境，还需要编辑严把内容关，发挥出版的价值导向。在此过程中，同样需要编辑协同出版流程，提供组织导向，推动出版工作顺利进行。

（一）思想导向：学术期刊发展之魂

2018 年 11 月，中央全面深化改革委员会第五次会议审议通过了《关于加强和改进出版工作的意见》，意见提出"加强和改进出版工作，要坚持中国特色社会主义文化发展道路，坚持为人民服务、为社会主义服务，坚持百花齐放、百家争鸣，加强内容建设，深化改革创新，完善出版管理，着力构建把社会效益放在首位、社会效益和经济效益相统一的出版体制机制，努力为人民群众提供更加丰富、更加优质的出版产品和服务"。这是当前出版工作的纲领性文件，也是学术期刊编辑须遵循的行动指南。此外，学术期刊编辑还应深入学习贯彻习近平新时代中国特色社会主义思想，切实增强"四个意识"，提高政治站位，将意识形态方面的引领与融媒体视域下的学术传播工作统一起来，牢牢把握意识形态工作的主动权和话语权。

---

① 参见朱辉：《信息技术发展条件下科技期刊编辑理念的变革》，《编辑学报》2004年第 3 期。

② 参见韩婧：《学术期刊加强意识形态建设的探索》，《出版广角》2018 年第 8 期。

③ 参见国家新闻出版广电总局出版专业资格考试办公室编：《出版专业基础（中级）》，商务印书馆 2015 年版。

（二）价值导向：学术期刊发展之根

审视学术期刊的价值理性，其内容的专业性与科学性、成果的实用性与创新性、载体的数字化与网络化共同构成了学术期刊生产价值的内在意蕴。学术期刊承载的专业性与科学性内容，关涉期刊的办刊宗旨和定位，以知识为本位，满足特定工作者的阅读需求。成果的实用性与创新性，是学术期刊传播、普及学术研究成果的现实要求，它将学术成果的内在价值释放出来，推动"知识"到"生产力"的转化。学术期刊载体的数字化与网络化是为了更加精细化地适应信息化社会的需求，大大丰富人们的阅读选择，从而建立在数字技术和网络技术基础上的媒体形态。发挥价值导向既是学术期刊发展的内在诉求，也是检验编辑专业素养的一项重要指标。

（三）组织导向：学术期刊发展之翼

学术期刊的组织导向主要是指发挥流程协同效应，促进出版顺利进行。编辑主体在编辑过程中既要处理好内部系统的协同，又要处理好外部系统的协同。有学者指出，以编辑思想的协同引领编辑任务和目标、以选稿用稿的协同优化期刊文章结构、以选题策划的协同把握研究领域的主线等。[①]学术期刊本身就是一个信息载体，承担着高效优质地提供学术知识、促进学术交流的使命，编辑对来稿内容的取舍、对栏目的设置、对投稿的要求等都是办刊方向的一个强信号。融媒体时代，资源的获取变得更加方便快捷，学术期刊编辑应发挥自身优势，精准链接读者—作者—编辑之间的关系，提供精细化服务，给读者、作者提供能动交流的平台，使学术知识的传播在良性互动的生态系统中实现传播效果的最大化。

二、转型意识

编辑作为上游的信息生产与下游的信息接收、个人化精神创造与社会

---

① 参见沈广斌：《论社会科学期刊编辑主体的协同意识》，《编辑之友》2019 年第 5 期。

化精神产品生产之间的中介，是重要的"把关人"。面对媒介融合发展强劲的劲头，学术期刊编辑应积极求变，寻求转型之路。但从媒体融合的现状看，不少人错误地认为转型就是不同媒介形态的简单嫁接，即出版纸质期刊的同时出版数字期刊。这种认知上的狭隘，一定程度上窄化了媒介融合的边界。事实上，媒体融合不仅是技术的介入与革新，更是对观念、资源、市场、用户等进行重新配置和整合。这场深刻的变革中，传统纸质期刊要理性审视跨界融合的要义，抓住自身核心价值与优势，并以此为基点合理探寻融合的路径，才能真正实现转型突破。

（一）理性审视融合的要义

当前关于媒体融合的研究主要基于技术视角和发展视角，是某种具体的融合。但就编辑实质而言，新技术、新平台、新渠道等都是服务于学术期刊发展的手段，其目的是让学术成果更高效、便捷地影响更多人。期刊属于传播媒体的一种，但是又区别于电视、报纸等媒体，特别是学术期刊的"学术"特性，客观决定了学术期刊不能全盘借鉴其他媒体融合的方式。拨开融合的迷雾，我们不难看到当前融合过程中出现了两种错误的倾向，一是被技术绑架，虽开通了微信公众号、建立了门户网站，但并不积极推送相关学术内容，出版方式依旧单一；二是维持单向度传播，对新兴媒介持观望态度，因此，当前在无大量成功经验可借鉴的情况下，学术期刊编辑既要防止落入唯技术主义的藩篱，又要防止保守主义的过度观望。

（二）合理探寻融合的路径

融媒体时代，传统学术期刊由纸质印刷的1.0时代跨入电子出版的2.0时代。针对编辑的工作流程方面，可使用稿件在线处理系统，从内容策划、审稿、编校、审读到发行各个环节都融合新技术来实现。针对编辑的具体工作，如对选题的策划，可使用大数据分析，对海量信息进行整合、比较、遴选，锁定符合需要的前沿学术方向，从而推进编辑流程的正常高效运转。针对学术期刊的具体传播渠道，要积极适应多元化、互动性强的现代传播方式，在纸质期刊出版同时出版电子期刊，优先出版可解决传统期刊传播滞后性的缺点。目前通用的第三方平台获取信息都具有补偿性特征，加之传统纸质期刊多采用邮发的方式间接导致读者获取信息的滞后性，这种矛盾在一定程度上削弱了学术期刊的影响力。对此，通过微信公众号、微博及时推送期刊目录和部分优秀文章的"对内融合"方式可以有效解决信息滞后的问题，又可以有效破解"对外融合"中第三方期刊数据库对学术论文的传输垄断。

三、特色意识

特色意识是指学术期刊编辑基于刊物的内容、栏目、风格等作出的异质性贡献。根据国家新闻出版署于 2018 年 8 月公布的《2017 年全国新闻出版业基本情况》，我国 2017 年共出版期刊 10130 种，比 2017 年的品种还增加了 0.46%[①]。即使按照中国图书馆分类法分类以后，同类性学术期刊的数量占比仍然偏高，这在一定程度上导致学术期刊生态位重叠性的问题。只有适时主动地进行结构性调整，促进学术期刊错位发展，才能重构学术期刊生态秩序。

（一）选题视角错位

选题一定程度上折射研究者的专业能力和问题意识，具有动态性、生成性的特点。确定选题应从研究主题、价值、思路与方法等方面入手[②]。在信息繁杂、权威逐渐解构的新媒体时代，学术期刊编辑要挖掘独特选题，既要重视作者原创性、根本性的基础理论，还要关注现实问题，进行持续深入的学理反思，做好学者与学界之间的"桥梁"，更好地推进学术创新[③]。如教育类学术期刊《教学与管理》发表的《学校"伪创新"的表现、根源及应对措施》《教师的兴趣爱好不可忽视》等文章，从逆向思

---

① 参见国家新闻出版署：《2017 年全国新闻出版业基本情况》，2018 年 8 月 6 日，见 http://www.xinhuanet.com/zgjx/2018-08/06/c_137370768.htm。

② 参见金生鈜：《教育研究的逻辑》，教育科学出版社 2015 年版。

③ 参见焦宝：《学术期刊应为学术创新提供支撑》，《人民日报》2019 年 5 月 6 日。

维出发，选题具有独特的价值，刊发后皆被人大书报资料中心全文转载，同时取得了良好的社会反响。要做到选题视角错位，离不开编辑的职业敏感[①]，同时还需要编辑借助信息化渠道，参照已刊发同选题的视角、社会研究进展等对稿件作出专业判断。

（二）栏目设置错位

特色栏目是学术期刊依托自身地域优势、背景优势、学科优势，经过较长时间摸索形成的稳定的、独特的栏目。有学者指出，"特色栏目是形成刊物个性和稳定风格的关键因素，也是提高刊物学术水平、增强刊物竞争力的有效途径"[②]。有的学术期刊基于所处地域优势开辟特色栏目，如《晋阳学刊》开设"晋学研究"栏目对于弘扬优秀历史传统、探寻三晋文化有特殊意义。有的学术期刊依托背景优势开辟特色栏目，如《武陵学刊》开辟"中华德文化研究"，产生了良好的学术影响和社会影响，由此荣获"全国地方高校学报名栏"称号[③]。除固定栏目外，还可灵活设置访谈、专栏、名家约稿等栏目，以多样化的栏目形式展现刊物独特风格。

（三）作者和研究方法错位

学术期刊内部能否通过新媒体技术手段，比较同类期刊的不同定位，结合自身独特优势，找到一片"空白"领域是其保持核心竞争力的有力手段。首先，可通过新媒体技术手段对作者错位选择，营造适宜的学术氛围，推动学术繁荣。如教育类学术期刊，在筛选作者的问题上，是定位以师范院校具有较高理论层次的作者引领一线教学，还是定位以不同地域一线教师的教学实践争鸣为主。其次，对研究方法的错位也是学术期刊打造特色的有力手段。不同的期刊对研究方法的偏向各有不同，有的重实证研究，有的重质性研究，还有的重行动研究等，学术期刊应找准定位，形成自己

[①] 参见付一静：《学术期刊编辑职业敏感及其养成》，《出版科学》2019 年第 2 期。

[②] 王珊：《高校社科学报特色栏目建设的意义与经验》，《中央社会主义学院学报》2011 年第 1 期。

[③] 参见武陵学刊编辑部：《〈武陵学刊〉及特色栏目"中华德文化研究"分获全国地方高校学报"名刊"和"名栏"称号》，《武陵学刊》2019 年第 1 期。

独立且稳定的要求。当前一些第三方平台对基础数据的统计如作者地域分布、层次分布、不同研究方法统计等，为出版双方提供了有力的参考。

四、学者意识

在互联网发展的强劲势头影响下，纸质阅读习惯和阅读方式逐渐被屏幕阅读所取代。根据中国互联网络信息中心发布第 43 次《中国互联网络发展状况统计报告》指出，截至 2018 年 12 月，我国网民规模为 8.29 亿人，其中，使用手机网民规模达到 9.17 亿人。阅读习惯和阅读方式的嬗变促进了学术期刊生产路径、传播渠道的变革[①]。在此背景下，如何体现学术期刊"内容为王"的优势，编辑的学者意识就变得十分关键。学术期刊编辑的学者意识主要通过内容来体现，发挥学术引领作用是期刊发展的内在诉求。

（一）课题引领：聚焦实际问题

通过申报课题，将问题与课题整合能够彰显问题本身，这不仅因为问题是科研的起点，也因为课题的研究项目是以当下的学术前沿问题和社会现实问题来立项的。重大课题需要汲取众长，这在一定程度上拓展了研究主体，同时也在课题成果的辐射力下带动更多的主体参与，这对于唤醒读者科研意识、深化研究成果有特殊之功效。课题研究是问题的解蔽过程，也是学术内容向纵深发展的有效途径。学术期刊编辑的科研能力是期刊核心竞争力的重要表现，但很多学术期刊囿于多方因素，普遍存在重编辑能力轻科研能力的现状。《教学与管理》杂志社通过课题引领，带动教师专业成长，促进教研成果的推广，在教育领域产生了积极的影响，这一做法是促进编辑学者化发展的有效途径。

（二）专题引领：追踪学术前沿

学术期刊的"专题"是指从不同维度探讨某一领域同一性问题的编辑

---

① 参见林玮：《二重性的数字阅读及其产业影响》，《编辑之友》2012 年第 10 期。

行为。学术期刊编辑对专题的选择须基于政策导向，以政治性、思想性、知识性、科学性为标准。知识具有创生性和多维性特征，学术期刊编辑应鼓励作者整合信息资源，借助新媒体的算法锁定学术前沿问题、重点问题，运用新理论、新方法、新维度开展研究，实现内容价值的最大化，引发读者深度思考，提高内容的可读性。对专题的策划是基于编辑策划能力、判断能力、信息感知能力的综合考量。在专题策划的过程中，编辑部主任通常作为具体的"把关人"，有更敏锐的把控能力和判断能力，应发挥传、帮、带的作用，带动各编辑之间协同合作，促进专业成长。

（三）专家引领：促进专业成长

学术期刊编辑要探索本领域前沿，不断缩小与专家、学者之间的距离，及时了解学术研究动态，积累专业知识，提高编辑核心素养。有学者指出，编辑核心素养包括政治素养、法律素养、媒介素养、信息素养、学习素养[1]。专家引领的方式既可以是通过网络平台学习专家的专著、论文，也可以是聆听专家的视频讲座，还可以是在经验丰富的老编辑带领下进行社本研修，学术期刊编辑就自己存在的困惑与不足进行深入学习，提高核心素养。学术期刊编辑应坚持"走出去"与"请进来"，积极参加或组织相关的会议，拓展思维，开阔视野，提高编辑水平。学术期刊的作者层次相对较高，只有把自己锤炼成学者型编辑，才能更好地甄别、筛选稿件，和作者进行平等有效的对话，这个过程也是学术期刊编辑专业化发展的必经之路。

五、学习意识

新媒体传播开启了新时代，也为媒体融合提出新的命题。如何在新技

---

① 参见张琴、付一静：《自媒体时代编辑的核心素养研究》，《中国编辑》2018 年第 3 期。

术的驱动下通过新媒体平台满足特定人群的精神需求问题是学术期刊编辑面临的现实问题。编辑的专业素养决定了出版质量的好坏，编辑的知识结构决定了学术期刊的出版方向。所以说，优化学术期刊编辑的知识结构，首先需要具备学习意识。笔者认为，学术期刊编辑学习的内容主要包括时政知识、"互联网 +"知识、编辑业务知识三大类。

（一）学习时政知识：以高度的自觉坚定政治信仰

编辑学习时政知识，有利于站在更宏大的视域下审视稿件的价值，避免出现政治性差错，这也是由编辑工作的导向意识所决定的。在媒体融合背景下，学术期刊编辑要在办刊过程中坚定政治信仰，"必须坚定不移地以习近平新时代中国特色社会主义思想为指导，增强'四个意识'，坚定'四个自信'，做到'四个服从'"[1]，认真贯彻党的政策方针，向世界发出中国声音。编辑的政治信仰在稿件把关、加工、审读过程中发挥着极其重要的把关作用。融媒体时代，信息的交互作用更加凸显，稿件中出现的政治方面的问题也更加宽泛，如宗教问题、民族问题、国际关系问题等，学术期刊编辑须加强时政方面的知识学习，"落实意识形态责任制，切实履行出版的文化使命和社会责任"[2]。

（二）学习"互联网 +"知识：以媒介的赋能加速转型发展

在媒体融合发展的政策引领下，传播的生态格局如传播渠道、传播平台等随之改变，对杂志社而言是一场新的革命。换言之，学术期刊不仅要做到内容融合，还要逐步实现终端的融合。学术期刊编辑应改变传统关门办刊的思维模式，积极学习"互联网 +"知识，特别是青年编辑作为中坚力量，应努力学习期刊与新媒体相关联的知识与技术，具体包括内容处理、版式设计、互动方式、推送频率、媒体宣传等[3]，积极推动传统期刊与新媒体的融合发展。在媒体融合的窗口期，学术期刊编辑应主动学习

---

[1]　李万军：《以"三力"做好新时期宣传工作者》，《领导科学》2018 年第 25 期。

[2]　宾长初：《新时代优秀编辑的内涵与基本素质》，《编辑学刊》2019 年第 3 期。

[3]　参见郭伟：《学术期刊融合新媒体需要解决的关键问题》，《编辑学报》2018 年第 2 期。

转型较快的学术期刊成功经验，探索出属于自己的转型之路。学术期刊编辑要学会利用新媒介采取多样化方式提升作品覆盖率，既满足用户"深阅读"的需要，又兼顾"浅阅读"的需要，不断提高学术期刊的影响力。

（三）学习编辑业务知识：以自身驱动推动编辑学者化进程

学术期刊编辑需要掌握的业务知识既包括通识性知识，也包括编辑实务知识两大类。学术研究不是单一的，而是各种学科相互交叉、相互渗透，加之编辑工作具有二次加工的特点，便要求编辑应广泛涉猎自然科学和社会科学方面的通识性知识，以备不时之需。融媒体时代，学术期刊编辑工作早已超出编辑自身业务。和传统编辑工作相比，当前的编辑工作已经从原来的选题加工扩展到参与平台建设、宣传等多个方面，对编辑应具备的实务知识也提出了更高的要求。个体专业发展的原因来自内部动力的自发自觉，编辑应实现由"外铄论"向"内发论"专业发展范式转变[①]。新媒体背景下，学术期刊编辑一定要加强学习，成为"兼具编辑加工和互联网产品设计多重技能的复合型人才"[②]。学术期刊编辑可通过"积累—反思—实践"的方式实现知识的内化和吸收，提高编辑素养，推动自身编辑学者化的进程。

六、用户意识

对于学术期刊而言，服务的用户群体不仅包括很多读者，还有一些为编辑出版工作贡献重要力量的作者。目前用户已经从产品价值终点演变到价值的起点，也就是出版策划的主要源头。学术期刊编辑一定要改变原有的思维模式，充分利用互联网技术，了解实际用户需求、关注用户热点、

---

① 参见孙雪晴：《乡村振兴战略背景下教育精准扶贫的内涵、价值及实施路径》，《教学与管理》2019 年第 22 期。

② 郭海雷：《浅析融合出版背景下编辑职业转型的路径选择》，《编辑学刊》2019 年第 1 期。

发展趋势等，并将此作为主要策划内容进行组稿与审稿。同时，学术期刊编辑应努力维护用户群体，在具体的工作中与用户建立良好的双向互动，这是提升学术期刊影响力的内在诉求。

（一）深入调研，优势互补满足需求

用户需求是影响学术期刊发展的重要因素，笔者经过调查发现，融媒体时代用户首要关注的是刊发的时效、灵活便捷的阅读方式和内容的吸引力等方面。传统纸质出版和电子出版存在一定的时差，当前通过自媒体平台及时公开最新刊期的目录或第三方平台优先出版，或独立采用新媒体出版可有效缩短出版周期，解决用户对信息时效的需求。此外，学术期刊不仅要坚守纸质期刊内容翔实的特性，以满足部分人"深阅读"的需要，还要主动适应读者"浅阅读""碎片化阅读"的需要，二者形成互补。"两微一端"是新媒体平台的标配，囿于微信公众号、微博等的载文限制，可通过二维码的推广，在观点摘编等在线栏目中链接更详细的信息提升信息覆盖率，以满足不同阅读习惯的需要。最后，采用新媒体技术手段发布读者问卷或对最喜欢的文章进行投票等活动可有效调适用户对内容的需求。

（二）走近用户，互惠互利实现双赢

每本学术期刊都有自己相对固定的读者人群，其中一部分用户会根据自身专业知识、研究领域仅关注和自己关系紧密的特定栏目，编辑要对这部分用户群体进行及时维护。针对大众阅读方式的嬗变，学术期刊编辑应创建信息传播互动平台，增加和读者、作者的交流渠道。当前较常用的有微信公众号平台，通过即时分享优秀论文、摘编新颖学术观点，可以让用户对期刊保持持续关注的热度。除维护固定用户人群外，还应积极挖掘新生力量，扩大"内容＋平台＋渠道"的联动战略，进行全媒体矩阵式宣传，线上线下相结合[①]，提升自身影响力。在新媒体时代的技术支持下，平台的阅读数量、评论数量是重要的评价标准。只有赢得用户并维护好用

---

① 　参见席志武、刘银银：《新闻传播类学术期刊微信公众号的现状、问题及优化路径》，《中国编辑》2019 年第 5 期。

户，才能得到用户的大力支持，与此同时，学术期刊才能为用户提供更好的优质服务，从而实现互惠互利的双赢局面。

自新媒体发展的浪潮席卷学术圈，出版领域的变革也在不断拓展。学术期刊编辑须重构专业意识，才能继续站在学术前沿的阵地，更好地推动学术创新，继而推动学术期刊融合发展进程。导向意识、转型意识、特色意识、学者意识、学习意识和用户意识是融媒体背景下学术期刊编辑亟待更新的六种意识，它们相互依存、缺一不可，共同构成了当下学术期刊编辑意识的全新意蕴。

（作者单位：《教学与管理》编辑部）

媒体融合背景下的学术编辑角色转变

——以《教育研究与评论》期刊为例

李惠玲

　　媒体融合是基于多元平台的不同形态、不同角度的传播，是运用媒体平台和多种媒体手段组成的立体化、多元化呈现体系。其普及在一定程度上改变了受众对于信息内容的选择方式，拓宽了受众获得信息的渠道。

　　在云计算、大数据、VR/AR、AI 等技术的驱动下，"人工智能＋传媒"一触即发。身处广域网络空间中的人与人、人与物、物与物在实现价值匹配与功能整合的过程中呈现出高度智能化的特征；智能终端设备成为重要的信息传播媒介，"智能"与"互动"是基本元素。学术编辑要及时把握时代特征，转变角色，充分发挥新媒体即时传播、多向交流、开放互联的作用，通过纸质期刊与数字期刊并行出版、优先出版、网刊推送等不同途径，架构全媒体立体化传播模式，实现学术编辑与受众的多向动态交互，提升学术期刊影响力。

《教育研究与评论》是原国家新闻出版广电总局认定的首批学术期刊，人大复印报刊资料教育类重要转载来源刊、2018年国家哲学社会科学文献中心学术期刊数据库教育学学科最受欢迎期刊、第六届华东地区优秀期刊。该刊集"时"（现实）、"事"（叙事）、"史"（历史）、"论"（理论）于一体，体现出较强的学术性、思想性、指导性、实用性。以此为例，阐释媒体融合背景下学术期刊编辑角色转变的策略。

一、由"信息采集人"向"选题把关人"转变

新媒体时代，传感器逐步成为信息采集的工具，使得受众对信息内容的选择更具开放性，对信息渠道的选择更具多样性，这无疑动摇了学术编辑作为学术"信息采集人"的主体地位。学术期刊编辑须借力人机协同、去中心化的生产方式，熟悉各种新媒体的内容生产、传播途径和经营之道，做富有创新意识和创新能力的"选题把关人"。

（一）以新媒体传播思维搭建"开放式"选题策划模式

1.利用大数据优化选题

随着数字技术的快速发展，依据数据作出选择的可能越来越大，为学术期刊选题策划总览全貌、优中选优提供了可能。

约稿和主题策划环节，除了运用互联网、数据库准确捕捉学术领域的热点话题，引领相关学科领域的研究方向外，学术编辑还要通过数据统计搜索发稿量多、质量高的作者，归纳研究重点课题作者及其论文的资源类型、学科、来源、基金、机构等分布情况，凭借他们的研究成果树立刊物学术领域的风向标，展示当前学术领域的最新成果；还要根据数据预测某个学科正在研究的热点，如对某个主题的论文、单篇论文甚至某个学科在一定时间段的全部论文进行被引量、下载量、阅读量等方面的学术影响力分析，梳理出较为热点、具有引领性的学术主题，设计相关热点栏目。

　　如结合近两年最为热点的话题"统编语文教材的解读与教学"，《教育研究与评论》编辑部利用知网计量可视化分析功能，析出相关的热点话题（见图 1），对重点作者及其机构分布作了深度挖掘。在此基础上，编辑精中挑精，梳理出适合本刊物的相关话题：习作教学、古诗文教学、口语交际教学、阅读策略等，约请该领域的专家组稿，目前已在 2019 年的刊物上推出"统编教材习作教学策略研究""统编教材长课文的教学""统编教材阅读策略探究""统编教材古诗文教学"四组"独家策划"栏目文章，具有一定引领价值。

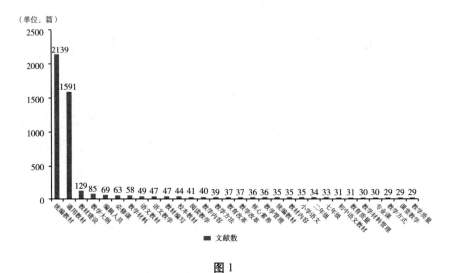

图 1

　　审稿环节，不仅可以通过数据信息细分审稿人的专业领域，还可以通过数据分析审稿专家的研究领域与待审论文内容的契合度。通过数据分析得到的结论能为编辑部选题提供多种可能，判断也更为准确。

　　如《教育研究与评论》约请全国著名特级教师孙双金作为审稿人，通过知网计量可视化分析，对其 2013 年到 2018 年的学术成果、文献互引、关键词共现等情况进行分析，获悉他近些年的研究主要集中于"情感教育""阅读教学""儿童诗教学"等。将这些主题的论文交给他审阅，得出的结论会更精准、更具指导性。

　　论文管理环节，借助"学术文献网络出版总库"，将期刊相关主体或栏目的论文与资源库的文献进行比对，可对作者进行有效分析和管理，区分优质作者和有过不良学术记录的作者，为投稿论文审查提供学术支撑。

2.借力多平台采集热点话题

受众能够通过多渠道、多平台快速获得信息内容，要求编辑积极通过信息平台，参与与受众的交流讨论，就当前学术热点问题的观察描述或对已刊发内容的观点进行探讨：可借助微信、QQ 等新媒体社交工具，联系相关领域的知名学术专家，针对性策划选题；可通过微信公众号、期刊网站等途径发布征稿启事、选题意向等，引发学界对热点话题的持续关注和讨论。

笔者通过参与"国家级小学语文培训班交流群""'求真悟道'全国小学数学教育论坛""'千班万人'创意写作种子教师群""江苏省统编小语培训会务群""读写教室项目组""初中语文智慧课堂"等微信群或 QQ 群，从国家级、省级、专项课题研讨等层面持续接触新鲜的学术话题，结识了不同学科、不同研究领域的专家、学者。在不断的交流与碰撞中，一组组具有引领性、热点性的话题相继推出。如"'千班万人'创意写作种子教师群"由来自全国各地的教育专家、特级教师、学术期刊编辑、一线教师组成，每日就"创意写作"课题的研讨发布多个资源包，既有帮助教育者提升"创意写作"能力的实践性材料，又有参与者随时发布的创意写作研究成果。对这些成果进行整合整修，以"基于统编教材的小学创意写作"为主题的专题策划稿便于 2019 年 2 月刊出。对参与创意写作的教师来说，这既是引领，也是激励。

（二）借力期刊媒介提升编审效率

除了借助万方数据、同方知网、龙源期刊网等大型数据网站，最大化地方便读者搜索需求，提升期刊影响因于，学术期刊也要充分发挥自己期刊媒介的作用。

1.自设投稿平台

在学术期刊自办的网站设置投稿平台，不仅方便作者投稿，还能在作者注册环节顺便采集作者的个人信息，避免在编稿环节遇到问题因无法联系作者而陷于被动的问题。而且，借此平台，在编稿、审稿环节，编辑就能按照三审的不同环节，拥有相应的权限，让作者通过状态栏就能及时查阅审稿情况。

2. 强化优先出版

学术期刊拥有最丰富、最即时的学术研究成果，利用这一优势，可以实现优先出版。

《教育研究与评论》借助自己的网站及微信公众号每月、每周提前推送专家论文、专题组稿，吸引了大批读者。以 2019 年 8 月 30 日推出的微信系列文章"老生常谈"、热点栏目"齐华视点"为例，引发会话 5265 次、好友转发 1448 次、朋友圈转发 5732 次，对于期刊的影响力发挥了积极作用。"老生常谈"系列文章由著名教育学者、杂文家、特级教师吴非主笔，目前已经陆续刊出 35 篇，编辑部与作者商定，等文章达到一定的篇数和字数，立马集结出书。这无疑是提升期刊社会效益与经济效益的良策。

二、由"单向编审人"向"多元技术人"转变

媒体融合以大数据和云计算为核心，重视在信息生产和传播中对数据的获取、分析以及可视化呈现。因此，学术编辑既要做好职业化学术编辑的编审工作，还要主动学习和积累新媒体知识，掌握最新的数据库技术、检索技术、数据分析技术、采编技术、资源整合技术、内容深加工技术等，与时代接轨，持续提升技术素养。上文已提到数据库技术、检索技术、数据分析技术，此处主要阐明采编技术、资源整合技术、内容深加工技术。

（一）采编技术

学术编辑须能熟练运用期刊网络采编系统，做到优先出版、定点推送等，实现学术信息的有效供给、多级生产以及多层级传播，构建期刊专属社群。

《教育研究与评论》每周都会对用户进行分析，从信息数据库中筛选

出可读性较强、学术含量较高、引领价值较大、用户最感兴趣的专题或论文优先出版并定点推送。2019 年 8 月，期刊微信公众号先后推出四组文章，有专家文章，如吴非的《老师要有原创的作文题》，特级教师张齐华的《老师，何处安放你的焦虑?》；有"'求真悟道'全国小学数学教育论坛"中名师的研究成果以及现场互动的内容。将 8 月推送的内容与之前只看重可读性的文章进行比较后，我们发现，读者对能够代表当前学科领域话语权的专题内容以及专家视点非常感兴趣，会积极在朋友圈转发，且图文总阅读次数较高。可见，自带流量的热点话题，既要有专家引领，还要"接地气"，才能吸引更多读者。

（二）资源整合技术

学术编辑要善于运用新媒体技术强化对学术期刊信息资源、专家资源、受众资源、媒介资源等进行整体组织和利用。

仍以"'求真悟道'全国小学数学教育论坛为例"，编辑部通过组建微信群，将包括北京、福建、浙江、江苏等省市的小学数学名师汇集到一起，将来自全国各地的数学骨干教师组织到一起，就"倾听""思考""表达"的话题展开授课研讨，促发了多组因思维火花碰撞而生成的学术成果。通过这个微信群，编辑部还生成了一张名师、名家作者名单，建立了专题稿件资源库，让本专题的稿件源源不断。

（三）内容深加工技术

媒体融合时代的内容生产具有很大的转载性和随机性，学术编辑要主动学习新媒体学术信息再生产技术与方法，在机器的协同下快速筛选和分析学术信息数据，收集和分析用户行为表现和反馈数据，根据不同用户的阅读偏好和行为规律，对内容进行深加工，实现学术信息的有效传播和精准推送。

如《教育研究与评论》通过数据库分析发现不少学校的教师喜欢在课堂中观察教师、学生，便开设了"课堂观察"栏目，在刊物上通过扫描二维码的技术，让读者"现场"观摩课堂，于"现场"进行研讨和思考；如在"国家级小学语文培训班交流群"中，很多专家喜欢就一个话题和一线教师现场辩论，让话题越辩越明，期刊便在刊物的"专题研究"栏目中以辩论的形式呈现话题，并制作了相关的视频链接，方便读者"观看"相关的辩论，并参与讨论。这些源于新媒体技术的选题，深得读者喜爱，进行个性化精准推送后的效果也不错。

值得一提的是，当前已经得到推广的 tableau、Gephi 等可视化软件，值得学术编辑了解并积极体验使用，理解学术信息数据的可视化及更多呈现方法。

三、由"被动宣传人"向"主动服务人"转变

媒体融合时代关注专业内容生产（PGC）与用户生产内容（UGC）的有机结合，学术编辑不仅要能从以专业的视角策划创新性选题，将此推介给用户，更要主动建立灵活的以"用户"为中心的传播链、营销链，多向度地提升期刊影响力，打造期刊品牌。

（一）树立用户服务意识，建立立体化交流模式

本文论及的"用户"，包括编辑、受众、专家群体、作者、订阅号访客、微信群好友、论坛粉丝、微博博主等一切能给期刊带来效益的群体。

1. 建立即时评价反馈系统

学术编辑既要通过智能算法识别用户的阅读浏览轨迹，有针对性地获取用户的使用偏好、使用行为等信息，也要主动倾听、观察用户，从人性以及人行为背后动机的角度，洞察用户真正需求，并借助学术期刊的线上媒体平台，建立并维护好与用户良性互动的网络生态系统，实现学术信息的即时交互。

凭借国家级、省级的各种学术传播媒介及《教育研究与评论》自己的网站、微信公众号，编辑除了与读者就每期推文进行互动，还会就当前的学术热点问题、每期刊物的亮点与问题进行交流。对 2019 年 8 月的用户进行分析发现，读者对下半月成组推送的专家组稿以及现场研讨很感兴

趣，阅读人数也因此有了质的飞跃（见图 2），但也提出了不少建议：剪辑名师授课精彩片段，在微信公众号或微信群里展示；刻制光盘不方便检索，直接在期刊中通过扫描二维码观看，省时又便捷……这些建议，对期刊的发展提供了新的思路。

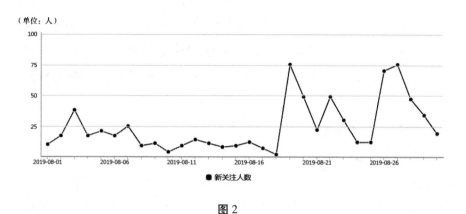

（单位：人）

图 2

2.搭建提供差异化服务的平台

发挥云计算、分类管理的强大技术优势，利用在线和移动出版大数据存储，为不同类型的用户提供差异化服务，是媒体融合时代学术期刊编辑要考虑的事情。

《教育研究与评论》除了利用微信公众号及时向学术机构和优质读者推送符合其需求的信息资源外，还会收集、分析一定时段内固定读者的数据，通过不同学科的主题微信群，向这些用户推送最新学术论文，使其了解学科前沿的最新科技成果。

（二）多渠道拓展营销服务渠道

1.借力专家社交网络

挖掘作者尤其是专家的社交网络，发挥作者资源在不同传播媒介中的传播力，是媒体融合背景下较为可行的策略。《教育研究与评论》组建不同学科专家数据库，进行"点对点"地开发：开设"百家讲坛"栏目，约请专家开展"线上讲座""线上研讨"等活动，吸引他们的"忠实粉丝"

进微信群、QQ 群，鼓励他们发表学术成果。如此，营销渠道得以拓展，稿件来源得以丰富，品牌影响力也得以扩大。

2. 聚焦大数据分布样态

营销过程中，可以通过大数据查阅用户或受众的分布情况，进行针对性布局，推进营销服务工作。《教育研究与评论》通过微信商城，针对不同地区、不同爱好、不同研究方向的用户，设置了在线支付、扫描二维码、定时付费等方式，同时根据编辑部论坛主题举行在线营销抽奖活动，吸引了更多用户，实现了学术资源的开发、营销与价值转化。

3. 强化个性化传输

学术期刊还需要加大分学科、分类型专业内容集成，按需出版，定制打包推送，个性化在线传输，构建能满足各种需求的多功能网上产品体系。《教育研究与评论》利用刊物涉及多学科的优势，"分类打包"不同的学术资源，通过不同的会议向不同的读者推送。如通过每年举办"苏派语文论坛"，针对不同研究方向的用户线上推出名家有影响力的数字化研究成果；线下成组推出会议的相关成果，制作相关的衍生产品，使期刊成为高度专业化的信息服务平台。

媒体融合背景下，学术期刊要理性地分析自己的固有特点，扬长避短，及时调整编辑出版策略、发行模式，办出期刊风格，形成品牌，拥抱由 IT 技术推动的出版模式的转型升级，探索出具有中国特色的学术期刊发展之路。

参考文献：

1. 杨柳：《智能媒体时代编辑角色的消解与重构》，《中国编辑》2018 年第 12 期。

2. 庞达：《论媒体融合时代科技期刊编辑的新角色与自我发展》，《编辑学报》2018 年第 1 期。

3. 吴朝平、张海生、蔡宗模、杨慷慨：《媒体融合时代学术编辑的角色与修炼》，《中国编辑》2019 年第 2 期。

4. 邵松、乔监松：《学术期刊编辑出版转型的思考》，《中国传媒科技》2018年第3期。

5. 施清波：《媒体融合时代学术期刊编辑能力探析》，《中国编辑》2019年第4期。

6. 刘凯：《新媒体对传统出版品牌建设的作用》，《出版参考》2018年第6期。

7. 魏立安：《教育类期刊提升品牌竞争力的深度思考——从基础教育期刊视角审视》，《出版发行研究》2017年第4期。

8. 赵赟：《媒体融合视域下传统学术期刊转型思考》，《中国编辑》2018年第12期。

（作者单位：江苏凤凰教育出版社《教育研究与评论》编辑部）

生活类期刊的内容产品化转型

古　丽

在传统媒体与新媒体的融合从形式上基本完成后，在微博、微信、"今日头条"甚至"抖音"都成为融媒体新的宣传工具后，社交传播时代的瞬息万变已是家常便饭，令人眼花缭乱。传统媒体刚刚全面拥抱新媒体、新工具都来不及稍感欣慰，新的问题就已经来了，内容产品化转型已摆在了新媒体的面前。

一、消费升级时代的内容产品化

当然，传统媒体一直都是产品，只是在传统传播时代，因为渠道垄断和信息不对称等因素，传统媒体的产品化基本都是集中在媒体平台本身。

虽然有一些内容已经有了产品化的萌芽，如《新周刊》《三联生活周刊》的专题，但是在当时的传播模式之下，这些内容只能依附于期刊这个基础产品之上。而当内容消费开始爆发之后，这些原本有着产品化潜质的内容却没能成为真正的产品。究其原因，还是当时以媒体转型为目标的时候，仍然将媒体平台本身作为整体转型的根基，没能赋予这些优质内容真正产品化的空间。反观诞生于全新传播时代的新媒体，早在2015年就已经迎来了内容产品化的爆发期。在这个阶段，得益于微信公众号、微博、视频网站等大平台对用户进行内容付费习惯的培养，用户开始习惯于对自己所喜欢的内容进行消费。而当内容消费也步入消费升级的阶段之后，如"喜马拉雅""得到""知乎"等新崛起的内容平台，便开始了将内容产品化的全新时代，内容的不断升级使产品也更加多元化。

罗振宇的"罗辑思维"和"得到"便是这个时代内容产品化的代表。早期其个人产品"罗辑思维"就是一个非常典型的内容产品化成功案例。他通过邀约专业人士对热门书籍和社会现象进行解读然后自己予以讲述，成功为中产阶层的知识焦虑开出了一剂药方。这里不对这种碎片化的知识解读弊端进行评论，只是从结果来看，在2014年"罗辑思维"就收获了3万名付费会员和近千万元的会费。而在2016年罗振宇开始尝试将其积累的专业人士资源产品化，成立了"得到"，将那些专业人士的知识内容产品化在这个平台上售卖。用了两年时间"得到"的营收就超过1个亿，用户超过2000万人。

"得到"之所以能取得内容产品化的成功，一方面是抓住了这个充满剧烈变化的时代人们对于提升自身、害怕被淘汰的焦虑心理，为他们提供抚慰这种焦虑的产品，同时也让"得到"成为"知识分子"的身份符号。正如鲍德里亚所说的："在消费社会中，我们消费的并不是物的有用性，而是通过消费体现着自己的社会地位与身份的过程，因此消费是符号意义体系结构……"[1]"得到"为自己赋予的符号就是愿意为拓展视野而付

---

① ［法］让·鲍德里亚：《消费社会》，刘成富、全志钢译，南京大学出版社2001年版。

费"学习"的"知识分子"的学习平台，从而吸引希望获得此种身份符号的人在上面消费，同时通过消费这个符号的人再次传播，进而巩固和辐射这个符号在社会中的认知。

另一方面，"得到"之所以能够成为一种身份符号也是其精心将内容产品化的结果。正如一位"得到"的产品经理在分享时所说的："'得到'的产品化目标是为用户提供单位时间价值最大化的学习解决方案，以回应当前时间高度碎片化、跨界学习成为必须、终身学习缺乏解决方案的挑战。"得到"将专业人士的知识课程包装成适合接受的知识碎片，并不断通过平台的数据反馈对课程的时长、导向、风格等方面进行量化和标准化。这就符合了产品化的特点：将主观、复杂的知识标准化、规模化、可复制化，让用户对平台产出的内容可预期、可判别、可选择，这就是内容产品化比较成功的案例。同样在其他领域形成内容消费符号的内容产品，如腾讯的"新闻哥"、钛媒体的"72 问"、知乎的"知乎 Live"等，也都是在找准目标用户之后，将其内容尽可能地进行标准的产品化。

二、生活类期刊产品化的尝试

相比于内容产品化，国内期刊在其他产品化方面的尝试要更早更多。传统媒体的平台本身一直就是产品，只是在新传播时代的冲击之下面临着巨大的挑战。而期刊特别是生活类期刊的诞生与发展也正是找到了相对应的目标人群，为他们提供其想要的生活方式指导，同时通过成为这种生活方式符号的媒体平台获得相互的认同感和标志。新的传播时代的到来意味着"社会生活的高度可见性和可搜索性意味着，想法相同的人们现在拥有了找到对方、聚集起来并互相合作的能力"①。那些曾经代表着权威和专业的媒体所垄断的传播平台被更新的、带有社交属性的平台消解之后，原先

---

① ［美］克莱·舍基：《人人时代》，胡泳、沈满琳译，中国人民大学出版社 2012 年版。

建立在媒体平台上的产品化就难以满足用户的需求了。而初面这种冲击时，众多期刊想以简单的数字化求变的方法来应对的策略，大多都以失败告终。主要原因是这种单纯数字化的方式，忽略了新平台的社交属性和消费属性，仍以点对面的方式传播内容，并换汤不换药地以新平台上的媒体为唯一产品。在单纯数字化成效不彰之后，主动求变的期刊很快尝试了其他的产品化思路，并取得了不错的效果。

2017年，《读者》开始了自己的线下实体店尝试，北京的读者·书房，模式是复合书店：书店＋文化创意产品＋创意家居用品＋咖啡休闲，其后深圳的读者文化生活馆的其他文创品牌入驻，上海的读者书店尝试了敦煌文化长廊……而《三联生活周刊》则采用了内容新媒体化＋互联网产品的方式尝试新的产品化。《三联生活周刊》打造了松果生活和熊猫茶园两个独立的产品。松果生活是为追求生活质量的人群提供产品活动体验的独立平台，平台聚集了品酒师、艺术家等不同领域的"生活家"，由他们生产内容、发起活动。而熊猫茶园则是利用《三联生活周刊》多年来在茶文化报道方面沉淀的资源，打造茶文化文创产品。由于这两个产品比较契合《三联生活周刊》原来的目标人群，也聚合了一批忠实的用户。

《读者》《三联生活周刊》的产品化尝试，体现了生活类期刊产品化的特性：因为本身是传播生活方式和文化的平台，所以自然而然地都选择了文化创意活动和产品。利用新媒体时代的社交化属性和自身品牌沉淀的影响力和忠实用户，建立社群经济，并通过活动和产品变现。其实活动和产品本就是生活类期刊在传统传播时代善于运用的手段，只是能不能利用好新媒体的社交化属性、能不能推出契合目标用户的活动和产品，成为新传播时代老手段能否成功的关键。网络上有个段子："没有卖过日历的杂志社，一定不是好咖啡馆。"这句话说的就是人们对已然泛滥的文化创意产品和活动的调侃。日历、书签、手账、手机壳、咖啡、茶、瑜伽……但凡是想通过文化创意产品和活动挽救日益下滑的广告和发行收入的期刊，总是想跟风蹭热度就逃不过这几样。大量同质化竞争的结果，致使很多期刊连制作成本都收不回来。究其原因，还是当初一股脑数字化的病根，将用户的需求表象化、简单化，一想到文化创意变现就是固定的几样。如今文化创意产品的竞争早已成了惨烈的红海，除了坐拥大 IP 和影响力的几家，如故宫、许知远的"单读"等形成了头部效应之外，绝大多数只能"陪太子读书"。文化创意产品和其他消费产品相比，更注重于文化符号的打造和传播，没有《读者》《三联生活周刊》这样极强的符号化和认可度，又不是专业的文化创意企业，能在如此竞争激烈的领域生存谈何容易，更不用说挑战线下生活空间这样重资产的方式。

因此，对于大多数期刊来说，更多考量传播能力的内容产品化才是寻求改变的更好选择，也是弯道超车的最佳方式。

三、期刊内容产品化的新模式

一本期刊的内容能如何产品化？很多期刊的出色创意给人启发。

全球最火的生活类期刊《Monocle》是世界追求高品质生活的精英们最爱的生活指南，开咖啡馆、跨界合作各种品牌……在全球期刊衰落的时代，它竟活跃到甚至还出了一份报纸……但是这么活跃的期刊，却一直没有出版期刊的数字化版本。他们认为数字期刊制作成本很高，但用户未必喜欢。它最为直接的产品化内容，是 Monocle 24 线上播客。其主编曾说："它传播你的品牌，占领人们的耳朵，并将此前杂志的内容延展开来。它变成了一条新的捷径，更适合手机的，因为你可以回放快进，你可以下载节目。事实上，我们也的确成功了，我们靠线上播客赚到了很多钱。"[1]Monocle 24 既延续了《Monocle》期刊的内容风格与定位，又相对独立。经过一段时间的运营，Monocle 24 的月下载量超过 57 万次，平均在线听众达到 18.5 万人。Monocle 24 的成功，同时也是《Monocle》成

---

[1] 《一本杂志可以衍生出多少生意？看看〈Monocle〉的答案》，《第一财经周刊》2016 年 8 月 28 日。

功的要素：满足目标用户的需求，成为全球目标用户群最认可的、最能代表自己生活理念的身份符号。做到这一点，哪怕还是原来纸媒的载体，《Monocle》每年依然能保持不错的增长，更不用说 Monocle 24 这类出色的内容产品了。

2017 年 5 月上线的"中读"App，是《三联生活周刊》内容产品化的成功范例。这个源自《三联生活周刊》主编李鸿谷所提出的"中阅读"概念的"中读"，算是知识付费阅读平台的后来者。在他之前如"得到""网易云课堂"等众多平台都杀入了知识付费阅读的领域，竞争颇为激烈。进入较晚的"中读"，并没有体量和先发优势，但是依仗着《三联生活周刊》十多年积累下来的中产阶层用户群和海量的优秀内容参与竞争。"中读" 2018 年推出的付费会员优惠活动造成了不小的影响。开始的第二天，购买会员的人数就超过了五万多人，并导致了 App 服务器的瘫痪。成为"中读"会员，能够获得最近十年的《三联生活周刊》电子版和每天大咖音频、精选小课。"中读"还和中华书局、中信出版社、《费加罗》、《人物》等出版社和期刊进行内容合作，延续了《三联生活周刊》一贯的调性，也是其成为少数能够将内容成功产品化的生活类期刊。

正因为生活类期刊的内容更贴近生活方式、消费，使得其内容产品化的模式更容易变现，除了《Monocle》的播客、《三联生活周刊》的知识付费平台，还有如内容电商、产品导购评测平台、消费数据平台等很多内容产品化的模式已经有移动互联网企业成功证明，而生活类期刊所积累沉淀下来的用户资源和品牌效应，也能够使其在内容产品化的过程中拥有珍贵的流量资源和优势。

四、内容产品化要素

期刊内容产品化的要点，首先是要有明确的用户需求，设计一个内容产品之前要有目标用户的画像，分析用户刚需、痛点，这需要细致的前期调研和分析。但很多时候，用户是无法清晰地描述自己到底想要什么的。正如亨利·福特所说："如果当年我去问顾客他们想要什么，他们肯定会告诉我：一匹更快的马。"只有拥有了从纷乱的表层需求中剥丝抽茧找到目标用户最核心需求的能力，才能设计出解决用户核心需求的产品——汽车。在确定用户的核心需求之后，还要进行 SWOT 态势分析（Strengths 优势、Weaknesses 劣势、Opportunities 机会、Threats 威胁）来对所设计产品的优劣势和面临的挑战风险，有清晰的认识并确定应对策略。

其次要有迭代优化和数据分析意识。和以往传统媒体单向输出内容不同，在社交传播时代内容产品需要形成一个传播闭环，并不断迭代修正。这就要求能够和用户建立长效反馈机制：传统常用的手段可以是社交互动，而更有效率更准确的则是能够对用户使用产品的数据进行分析，并根据互动和数据分析反馈回来的信息，不断对内容产品进行修正，使其始终紧贴并满足用户始终变化的需求。但是在分析数据时切记要避免带着主观意愿分析数据从而产生认知偏差，类似确认偏差、实验者偏误、逆火效应的认知偏差在互联网产品设计和迭代分析时是经常出现的问题，而更为主观的内容产品就比较容易陷入这个误区。

天津人民出版社的《理想家》在内容产品化的过程中，就采用了以上产品经理设计产品的方式。《理想家》的 App 并非单纯地将期刊上的内容搬运到 App 上，而是以全球城市和其特色设计与建筑为内容瀑布流展示，用以满足设计师习惯于跨界、对比的思维模式所形成的阅读习惯。同时以微信、微博为社交载体，打造付费会员制的设计公社社群，为设计师提供人脉资源、行业动态和先进经验，以满足设计师的刚需和痛点。正是这样的设计和运营，让《理想家》的 App 总下载量达到了 200 万次，日均独立访问量超过 13 万人次，周均独立访问量达到 55 万人次。对于一本相对小众的设计生活类期刊的 App 来说，能拥有这样的数据，正是得益于以移动互联网企业产品标准对内容产品化的设计和运营，也只有这样才能实现真正的内容产品化。

内容产品化过程不是简单地将内容变为付费阅读，不能像媒体转型初期将期刊版面直接用 PDF 上传了就是所谓"数字化"那样，没有跳出原先固有的思维。内容产品化的基础是内容，微博、微信、"抖音"、"喜马拉雅"等等都只是内容承载的平台和工具。不能够满足用户需求的内容，附加再多的花样也依然"卖不出去"。传统媒体的衰落，一个重要原因就是原先的单向点对面的内容输出，在这个获取信息前所未有的方便的社交化传播时代，已然无法满足用户的需求。

传统期刊的工作流程是选题、组稿、审校、发行，即便如今加入了新媒体，这样的流程也没有什么本质的变化，最多是新媒体编辑多了一项和读者在微博、微信互动的工作。而互联网企业内容产品经理的招聘要求则不然，他们的要求明确：一是负责具体内容方向的产品工作，打造内容媒体属性与专业性认知，提升用户留存；二是负责对接多部门的业务需求，配合各部门有效进行流量与资源分发，提升整体业务效能；三是负责产品方案的需求调研、产品设计、数据分析、改进优化工作，对最终结果负责以及业务目标负责；四是负责项目管理，制定项目计划以及推进项目进度。从以上四点可以看出，一个合格的内容产品经理要负责完成一个内容产品的完整传播闭环，需要具备媒体传播、需求调研、产品设计、数据分析、迭代优化、项目管理、业务对接等多方面的能力。这远比一个内容编辑所要做的工作复杂得多。

因此，生活类期刊的内容产品化转型是一个新的行业生态建设，人才和内容生产力是最核心的资产，内容产品最终要以自身的独立形态真正而深入地嵌入互联网才能有生存下去的机会。

（作者单位：天津人民出版社有限公司）

新媒体时代传统图书微营销理念及策略探究

杜文渊

在新时代的背景下，传统图书的营销面对越来越多的问题。随着人们的阅读方式的不断改变，传统图书的营销方式也需要随之改进。本文就分析了新时代背景下微营销理念在传统图书方面的应用，并提出了一些应对的策略。

一、新媒体时代传统图书营销面临的问题

随着社会的不断发展与进步，人们的物质水平和精神需求也逐渐丰富和提高，因此图书的总量比以前有了较大的提升。大型购书中心取代了过去的小书店，各色教辅书店也鳞次栉比。人们购买图书的能力也较之前有了大幅度的提高。但是，根据近年来的研究显示，图书销售总量却在逐年

的减少。^① 通过对图书市场和读者进行调查分析，传统图书在营销之中突出存在以下问题。

（一）图书种类和数量增加而质量却堪忧

据调查，当前图书每年生产至少 50 万种，数量更是不计其数。但在这如山如海的图书当中，保持原创的不足20%^②，其他更多的图书都是跟风模仿粗制滥造的。比如《明朝那些事儿》火了之后，不少与其类似的图书纷纷出版，如《唐朝那些事儿》《宋朝那些事儿》……虽然内容上并不算抄袭，但在写作风格和章节布局上都大同小异，与前者非常类似，文笔质量上也大大不如前者。还有一些图书存在较多翻译和文字上面的错误，这就让读者对纸质图书大为失望。

当下图书质量不足还体现在图书的商业化气息过于浓厚。传统观念认为书籍是人类进步的阶梯，是人类的精神食粮，"开卷"大多数都是"有益"的，书中多数体现了作者对时代与人性的探究与深思。^③ 但当今图书市场良莠不齐，很大一部分的图书都是些快餐式文学，充斥着"鸡汤文"或者所谓的"成功学"，各种励志类的以及"网络小说"等等，这样的书读了只会浪费人们宝贵的时间，有些还会给人们的思想产生不良影响。其原因就在于有些出版商只看重"热点""卖点"，只顾赚钱，而失去了传统图书本应具备的人文情怀。如此一来，读者想在如山如海的图书之中选择一本好书越来越困难，时间长了自然会减少对传统图书的购买。

（二）电子书以及网络平台对传统图书的冲击

随着时代的发展，人们获得知识的途径已不再只通过纸质的载体了，越来越倾向选择电子书和一些网络平台。^④ 目前市场上大部分的纸质图书

①　参见齐慧敏:《数字图书营销策略的探究》,《科技风》2019 年第 6 期。

②　参见刘燕:《现代化营销创意在图书出版策划中的应用》,《中国报业》2019 年第 4 期。

③　参见赵建伟:《浅议互联网时代图书营销管理的创新举措》,《出版参考》2017 年第 10 期。

④　参见单文:《新媒体整合营销传播策略在传统图书营销中的应用——以广西师大出版社〈看见〉热销为例》,《海峡科技与产业》2017 年第 9 期。

都已有了电子版。相对于传统图书而言，电子书有三大优点：一是比较环保，节省纸质资源，符合环保理念。二是最重要的，那就是便宜；甚至有不少电子书是免费的，目前电子书最大的销售平台是亚马逊，其中的电子书大部分售价都不到纸质图书价格的一成，价格也是读者更倾向于电子书的原因。三是方便，方便购买，在网上看重可以直接下单购买，方便阅读，下载到手机上随时随地可以阅读，方便储存和携带，不占地方，节省空间。所以，近年来电子书终端用户大幅度快速增加，销售额也陡增。

除了电子书以外，网络平台也是冲击传统图书营销的一大因素。一方面，随着时代的发展，当代人生存压力普遍较大，他们更倾向于选择更加简短易懂而且更具时效性的资讯。那种坐下来慢慢啃读的节奏远不适应当今新时代的发展要求。另一方面，互联网无处不在，全球几乎无任何死角，"地球村"已呈现在眼前，人们在日常生活中分享需求也不断增长，而微博、微信、"今日头条"等网络平台更有利于分享自己的观点和看法。

总而言之，这些网络平台和电子书的出现和普及，对传统图书的营销冲击很大，一些实体书店惨淡经营或者倒地而亡。如果说新时代是传统图书销售的"冬季"，绝不是危言耸听。所以，我们必须面对这残酷的境况，积极打开思路寻求传统图书的未来出路。

二、新时代背景下的微营销理念

传统图书的营销遭遇困境，正是因为没有跟上新时代发展的要求，因此在营销方面更需要作出改进和调整，来适应信息爆炸、快节奏、新需求的新时代特点。面对这些问题，要想存活，必须改变目前的营销方式，对传统图书展开微营销方式渗透。

（一）微营销理念的内涵

首先，微营销理念并不是运用微信平台进行营销，它包括有微信、微博、微网站、App 等多种网络营销平台。① 它是传统营销模式的一个战略转型升级，相对于传统的营销模式更为细致，对市场进行进一步的细分，明确自己的消费者群体。并且在方式上更多与互联网相结合，创造一种可以通过网络与消费者能更加密切沟通的营销模式。

其次，微营销理念是伴随着新时代变化应运而生的，相对于传统的营销模式，它更加灵活多变，更加适应消费者的需求，而且营销成本更低。如果能应用在传统图书销售领域，一定能取得优异的成绩。目前已经有不少利用微营销理念的成功案例。

（二）微营销理念的特点

首先，微营销理念强调个性化，关注小众市场。② 传统图书的营销对象一般是较广的人群，做营销活动的手段往往是大减价或者送赠品等形式，对所有的顾客一视同仁，不加区分，这种形式往往会引起顾客不满，比如以往传统图书利用"腰封"的营销方式，就引起了许多新时代文艺青年的不满，甚至在豆瓣上出现了"恨腰封"小组，强烈反对在图书上增加标题醒目却十分夸张的"腰封"。

微营销关键要注重对用户的心理分析，比如"百词斩"App，就通过抓住用户提高英语水平的心理，销售出大量的英语类书籍，而且用户们对此也是赞不绝口，纷纷向身边的人推广。究其原因，一方面在于其实体书与软件上的学习方法相对应，符合"百词斩"用户的使用心理与习惯；另一方面是"百词斩"在单词记忆时，使用的例句中往往就隐含了对其产品的宣传，再加上用户在日积月累的使用中，对于软件产生了感情，成为其忠实粉丝。因此"百词斩"推出的实体书，也是令读者非常信赖且支持。

其次，微营销要做到营销模式多元化。传统的图书营销模式包括作家签售会、降价促销、开展宣传活动等等。而微营销就要突破原有的传统营销模式，增加多元化的活动。以《哈利·波特》系列的图书营销为例，就

---

① 参见张依玲：《自媒体时代微信公众号图书营销模式浅析》，《环渤海经济瞭望》2018 年第 10 期。

② 参见赵滢：《新业态下图书的多元营销》，《新西部》2018 年第 28 期。

可以在多种平台上开展活动，比如线下活动，可以进行有奖知识竞答，考察读者是否真的认真阅读了整书。线上则在微信公众号、微博等平台开展"找一找"等活动，让读者寻找书中作者隐藏的细节。

再次，以网络平台为主，形成品牌，增加与消费者的沟通。微营销模式需要增加对于网络平台领域的开拓，比如豆瓣、微博、微信公众号。在如今这个信息大爆炸、大裂变的时代，人们往往会在第一时间对广告宣传产生抵触的心理。因此，在进行微营销的过程中，更需要培养品牌的威信力，吸引更多人成为其粉丝。在过去的传统营销中，最为有效的营销方法其实是请名人作序，这些序的性质类似于现在的书评，既有关于本书内容的涉猎，也有关于名人对于书籍的评价。但到了如今的新时代，人们已经在快节奏中，无暇停下脚步去翻开每一本书的序言，这样书籍的品牌公信力就成为他买书的重要依据。

网络平台可以拉近人与人之间的距离，因此在微营销理念下，商家与用户的关系便可以通过网络平台得以拉近。出版商在进行微营销的过程中，通过增加互动，分享与读者进行贴心的沟通。在新时代的大背景下，分享已经成为人们生活中不可缺少的一部分，出版商应该抓住人们这一习惯，通过人与人之间的分享链条，形成自己的宣传网络。

三、传统图书的微营销策略

针对当今新时代的要求，以及结合微营销理念，总结出以下几种微营销策略。

（一）注重小众市场，进行个性化营销

当今的新时代什么最重要？当然是数据。大数据时代，传统图书出版商可以通过获取大数据，并对其进行分析，来了解自己的消费者需求，再根据这些需求，制定对应的宣传策略。

首先，要根据消费者需求对图书进行分类。这些分类并不单纯指图书

内容分类，比如政法类还是文学类。这种分类是针对消费者需求，根据消费者的职业、性别、年龄、生活方式等进行分类。比如对于当代大多数青年来说，他们阅读书籍是为了有效提升自己，因此在进行宣传时，文案要实际，切不可过分夸张、过分利用名人效应等等，这样会招来年轻人的反感。比如前文提到的"恨腰封"案例，就体现了这一点。

其次，根据不同的需求提高图书质量。对于一些经济条件较好的知识分子来说，传统图书比电子书和一切其他的碎片化阅读都重要。他们买书不仅仅为了阅读，也为了收藏和作为赠品。因此，对于此类精装书籍，出版商要尤其注重书中文字用法和翻译的重要性，要注重选取更加具有思想价值的内容，一定要注重书籍内容的原创性。

再次，对于一些面对年轻人快节奏的杂志类书籍，要注重图文并茂，配图要清晰，文字要简练，同时还必须要注重书籍的排版、包装、设计、印刷等细节。除此之外，还要根据不同的受众群体，制定个性化的营销方案。

（二）运用多种网络信息平台

目前传统图书微营销可以使用的平台主要有：微信、微博、豆瓣、亚马逊、当当、天猫、天涯论坛、百度贴吧、博客、微电影等等，这些都是出版商进行营销的有效途径，而且基本都是免费平台，很大程度上可以降低出版商的营销成本。出版商需要通过这些平台渠道，扩大自己的品牌影响力，形成好的口碑，这就需要加强和消费者之间的互动。互动手段大致可总结为以下三种。

其一，通过图书预告和共享书评的方式。图书预告可以有效使消费者了解图书的风格与内容，而书评会对书的整体进行评估和理解，这就可以使更多消费者简单了解图书，增加阅读欲望。

其二，利用名人，进行赠阅式营销。在每个领域内都有它的知名人物，比如微信运行一些知名公众号，微博上的公众人物等，可以通过给他们赠送一本图书，来引导这些名人进行宣传，那些关注名人的粉丝们，自然而然地会了解书籍。

其三，有侧重营销。在营销过程中，必须针对不同平台的特点，制定有所侧重的微营销方案。比如，微信的传播是通过人与人的点进行传播，相对而言个体之间关系更加紧密，因此在宣传的过程中要注重信息的亲和力，拉近和消费者之间的关系。①

在宣传的内容上，要注重情感内涵的传递。相对于微信，微博平台传播更加广泛，受众群体更多，因此在微博上开展微营销的时候，需要增强文案的公信力。利用微博平台，制造和消费者有效沟通。通过增加分享，来达到扩大宣传的目的。此外，在微博营销活动开展过程中亦可开设特定的微博话题，吸引更多公众参与讨论。② 还可以开展抽奖赠书等活动，吸引用户转发文案信息，增大宣传力度与效果。

结论

面对当今新时代的特点，传统图书的营销方式必须与时俱进，向微营销的方向上转型升级，才能打破传统图书现如今在销售中面临的困境，同时，传统出版商一定要在营销过程中关注个性化的小众群体。

（作者单位：河海大学出版社）

---

① 参见刘香玲：《新媒体时代传统图书微营销理念及策略探讨》，《新媒体研究》2018年第 10 期。

② 参见邓克虎：《自媒体时代图书营销新模式》，《传播力研究》2018 年第 8 期。

新时代国家重大出版工程实施的理论基础与实践路径

——以江西出版集团"瓷上世界"文化综合项目为例

李国强

一、国家重大出版工程实施的理论基础

（一）源于中华文化的千年积淀和传承使命

中国是文化大国，作为文明延续至今的世界四大文明古国之 ，中国以儒释道的文化核心推动中华文明传承和发展至今。在历经数千年的民族大融合、文化大融合的历史进程中，中华文化根脉不断延展，不断吸收外来文化，以其博大包容的文化力量，在每一个历史时期都创造出了属于本民族和具有时代性的文明成就。

这些文明成就以中国哲学为核心，在人文社科领域、文学艺术领域和自然科学领域成就斐然，推动社会不断发展进步，逐渐形成中华文化特有的影响力和向心力，共同塑造了中华民族的民族品格和对中华文化强烈的认同感。

基于厚重的文化积累和对文化的认同感，历代统治阶级、文人士大夫阶级和平民百姓，无不对中华优秀传统文化的继承和发扬有着文化的自觉和历史的使命感。中华民族以"大道之行也，天下为公"的经世理念和"天下兴亡，匹夫有责"的使命担当，经过数千年的积淀和传承，共同构筑起了浩如烟海、异彩纷呈的中华文化。

（二）源于中国特色社会主义文化事业的时代追求

近代中国史是一部充满屈辱和抗争的斗争史，在人类文明发展面临重要调整的危机历史时期，在中国共产党的领导下，中华民族最终赢得了民族的独立和解放，迎来了实现中华民族伟大复兴的历史新机遇。

新中国成立 70 多年来，特别是改革开放 40 多年来，在中国共产党的坚强领导下，中国特色社会主义文化事业得到前所未有的继承和发扬。在新闻出版改革发展项目、国家重点图书出版规划项目、国家出版基金、图书对外推广计划等出版政策支持和各类重量级奖项的激励之下，一大批国家重大出版工程得以出版，不论是出版规模还是出版质量，都代表着国家水平、国家意志和国家形象，这充分证实了社会主义能够集中力量办大事的制度优越性。

特别是党的十八大以来，以习近平同志为核心的党中央高度重视文化强国战略，创造性地提出"文化自信"理论，不断深化文化体制改革，不断推动社会主义文化大发展大繁荣，在重大出版工程领域涌现了一大批流芳百世的精品力作，在新时代中国特色社会主义文化事业建设中取得了举世瞩目的历史性成就。

（三）源于推动中国文化"走出去"，实现中华民族伟大复兴的历史使命

中国在历经近代百年从站起来、富起来到强起来的伟大奋斗过程中，中华文化的精神始终屹立不倒，凝聚了民族之魂，提振了民族士气。经过改革开放 40 多年的和平发展，作为世界第二大经济体的中国，已然屹立于世界之林，创造了举世瞩目的"中国模式"和"中国奇迹"，而取得这一系列成就的背后，正是源于中华文化深厚的凝聚力和推动力。

当今国际局势变幻莫测，大国角逐涉及多个领域，文化强国战略的提出正是通过中国文化"走出去"来提升中国的国际形象和国际影响力，逐步增强中国文化软实力，使中国智慧成为破解人类发展难题和"共建人类命运共同体"的最佳解决方案。

在实现中华民族伟大复兴的征程中，国家重大出版工程作为中华优秀传统文化最深厚的文化成果，不断为世界贡献和提供"中国智慧"和"中国方案"，彰显"崇正义、尚和合、求大同"的中华文化的独特魅力和时代价值。

（四）源于现代文化产业转型升级、融合发展的必然要求

人类社会正面临第四次技术革命，作为以内容为核心、技术为支撑的中国出版业正经历从传统出版到现代出版的转型升级和融合发展的变革，面临着前所未有的机遇和挑战。

传统出版企业囿于固有的生产经营模式，在当今日新月异的时代变革下，面临产品结构、业态升级的转型升级的压力；面临适应现代出版人才的短缺和技术支撑不够的压力；面临体制机制不够灵活，不能激发员工干事创业热情的压力。基于此，国家已出台多种举措，对新闻出版改革发展给予政策和资金上的大力支持。

国家重大出版工程正是应对传统出版向现代出版转型升级、融合发展的创新领域，用项目激发企业潜力、整合出版资源、运用现代思维和技术搭建适应现代出版的产业化平台和机制，是新时代国家重大出版工程实施的应有之义。随着我国出版体制改革的持续深入，出版业集团化发展和企业自身裂变成为主流趋势，平台化的发展升级为出版业由大到强、由本土走向国际提供了更为广阔的发展空间。

（五）源于现代出版人才素质提升的迫切需求

人才是创新发展的核心要素。对传统文化的继承和发扬，实现中华民族的文化振兴以及推动现代文化产业改革发展，要靠新时代现代出版人才来推动。

与传统出版产业模式的情况类似，相关从业人员在出版理念、知识结构、技术能力等综合素质方面存在一定的局限性，缺乏适应新时代出版产业发展的理念和能力。通过原有的出版模式很难培养和锻炼出适应和引领现代出版的人才，而国家重大出版工程等综合性的文化产业项目正是培养和磨炼现代出版人才的平台。

在参与实施重大出版工程的过程中，正如习近平总书记在 2019 年春季学期中央党校（国家行政学院）中青年干部培训班开班式上指出的："干部成长无捷径可走，经风雨、见世面才能壮筋骨、长才干"，通过重大出版工程可以让现代出版人才开阔眼界、磨炼意志、提升品格、增强能力，可以为现代出版的建设和发展储备优秀人才，为我国的文化强国战略打下坚实的人才基础。

二、国家重大出版工程实施的实践路径

（一）注重整理、挖掘中华优秀传统文化资源，注重地域性和世界性的统一

实施国家重大出版工程的根基在于整理、挖掘中华优秀传统文化资源，而针对具体策划和实施的出版单位而言，面对灿若星辰的传统文化资源，立足于自身的文化资源进行梳理和挖掘则具有很强的现实意义。要注重优秀传统文化与时代发展相结合、世界文化与中国文化相融通，充分论证、充分整合资源，发挥企业的出版研究和媒体传播优势，进而通过打造产业化市场来实现规模效益。

"瓷上世界"文化综合项目的策划立项正是基于陶瓷这一体现江西地

域特色的文化，挖掘和梳理出陶瓷领域里的"外销瓷"在中外文明交流史中所承载的独特的艺术价值和历史文化价值，进而再现中国陶瓷文化走向世界历程中的持续性、广泛性和深刻性的影响。在项目的策划和立项过程中，项目立意经过了业内专家和文化产业专家的充分论证，在学术价值和市场影响等多重领域得到了充分认可。

（二）注重研究国家发展战略，注重体现国家意志，展现国家形象

国家重大出版工程是国家意志的体现、国家发展战略的延伸、国家形象的展现和国家文化影响力的彰显。在项目的立项设计过程中，要注意项目的立意和影响，充分研究国家发展战略和政策，注重文化的服务意识和创新意识，更好地通过国家重大出版工程项目展现国家文化成果，提升国家文化软实力，增强国家文化影响力。

"瓷上世界"文化综合项目正是充分研究国家发展战略，积极服务于国家意志和企业发展的体现。在基于陶瓷特别是"外销瓷"的产业架构过程中，项目团队从有利于响应"一带一路"倡议，有利于推动中国文化"走出去"，有利于探寻中国文化"走出去"的经验和方法，有利于弘扬中国的历史文化和中外交融的辉煌历史，有利于提升"外销瓷"的文化艺术价值并推动当代中国陶瓷"走出去"等五个方面充分论证了项目实施的现实意义和价值，为项目的实施打下了坚实的理论基础，为项目的推广创造了良好的政策环境。

（三）注重项目运作的高位推动，打造中华文化的国际影响力

国家重大出版工程是立意高、规模大、投入多、周期长的综合性文化项目，所以在项目实施过程中要注重高位推动、高手推动和高效推动，充分整合和调动出版资源，才能使项目在政策上得到支持、在运作上得到优化、在效果上得到提升。特别是在项目的营销推广方面，更需要借助高位推动，达到在国内和国际上的文化影响力，实现国家重大出版工程社会效益和经济效益的最大化。

"瓷上世界"文化综合项目于2015年年底由江西出版集团策划并交由江西美术出版社实施，在项目立项、申报、实施和推广的近四年来，江西出版集团主要领导亲自指导，在各个环节切实推动了项目的发展。项目入选国家出版改革发展项目和"十三五"国家重点图书出版规划项目，并获得中央文化产业发展专项资金和国家出版基金资助；在营销推广方面，通过成功在伦敦、德黑兰和故宫举办的项目及版权推介会和纪录片、图书首发式等活动，在驻外大使馆和相关领导的大力支持下，让中国的陶瓷文化在世界范围内得到了广泛赞誉，有力提升了中国文化的国际影响力。

（四）注重项目构架的创新融合，充分整合出版资源，提升品牌价值

国家重大出版工程在当代应充分发挥出版产业优势和技术创新优势，应充分借助重大项目的自身优势整合出版资源、创新出版业态、提升自身品牌价值，让重大项目培育成为具有创新性、融合性、增长性、引领性的综合性文化产业项目，实现由传统出版向现代融合出版的转型升级，增强文化企业自身的综合实力，提升文化企业的品牌价值。

在"瓷上世界"文化综合项目的顶层设计中，通过以陶瓷、"外销瓷"为主题的切入，充分调动江西出版集团和江西美术出版社社内资源，形成以系列主题图书为引领、主题纪录片为推动，搭建陶瓷、"外销瓷"数据库，打造媒体传播和市场交易中心、鉴证备案中心和研究交流中心为实施内容的"外销瓷"价值链推广平台，实现了传统出版由纸质图书向数字出版和产业项目的平台化建设，为企业的转型升级和融合发展积累了经验，增强了信心。

（五）注重机制创新，培养现代出版人才，激发企业活力

国家重大出版工程在实施过程中一般具有要求高、任务重、周期长的特点，项目运作机制不同于一般图书出版，相应的双效考核评价机制也应不同于一般图书出版。重大出版工程作为企业转型升级、融合发展的创新领域，应健全激励和约束机制、培养和保护机制，充分发挥好用项目培养人才、用项目选拔人才、用项目凝聚人才的人才创新培养平台，充分激发人才干事创业的积极性、创造性，为企业的优质长远发展锻炼队伍，增强人才的核心竞争力和凝聚力。

　　在"瓷上世界"文化综合项目实施过程中，通过选拔和自愿相结合的原则，结合江西出版集团关于项目部制、事业部制、个人工作室制的"三制"改革意见，社内形成了以年轻中层骨干编辑人才为主力的"瓷上世界"项目部。在考核评价机制方面，中文传媒制定了根据江西出版集团精品、精准、精细的"三精"出版和"三制"改革的重大项目配套奖励机制，以及社内出台了针对重大项目等双效领域的"六大方面"奖励机制。在保障和激励机制的切实推动之下，经过数年的培养和磨合，项目组成员逐渐成长为理念新、士气足、双效突出的出版骨干人才，为企业的团队建设和优质发展发挥了积极的作用。

　　　　　　　　　　　　　　　　　（作者单位：江西美术出版社）

传统文化主题原创绘本的图文合奏叙事

——以《中国记忆·传统节日》系列绘本为例

胡　晓　王　霁　吴树恺

2017年1月，中共中央办公厅、国务院办公厅印发的《关于实施中华优秀传统文化传承发展工程的意见》（以下简称《意见》）提出，要贯穿国民教育始终，编写中华文化幼儿读物，创作系列绘本、童谣、儿歌、动画等。《意见》还提出，要实施中国传统节日振兴工程，丰富春节、元宵节、清明节、端午节、七夕节、中秋节、重阳节等传统节日文化内涵，形成新的节日风俗。此后，国内绘本市场上有关中华传统文化主题的原创绘本层出不穷，但总体质量参差不齐。笔者发现，图文缺乏整体性是这类绘本普遍存在的问题，主要表现为读者不知怎么看待图画、编辑不知如何表现文字，图画的叙事功能被大大弱化。

正如学者方卫平在接受《文学报》采访时所说的："在我看来，就像任何成熟的运动员在形成、展现自我独特的风采、风格之前都必然要经历最基础的体能和动作练习一样，原创图画书一定要走过这个奠基性的艺术成长阶段，才能以成熟的艺术身躯去创造、追求并实现一种更自由的图画书美学。"①基于此，笔者选取《中国记忆·传统节日》系列绘本作为研究对象进行个案分析，尝试从图文结构及其叙事特色入手，在传播功能的集体记忆视角下探究优秀原创绘本作品在叙事上的共性。在原创性绘本的创作过程中，图文合奏前提下的图与文二维叙事已足够还原编辑和读者之间的集体记忆，并使出版物具备"主体间性"。

一、《中国记忆·传统节日》的叙事特色

《中国记忆·传统节日》是一套讲述中国传统节日的原创儿童绘本，由国内儿童文学作家王早早与多位图画作者共同创作完成。其中包含端午节、春龙节、清明节、灶王节、春节、中秋节、元宵节、立春节、七夕节、重阳节、腊八节、冬至节共 12 个传统节日。该绘本系列至今已多次重印，累计销量超过 60 万册，版权输出至日本，曾获原国家新闻出版广电总局第十二届输出版优秀图书奖。作品的最大特点是以生活故事为主线，融入传统节日有关的神话传说、民俗活动、民谚童谣等文化元素，既复原了乡土中国年节传统的相关集体记忆，同时又在亲子共读中潜移默化儿童的"中国人"身份。

（一）图画语言：多样化的构图与色彩

绘本主要依靠图画完成叙事。图画呈现能力的好坏直接影响儿童能否读懂绘本。因此，绘本编辑应不断提高自身图画审美水平，准确把握绘本作品的故事风格，寻找合适的图画作者。同时要思考如何让绘本的图画叙

① 转引自金莹、何晶：《方卫平、徐鲁、李东华谈——原创图画书：发展的艺术瓶颈在哪里?》，《文学报》2017 年 6 月 1 日。

事更容易被儿童所理解和接受。笔者认为，在图画创作中，根据绘本故事情节的实际需要，巧妙地运用多种构图方式和色彩搭配方式，能够充分提高绘本的易读性和趣味性。

一般来说，中国传统文化题材绘本的图画通常以水平视角来展现画面中的事物，它给人一种舒适感、平和感，适用于展现亲情、温暖的画面。但是，单一使用这种构图方式会显得过于单调，缺乏代入感。因此，绘本编辑应当关注绘本画面构图的多样性，与图画作者不断沟通，合理运用多种构图方式来适应故事情节与情感表达的需要。比如《传统节日·端午节》中，在表现祖孙两人漫步街道、讲述端午节历史由来、 家人团聚过节等场景时，灵活运用了一点透视、仰视、俯视视角等多种构图方式，让画面更具有真实感，给小读者们多样的视觉体验。

视觉艺术中的色彩，传达的不只是约定俗成的含意，同时也会触及无意识的情感。特定的颜色还能唤起特定的情绪及态度。与绘本的其他要素相比，色彩更能够精确地营造气氛，同时也对儿童的视觉训练起到重要作用。因此，绘本编辑应对绘本的故事内容、情感基调以及儿童视觉心理特征等有充分了解，与图画作者不断沟通，合理运用和调配色彩，让读者感受到绘本故事所表达的情绪。比如《传统节日·中秋节》中，在讲述中秋节由来的部分，主要使用深蓝、白、淡黄三种色调，分别对应宇宙、月亮、小女孩。蓝色一方面与白色配合营造了广阔、静谧的宇宙空间，另一方面则与黄色形成互补色，突出了小女孩在画面中的人物形象，整个画面和谐自然，融为一体。

从传播者角度上看，图文合奏的二维叙事编排能够促进读者对三维现实世界叙事母题的想象与反思，编辑则需更用心地挖掘图文合奏的叙事功能，呈现出突破维度、更为丰富的叙事图文，而不借助可能引起注意力分散的其他技巧（如 VR/AR 技术等）。对绘本编辑而言，通过图文合奏重现集体记忆、实现"中国人"母题叙事与开发，是《中国记忆·传统节日》系列绘本最应重视的编读"主体间互动"目标。从其出版发行的市场效果来看，对"传统年节"的叙事母题开发无疑是成功的。

（二）文字语言：简洁易懂，富有韵律感

绘本的主要受众对象是儿童。在设计故事文本时，绘本编辑应考虑到不同年龄段儿童的文字认知水平、阅读注意力等因素，与文字作者不断沟通，对文本反复提炼，使得绘本的文字语言适应儿童的阅读水平与生理局限。简单来说，绘本的文字语言需要遵循简洁明了、通俗易懂、富有韵律感这几个原则。

在很多中国传统文化题材绘本中，当涉及历史传说、民俗活动时，文本使用了很多成语、文言文、长句子。孩子读起来枯燥乏味、很快就失去兴趣。因此，绘本编辑应建议文字作者对绘本故事的文本不断打磨，多用生活中常用的词汇、短句子，用最简洁凝练的语言来完成故事叙述。在《传统节日·春节》的每一个故事文本中，都加入了拟声词、口语化词汇，并在画面中突出显示。一方面，这些文本符号将图画中没有表现的动作、神态、声音等细节简洁通俗、形象生动地传达给读者，加深故事情节在孩子脑海中的画面感。另一方面，绘本在通俗简洁的叙事基础上，文本的可朗读性、富有韵律感等要求也能够一并得到满足。

绘本作为一种特殊的出版物，其面对对象是尚未识字、对文字符号的理解处于蒙昧期的儿童，他们阅读绘本通常有父母的参与，通过"讲故事"的亲子共读方式完成。诗歌、童谣、民谚是传统中国集体记忆的有声符号，融入了腊月过年事宜的民谚"二十六，割猪肉；二十七，添新衣；二十八，把面发；二十九，蒸馒头；三十晚上熬一宿，大年初一扭一扭"，都是中国记忆和春节传统的母题叙事符号。将这些有声符号用图文符号二维地呈现出来，不仅丰富了读者对春节民俗的想象，而且与声音一起共同构筑了三维叙事，还原成年读者关于乡土中国的年节传统这一集体记忆。

（三）版式结构：超越叙事的人文关怀

优秀的绘本作品，不仅在故事内容、图文表现上吸引读者，而且在精神层面上更能打动读者。这要求绘本编辑与图文作者让绘本故事的精神内

涵具备一定的思想高度，引起读者内心的共鸣。海外学者研究当代中国小说与电影的三个主要方向在于城乡空间的辩证关系；主体与性别差异的定位；叙述声音与电影映像的媒介功能①。其实，上述问题何尝不是绘本出版界一直关心，甚至一直在反映的叙事母题呢？以下仅举一例说明。

在《传统节日·中秋节》中，小女孩月儿从小与外公外婆在农村生活，父母外出打工。在中秋节这天，月儿与外公一起在果园采摘水果，听外公讲中秋节的由来。她十分想念爸爸妈妈，盼望他们能够回来，小女孩在听故事的过程中渐渐睡着了。故事原本到这里就结束了，但在本书的封底，编辑特意描写了月儿与父母相见的场景，并且通过对开出血、封三连页的整版版式设计起到对大团圆的故事结局进行强调。对开出血的版面增强了图像的冲击力，但在叙事上，"团圆"仍然是小女孩的一个梦。在这里，版式编排超越文字叙事，与图画一起共同致力于"关注留守儿童的心灵成长"的结构表达，呼应了传统文化主导的乡土中国在逐渐解体、转型、走向城市化的现实主题。有参与感、责任感的宏大社会主题，通过魔幻的、超越现实的梦境得以表达，曲径通幽的编辑匠心得以颇费周章地呈现。这当然不是唯一的举例，却是最典型的例证。

从受众角度上看，儿童读者通过绘本进行学习和认知，并在阅读过程中形成身份的意识流。通过看图，儿童得以明晰模仿动作；通过读（听）文，儿童得以模仿、想象和理解。G.H.米德认为，模仿是儿童社会化过程中最原初的一步。当一个孩子开始模仿，说明他拥有文化自觉的那个"内在自我"开始生长。《中国记忆·传统节日》系列绘本已达到图文合奏再现传统文化母题场景的叙事目标。

---

① 参见王德威：《想象中国的方法：历史·小说·叙事》，生活·读书·新知三联书店 1998 年版。

二、《中国记忆·传统节日》的叙事功能

（一）集体记忆：乡土中国的仪式再现

记忆就是那些不是现在正在发生的体验①。将童年体验以图文叙事的方式被唤醒，形成记忆、认同及其对传统文化的感知，体现时间的连续性和经验的流动性。以生活故事为主线、仪式再现为叙事重点是《中国记忆·传统节日》系列绘本的主要特点之一。与其他传统节日题材的绘本最大的不同，是在每本约 24 页的篇幅中，用 1/3 来讲述节日来历，1/3 体现生活故事，1/3 为传统仪式再现。这样的篇幅安排，较易在"中国记忆"主题下通过场景设置来取得与体验的联系，讲述传统文化浸润下的农村环境里一代中国孩子的生活、成长、身份故事，容易与读者产生共鸣。同时，有意识地通过图画再现乡土中国的日常生活场景，构筑了集体记忆的基础。循序渐进地融入传统节日的民谚童谣、民俗活动、民间传说等，利用图文叙事进行传统文化普及与重提，令人了解其在历史上的地位和功用。

比如在《传统节日·春龙节》中，画面呈现的故事是妈妈在厨房准备餐食，并且喊两个孩子过来吃饭的情境。"小男孩福娃赶紧跑来，看见自己爱吃的猪头肉，兴奋得流口水；小女孩则在一边抱着妈妈，问'为什么二月二要吃猪头肉'这样的问题"，由此妈妈开始给孩子讲述春龙节的由来。整个画面就如同"70 后""80 后"的幼时场景再现，画面质朴，细节吻合，灶台、煤钳、热水瓶等有年代感的物件一一被图画还原，而画中人物的穿着、发型、表情也体现出当年的生活感，且小男孩的姿态画法能够令人想象出在他在二维画面之外的动态呈现。需要表述的主题"春龙节"的来历则通过图画中母亲的叙事展开，通过复杂铺排的图文搭配展现了乡

---

① 参见 [美] 洛伦·S.巴里特、托恩·比克曼、[荷] 汉斯·布利克、卡雷尔·马尔德:《教育的现象学研究手册》，刘洁译，教育科学出版社 2010 年版。

土中国向城市生活转型过程中成长起来的一代人的集体记忆。

（二）文化认同：符号与价值观的统一

在《中国记忆·传统节日》系列绘本中，作者与编辑巧妙地将中华文化象征符号与传统价值观念融入其中，比如清明节的故事围绕一句农谚"清明前后，种瓜点豆"展开，灶王节的典故以及"糖瓜祭灶，春节来到"的传统仪式和传统工艺，元宵节的"对台戏"、舞龙舞狮、扭秧歌、猜灯谜、吃元宵等传统文化符号。歌德认为叙事母题的特征是"人类过去不断重复，今后还会继续重复的精神现象"①，根据歌德的界定，中国年节的典故、仪式和习俗故事构成了《传统节日》的文字叙事意象，而图画则重现了文字的叙事情境。图文合奏，形成对中国传统年节的母题所指——通过年节叙事高度凝练了"中国人"这一文化身份认同。

在故事背景的设置上，王早早特意将许多故事发生的地点设定在农村。她认为城市里的节日气氛过于淡薄，"现代工业文明使我们破坏、遗忘了太多传统文化的东西"，而通过《中国记忆·传统节日》系列绘本唤起孩子们对家乡、故土的热爱，让传统民族精神得以传递和延续。在逆全球化背景下，中华文化认同建构不仅是增强国家文化软实力的要求，也是维持和强化"中国人"这一文化身份的重要手段。

（三）主体间性：绘本编辑与读者的互动

从绘本创作者的角度而言，一本合格的绘本作品，它的图和文应是相互辉映、彼此融为一体的。如果没有图文相互搭配以完成绘本故事的完整意义，往往会让读者对图画内容产生误解。因此，重视绘本的图文关系，尝试探索图文关系的多样性，让图文彼此要表达的意义更加清晰、完整，《中国记忆·传统节日》就做出了图文合奏的叙事话语范本。本书对童谣、农谚、仪式、习俗的图文再现，均是突出重点、有的放矢的传统年节符号。没有二维码、VR/AR 等虚拟现实手段介入的互动，一来由于年

---

① 谷雨慧：《曹禺剧作的家族叙事——以〈雷雨〉、〈北京人〉为例》，载田本相、董健主编：《中国话剧研究》第十一辑，中国传媒大学出版社 2008 年版。

节传统有口耳相传的童谣和亲身经历的年节活动，二来强调图文叙事的亲历感，力图通过图文合奏来再现编辑与已为人父母的成年读者之感受。没有新技术的加入或许会失去一部分技术至上主义读者，但是却更能还原经典的年节集体记忆。

从受众角度而言，绘本的阅读体验会唤醒对相关亲历体验的记忆，乡土中国的年节图景方才逐渐呈现。涂尔干认为记忆是形成和维持集体意识的重要基础，而中国传统节日的集体记忆则通过主题绘本呈现的图文符号被唤醒，加强着族群成员的自我认同，继而形塑着"中国人"这一共同体身份。集体记忆的建构在维护权力的合法性和统治秩序中扮演了重要角色，是社会认同塑造的重要力量，也是代际传承的重要中介。[①] 中国人对传统年节、节日仪式的重视，浸润在主题绘本的字里画间，被阅读者不断翻看、讲述、与儿童交流，不仅重现了成年读者的年节记忆，而且形塑了儿童的"中国人"族群身份。正如纳日碧力戈在田野调查中发现的那样：思维观念和信仰仪式共存互生，成为社会记忆的一部分，通过一次又一次的操演，强化成员们的身份认同感，保持着底层的延续。[②]

结语：重视传统文化叙事母题开发

在文化"走出去"战略背景下的原创绘本，关注叙事与传播中的人。与人性、传统文化相关的母题故事，亦需要编辑重视与开发。尤其需要重视图文合奏为特点的二维平面出版物开发，尽量减少新技术的融入与对传统记忆的破坏。对那些中华传统文化叙事母题的分类与呈现，应该在集体记忆的框架下进行复兴，而非一味增加融合媒体的叙事手段（如 VR/ΛR

---

① 参见周海燕：《媒介与集体记忆研究：检讨与反思》，《新闻与传播研究》2014年第9期。

② 参见钟年：《社会记忆与族群认同——从〈评皇券牒〉看瑶族的族群意识》，《广西民族学院学报（哲学社会科学版）》2000年第4期。

技术等）。某种程度上，对技术至上者的盲目崇拜和不假思索的技术使用，不仅会提高发行成本，对于博大精深的中华传统文化的再现与复兴，也未必有利。

（作者单位：北京师范大学珠海校区、中国人民大学
　　文化产业研究院、香港中文大学）

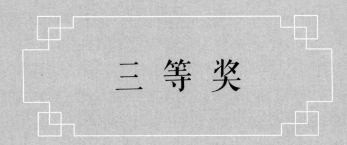
三 等 奖

新中国成立 70 年我国数字期刊国际合作研究

李海燕

我国互联网期刊 2006 年收入为 5 亿元，2018 年收入达 21.38 亿元。2018 年以欧美国家为代表的国际数字出版发展基本保持与上年一致的发展态势。约翰威力出版公司 2018 年财报显示，其数字化产品已达到 73%。[①] 期刊的数字化发展非常快。在期刊数字化发展过程中，中国期刊数字化与国际期刊发展息息相关。我国期刊的数字化国际合作历史就是中国时尚、科普、学术期刊"请进来""走出去"的数字化历史。

中外期刊的合作与交流始于 20 世纪 80 年代。但研究期刊国际合作历史的文章没有，主要的研究集中在出版国际化方面。而出版国际化方面研

---

① 参见中国新闻出版研究院：《2018—2019 中国数字出版产业年度报告》，中国财富网，2019 年 8 月 23 日。

究最多的是学术期刊。国内学术期刊纷纷走出国门，渴望提升刊物竞争力与影响力，纷纷与世界知名刊物、出版机构进行合作。如徐枫《对中国人文社科学术期刊国际合作模式的思考》侧重人文社科学术期刊的合作模式①，李文珍《中国学术期刊国际化现状调查之一——英文学术期刊基本状况调查》总结了英文学术期刊发展状况②，安瑞等《〈科学通报〉英文版与 Springer 国际合作的实践与启示》③与徐诺等《〈International Journal of Smart and Nano Materials〉国际合作办刊实践及体会》总结了国际合作办刊实践及体会④。当然，以上文章皆研究学术期刊的合作，但都没有研究数字期刊国际合作。黄逸秋等《陈英明：以国际合作促进中国期刊业的崛起》和张弦《中日版权合作时尚期刊市场走强》研究时尚期刊国际合作⑤，樊文静《科普期刊中外合作方式及成效的实证研究》研究科普期刊国际合作⑥。

　　研究期刊数字化合作更加符合期刊的发展趋势。在数字化的今天传统纸质期刊已逐渐萎缩。数字化是期刊的现在和未来。如果要研究我国期刊的发展，就必须要研究期刊的数字化的国际合作，才能更加确切地知道我国期刊的国际合作的脉络及发展趋势，逐渐建设中国自主的国际期刊数字出版平台。本文试图研究学术期刊、时尚生活类期刊、科普期刊的国际数字化合作历史，以此庆祝新中国成立 70 周年。

---

　　① 参见徐枫：《对中国人文社科学术期刊国际合作模式的思考》，《河南大学学报（社会科学版）》2013 年第 6 期。

　　② 参见李文珍：《中国学术期刊国际化现状调查之一——英文学术期刊基本状况调查》，《中国社会科学报》2011 年 5 月 18 日。

　　③ 参见安瑞等：《〈科学通报〉英文版与 Springer 国际合作的实践与启示》，《中国科技期刊研究》2017 年第 5 期。

　　④ 参见徐诺等：《〈International Journal of Smart and Nano Materials〉国际合作办刊实践及体会》，《编辑学报》2015 年第 6 期。

　　⑤ 参见黄逸秋等：《陈英明：以国际合作促进中国期刊业的崛起》，《传媒》2008 年第 10 期；张弦：《中日版权合作时尚期刊市场走强》，《出版参考》2006 年第 21 期。

　　⑥ 参见樊文静：《科普期刊中外合作方式及成效的实证研究》，北京印刷学院 2009 年硕士学位论文。

随着我国改革开放的进一步深化，我国期刊越来越多地通过与国外、境外知名出版商、知名媒体合作的方式将我国期刊融入国际交流体系、增加国际知名度和市场竞争力。主要合作的方式有版权合作、渠道合作、资本合作等。国内合作期刊经历了从无到有，从少到多，从单一的科普类扩展到综合类、学术类、时尚类等多个门类变化的发展过程。中外数字合作，其最大的效益是内容国际化、市场国际化。

一、期刊的"引进来"

（一）学术期刊的"引进来"

1. 学术期刊的合作单位越来越多。"引进来"主要是国际四大出版集团与国内学术期刊数字合作。国际四大出版集团指施普林格—自然（Springer Nature）、爱思唯尔（Elsevier）、威利—布莱克威尔（Wiey-Blackwell）、泰勒 弗朗西斯（Taylor & Francis），是自然科学、工程技术、医药卫生领域期刊（下称"STM 期刊"）出版的巨头。

2002 年，在北京大学图书馆的牵头下，当时的自然出版集团与 CALIS（DRAA 的前身）达成 Nature 电子期刊——CALIS 组团协议。经过十五年的努力，双方合作发展迅速，集团订购的期刊品种从 18 种增加到 43 种，集团成员也从当初的 14 家发展到目前的 173 家。2005 年 3 月 21 日上午，中国科学杂志社和施普林格（Springer）出版社期刊合作出版签字仪式在北京举行。2006 年，高教社创办了高端系列英文学术期刊 *Frontiers in China*，并与世界著名出版商德国施普林格公司合作。2012 年 3 月创刊的《光.科学与应用》与 Springer Nature 合作。

2016 年 6 月 30 日，施普林格—自然旗下的自然科研集团（Nature Research）宣布与国际食品科学技术联盟（IUFoST）及中国工商大学食品学院达成协议，三方将合作出版具有高影响力的开放获取期刊 *npj Science of Food*。

2017 年 8 月 27 日，中国电子科技大学与约翰威立（John Wiley & Sons Inc.）国际出版公司合作创办国际材料科学领域顶级期刊《先进材料》子刊 *InfoMat*（InfoMat 是 Information Material 的缩写）。这是约翰威立国际出版公司与国内院校合作出版的第一本顶尖期刊的子刊。

英国物理学会出版社与中国合作出版的期刊有 8 种。如《光学杂志》（*Journal of Optics*）、《物理学杂志》（*Journal of Physics*）、《物理学杂志 A》（*Journal of Physics A*）、《物理学杂志 B》（*Journal of Physics B：Atomic，Molecular and Optical Physics*）、《物理学杂志 D》（*Journal of Physics D*）、《物理学杂志 G》（*Journal of Physics G*）、《物理学杂志：凝聚态物质》（*Journal of Physics：Condensed Matter*）、《新物理学杂志》（*New Journal of Physics*）、《半导体科学与技术》（*Semiconductor Science and Technology*）。

2. 合作的业务越来越广泛。科爱是科学出版社和爱思唯尔于 2007 年共同投资成立的合资公司，2013 年，科爱进行了战略转型，转变其主要业务：一是为中国英文版科技期刊提供国际化的编辑出版平台服务，推动中国科技期刊"走出去"；二是面向国际市场，按照国际化办刊模式，创办一批高水平的"开放获取"科技期刊；三是利用爱思唯尔的平台工具，开展科研评估工作，为科技期刊和科研机构提供科学评价服务。爱思唯尔提供国际一流投审稿系统 EES，提供快速高效的生产加工系统，提供在线发布平台 ScienceDirect，提供持续的数据分析信息服务，培养国际化的专业办刊理念，监控期刊质量，保障期刊发展方向等。作为一个网络在线系统，EES 可以方便管理来稿和进行同行评议，作者、编委、评审人可以从全世界的任何地方、多平台同时登录和使用。爱思唯尔的大数据分析工具 Scopus 和 SciVal 可用于精准定位期刊的收录方向策略、提高引用、筹备专辑等，全面指导期刊办刊过程，包括期刊定位、编委会筹建、约稿专家选择、竞争期刊分析等，为合作期刊的发展带来方向性的指导。自主创办期刊上，科爱利用大数据分析，严格筛选编委会和期刊学科方向。在学科方向筛选方面，第一，要挑选快速增长的国际热门题目；第二，选择中国或者中国作者在高发文量和高引用水平方面都起到关键作用；第三，中国在该方向有较高的国际合作趋势；第四，该学科方向上，中国以及国际范围内具有较高级别的开放获取的趋势和资助力度；第五，该学科方向学科范围足够"宽"，足以支撑期刊，也要足够"窄"，具有专业辨别度。

2002 年 7 月 23 日，SpringerLink 在中国设立的服务镜像站点正式开通，站点设在清华大学图书馆，2006 年 SpringerLink 中国网站全面开通。

2012 年 3 月创刊的《光：科学与应用》与 Springer Nature 合作。英文国际期刊 *Light：Science & Applications*（以下简称"LSA"）秉承科学家办刊理念，采用国际同行评议、完全开放获取的办刊模式。长春光机所拥有完全独立版权，长春光机所期刊编辑部将在国际编委会的带领下，负责策划、组织、邀请稿件；英国麦克米伦出版有限公司自然出版集团（Nature Publishing Group，以下简称 NPG）将负责电子出版、期刊宣传、网站建设等方面工作。

英国物理学会出版社（IoPP）在内容展现形式上丰富多彩，如增强出版（作者可选择性地提交补充材料）、数据出版、按需出版、可视化出版、互动出版等。IoPP 在物理学期刊中使用视频摘要，作者通过演示举例说明复杂的理论现象，展示试验场地等，同时改进了读者的阅读体验。

3.合作共赢。国际合作出版利用了国际知名出版商的传播平台和传播渠道，在一定程度上提升了期刊的传播效应。与国际知名出版集团合作在传播渠道、编辑服务等方面有"借船出海"的作用。截至 2019 年，已经编辑出版国际化英文版科技期刊 63 种，其中合作期刊中已有 3 种被 SCI（科学引文索引）收录（影响因子均位于 Q2 区），7 种被 ESCI（新兴资源引文索引）收录，16 种被 Scopus（全球最大的文摘和引文数据库）收录，5 种被医学文献检索系统 PubMed 收录；自主创办期刊中 ESCI 收录 2 种，Biosis Preview（生物学文献数据库）收录 2 种，Scopus 收录 3 种，PubMed 收录 4 种。国际四大出版集团，以用户需求为导向，积极抢占市场领先地位，利用内容优势在科技期刊出版市场中占据了很大的份额，让全球的科研人员对其产品产生了较强的依赖性。通过兼并重组，聚集优势资源，优化资源配置，进行规模化经营、集团化运作，提高出版机构的竞争力，为了扩大在国际市场的份额，它们都积极开展国际合作业务，国际合作不仅为出版机构带来经济利益，还会进一步巩固其市场地位。

高教社创办了高端系列英文学术期刊 *Frontiers in China* 6 种人文社科学术期刊（现与博睿学术出版社合作），获得国家社会科学基金资助。部分期刊开始在国外顶级专业刊物如《美国经济评论》上刊登广告，被哈佛大学、剑桥大学等国外知名高校和德国、荷兰等国家图书馆订阅，被国际上 20 多个知名数据库收录。国际合作出版利用了国际知名出版商的传播平台和传播渠道，在一定程度上提升了期刊的传播效应。国际合作让更多的读者、作者方便、快捷地了解期刊、获取论文，有了较好的学术影响力。我国出版机构在和国外知名出版机构合作的过程中得到了许多经验，如学术质量标准、编辑出版质量控制、出版道德要求、宣传推广等。

4. 合作的问题越来越明显。近年来，国际出版机构对中国科技期刊和中国科技资源表现出极大的热情。许多国际出版机构和我国科研机构或学会等合作创办新刊，邀请国内知名科学家担任期刊的主编，在中国的科研机构设立编辑部等，分散了中国科技期刊的专家资源，优秀稿件分流严重。另外，国内学术期刊各自为战，在与外商谈判时处于被动地位。

我国国际合作要从"借船出海"，过渡到"造船出海"，将来还要"买船出海"。

（二）时尚、科普期刊的"引进来"

时尚、科普期刊的"引进来"主要是引进资本办刊，还有就是版权合作。

1. 引进资本办刊，如《美国国家地理》《科学美国人》《Newton 科学世界》等。1979 年 1 月《科学美国人》(*Scientific American*) 的中文版《科学》在重庆科技部西南信息中心诞生了，成为改革开放后，我国最早开展国际合作的期刊。

2. 关于版权合作刊物发展状况。20 世纪版权合作刊物发展的概况见表 1。

表 1 版权合作刊物发展概况

年代	批准的数量	批准的种类
20 世纪 70 年代	批准 1 种	科普类
20 世纪 80 年代	标准 9 种	综合类、学术类、资讯类、漫画类、科普类、时尚生活类
20 世纪 90 年代	批准 12 种	综合类、技术类、学术类、资讯类、漫画类、科普类、时尚生活类

进入 21 世纪后，2000—2006 年，批准 28 种，包括综合类、技术类、漫画类、科普类、时尚生活类。其中，时尚生活类合作期刊种类多、合作面广（见表 2）。

表 2 我国时尚期刊的版权合作

期刊名	版权合作方
瑞丽服饰与美容	日本主妇之友社
昕薇	日本讲谈社
米娜	日本主妇之友社
瑞丽伊人风尚	日本主妇之友社
瑞丽时尚先锋	日本《GLAMOROUS》杂志社
ELLE 世界时装之苑	法国桦谢菲力柏契
VOGUE 服饰与美容	美国康泰纳仕
时尚芭莎	美国赫斯特
悦己	美国康泰纳仕

总的来说，我国是"以进带出，双向共赢"作为开展中外期刊合作以及推动中国期刊"走出去"的重要原则。

二、期刊的"走出去"

（一）中国出版的英文期刊率先进入国际学术交流圈

中国出版的英文科技期刊大多为 1980 年以后创办（286 种，占总数 302 种的 94.07%），并且自 2010 年以来呈加快发展的态势。我国英文科技期刊创办的时段分布：1949 年以前为 3 种，1950—1979 年为 13 种，1980—1989 年为 63 种，1990—1999 年为 61 种，2000—2009 年为 63 种，2010—2016 年为 99 种。

我国新创办的英文期刊大多被国外知名数据库收录。例如，分析我国收录于 SCI 数据库期刊的创刊年份得知，有 33 种期刊创办于 2009 年以后，占我国 SCI 期刊总数的 17.8%，有 77 种期刊创办于 2000 年后，占总期刊数的 41.6%。尤其是影响因子在前 20 名的期刊中，有 12 种创办于 2009 年后。

英文科技期刊受到国家高度重视，得到政策和经费上的大力支持。2006 年，我国科学技术协会实施了"中国科技期刊国际影响力提升计划"，2013 年实施了"中国科技期刊国际影响力提升计划"，2016 年实施了中国科技期刊登峰行动计划。计划主要支持一批学术质量较高，国际影响力较大的英文期刊，着力提升学术质量和国际影响力；同时争取能代表中国前沿学科和优势学科，或能填补国内英文期刊学科空白的高水平英文科技期刊。

中国出版的英文期刊虽然尚未在国际学术期刊中占据翘楚地位，但影响力已经较快提升。

（二）中国期刊国际合作论文在不断增加

截至 2017 年 7 月 25 日，2007—2016 年中国期刊发表论文的国际合作论文百分比为 16.59%，同期中国作者发表论文的国际合作论文百分比平均为 32.19%。十年间，中国科技期刊发表论文的国际合作论文百分比与中国作者发表论文的国际合作论文百分比之差在逐年缩小。由 2007 年的 16.94%减少到 2016 年的 9.49%，表明中国科技期刊论文作者或发文机构吸引国际合作的能力有逐年提高的趋势。

近十余年来，中国国际合作论文比例逐年提高，合作研究国家越来越多。通过 Scopus 数据库统计，以现有 SCI 收录的 179 种中国大陆期刊 2006—2016 年数据为统计样本，从其中发表的国际合作论文数量占这些期刊发表论文（所有文章类型）总数量的比例来看，中国 SCI 期刊国际合作论文比例自 2005 年以来逐步提高，2016 年达到了 34%，即三分之一的文章有国外作者，与世界上 158 个国家进行了合作。

（三）期刊数据库积极展开国际数字合作

期刊数据库如中国知网、万方数据库积极展开国际数字合作。

中国知网着力建设我国学术文献"走出去"通道，全面进军国际市场——CNKI 标准及中文数字出版学术研讨会在美国西雅图召开，开放合作、共建中国知识基础设施工程。CNKI 品牌先后与国际学术出版界战略伙伴施普林格、泰勒·弗朗西斯、大英百科全书、剑桥大学出版社合作。与此同时，又在我国青岛设立了服务器群，搭建了"一站式"的海外服务平台。该平台不仅将海外镜像站点的产品资源进行了统一整合，并与施普林格、剑桥大学出版社等国际出版巨头合作，将资源进行战略整合。另外，中国知网为了给海外用户提供本地化服务，在日本、德国、美国等国家地区建设了 CNKI 镜像服务站点。截至 2011 年底，中国知网的数字产品已经在海外有 1200 个用户，其中包括国际著名学府、政府机构、大型企业。

万方数据库与国际组织合作构建大数据应用服务平台。另外，万方数据将 DOI 带入中国。2018 年 3 月 31 日，万方与欧亚经济合作组织签署合作协议，共同建立欧亚医学期刊共享平台，汇集欧亚国家与地区优秀医学学术期刊、连接医学学术团队和知名专家学者，促进医学技术交流，促进健康产业合作发展。

国际合作出版是一种出版方式。作为一个出版大国，在迈向出版强国的过程中，要打造自主知识产权的数字出版平台必须，快速提升学术期刊整体传播力度，构建良好的国际传播渠道，提升基于期刊内容的多元化信息服务。

（作者单位：《内蒙古师范大学学报》编辑部）

新时代图书出版应与时俱进

——以法律图书出版与法律数据库相结合为例

陆建华

一、法律图书出版的主要优势与问题

（一）法律图书出版的主要优势

相对于法律数据库而言，法律图书的出版主要具有以下优势。

1.发表方式正规、有利于研究成果固化。如其他传统纸质图书的出版一样，法律图书的出版也有利于学术成果的固化、实践经验的总结。图书是人类进步和文明的重要标志之一。至今，书籍仍然是传播知识、科学技术和保存文化的主要工具。随着科学技术日新月异的发展，保存、传播知识信息手段；除图书外，其他工具也在逐渐产生和发展，但图书的作用，是其他传播工具或手段所不能代替的。而且，图书的出版有一套严谨的生产、审批流程，是一种非常正规的发表方式，有利于获得同行和社会的认可。

2.学术考评的需要。相对于其他发表方式而言，将自己的研究成果出版成"图书"，不仅只是显得正规，还对作者的学术考评具体非常功利的价值。在高校教师的职称评定中，有的要求"X 篇论文或 Y 本专著"，有的要求"X 篇论文和 Y 本专著"，总之，当前书号收得越来越紧，想出专著的人却越来越多了。虽然说学术考评的压力导致有的创作者勉强为之，图书平均质量下降，但客观上繁荣了研究，也使得出版单位具备了收集内容资源的先天优势。

3.内容质量更有保障。作为传统的出版机构，出版社具有专业的编辑团队和严格的稿件质量监管制度。根据《图书质量管理规定》第 5 条第 1 款规定："差错率不超过万分之一的图书，其编校质量属合格。"因此，若能将图书的内容，整理后用于数据库，其准确性是更有保障的。

4.纸质图书便于深度阅读。尽管数字阅读接触率不断提升，但纸质图书仍是读者首选的主要阅读形式。根据 2015 年国民阅读调查报告统计，更喜欢"拿一本纸质图书阅读"的国民比例达到 57.50%。而且数字阅读的内容主要为新闻、网络小说等"浅阅读"，而纸质图书多为经典文学、专业知识等内容的"深阅读"，两种形式满足不同人群各自的阅读需求。此外，纸质图书也具有数字阅读所不能提供的收藏属性，数字阅读对纸质图书的冲击是有限的。[①]另外，数据库的价值更多在于检索，而非深度阅读。

纸质图书的出版确实会受到一些新的出版模式的影响，但对于法律专业图书出版，我认为这些还远比不上因为技术的进步，轻而易举就能将你的图书做成 PDF 版在网络上传播的侵权行为的威胁。

---

① 参见《2017 年中国图书出版市场概况及竞争格局分析》，中国产业信息网，见 http://m.chyxx.com/view/596665.html。

（二）法律图书出版的主要问题

1. 法律更新快，纸质图书出版滞后。2011 年 3 月 10 日上午，全国人民代表大会常委会委员长吴邦国在十一届全国人大四次会议第二次全体会议上宣布"中国特色社会主义法律体系"已经形成。法律必须是稳定的，但不可一成不变。[①] 社会是不断发展的，法律是滞后的，法律总是不得不根据社会的发展变化而进行修订。而且，我国正处在高速发展的阶段，法律就更是在不停地修订、完善着。比如中华人民共和国的民法典正在紧锣密鼓地编纂，《刑法》时而颁布一个修正案，最高人民法院不停地发布司法解释等。

然而，纸质法律图书的出版也是滞后的，在当前严控图书质量的情势下更是如此。出版后的法律图书，特别是法律实务图书需要根据法律内容的变更进行不断翻新，读者往往需要重复购买，有了新版，就得丢掉旧版，造成资源浪费。

2. 侵犯版权的行为高发。（1）科技的进步，导致侵权容易实现。爱因斯坦曾言："科学是一种强有力的工具。怎样用它，究竟是给人带来幸福还是带来灾难，全取决于人自己，而不取决于工具。刀子在人类生活上是有用的，但它也能用来杀人。"[②] 科技的进步，在造福人类的同时，也给侵权提供了良好的工具，一本纸质书，分分钟就可以扫成 PDF 版。用于拍书的仪器竟然有了一个很好听的名字——"博士神器"。

（2）管控的懈怠，导致侵权成本过低。PDF 版在网络上的传播，速度快，范围广，严重侵犯了版权方的权益。淘宝网上有很多卖电子版的，2元/份，可按需提供；微信群里相互交换、传播；微信公众号为了吸引人流公开提供下载，甚至有法律相关机构的公众号也做出这种侵犯版权的行为。一些研究人员制作或取得图书 PDF 版后，也并不仅限于自己学习使用，他们可能会拿去交换其他图书 PDF 版，或免费传给他人。

---

① 参见 Pound, *Interpretations of Legal History*, Cambridge, Mass., 1923, p.1.

② 殷登祥：《时代的呼唤：科学技术与社会导论》，陕西人民教育出版社 1997 年版。

《中华人民共和国侵权责任法》第三十六条规定了网络侵权的"通知—删除"规则，这是一项约束网络用户侵权，向网络服务提供者提供"避风港"的重要守则。然而近年来，随着网络信息传播的发展，出现了很多滥用"通知—删除"规则的现象。一些平台明知侵犯他人的知识产权，他先将他人的图书PDF版提供免费下载或有价销售，等被侵权人通知后再去删除。我们知道，网络传播速度极快，等你发现、通知，对方审核再删除，早已传播开了。去起诉？成本太高，赔偿的标准却并不明确，能赔多少较难预期。结果是，侵权人欢乐地侵着你的权，等着你恼怒地去通知，他再假模假样地删除或顺便说声对不起，过阵子可能又换个花样继续侵权。

（3）互联网出版资源的缺乏导致部分互联网企业铤而走险。鉴于前述法律图书出版的优势，大多数字出版的企业在获得内容资源方面比较困难，导致他们铤而走险，侵犯他人著作权。侵犯著作权的行为高发，势必会影响创作者、出版者的积极性，从而影响人类知识的积累、社会的进步。

二、法律数据库的主要优势与问题

（一）法律数据库的主要优势

法律数据库是指收集法律信息内容为主的数据库，一般包括案例类数据库（如中国裁判文书网）、法规类数据库（如中国法律法规信息库）、电子书数据库（如超星数字图书馆，不限于法律电子书）、综合类法律数据库（如"北大法宝"）等。相对于纸质法律图书的出版，法律数据库具有容量大、更新快、检索方便等特点，可大大提高法律人的工作效率。

1. 容量大。法律数据库，依托于服务器，通过网站向用户展现。服务器空间有多大，其数据容量就有多大，能容纳的内容资料非常丰富。

2. 更新快。不同于法律图书出版的大费周章，法律数据库可以根据法律的变化，根据内容修改的需要，随时在后台进行修改，保持最佳状态。

3. 检索方便。法律数据库信息量大，不论是哪类数据库，均会以方便用户准确、快捷地检索到自己需要的数据为目标。

4. 数据碎片化、不易被侵权。为便于检索，数据库里的数据都是经过碎片化加工的；而且，法律数据库的数据会随着法律规定的变更而变化。因此，它很难会像图书那样，轻易地被制作成 PDF 版，四处传播。

5. 可以成为纸质图书出版的辅助。法律数据库和纸质图书并不是割裂的，而是相辅相成的关系。法律数据库可以解决纸质图书容量有限、更新不及时的问题，可以成为纸质图书的重要补充。这一点，在后文再详述。

（二）法律数据库的主要问题

1. 专门从事法律数据库开发的公司收集数据资源不易。对于一些专门从事法律数据库开发的公司而言，最受制约之处，莫过于数据资源的收集。

纯案例类的数据库，有最高人民法院的免费的中国裁判文书网，所以其他数据库公司再去做没有意义；纯法规类的数据库有全国人民代表大会的中国法律法规信息库，而且百度有很多免费法规资源，除非在检索方式上有很大优势，不然其他数据库公司也没有去做的意义；电子书数据库和希望做大做强的综合类数据库，都非常需要好的内容资源的支持。

然而，无论是从发表方式的正规性、学术成果的固化，还是从学术考评的需要等来考量，作者一般都会优先选择纸质出版（期刊、图书等)，而不是优先在网络或数据库发表。很多专门从事法律数据库开发的公司不得不耗费很大的人力、物力去补强内容，但最终其数据库却还是难逃内容陈旧的命运。

2. 法律数据的加工不足够专业。优秀的法律数据库存公司，也会有专门的编校人员，在导入数据之前或事后，对数据库的内容进行审核、校对。但是，除了被严格监管质量的出版社，哪有多少机构的编校能达到《图书质量管理规定》第 5 条第 1 款规定的"差错率不超过万分之一"的要求呢？

3.引注不方便。学术研究有一套严格的引注规范，而正因为法律数据库更新快的特点，其后台内容时常会发生变化，引注时和查阅时的情况可能并不一致。虽然有的数据库公司在这方面也做了一些积极的努力，如"北大法宝"就编制了"北大法宝引证码"①，但在内容的稳定性上，仍然是无法和纸质图书相提并论的。

三、法律图书出版宜与法律数据库建设相结合

从前文分析可以看出，法律图书出版与法律数据库建设优势互补度非常高，宜相互结合。传统出版社在新时代、新形势下，面对互联网出版、手机阅读等多种新型出版模式的竞争，应未雨绸缪，利用自己的优势，将纸质图书的出版与数据库开发结合起来，方能在市场竞争中立于不败之地。

在法律图书出版与法律数据库相结合方面，我做过一些成功的尝试。在此仅举两例：

例一：北京大学出版社和中国人民大学民商事法律科学研究中心、统计学院，携手四川大学法学院、数学学院一起，在王竹教授的组织下，做了一套"法律大数据·案由法条关联丛书"。该丛书基于"千万级"的裁判文书库和"百万级"法律规范性文件库，通过法律大数据引擎和法律专业团队联袂提供如下快速检索功能：（1）通过本书第一编"案由关联法条索引"快速检索在该案由下最常见适用的全部法律规范性文件条文，并按照法条相关度★星级进行排序；（2）通过本书第二编"核心法律条文主要适用案由及关联法条索引"快速检索核心法律每个条文主要适用的案由和可同时适用的法律规范性文件条文，并按照法条相关度★星级进行排序；

---

① "北大法宝引证码"主要用于法律文献的引证注释和查询检索服务，现已在"北大法宝"的数据库中全面应用。

（3）通过本书第三编"本书关联法条全文"，可以查阅本书涉及的全部法律规范性文件的条文全文；（4）本书涉及的每个案由和每部法律规范性文件首页，以及"法律规范性文件简全称对照索引表"均配有"法合二维码"，手机扫描二维码可以直接进入"法合案由"和"法合法规"大数据平台。

这一套法规、案由检索的图书，如果将相关的法条、案例全列举在纸质图书上，无疑会导致纸质图书太厚而不便于使用；如果不提供更详细的法条、案例，内容又会显得太单薄。因此，这套书将所应提供的法条详细内容和案例通过扫描二维码链接到法合数据库的方式提供；同时又将出版社编校过的内容提供给法合数据库，增强其准确性。后来，主编申请到一个几千万的科研项目，和这套书的成功也不无关系。

例二：北京大学出版社出版了一套"法官裁判智慧丛书"，由最高人民法院的法官负责撰写，以专题的形式归纳、总结处理同类案件的新思路，抽象、升华地统一裁判规范的新标准，以期为司法实务人员提供简练明晰的参考。该丛书出版后不久便因其内容的可靠性和实用性受到"北大法宝"[①] 的关注。在"不得提供整本图书电子版下载、须碎片化使用，并应注明相关内容的作者、书名和出版社"的前提条件下，北京大学出版社和"北大法宝"达成合作。北京大学出版社将电子版权授予他们，他们将图书内容处理后导入法律数据库。"北大法宝"因此获得了优良的法律数据资源；北京大学出版社不但收获了一笔丰厚的电子版权费，而且图书的销售可能是因数据库推广之利，不减反增。现在，"法官裁判智慧丛书"一共出版了七本，哪怕是最晚出版的那本，销售量也已经过万。在这次法律图书出版和法律数据库的合作中，出版社、作者和数据库公司三方都是纯粹的受益者。

从以上两例可以看到，北京大学出版社均是和外部法律数据库公司合

---

① "北大法宝"诞生于 1985 年北京大学法律系（现更名为法学院），是一套法律查询软件，在北大英华公司和北大法制信息中心的共同努力下，内容极大丰富，技术全面升级，取得绝对优势的市场占有率，并受到国内外客户的一致好评。

作，为什么？因为出版社没有法律数据库。其实，如果出版社自己有法律数据库，这种配合会更加密切、便捷，也会有更多业务可以开展，如法律电子图书馆，法律视频、音频课程库等等。同时，这种立体化的合作，能吸引更多、更优质的作者资源，也能形成一个更大、更良性、更与时俱进的新时代的出版体系。

前文仅以法律图书出版与数据库相结合为例，望也能供其他学科图书出版者参考。总之，既然我们遇上了当前美好的新时代，就应与时俱进地去完善自己、努力开创图书出版更美好的未来。

（作者单位：北京大学出版社）

关于建立"中国特色社会主义文化"出版体系的思考

——以南京为例

卢海鸣

文化是一个民族的血脉，是人民的精神家园。文化自信是更基础、更广泛、更深厚的自信，是更基本、更深沉、更持久的力量。中国特色社会主义文化融汇了中华优秀传统文化、革命文化和社会主义先进文化。2017年10月18日，习近平总书记在党的十九大报告中指出："中国特色社会主义文化，源自于中华民族五千多年文明历史所孕育的中华优秀传统文化，熔铸于党领导人民在革命、建设、改革中创造的革命文化和社会主义先进文化，植根于中国特色社会主义伟大实践。"中国特色社会主义文化存在于物质文化遗存中，存在于传世文献典籍中，存在于人们的精神世界里。

一、我国出版业概况

新中国成立以来尤其是改革开放 40 多年来，我国出版业发展迅猛。1985 年汉字激光照排技术研制成功，1987 年 5 月 22 日第一张整页输出的中文报纸诞生，从此，出版业告别了"铅与火"的传统出版方式，进入了"光与电"的新时代。据国家新闻出版署日前发布的《2018 年新闻出版产业分析报告》（图书、期刊、报纸）统计，2018 年全国出版、印刷和发行服务（不含数字出版）实现营业收入 18687.5 亿元，拥有资产总额 23414.2 亿元，同比均有增长。其中图书出版营业收入增长 6.6%，在新闻出版 8 个产业类别中增速第一。2018 年出版图书总数 51.9 万种，其中新版图书 24.7 万种，重印书 27.2 万种。总印数达 82.9 亿册（张）。资产总额超过百亿的集团达 21 家。与此同时，随着纸质图书增幅趋缓，数字出版异军突起。"十二五"期间出版业总营收增幅 70.5%，其中数字出版增幅达到 318.7%。数字出版新产品、新业态、新服务模式蓬勃发展，已经成为拉动出版行业快速发展的新引擎。

出版业的高速发展极大地推动了政治经济文化事业的繁荣，提升了我国的国际形象，扩大了我国的对外影响，得到了社会各界的普遍赞誉；同时，我们也应该清醒地认识到，出版业还存在着创新能力不够、内容质量不高、文化内涵不足、精品力作不多、社会责任感不强等突出问题，重复出版、无序出版、跟风出版、平庸出版的现象屡见不鲜。与图书出版数量快速增长相比，图书出版的质量与人民群众的期待仍有不小差距，既叫好又叫座的精品还不多。诚如习近平总书记《在文艺工作座谈会上的讲话》指出："改革开放以来，我国文艺创作迎来了新的春天，产生了大量脍炙人口的优秀作品。同时，也不能否认，在文艺创作方面，也存在着有数量缺质量、有'高原'缺'高峰'的现象，存在着抄袭模仿、千篇一律的问题，存在着机械化生产、快餐式消费的问题。"在进一步培育和践行社会主义核心价值观，增强"四个意识"，坚定"四个自信"，做到"两个维护"的过程中，如何挖掘、整理、弘扬中国特色社会主义文化，自觉承担起举旗帜、聚民心、育新人、兴文化、展形象的使命任务，成为摆在我们每一位出版人面前的紧迫课题。

二、南京出版的历史和现状

南京是中国著名历史文化名城，四大古都之一，享有"六朝古都""十朝都会"的美誉，有 60 万年的人类活动史，将近 2500 年建城史，约 450 年建都史。自公元 229 年吴大帝孙权定都建业（今南京），开创南京的建都史，1700 年来，南京以其独特的地理位置，屡屡在中华文化史上起着举足轻重的作用——或扮演独领风骚的角色，或肩负续绝存亡的重任，或成为推陈出新的弄潮儿，创造了一个又一个辉煌，吹响了一次又一次"集结号"。从《昭明文选》《文心雕龙》《永乐大典》《本草纲目》《儒林外史》《红楼梦》，到当代胡福明《实践是检验真理的唯一标准》；从南朝陵墓石刻、明城墙、明孝陵，到南京长江大桥；从"雨花英烈精神"到"梅园精神""渡江胜利精神"，南京在中华文明发展的历史进程中，产生了灿若星辰的名师巨匠，留下来琳琅满目的传世名作和文物古迹，不仅为中华文明提供了丰厚滋养，也为世界文明贡献了华彩篇章。

从出版的角度来看，南京在历史上留存下来的文物古迹、经史子集、城市精神等传统文化，在旧民主主义革命时期（1840—1919 年）、新民主主义革命时期（1919—1949 年）、社会主义革命时期（1949—1956 年底社会主义三大改造基本完成）创造的革命文化，以及自 1978 年改革开放以来形成的社会主义先进文化，都是中国特色社会主义文化的有机组成部分。推动南京优秀传统文化创造性转化、创新性发展，继承南京的革命文化，发展南京的社会主义先进文化，激发全体市民创新创造活力，建设"强富美高"新南京，同时，讲好中国故事、传播好中国声音，向世界展现真实、立体、全面的中国，提高国家文化软实力和中华文化影响力，出版是一条极其重要的途径。

党的十九大报告指出:"发展中国特色社会主义文化,就是以马克思主义为指导,坚守中华文化立场,立足当代中国现实,结合当今时代条件,发展面向现代化、面向世界、面向未来的,民族的科学的大众的社会主义文化,推动社会主义精神文明和物质文明协调发展。要坚持为人民服务、为社会主义服务,坚持百花齐放、百家争鸣,坚持创造性转化、创新性发展,不断铸就中华文化新辉煌。……满足人民过上美好生活的新期待,必须提供丰富的精神食粮"。这个"精神食粮"就是"中国特色社会主义文化"。

"中国特色社会主义文化"内涵博大精深,出版业必须加强供给侧结构性改革,建立富有创新意义的"中国特色社会主义文化出版体系",有效整合出版资源,从数量规模扩张为主向更加注重质量效益的发展模式转变,循序渐进地推出更多"思想精深、内容精湛、制作精良"和"拥有家国情怀"的作品。

三、构建"中国特色社会主义文化出版体系"

近年来,我们经过反复调研和实践,认为必须建立一个高站位、全视角、多层次的"中国特色社会主义文化出版体系",才能激活出版业的潜能,发挥出版业的优势,推动出版业高质量发展,为建设书香社会、提升人民思想境界、增强人民精神力量贡献丰富的精神食粮。因此,在这个体系中,既要有"阳春白雪",又要有"下里巴人";既要有专家学者钟爱的原典,又要有普罗大众喜爱的普及读物;既要有传统形式(包括数字形式)的图书,又要有缤纷多姿的文创产品。

我们通过对全国图书市场上已出的相关图书进行调研分析,认为"中国特色社会主义文化出版体系"应由文献档案、辞典图录、学术研究专著、大众普及读物、文化教育图书和文创产品六个层次的图书(包括文创产品）和活跃在这六个层次中的主题图书构成，形成一个自上而下、由深及浅、互相支撑的"六位一体+"出版体系，以适应不同层次、不同年龄、不同性别、不同爱好读者的需求。这一出版体系宛若一座金字塔。在这个出版体系中，每一个层次既相互独立又互为补充，缺一不可。其中，"文献档案"要有浓度，"辞典图录"要有厚度，"学术研究专著"要有深度，"大众普及读物"要有广度，"文化教育图书"（尤其是乡土教材）要有黏度，"文创产品"要有温度。在这六个层次的出版体系中，富有鲜度（时代感）的主题图书显得格外引人注目（见图 1）。

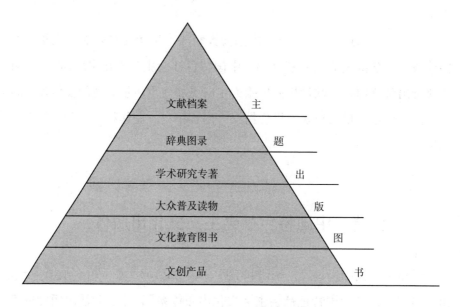

图 1　"六位一体+"出版体系示意图

1. "文献档案"有浓度。在"六位一体+"出版体系中，"文献档案"处在金字塔的顶端，属于最上一层。这个层次的图书，立足原典和原著，涵盖方志、文献、史料、档案各门类和自然科学、哲学社会科学各领域，为其他五个层次提供最原汁原味的、富有浓度的文本，同时也决定了其他五个层次的发展规模、质量和水平。诚如南朝刘勰《文心雕龙》所言："夫经典沉深，载籍浩瀚，实群言之奥区，而才思之神皋也。"即经典的内容深厚，书籍的数量十分丰富，确实是各种言辞的渊薮，启迪才思的宝库。

文献档案的挖掘、整理，是弘扬中国特色社会主义文化的基础，需要我们对丰富的历史文化资源进行系统的梳理，在摸清家底后，才能左右逢源、循序渐进地推出相应的作品。以南京出版社为例，截至2019年7月，该社先后出版了《金陵全书》245册（计划到2028年南京建城2500周年之际出齐450册）、"南京稀见文献丛刊"66册100种、《中山陵档案》11册、《中国战区受降档案》12册、《南京大屠杀档案》20册、《南京长江大桥档案》2册、《南京保卫战档案》8册等；在此基础上，还将推出《南京近代民族工商业档案》、"南京经典文库"和"渡江胜利文献档案"等。

2. "辞典图录"有厚度。"辞典图录"处在"六位一体+"出版体系由上到下的第二层，要求做出厚度。这个"厚度"不仅仅指的是体量上的厚重，部头大，更重要的是内容上的厚实、准确，具有权威性。

围绕南京在中国特色社会主义文化中的热点和亮点，全国一流的专家学者已经编写出版了一批具有学术厚度的精品力作，如《南京辞典》《中国南京云锦》《南京大屠杀辞典》《南京地名大全》《明南京城墙砖文图释》《铭文天下——南京城墙砖文》等。在此基础上，还可以推出《南京名人辞典》《南京名著辞典》《南京近代建筑图录》《南京动植物图典》《南京花谱》《南京非遗图典》等图书。

3. "学术研究专著"有深度。"学术研究专著"处在"六位一体+"出版体系由上到下的第三层，要求做出深度，代表当代我国学术界最高学术研究水准。丛书主编和作者是关键。

学术著作是具有永恒生命力的人类记忆和科学结晶。中华文化要自信自强，首先是学术思想要创新，学术著作要繁荣，学术地位要提升。没有学术上的发言权和相应地位，就不可能在国内乃至国际上产生影响力。因此，有必要针对南京是"六朝古都""十朝都会"的特点，按照近期、中期和长期三个时段，制定相应的出版规划，组织国内外的专家学者，对南京文化进行系统深入的研究，出版一批富有思想底蕴和人文传统的作品。除了已经推出的"六朝文化"丛书、"明朝文化"研究丛书、"十朝故都文化"丛书，以及《南京通史》《南京大屠杀史》《南京城墙志》《中山陵志》《钟山志》《雨花台烈士陵园志》之外，还可以推出"南京学"研究丛书，以及专题性的《南京全史》(包括《南京政治史》《南京经济史》《南京军事史》《南京文化史》等) 等。

4."大众普及读物"有广度。"大众普及读物"处在"六位一体 +"出版体系由上到下的第四层，要求适合大众的胃口和需求，具有广泛的读者群。

弘扬中国特色社会主义文化，要以人民为中心，要秉持"人民至上"的价值取向。前三个层次侧重于提高，针对的读者群相对较小。对于普通的读者而言，需要通俗易懂的读物。我们既要"在普及的基础上提高"，更要"在提高的指导下普及"；既要"锦上添花"，更要"雪中送炭"，多出适宜大众阅读的普及读物。如"品读南京"丛书、"南京地标"丛书、"南京印象"丛书、"南京不会忘记"丛书、"文化南京"丛书、"可爱的南京"丛书、"我爱南京"丛书、"南京名人"丛书、"南京小史"丛书等。

5."文化教育图书"有黏度。"文化教育图书"尤其是"乡土教材"，处在"六位一体 +"出版体系由上到下的第五层，要求做出黏度，让老师、家长和学生这三方面的读者共同产生亲近感。

弘扬中国特色社会主义文化，要贯穿国民教育始终，尤其要从娃娃抓起。前四个层次，我们目标对象是成年读者。这一个层次我们针对的是幼儿园的孩子、中小学生。我们要围绕立德树人的根本任务，遵循幼儿园孩子和学生的认知规律和教育教学规律，把中国特色社会主义文化全方位融入中小学乃至幼儿园的思想道德教育、文化知识教育、艺术体育教育、社会实践教育各环节，以幼儿、小学、中学乡土教材出版为重点，采用绘本、童谣、儿歌、动画、二维码扫描等少儿喜闻乐见的形式，编写出版立意高远而又接地气的系列乡土教材，做到学生爱读、教师爱用、家长爱看。南京出版社出版的国家和省市重点项目《快乐歌——道德学习童谣》、《南京大屠杀国家公祭读本》(小学版、初中版、高中版)、《璞石成玉的秘密——孩子们心中的社会主义核心价值观》、《问道——中学生心中的社会主义核心价值观》以及《我们的节日》《南京诗歌地图》走进南京乃至江苏的中小学课堂，就是成功的案例。我们还可以继续编写出版《我们的城市：南京》等乡土教材，进一步培养少儿爱家乡、爱南京、爱祖国的感情。

6."文创产品"有温度。"文创产品"处在金字塔的"六位一体+"出版体系的最底层，未来的发展空间最大，要求做出温度。

将南京中国特色社会主义文化物化成一件件文创产品，让优秀传统文化活起来，"飞入寻常百姓家"，使读者一见倾心，乐于购买，带回家中，时刻受到熏陶，同样可以起到润物细无声的效果。例如，已经面世的"《南京成语故事》书·茶组合""《南京传世名著》书·茶套装""南京旧影·老地图"系列、《南京传世名著》笔记本、"南京24部传世名著"书签，以及以中山陵、雨花台、秦淮河、总统府、明孝陵等景点为题材或者是以南京图书馆、南京博物院、南京市博物馆、六朝博物馆等展览为主题的导览手册、笔记本、明信片、文件夹、台历等，与相关出版物配套出售或零售，都是成功的案例。

7."主题图书"有鲜度。主题图书，又称主题出版图书、主题出版物。在"六位一体+"出版体系中，主题图书作为唱响主旋律的出版物，是专门围绕党和国家工作大局，就一些重大会议、重大活动、重大事件、重大节庆日等主题而出版的图书，具有很强的时效性。它形式多样，无处不在，无时不有，是这一出版体系中最活跃的因子。我们要善于抓住每年的重大主题，超前谋划，要有准确的判断力，提前抢占制高点，从而做出既接地气又独领风骚同时富有"鲜度"的主题出版物。

就南京地区而言，以雨花英烈精神、梅园精神、渡江胜利精神，以及有关南京大屠杀、抗日战争、"一带一路"、"大运河文化带"为题材的出版物，均是主题出版物。目前已经出版的《世界记忆遗产：南京大屠杀档案》20册、《南京大屠杀辞典》5册、《中国战区受降档案》12册、《南京大屠杀史》、《侵华日军南京大屠杀国家公祭读本》3册、"南京不会忘记丛书"10册、《渡江战役口述史》、《南京红色印迹》、《南京历代运河》、《海上丝绸之路·南京史迹》，以及"南京大屠杀史文献与研究"系列丛书 35 册等主题图书渗透到"六位一体＋"空间的每一个角落，适应了不同层级读者的需求。

再以已经出版的"雨花英烈精神"主题出版物为例。《雨花英烈家书》《雨花英烈日记》《雨花英烈文集》《雨花英烈狱中斗争》属于档案文献；《雨花英烈画传》属于辞典图录；《雨花台烈士陵园志》《初心永恒——雨花英烈话语解读》属于学术研究专著；《雨花忠魂》纪实文学系列丛书属于大众普及读物；"雨花魂·烈士情"（小学生读本）属于文化教育图书；以丁香烈士凄美动人的爱情故事为主题的丁香花信笺，以邓中夏烈士中学时代绘制的《醒狮图》为图案的 T 恤，以雨花英烈语录、图像和遗物为主题的明信片、书签、文件夹、笔记本、台历、水彩笔、蜡笔等均属于文创产品，它们与雨花英烈精神系列图书配套组合销售，显示了巨大的市场潜力。

结语

综上所述，在中国特色社会主义进入新时代的新形势下，建立"六位一体＋"的出版体系，对于以文本形态和数字形态不断推出讴歌党、讴歌祖国、讴歌人民、讴歌英雄的精品力作，多出代表国家意志、体现当代最高学术水准、传承历史文化、彰显当代风采、适宜国际传播的作品，彰显中国特色社会主义文化在中华文明史发展进程中的地位和贡献，积累、传播中国特色社会主义文化并发掘其当代价值，提振文化自信，推动中国特色社会主义文化繁荣兴盛，为世界文明贡献中国智慧，进而构筑中国精神、中国价值、中国力量都具有积极的作用。

参考文献：

1.中共中央党史和文献研究院、中央"不忘初心、牢记使命"主题教育领导小组办公室编:《习近平关于"不忘初心、牢记使命"论述摘编》,党建读物出版社、中央文献出版社 2019 年版。

2. 中共中央宣传部:《习近平新时代中国特色社会主义思想学习纲要》,学习出版社、人民出版社 2019 年版。

3. 中共中央宣传部:《习近平总书记在文艺工作座谈会上的重要讲话学习读本》,学习出版社 2015 年版。

4. 南京出版社编:《我们的 30 年:南京出版社 1988—2018》,南京出版社 2018 年版。

5. 卢海鸣:《构建南京优秀传统文化出版体系初探》,《中国新闻出版广电报》2018 年 4 月 11 日。

6. 李建臣:《文化传播与出版》,好人老李微信公众号,2019 年 4 月 30 日。

7. 卢海鸣:《南京优秀历史文化资源传承弘扬研究》,2018 年南京市社科重点项目(18CB11),2019 年 6 月结项。

8. 尹琨:《2018 年新闻出版产业分析报告》(图书、期刊、报纸),《中国新闻出版广电报》2019 年 8 月 28 日。

（作者单位：南京出版传媒集团）

新时代民族出版社主题出版的
使命担当

杨　璇

　　"主题"在《现代汉语词典》中的解释是：文学、艺术作品中所表现的中心思想，是作品思想内容的核心；泛指谈话、文件、会议等的主要内容；主标题。① 延伸词汇有"主题词""主题歌"，是指能概括表现图书、文章、歌曲等主题思想的词、曲。近几年，"主题"一词有了特定的含义，是与政治、经济、社会、文化等方面工作大局密切相关的党和国家发生的一些重大事件、重大活动、重大题材、重大理论问题的表述，出现了"主题教育""主题学习""主题出版"等。在出版界，笔者认为虽然"主题出版"这一概念是 2003 年原新闻出版总署提出的，但主题出版一直伴随着新中国的成长，只是未给予概念化；2012 年原新闻出版总署开始组织一年

---

① 参见《现代汉语词典》（第 7 版），商务印书馆 2016 年版，第 1712 页。

一度主题出版重点出版物选题申报遴选活动；2015 年国家出版基金为主题出版提供单独资助，并不占用当年的申报名额；2016 年"十三五"国家重点图书出版规划项目中把主题出版单列为一类并排在首位；2019 年举办了全国首届主题出版学术研讨会。由此可见，"主题出版"在出版行业中占据了重要地位，从政策层面通过各种方式激发各领域出版社深入挖掘主题出版选题特色，以弘扬主旋律、传播正能量为行业风向标，营造风清气正又不失生动活泼的社会舆论氛围。

笔者查阅了 2012—2019 年主题出版重点出版物选题目录，8 年间全国各出版社共申报 12400 余种选题（图书出版物和音像电子出版物），共798 种选题被确定为主题出版重点出版物选题，占 6.32%；其中民族题材主题出版重点出版物选题为 50 余种①，有近一半是 2015 年纪念新疆维吾尔自治区成立 60 周年、西藏自治区成立 50 周年的选题。这些民族题材主题出版物有如下特点：一是出版社主要集中在民族出版单位和民族地区出版社，例如民族出版社、新疆美术摄影出版社、雪域音像电子出版社、云南人民出版社等；二是文字的多样化，有蒙古、藏、维吾尔、哈萨克、朝鲜 5 种民族文字整合出版物，有汉语文单文种，也有汉语文与民族文字对照出版物，还有汉、民族文字、英 3 文种出版物等；三是选题类型丰富，例如政治类的《习近平谈治国理政》5 种民族文字版，文学类的《告诉你一个真实的西藏》，少儿类的《雪山上的达娃》《坐着火车去拉萨》，音像电子类的《辉煌诗篇——西藏民主改革 60 年》，等等。新时代以来，我国民族题材主题出版物的选题策划得到了高度重视和长足发展，民族出版社参与其中，它既肩负着使命又要开拓创新，要在困境中寻求出路，不愧于时代赋予的责任。

---

① 主要选择民族出版单位、民族地区出版社、其他出版社的民族题材选题，资料来源于"中华人民共和国国家新闻出版广电总局"官网。

一、牢记出版使命，传承老一辈民族出版人精神

新中国成立伊始，国家在中央民族事务委员会参事室设立了编译机构，1953 年在此基础上成立了民族出版社，周恩来总理亲自批复成立民族出版社的有关文件并题写了社名，第一任社长是萨空了先生。一位老同志在回忆录中提到，"萨社长在出版社成立之日说，民族出版社的成立是党中央、中央人民政府对少数民族的关怀和民族工作的重视，它肩负着向各民族宣传党和国家政策、发掘继承弘扬各少数民族的传统文化、增进汉族与少数民族的关系、促进民族团结的重要使命"①。那个时候，出版了一批时政类民族文字版图书，翻译出版了 5 种民族文字版的《马克思恩格斯选集》《列宁选集》《斯大林选集》《毛泽东选集》等马列经典著作及党和国家领导人的重要著作；出版了一批红色经典图书，翻译出版了民族文字版的鲁迅《狂人日记》、周立波《暴风骤雨》、巴金《家》、矛盾《子夜》、曹禺《雷雨》、老舍《骆驼祥子》以及《可爱的中国》《白毛女》《鸡毛信》等优秀文学作品；还出版了大量民族文版的画报、连环画、宣传画。② 这些民族文字版读物正如及时雨为少数民族群众送去了党和国家的关怀，将党和国家的声音传播到了民族地区，丰富了少数民族群众的精神生活。这些民族文字出版物正是顺应了时代的需求应运而生，它们就是当时的主题出版物，也是民族出版社成立的初心体现。

在那个艰难困顿的年代，能翻译出版那么多的经典著作实为不易，这需要的是一种精神、一种情怀、一种信仰，也正是我们需要传承和弘扬的正能量。笔者翻阅了民族出版社老同志手记，在老一辈出版人身上所折射出来的坚忍不拔的精神都可归根于他们有一颗为少数民族群众服务的初心。当年的《毛泽东选集》民族文字版可以说是民族出版史上的一个里程

---

① 庞宝光等编著：《我们的回忆》，民族出版社 2013 年版。
② 参见本刊记者：《60 年开拓·奉献·坚守——民族出版社 60 周年纪事》，《中国民族》2013 年第 9 期。

碑，各民族翻译出版专家从全国各地汇聚一起、克服种种困难高标准完成出版任务，成为民族语文翻译出版的范本，意义深远。翻译过程中，为了让少数民族读者能用母语读到著作，明确要求翻译工作者在正确理解原文后，把原文准确而又流畅地翻译成另一种民族文字，使另一个民族的读者就像汉族读者阅读原著一样，心领神会，受到感染和教育。那年的萨空了先生是人民美术和民族两个出版社社长，他非常重视连环画选题，他说"连环画是生动的形象教育的教材，小孩大人都可以看，老少皆宜，特别是现在，少数民族中文盲所占的比重还很大，连环画的出版使不识字的人看图也可以懂个大概，如果再有识字的人在旁边教他，还可以起到扫盲作用，就是识字的人拿来看图，也可以通过美术感染力得到美的享受，是一举多得。"① 老一辈出版人所秉持的朴实真理至今也是受用无穷。

二、坚守出版阵地，打造主题出版精品力作

改革开放以来，民族出版社一直以党和国家赋予的使命坚守出版阵地。40 多年来，翻译出版了《邓小平文选》、《江泽民文选》和《习近平谈治国理政》（第一卷、第二卷）、《习近平新时代中国特色社会主义思想学习纲要》等 5 种民族文字版的领袖著作；翻译出版了党和国家重要文件文献等时政类读物，如《中华人民共和国宪法》《中国共产党章程》《中华人民共和国民族区域自治法》《政府工作报告》、全国人民代表大会会议文件及辅导读本等 5 种民族文字版时政类图书；翻译出版了《中国共产党历史》《中共党史少数民族人物传》5 种民族文版党史类图书；出版了民族理论与民族政策图书，如《周恩来：关于我国民族政策的几个问题》《李维汉：关于民族理论和民族政策的若干问题》《新时期民族工作文献选编》《中国共产党民族理论政策干部读本》《民族知识读本》等，特别是围

---

① 庞宝光等编著：《我们的回忆》，民族出版社 2013 年版。

绕 2014 年中央民族工作会议策划出版了《毛泽东民族工作文选》《中央民族工作会议创新观点面对面》《中央民族工作会议精神学习辅导读本》等。几十年的积累，这些图书举不胜举。正是这些图书将党和国家的声音第一时间传到了民族地区，让少数民族群众了解到党和国家的执政理念和执政方略，对维护民族团结、国家统一、社会和谐发挥了重要作用；也正是这些图书支撑起了民族出版社所肩负的重要使命。

党的十八大以来，民族出版社用了五年的时间精心打造了《习近平谈治国理政》（第一卷、第二卷）5 种民族文字的主题出版物，为民族地区广大干部群众学习贯彻习近平新时代中国特色社会主义思想提供了权威读本，具有重要的现实意义。精品的打造必有超出常规的过程，五年里组织了两次大规模翻译出版专家大规模集中办公，每次历时百余天、参与人数百余人，还从民族地区抽调数十位专家参与其中；稿件通过"五审五校"后交专家审定组最终定稿；邀请文献出版社、外文出版社、中华书局等专家全程答疑解惑；还编制解释疑难词句、古代作品名称等的内部参考资料。《习近平谈治国理政》民文版是继《毛泽东文选》民文版之后的又一力作，一批翻译出版专家兢兢业业、不辱使命地圆满完成任务，在业务上得到了很大提升，同时更重要的是规范了政治话语民族文字翻译标准，为新时代领袖著作、时政类图书民族文字翻译出版奠定了坚实的基础。

三、正视主题出版困境，探寻可行性路径

近几年，主题出版物如雨后春笋般涌现出来，形成主流思想，在社会上掀起了一次又一次的阅读热潮。笔者查阅民族出版社近几年的图书出版目录，主题出版物主要是以 5 种民族文字整合出版为主，大部分是党和国家的重要文件文献的民族文字出版。这一特点确实是符合办社宗旨，为民族地区输送了大量的民族文字版读物。然而，随着新时代的到来，在铸牢中华民族共同体意识主流思想指引下，民族出版社在挖掘民族题材主题出

版选题上还是远远不够的，这方面的选题策划还没有跟上时代的需求，做出一些思考是非常有必要的。

转变视角。党的十九大报告明确提出：全面贯彻党的民族政策，深化民族团结进步教育，铸牢中华民族共同体意识，加强各民族交往交流交融，促进各民族像石榴籽一样紧紧抱在一起，共同团结奋斗、共同繁荣发展。这一指导思想为民族出版工作提供了思考路径，从国家大局整体规划的高度考虑图书出版选题，既要面向少数民族也要面向汉族，既要出好民族文字图书也要出好汉语言文字图书，既要出版主题出版物也要出版在社会主义核心价值观引领下的民族文化出版物，通过图书架起56个民族间相互交往交流交融的桥梁，增进"五个认同"，从思想意识形态上把各民族紧紧围绕在党和国家的周围，更好凝聚起来共同奋斗。

改变思维。通过梳理，民族题材主题出版物的读者主要集中在民族地区的党员领导干部、普通党员、学生，还有一些研究人员，这一群体阅读主题出版物的购买渠道大多是以政府采购为主。可以看出，主题出版物从选题策划到营销都是采取自上而下的顶层设计推广的，这是一个主流趋势。改变思维，就是从读者群入手，结合时代需要自下而上地策划主题出版物，通过主动找读者、扩大读者范围，立足于如何在严肃的主题出版物形势下做出让更多读者喜闻乐见的出版物，从读者群的真实需求挖掘出主题出版内涵更宽泛的选题，融入新媒体理念，将主题出版做得更富有活力和生命力。

培养专业型编辑。一直以来大家都认为编辑是一个杂家，知识面广而不宜精。事实上这是一个误读。编辑若没有专业就很难用专业的眼光捕捉到很好的选题，很难做到专业的分析、深入的解读和专业的营销。主题出版物的策划对编辑提出了更高的要求，不仅仅要有较高的政治站位，还要具有能从国家发展、时代变迁、社会和文明的演进等方面深入思考的能力和敏锐的观察能力，适时地提出切合实际的选题，寻找稿源并付诸实践。民族题材主题出版物的策划需要有一批政治理论功底强、紧跟社会热点、真正了解民族地区情况的编辑，策划推动民族团结、凝心聚力的主旋律图书。

四、结合出版资源优势，为铸牢中华民族共同体意识再创佳绩

"铸牢中华民族共同体意识"已被写入党章，成为全党全国各族人民实现中国梦新征程上的共同意志和根本遵循。这个趋势和目标是新时代民族出版工作的主线，在社会主义核心价值观的引领下，紧紧围绕这一主题通过图书出版营造各民族相互嵌入式的文化氛围，积极推动各民族优秀传统文化创造性转化和创新性发展，走上新的征程。

更好地利用出版资源优势，做好主题出版。民族出版社是一个集汉、蒙古、藏、维吾尔、哈萨克、朝鲜六种文字于一体的出版社，在 60 多年的编辑出版工作中积淀了一批资深的民族语文编辑专家和民族理论政策、各民族文化研究专家，是全国范围内独有的国家级出版社。同时，基于蒙古、哈萨克、朝鲜与周边国家有着相通的语言和相近的文化优势，为民族文字图书出版"走出去"创造了很好的条件。这几年，成功地将《习近平谈治国理政》（第一卷）哈文版输送到哈萨克斯坦；《习近平谈治国理政》朝文版成为韩文版翻译的重要参考。不仅要做好 5 种民族文字主题整合出版，还要注重自主策划的汉文版主题出版物，做好 6 种文字出版，充分发挥多文种优势，扩大读者群，把民族题材的主题出版物输送到全国各地，甚至是周边国家。

更深入挖掘读者群需求，开发丰富的选题类型。"铸牢中华民族共同体意识"是一个理念，但如何实现需要社会各个领域的共同努力。紧紧围绕这个中心，把读者群从少数民族群众干部扩大到 56 个民族、从国内扩大到国家周边、从成年人扩大到儿童，抓住"全面建成小康社会""中国共产党成立 100 周年""绿色发展新理念"等主题，从整体到局部思考主题出版选题。中国有着 5000 多年的悠久文化历史，各民族相互交融、相互促进，共同创造了灿烂辉煌的中华民族文化。在全局的视野下，从各民族的优秀文化入手，立足传承和弘扬的视角进行转化和创新，把主题出版

做得生动活泼、喜闻乐见。如可尝试开发童书中的民族题材的主题出版物，从小就让孩子们认识到中华文化的博大精深，传递中华民族一家亲的理念。

更富活力地创新媒体融合，研发主题出版物的衍生产品。随着新媒体的迅猛发展，出版界已形成了融媒体，把图书通过更便捷更生动更直观的方式展现在读者面前，更重要的是还可以通过网络将这样的读者群汇聚在一起进行线上交流。民族题材的主题出版物特别是时政类出版物，在新媒体的环境下，应积极探索研发其可能带来的更多的附属产品。例如搭建少数民族群众干部阅读学习平台，把民族文字版的领袖著作、党和国家重要文件文献、民族文化等传输上去，平台上还可以进行专业人员解读、资料查阅、学习心得交流等，把出版资源激活，让更多的人从中受益。

参考文献：

1. 民族出版社：《民族出版社引领新中国民族出版 60 年》，《民族画报》2013 年第 9 期。

2. 萧宿荣：《强化新时代主题出版的使命担当》，《中国出版》2018 年第 23 期。

3. 李建红：《主题出版的三大规律》，《中华读书报》2018 年 4 月 25 日。

4. 韩建民、李婷：《我国主题出版研究现状和趋势浅析》，《出版与印刷》2019 年第 2 期。

（作者单位：民族出版社）

传统文化复兴背景下出版对传统文化内容的选择

——兼论文化复兴困境及出版人的历史使命

丛艳姿

　　文化是民族的血脉，是一个国家国民的气质和国家经久不衰的密码。中华传统文化源远流长，是中华民族独特的标识，不仅维系着中华各民族的大团结，也是中华民族生生不息、发展壮大的文化沃土。为延续中华文脉，全面提升人民群众文化素养、维护国家文化安全，党的十八大以来，以习近平同志为核心的党中央领导集体更加自觉与主动地推动着中华优秀传统文化的传承与发展，有力增强了中华优秀传统文化的凝聚力、创造力和影响力。然而，由于文化断裂日久，近代传统文化花果飘零，乃至"圣人不出""鸿儒稀见"，与此同时，经济发展和社会变革也使得当代社会较之传统社会发生了翻天覆地的变化，其接续工作的繁难程度可想而知。此外，中华传统文化的复兴在当代更面临着诸多的困境。

一、传统文化复兴在当代面临的三大困境

（一）传统文化虚无主义

晚清之际，西方列强通过炮火打开中华民族的国门，中国人睁眼看世界，此后百年，传统文化一直被视为毒蛇猛兽，被当作国家民族保守落后的罪魁祸首——"全部十三经，不容于民主国家者盖十之九九，此物不遭焚禁，孔庙不毁，共和招牌，当然持不长久"[1]。此去多年，国人也多视德、赛两位先生与传统文化为水火，将传统文化等同于落后、愚昧、无知。

当今，这样的思维方式仍旧在国人心中蔓延，如很多人依旧将中医等传统文化内容放在科学的尺子下丈量，与现代医学或科技来一较短长。西方重分析、重归纳、重实证的传统取自古希腊时期，长在西方文明之树上的科学之花在当代已经果实累累。其实这一思维方式与文化传统恰好弥补了我们中华文化中的不足，两者绝非你存我亡、非此即彼之关系，而应该是相互证见、彼此成全。

在古代，我们也一直有这样的传统，春秋战国时期，周室衰微，群雄并起，由此形成了"诸侯异政，百家异说"的局面。后来其他学派衰微，儒道并立，虽然儒家为显学，但古代士人却是多秉承"入则孔孟，出则老庄"的行为准则。道家学派主张清静无为、顺应自然、与世无争，这种与儒家迥然不同的思想，为古代士人开辟了一个心灵的世外桃源，也带来一种更为超然的人生智慧。

传统文化里缺乏对实证和分析的认识，但却注重思辨与义理，而我们不妨学习古人的智慧将东西方文明作为现代人之两翼，得之便能翱翔于古今中外。以科学之名来反对传统，实在是"收之桑榆"却"失之东隅"的一种表现。

---

[1] 《陈独秀著作选》第三卷，上海人民出版社1993年版。

（二）传统文化复古主义

文化的复古主义（主要是儒学复兴）萌发于 20 世纪初，其代表是提倡过维新变法的康有为、严复等人。当时不仅成立了孔教会，还有"以儒教为中国国教"的倡议，其用意是"挽救人心，维持国运"，试图以"传统"对抗"现代化"。近些年来，复古主义也在大行其道。20 世纪 80 年代的"读经热"、21 世纪初"汉服运动"的出现、几年前恢复繁体字的热议，可以说都是复古主义抬头的种种迹象。此外，千百学生在操场为父母洗脚、将《弟子规》的内容作为幼儿园孩子日常行为规范等一些形式主义也在悄然助长着复古主义的火焰。

面对复古主义，当年以李大钊为代表的新青年曾指出："随着社会的需要，因时因地而有变动，一代圣贤的经训格言，断断不是万世不变的法则。什么圣道，什么王法，什么纲常，什么名教，都可以随着生活的变动、社会的要求而有所变革，而且是必然的变革。"这句话切中了传统与现实关系的要害——完全丢弃传统固不足取，但故步传统之中，无视社会的发展，这不仅不能推动文化的丰盈，还会阻碍社会的进步。

放眼今时今日，应该说传统文化既不是洪水猛兽，也并非济世良方。尊崇传统，不意味着全然回归传统，而是应该汲取其中的优秀内容来弘扬和发展。因为文化在发展过程中以及在特定的历史条件下，其要素并不总是进步的、文明的、优越的，那些落后的、野蛮的和腐朽的传统，不该也不能被继承和弘扬。有甄别地扬弃，有选择地取舍，师古而不泥古，才是对待传统文化的应有姿态。

（三）传统文化功利主义

将传统文化庸俗化，以实用的功利主义态度加以对待，是传统文化复兴所面临的又一困境。1789 年，英国法理学家杰里米·边沁（Jeremy Bentham）的代表作《道德与立法原理导论》出版，揭示了人类的本质之一就是对功利（快乐）的追求，他提出的功利主义在人类社会中具有广泛的基础，在传统文化领域亦有明晰的表现，风水、算命、开运等传统文化中的腐朽内容，这些即便在过去也难登大雅之堂，为士人所不齿的迷信活动在今时今日由于功利心的作祟却仍有市场。而一些作为传统文化重要载体典范权威的著作，除了应考学生和相关研究人员，似乎再无人问津。

的确，如果说古代求学士子皓首穷经埋首典籍还是为了实现"朝为田舍郎，暮登天子堂"的功名梦的话，那么现代人学习传统文化确实毫无功利可言，它无法带来直接的、立竿见影的效用，不了解、不懂得传统文化于现实生活亦无大碍，这也正是传统文化难能推广和广泛传播的主要原因。

传统文化与其他文化一样，对人的影响具有长期性、隐形性，其功效虽不在当下，却是根本性与决定性的。相比于实学的、实用的、形而下的为了专业进步、职业技能或者获取功名利禄之学，传统文化归属于人文的、文化的、形而上的博雅教育。其目标是"培养学识渊博而通达，头脑清明而有远见卓识，人格健全举止得当，道德良善且具有社会担当的人"[①]。

综上所述，传统文化的全面复兴还存在诸多窒碍，弘扬传统文化离不开对传统文化的"温情与敬意"，更离不开对传统文化的正确理解和把握。要想正确认识传统文化，应该说，必须回归传统文化内容本身，全面整理传统文化内容，使其优秀的内容以其本来面目呈现。只有这样，传统文化才能在各取所需、各得其所中得到全面发展。

二、当代出版视域下传统文化内容的选择与呈现

疗治传统文化在当代的种种弊病，必须立足当下，回归传统文化本身。5000 多年铸就的中华传统文化，其内容浩繁广博，其形态千姿万状，其现状兴衰不一，依托出版自身的优势及条件甄选传统文化中的精华内容，形成出版选题，才能将中共中央办公厅、国务院办公厅印发的《关于实施中华优秀传统文化传承发展工程的意见》中所说的"编纂出版系列文

---

① 陆一：《"通识教育"在教育实践中的名实互动》，《清华大学教育研究》2018 年第 2 期。

化经典"落在实处。①

由于研究内容繁多、研究角度各异，学界对传统文化的分类方式并无一致的分类标准与共识。但是整体来看，各分类也并非迥然相异，只是角度不同。下面，就从传统文化内容的基本分类（经典、常识、技艺）② 来说明出版视域下传统文化内容的选择。

（一）经典的再整理

传统文化中经典资源最为丰博，也是传统文化内容中的精华与典范，整理传统文化，典籍是首要内容与方向。经典（或称典籍），指的是历史上具有权威性、典范性的著作，凝练了古圣先贤对宇宙和人生的思辨，具有超越时代的生命力。

就普及层面来说，典籍主要包括蒙书、以"四书五经"为核心的儒家经典，以及具有代表性的史部、子部和集部。这些内容都是中华传统文化的重要思想载体和文化载体。

汗牛充栋的典籍一直都是历代学者研究和关注的重点，而自宋代尤其是晚明以来，典籍在出版（刻书）领域的发展一直是传统文化资源发展得最为丰满的一个部分，典籍在各方家及有识之士的整理与保护下，多能在出版领域中寻觅到其踪迹，然而通过对比不难发现，一如传统文化其他内容，各典籍在当代的命运兴衰不一、境况两样，有的典籍版本书目之多，多达百种，而有的却难觅踪迹。

诚然，典籍的兴衰与其流传广度、影响深度以及水平高度息息相关，然而，统揽古代典籍仍旧不难发现有些书籍是被忽视和低估了的，还有待出版人对其挖掘和宣传。如在当当网检索渐入学术界视野的"日用类书"一词条，目前仅有《明代通俗日用类书集刊》一套在售，其售价也高达3200 元左右。

应该说，由于典籍的受众面小，在进行出版策划时应该结合市场需求

---

① 参见中共中央办公厅、国务院办公厅：《关于实施中华优秀传统文化传承发展工程的意见》，见 http://www.gov.cn/zhengce/2017-01/25/content_5163472.htm。

② 参见徐梓：《中华优秀传统文化教育十五讲》，北京师范大学出版社 2018 年版。

谨慎选择，此外还应与现代出版技术及文化发展相融合，这既是传统文化创新的需要，更是时代发展的必然。以古代蒙书为例，近年在一些学者的倡导和推动下，《幼学琼林》《声律启蒙》等一批知识性强、韵律谐和的启蒙读物开始逐渐走入读者的视野，然而在纳入当代出版时，其出版方式已经一改单纯的文本呈现方式，而是综合了多样的现代媒体技术，如中国国家地理推出的"诗画系列"套装，就把《声律启蒙》和吴冠中先生的画作相结合，"两岸晓烟杨柳绿，一园春雨杏花红"与中国画的烟雨朦胧相得益彰，书中亦有二维码，亦可聆听配乐朗诵。

作为中华传统文化的重要载体，典籍由于其凝结着古人的智慧，体现着中华民族的思想理念和人文精神，具有超越时代的价值，出版人应该对其加以整理使其焕发时代生命力，成为今人汲取智慧的源泉。另外，无论是内容的再整理还是方式的再创新，对出版行业来说，都是取之不尽用之不竭的宝贵出版资源。

（二）常识的深挖掘

20世纪初发起的白话文运动，将古文的书写与阅读变成了少数人的事，与此同时，国人的思维方式与生活习惯都受到西方国家的浸渍，而发生了翻天覆地的变化。过去的信仰、习俗也在悄然改变。自现代化以来，随着经济的发展和科技的进步，古代很多很重要常识如天文、历法、职官、科举等对今人来说，已经十分陌生了，而如果不能了解先民生活的社会背景、习俗和知识结构，就难能完全了解古代文化的产生与发展，也必然会成为文化传承的阻碍。

常识，指的是中国历史上广为流传、广为人知的基础知识、生活经验和思想共识，它是构建传统文化知识体系的基础。这部分内容涵盖于传统社会的方方面面，具体来说，包括但不限于礼仪文化、器物文化、传统社会结构及生活文化、传统思想文化。

这些林林总总的常识内容是人们得见传统社会全貌的宝贵途径，该内容亦应引起出版人的足够重视。要对这部分内容进行出版策划，有赖于策划人员在明晰传统文化的整体构架基础上，了解传统文化学术热点，深入传统文化研究的学术前沿。其意义不仅在于推动学者的学术工作，对传统文化的普及亦有深远意义。

比如，《思想史研究课堂讲录》是著名学者葛兆光先生讲授中国思想史研究方法的课堂讲录，由于讲稿的特殊性质，内容深入浅出，对我们了解中国思想史的发展大有裨益，而这本书的引言内容就是由复旦大学出版的出版人录音并整理的。这也就不难理解葛兆光先生在韩国坡州编辑学校演讲时曾就编辑如何策划的问题上，发出了我觉得，出版社能不能介入大学和研究所的研究？编辑能不能深入研究学术前沿在哪里？出版社能否有效推动学者和教授的工作？三个提问。①

应该说，要想全面传承古代文化，还应对传统文化有全面的了解，而全面了解传统文化仅从典籍一个层面来探求是远远不够的，这不仅是因为典籍难能为我们呈现一个完整的古代社会，更因为如果我们无法得见古代社会全面也就无法全然理解典籍的内容。要想架起当代与古代的桥梁，对古人的看待万物的方式和经验有所了解，还需要对这些内容加以整理，这便是传统文化中的常识内容。

（三）技艺的新开发

如果说古人对宇宙和人生的思辨都凝练于那些超越时代生命力的典籍之中的话，那么千百年来，古人的生活情趣、闲情雅意则都被嵌入进了形式繁多的传统技艺之中了。传统技艺，指的是长期存在于传统生活之中，通过长时间反复演练后习得和掌握的富于技巧性的游戏、手艺、工艺或艺术等内容。它是我国古代先民在长期生活过程中时代传承和相沿成习的内容之一。②

然而一直以来，技艺都是被忽视的被边缘化的文化资源，甚至将其贬斥为"奇技淫巧"，被认为是"玩物丧志"。随着时代的发展，人们开始

---

① 参见葛兆光：《第一等的题目和第一等的书》，见 https://www.thepaper.cn/newsDetail_forward_1466126。

② 参见丛艳姿：《通过了解传统技艺来感受古人生活的闲情雅意》，《中国教师》2017年第 16 期。

逐渐认识到了技艺的作用和功能，将其看作传统文化的重要组成部分，通过技艺来感受古人的情志，体味传统文化的精髓。很多国家把保护非物质文化遗产列为政府的重要工作，如我国于 2011 年通过了《中华人民共和国非物质文化遗产法》，对传统美术、书法、音乐、体育和游艺等技艺内容以法律的形式加以保护。

传统技艺内容丰富，如果以从事的主体论，有儿童和成人的区别、男人和女人的不同、庶民和士人的差异；如果以宗旨目的而论，有的纯为娱乐，有的陶冶性情，有的偏重使用。总的来说，技艺可以分为传统游艺和游戏，传统技能和百工技艺，各技艺之下又有细分。传统技艺在民间具有强大的生命力，时至今日，仍然在我们的生活中焕发着活力，如体现稚子童趣的踢毽子、九连环等传统游戏，传达文人雅趣的琴棋书画和体现匠人志趣的织染雕刻。

对出版业来说，传统技艺是一片仍未开垦的宝地，目前已有的出版技术也使技艺的再现与创新发展成为可能。其可展现的技艺内容已经越来越不受限于载体了，而融合了媒体科技的出版在技艺的互动及教学上则有着更为突出的优势。

综上所述，经过 70 年的洗礼与发展，出版技术较之过去已经发生了翻天覆地的变化，过去囿于媒介限制，传统出版仅有纸媒这种单一形式的载体，能够呈现的传统文化内容自然只能以图文形式呈现，而近年来随着科学技术在出版领域的日新月异，声电光影亦能被封存于纸面上，其所涵盖的形式和技术就更加广泛了。这就极大地扩充了出版领域对传统文化内容呈现的范围，加之出版在校勘等自身的传统优势，其对传统文化复兴的推动也就具有其他行业不能比拟的优势。

结语

建设中国特色社会主义文化强国，离不开传统文化，中华优秀传统文化中蕴含了无数中国符号、中国元素和中国气派，中华优秀传统文化是中国最突出的历史文化优势。整理、宣传中华优秀传统文化既是民族复兴事业的当务之急，也是文化出版的自身要求。

　　传承和发展传统文化是中华儿女共同的责任，而作为出版从业者来说，推动传统文化在当代的全面复兴，应该说也是出版业反哺传统文化的历史机遇。脱胎于印章和石刻的印刷术，带来了古代中国印刷和出版的大繁荣。到了明代，特别是嘉靖之后，除了官刻，我国私人刻书业也呈现出前所未有的繁荣，坊间竞争激烈，一度出现"百家争雄，千坊斗志"的局面。如今我们惯听惯用的出版术语就多脱胎于古代刻书业，甚至可以说，没有古代印刷、刻书的繁荣，就没有如今的出版行业。

　　在传统文化全面复兴还面临着诸多困境的当下，作为文化的继承者、弘扬者和建设者，出版人自然对中华传统文化的复兴和弘扬有着责无旁贷的历史使命。而出版业在推动文化发展上也具有天然的优势：其一，通过整理故旧，来唤起中华儿女共同的文化记忆；其二，通过推动文化交流，来增进文化理解，实现不同文化的美美与共；其三，出版还能够通过滋养创作来促进文化繁荣。此外，出版还应该助推传统文化在国际间的传播，通过版权贸易、国际书展等多种形式，推介中华典籍、中华文物、中华艺术、中华医药、中华技艺等传统文化内容，让具有中国特色的文化产品走向国际市场。

　　传统文化与现代文明并非势不两立、此消彼长，今时今日，寻找传统文化、推动传统文化的创新发展、接续古今文化断裂已经是时代的发展要求，而我们出版人也正肩负着这样的文化使命。

（作者单位：中国水利水电出版社有限公司）

科普工作新需求下作者队伍建设的对策思考

李国昌　　王凤林　　龙昭月

当前我国进入创新型国家行列的冲刺阶段，即将开启全面建设社会主义现代化国家新征程，科普工作面临新的发展需求。2017年《"十三五"国家科普与创新文化建设规划》提出，科普工作需要提升科技创新能力，把科技创新的成果和知识为全社会所掌握、所应用；需要进一步在全社会弘扬科学精神、普及科学知识，大幅度提升公民科技意识和科学素质，这给科普人才队伍建设提出了新的更高要求。满足科普工作新需求，是当前和今后相当长一段时间内我国科普工作的首要任务，出版业应主动迎接新挑战，采取有力措施，加强科普作者队伍建设，努力为我国科普事业的高质量发展不断增添新动能。

一、对标科普工作新需求下的作者队伍建设差距

科普工作新需求的满足，科普人才队伍是决定性力量，科普作者队伍是一支重要力量。当前，我国科普出版虽然取得了显著成效，但有效供给明显不足，根源在于科普作者队伍建设乏力，无法满足科普工作新需求。

（一）科普工作新需求对作者队伍建设提出了新的更高要求

通过对科普工作新需求的分析，不难发现其对科普作者队伍建设提出的要求可以概括为以下四个方面：一是规模要大，能创作出覆盖到全社会的科普产品，以更好满足近 14 亿中国人乃至世界各国人民对于美好生活的需要；二是知识要新，创作的内容要及时充分体现新技术新成果，能对公民科技意识和科学素养有大幅度提升；三是能力要强，会用通俗的语言、直观形象的方式讲科学的故事，易于公众掌握和应用；四是坚持"以我为主"，本土作者唱主角，创作更多体现中国智造、中国气派、中国风格的优秀科普作品。这些要求具有规模性、系统性、创新性、时代性、主体性的鲜明特点，是对科普作者队伍提出的新的更高要求。

（二）作者队伍建设现状还无法满足科普工作新需求

改革开放以来，尤其是党的十八大以来，我国的科普出版取得了显著成效，但与科普工作新需求对标，仍有相当大的差距。据科技部统计，2017 年我国出版科普图书 1.41 万种[①]，仅占全国出版图书的 0.28%，远远满足不了科普工作新需求。目前科普作者队伍建设存在四个方面的主要问题：一是规模较小，全国专职科普创作人员仅有 1.49 万[②]，与我国庞大的科技人力资源总量相较沧海一粟，具体到出版单位层面还存在过于分散、稳定性差的问题；二是创新能力偏弱，创作的作品对公众关注的热点问题和前沿科学技术最新进展快速响应不足，内容雷同、同质化问题较为

[①]　参见科普所：《第十次中国公民科学素质调查结果公布》，2018 年 9 月 18 日，见 http://www.crsp.org.cn/xinwenzixun/yaowenbobao/091R3022018.html。

[②]　参见刘垠：《2017 年度全国科普统计数据出炉》，《科技日报》2018 年 12 月 19 日。

普遍①，知识碎片化、缺乏体系性，甚至出现科学性、政治性差错②；三是创作能力不高，创作的一些作品语言不够通俗，逻辑不够严谨，层次不够清晰，想象力不够丰富，所谓"有科学、没意思"③；四是被动性、随意性问题较为突出④，一方面一些科技工作者为了完成科研项目关于科普作品的硬任务，临时拼凑知识、简单嫁接知识搞"急就章"，另一方面许多出版单位并未将科普出版纳入战略规划、年度目标来统筹运作、强力实施，大多处于被动接单、出版了事的状态，科普作者队伍建设还未提上议事日程；五是对本土科普作者和科普原创产品缺乏信心，一些出版单位热衷于引进国外科普作者的成熟作品，并大加炒作，这不利于本土科普创作人才培养和更多优质科普原创产品的供给。科普作者队伍建设的任务十分艰巨，必须下决心、花大力气解决，出版业应增强使命感和紧迫感，主动担当作为。

二、科普工作新需求下作者队伍建设的理念转变

加强科普工作新需求下的作者队伍建设，应首先改变长期以来依赖专职科普创作人员和信奉"拿来主义"的落后观念，将目光投向广大科技工作者，牢固树立科技工作者是科普作者最大资源来源的建设理念。

（一）科技工作者资源非常丰富

最新全国科技工作者状况调查显示，截至 2016 年底，我国科技人力资源总量达 9154 万⑤，稳居世界第一。他们是科技知识的创造者、转化者

---

① 参见李华：《医学科普图书编辑应提升的编辑力》，《科技与传播》2016 年第 2 期。
② 参见樊京娜：《把好医学科普图书的质量关》，《科技与出版》2009 年第 4 期。
③ 参见胡洪涛：《原创科普图书出版的困境与出路分析》，《科技与出版》2017 年第 2 期。
④ 参见陈兴昌：《试论我国科普作者的现状及培育》，《科技与出版》2004 年第 5 期。
⑤ 参见中国科协创新战略研究院：《我国科技人力资源总量达 9154 万人，继续保持世界首位》，2018 年 11 月 28 日，见 http://www.cast.org.cn/art/2018/11/28/art_371_80414.html。

和传播者，是从事科普创作的合适人选。同时，近年来我国创新驱动发展战略大力实施，创新型国家建设成果丰硕，科技实力大大增强，培养造就了数量庞大的优秀科技工作者。如果对他们加以适当引导和精心培育，可以为科普作者队伍源源不断地输送人才，则我国科普作者资源短缺的问题将得到根本性解决，蕴含在广大科技工作者中的巨大科普创作潜能将竞相迸发，必将有力推动我国科普出版、科普事业乃至创新型国家建设。

（二）科普创作的生态环境得到很大改善

我国的科普工作在整体、快速推进，科普的社会地位不断提高，保障体系不断健全，广大科技工作者参与科普创作的各种体制机制的樊篱逐步得到破除。2002 年《中华人民共和国科学技术普及法》颁布实施，标志着科普正式成为国家的一方面重要工作；2016 年《国家创新驱动发展战略纲要》《"十三五"国家科技创新规划》正式发布，从此科普工作纳入国家顶层设计；2017 年《"十三五"国家科普与创新文化建设规划》发布实施，开启了科普工作的国家级专项规划。相关部委也持续推出科技创新与科学普及的规划，各级各类科普作品评优活动也如火如荼，科普创作成为广大科技工作者获得发展、体现价值的重要路径。习近平总书记在 2017 年全国"科技三会"上指出："希望广大科技工作者以提高全民科学素质为己任，把普及科学知识、弘扬科学精神、传播科学思想、倡导科学方法作为义不容辞的责任，在全社会推动形成讲科学、爱科学、学科学、用科学的良好氛围，使蕴藏在亿万人民中间的创新智慧充分释放、创新力量充分涌流。"① 科学普及的沃土已经培植，大量科普创作人才涌现已指日可待。

（三）科技工作者已经成为科普创作的主力军

随着科技队伍的日益壮大和科普创作生态环境的日益改善，科普创作的热情已经突破了专职科普创作人员范围，在广大科技工作者中形成燎

---

① 习近平：《为建设世界科技强国而奋斗：在全国科技创新大会、两院院士大会、中国科协第九次全国代表大会上的讲话》，人民出版社 2016 年版，第 18 页。

原之势。自然资源部 2013—2018 年 163 种优秀科普图书作者的统计数据显示，科研机构人员、高校教师占 48%，科普机构人员、科普作家和行业学会人员占 28%，机关公务员占 9%，出版社编辑占 6%，其他占 9%。广大科技工作者而非专职科普创作人员已经成为科普图书创作的主要力量，出版业应将目光投入广大科技工作者，增强使命感和责任感，积极主动采取各种有效办法，不断壮大科普作者队伍、提升科普作者创作水平，切实增加科普出版有效供给，更好满足科普工作新需求。

三、科普工作新需求下作者资源的发掘渠道

一般来说，各个出版单位都有自己的领域、区域优势和较为稳定的服务群体，发现科普作者、壮大科普作者队伍最直接、有效的办法是主动与相应领域、区域的组织或服务群体对接，可以采取"五个结合"的办法。

（一）结合服务领域、区域

各出版单位在多年的经营发展中，已经积攒了大量的策划经验和作者资源，并在相关领域、区域内形成了自己的优势和品牌，可以借此发现更多具有科普创作才能或科普出版需求的作者。如中国水利水电出版社利用领域优势，主动联系江西省水利厅和江西省水利科学研究院的专家学者，策划出版了《节水知识科普读物》《节水知识科普挂图》，随之策划了动画短片《节水总动员》[①]。在领域结合中，尤为关注一些国家重点领域如信息技术、生物、航天、航空、核、海洋、高端装备制造、新能源、新材料、健康等高新技术产业和战略新兴产业，以及与民生紧密相关的方面如绿色低碳、生态环保、防灾减灾、科学生活、安全健康、节约资源、应急避险、网络安全等应急知识。

---

① 参见王梅：《以点拓面，打造可持续发展的系列精品出版物选题——以节水系列出版项目策划为例》，《出版参考》2017 年第 12 期。

（二）结合重大规划、重大工程

现在国家对于科学普及非常重视，在安排重大科技创新规划、重大工程时，往往对科研成果的普及提出了相应要求。例如：科技部《"十三五"公共安全科技创新专项规划》《中国地质调查局"十三五"科技创新发展规划》等都对科学普及提出了明确要求。面对国家和行业日益增强的科普需求，科普出版单位应加强政策研究、主动对接。英大传媒投资集团有限公司依托2016年第四届中国工业大奖工程——国家风光储输示范工程契机，寻找行业内长期从事该领域研究的专家学者、生产一线充满想象力和创造力的年轻技术人员，策划了"国家风光储输示范工程"系列丛书[①]。

（三）结合重大科技事件、热点科技问题

随着科技的飞速发展、科技竞争的日益激烈和国民科学素质的逐步提升，人们对于"科技改变生活"的感知更加强烈。每一次的重大科技事件、热点科技问题的发生之时，都是科学普及的重要契机。陕西科学技术出版社的编辑赵文欣在参观2011年西安"世界园艺博览会"的时候，产生了将航天育种科普知识介绍给大众、解答人们心中疑惑的想法，并与西安航天基地专家策划出版了后来被评为"2016中国好书"的《航天育种简史》[②]。2015年7月，"新视野号"探测器实现人类历史上首次飞越冥王星，浙江教育出版社联系科普作家郑永春，策划出版了《飞越冥王星——破解太阳系形成之初的秘密》[③]。

（四）结合时代发展特征

现在已经进入互联网时代，许多对科普创作有兴趣的科技工作者也会在个人微博、博客、专业公众号、科普社群、科普网站上留下了科普创作信息的痕迹。据科技部统计，2017年全国2570个科普网站共发布各类文

---

① 参见曹荣：《电力科普图书的策划与实践探索》，《传播力研究》2018年第10期。

② 文献来自赵文欣撰写的《打造精品科普图书的编辑心得——以2016年中国好书〈航天育种简史〉为例》，该文收录于2017年9月中国编辑学会科技读物编辑专业委员会论文集《"当代精品力作编辑出版"研讨会入选论文》。

③ 参见江水：《科普这口"锅"，只能科学家来背——访知名科学家、科普作家郑永春》，《图书馆报》2017年8月4日。

章 136.71 万篇。出版单位和编辑可以利用网络平台来发现更多的科普创作人才，从而策划出更多的有效科普选题。清华大学出版社与果壳网强强联合，先后出版的《过日子要有技术含量》《心外传奇》，问世半年，前者已经印刷了 4 次，后者则印刷了 3 次，并荣获 2013 年的文津图书推荐奖，双方合作的另一种科普读物《鸟与兽的通俗生活》也成为当年国家新闻出版广电总局向全国青少年推荐的百种优秀图书之一，开拓了出版社与网站合作共赢的新局面 ①。

（五）结合编辑专长、爱好

每名编辑都有自己的专长和爱好，都可以利用它在日常生活中发掘许多有趣的科普选题和优秀的科普人才。逛书店、书市、书展，参加学术会议、学术沙龙、专业培训等，多结识科学家和许许多多具有科普创作潜质的人才，如果广泛联系、主动邀约，量身为他们策划选题，可以逐渐建立一支高水平的科普作者队伍。湖南少年儿童出版社编辑在关注成人科普作家的时候，发现了其创作少儿科普的潜力，并与之策划出版了少儿版的《贪玩的人类：写给孩子的科学史》，在市场上引起较大反响②。出版单位应鼓励编辑在日常的工作、学习和生活中，在"脚力、眼力、脑力、笔力"的"四力"上勤下功夫，抓住身边一切有利时机，主动发现科普作者、丰富科普作者资源。

四、科普工作新需求下作者队伍的培育路径

发现有科普创作潜质的科技工作者，不只是做好科普出版的基础性工作，还要对其进行引导、辅导甚至是陪伴，以帮助他们完成角色转换，提

---

① 参见宋成斌：《与科普传媒机构合作探索科普出版新模式》，《科技与出版》2013年第 9 期。

② 参见刘蓓蓓：《少儿科普图书受关注 市场风吹"软科普"》，《中国新闻出版广电报》2019 年 5 月 27 日。

升创作能力，完善作品内容，丰富呈现方式，提高作品品位，扩大市场销售，等等。因此，科普作者队伍的培育通常投入较多、见效慢、较为艰苦，但它对于科普作者队伍整体实力提升、科普作者队伍壮大具有十分重要的意义，是我国科普作者建设、科普事业发展的必过之坎，需要做好顶层设计，需要编辑倾心投入，需要社会各界形成合力。

（一）出版单位应健全科普出版机制

科普出版是个系统工程，各出版单位应结合实际，加强顶层设计，注重从根本上、整体上统筹有利于科普出版的各种要素，激发创新活力，提高科普作者队伍建设效能。一是提高思想认识水平，全面、准确认识科普工作新需求的宏大背景、深刻内涵工作要求和任务重点，增强对科普出版工作重要性、紧迫性的认识，增强科普出版工作的积极性、主动性。二是建立健全制度，如制定科普出版相关扶持制度、规划、计划、方案，编制科普图书创作指南，设立科普出版培育基金等，为科普作者队伍的培育提供有力制度保障。三是成立科普出版组织，如科普工作领导小组、科普工作专家委员会，成立科普编辑团队，条件成熟的成立科普编辑部、科普中心、科普分社等，建立科普作者队伍建设的长效机制。四是建立科普作者出彩机制，如科普作者经验交流机制、新书发布机制、科普讲座机制等，扩大科普作者的知名度和美誉度，从而增进与科普作者的互信和合作。五是建立行业服务机制，如积极参与、支持或承办有关行业会议，增加与科技工作者的联系渠道，从中发现更多有科普创作潜质的人才，积累科普作者资源。六是建立编辑科普能力提升机制，助力编辑转型，为编辑联系科普作者、编创科普图书、搞好营销提供支持。与普通图书相比，科普图书出版周期长、难度大、要求高，因此科普编辑人数一直较少，在 20 世纪90 年代，我国的科普编辑不过 1000 多人，如今也不过几千人[①]。因此，出版单位应如完善相关保障措施和激励政策、加强编辑科普编创能力培训与交流、提供科普编辑职业发展通道。

---

① 参见衡友增：《原创少儿科普图书出版探析》，《新闻前哨》2018 年第 4 期。

（二）编辑应与科普作者相伴成长

在科普出版的实践中，编辑往往扮演着导演、编剧、教练等的角色，对科普图书的策划质量、风格及营销往往起到主导作用，甚至直接参与到图书内容的创作中，编辑与作者亦师亦友，是利益共同体和命运共同体。在这种多元、复杂的关系中，编辑要学会与科普作者相互依存、共同学习、相互成长，最终赢得市场、赢得荣耀。这方面的案例比比皆是。在《电的产生与电磁环境知识问答》策划出版的过程中，编辑与作者共同研究学习史蒂芬·霍金的《时间简史》等科普名著；《人居电力电磁环境》初稿更像是一本专业书简读本，编辑重新编写了"关于编写体例的建议和编写要求"，从脉络架构、专业知识深度、语言风格等方面提出了更为具体的要求，并参与了其后的每一次修改[①]。《做一个好医生》，书名的说教色彩较浓，经编辑提议改为《漫漫从医路——知名专家从医 60 年经验、感情与思考》后，市场效果良好[②]。

（三）社会各界应推动科普作者队伍建设的聚合发展

科普作者的培育是大范围、多层次、长周期的重大工程，涉及政府、组织、高校、出版单位、科普编辑、科普作家等有关各方，需用系统论的方法，从整体出发，树立"一盘棋"思想，有关各方要结合实际，实现错位发展、协调发展、有机整合，形成整体合力。各级政府应加强科学普及的体制机制建设，构建更加科学合理的科普创作人才培训培养、考核、评价体系。各个组织应认真履行科普创作人员的培养和科普作品推广职责，充分调动广大科技工作者投身科普创作、多出优秀科普产品的积极性和主动性。有关高校应充分发挥人才培养的主渠道、主阵地优势，在科普理论研究、科普创作人才培养与培训、科普成果交流、科普作品国际化等方面贡献智慧。出版单位应积极挖掘和培育科普作者，努力推出更多优秀的科

---

① 参见吴冰：《找寻社会热点，全程参与创作——两本专业科普图书引发的思考》，《科技与出版》2012 年第 11 期。

② 参见孟昭美：《编辑如何当好作者的"导师"——以医学科普书为例》，《出版发行研究》2010 年第 4 期。

普作品，擦亮科普出版的品牌。科普编辑可发挥经验优势，利用各种场合和媒体积极发声，分享科普出版的成功经验。科普作家应主动奉献科普创作的智慧，积极投身科普创作教育，充分发挥好科普模范的作用。作为科普作者培育的一线单位，出版单位可以发挥主战场、桥头堡作用，主动与各级政府、各个组织、有关高校、科普作家等有关各方对接，坚持开放、合作、共赢的理念，开展广泛、深入、务实、有效的合作，推动政产学研用各主体间建立聚合发展态势，促进科普作者培育的产业链、创新链、资金链深度融合，为我国科普事业高质量发展提供强大合力。

　　面对国家对科普工作的强力支持、人民对更多优秀科普作品的强烈期盼和科技工作者科普创作热情的日渐高涨，出版业应抓住机遇，及时转变观念，大力拓展科普作者资源，做好精心培育，切实帮助科技工作者提升科普创作能力，推动科技红利向科普红利、科普政策红利向科普出版红利转化，着力建设一支更好满足科普工作新需求的作者队伍。

（作者单位：中国地质大学出版社）

新时代编辑的文化自觉与出版自觉

林春燕

习近平新时代中国特色社会主义思想明确，中国特色社会主义进入新时代，我国社会主要矛盾发生了历史性变化，已经转化为人民日益增长的美好生活需要和不平衡不充分的发展之间的矛盾。人民对美好生活的需求，既有物质方面的，也有精神方面的。全面建成小康社会，既要满足人民的物质需求，也要满足人民的精神需求。文化是人们满足精神需求的重要方式，"文化的力量，首先表现在对人们精神生活全方位的规范、激励和满足的作用上"[①]。出版物是承载并传播义化的重要手段，是一种精神产品，是以满足精神需求为目的的；编辑作为出版物内容的选择者、策划者、加工者、过滤者、把关者、推荐者，是传播文化、传承文明的使者。

[①] 张向东：《文化视野中的和谐社会》，新华出版社 2008 年版。

中华民族 5000 多年文明历史孕育了价值斐然的中华优秀传统文化，在新时代、新形势下，编辑应以高度的文化自觉和出版自觉，担负起促进社会主义文化繁荣昌盛的使命与不断满足人民日益增长的精神需求的责任，为夺取中国特色社会主义的伟大胜利做出应有的贡献。

一、以文化自觉为引领，坚守出版自觉

（一）关于文化自觉与出版自觉

文化自觉，最早是由中国社会学家费孝通于 1997 年提出的，"指生活在一定文化中的人对其文化要有自知之明，对本民族文化的起源、形成、演变、特质和发展趋势的理性把握，及对本民族文化和其他民族文化关系的理性把握"[①]，"主动地将之付诸社会实践，从而表现出一种自觉践行和主动追求的理性态度"[②]。习近平总书记在党的十九大报告中指出，"文化是一个国家、一个民族的灵魂。文化兴国运兴，文化强民族强。没有高度的文化自信，没有文化的繁荣兴盛，就没有中华民族伟大复兴"。编辑的文化自觉就是要深入了解并热爱中国文化，把握中国文化本身所具有的强大生命力，坚定文化自信，积极传承并传播中华优秀传统文化，讲好中国故事，传播正能量。同时，还要求对世界其他文化有客观、全面的了解，洞悉外国文化，去其糟粕取其精华，勇于抵抗不良文化的侵蚀；挑选对我国发展有利的其他文化，吸收现代人类的文明成果来丰富、创新中国文化。

习近平总书记在全国宣传思想工作会议上的重要讲话中强调，完成新形势下宣传思想工作的使命任务，必须以新时代中国特色社会主义思想和党的十九大精神为指导，自觉承担起举旗帜、聚民心、育新人、兴文化、

[①] 刘本旺主编：《参政议政用语集（修订本）》，群言出版社 2015 年版。

[②] 邹岚萍：《试论编辑在图书生产过程中的文化自觉意识》，载中国编辑学会编：《培养编辑名家打造出版精品：中国编辑学会第 16 届年会获奖论文（2015）》，人民出版社 2016 年版。

展形象的使命任务。出版是文化事业的重要组成部分，出版自觉就是出版人自觉承担起促进国家文化的繁荣和发展的使命任务。新时代编辑应在清醒、客观地认识自身文化，批判继承传统文化，精心筛选外来文化，不断创新未来文化的基础上，自觉、主动地承担起传承、传播、繁荣文化的责任与使命。这就要求编辑具有正确的政治意识与价值观，自觉以质疑的勇气、理性的姿态、科学的手法、无所畏惧的精神对文化和文化产品进行鉴别、优化、扬弃、创新，提高出版物质量，积极培育精品，坚守文化的高品位。

（二）新时代编辑的核心素养——以文化自觉为引领，坚守出版自觉

新时代编辑应该以文化自觉为引领，坚守出版自觉。文化是综合国力的重要标志，是综合国力的重要组成部分，是经济发展和社会进步的强大精神动力。数字化、全球化环境下，人们接触到的信息错综复杂，新时代编辑应勇于承担历史的使命，以文化自觉为引领，精心挑选具有正确的价值导向、能促进社会文明的文化，用心打造精品，为满足人民对美好生活的期待提供优质的精神食粮；围绕"一带一路"倡议，积极主动传播中华优秀文化，扩大中国文化的国际影响力。新时代编辑还应在践行文化自觉的基础上，坚守出版自觉。编辑自觉恪守高标准，重视书籍生产的每一个环节，才能严把出版物内容和形式的质量关，打造出选题优良、内容丰富、错误率低、印装精美的图书。以文化自觉为引领，对中华传统文化与世界其他文化有清醒、客观、全面的认识，主动选择优秀文化，勇于抵抗不良文化，才能为出版物的生产提供正确的方向；坚守出版自觉，才能为传承和传播先进、优秀的文化提供可靠的载体，确保人类文明留存于世。

二、新时代编辑加强文化自觉与出版自觉之内外因

编辑工作是出版工作的中心环节，强调新时代编辑的文化自觉与出版自觉，从外在原因上说，是我国社会发展与进步的要求，是编辑响应国家

号召的责任；对出版业自身而言，是我国出版现状的内在要求。

（一）外在原因

1.我国社会发展与进步的要求。习近平总书记指出，提高国家文化软实力，关系我国在世界文化格局中的定位，关系我国国际地位和国际影响力，关系"两个一百年"奋斗目标和中华民族伟大复兴的中国梦的实现。① 随着社会的发展与进步，中国已成为全球第二大经济体，世界关注中国、希望了解中国，为促进中华文化的繁荣、提升中国在国际上的影响力提供了机遇。《2017 年新闻出版产业分析报告》显示，我国图书版权输出由 2013 年的 7305 种增长到 2017 年的 10670 种。第二十六届北京国际图书博览会共达成中外版权贸易协议 5996 项，同比增长 5.6%，其中达成各类版权输出与合作出版意向和协议 384 项，同比增长 6.37%。显然，其他国家读者希望了解中国文化的需求正在加强。但是，随着全球化的发展，中国与其他国家的关系日益密切，许多外国文化涌入中国，其中不乏有害的思想与不良文化，如西方的普世价值观、对我国重大历史事件或重要人物的错误解读等等，如果不具备强烈的把关意识，对外来文化进行严格筛选，将会严重危害中国文化，阻碍我国社会的发展与进步。出版行业是宣传思想文化工作战线的重要组成部分，在新时代复杂的文化环境中，编辑只有具备强烈的文化自觉与出版自觉，做好"把关人"，为社会提供源源不断的正能量，才能为我国社会的和谐稳定发展提供保障。

2.响应国家号召的时代责任。2013 年习近平总书记在国际演讲中提出"一带一路"倡议，提出"构建人类命运共同体"的责任和使命。《2014 年国务院政府工作报告》提出，要促进文化事业和文化产业健康发展，深化文化市场建设，文化产业增加值增长 15%以上。面对新时代的新形势，习近平总书记提出了坚定文化自信，推动社会文化繁荣兴盛，建设社会主义文化强国的新要求，这就要求做好新形势下宣传新思想工作，"必须自

---

① 　参见中共中央宣传部编：《习近平总书记系列重要讲话读本》，学习出版社、人民出版社 2014 年版。

觉承担起举旗帜、聚民心、育新人、兴文化、展形象的使命任务"。

2016 年 12 月，原国家新闻出版广电总局公布《全民阅读"十三五"时期发展规划》，提出"十三五"时期将推出约三千种重点主题出版物等十项主要任务，开展全民阅读推广工作，建设书香社会。近年来，相关部门组织实施经典中国国际工程、丝路书香工程、中外图书互译计划、图书版权输出奖励计划等工程项目，大力支持新时代出版"走出去"工作。国家高度重视繁荣社会主义文化与不断提升中华文化的影响力，新时代编辑只有积极响应国家号召，以文化自觉为引领，坚守出版自觉，通过打造更多的精品兴文化，通过向世界推送更多优秀的作品展形象，才能履行新时代出版人的责任，为建设社会主义强国贡献力量。

（二）我国出版现状的内在要求

中国版本图书馆馆长刘成勇在第九届中国数字出版博览会上的报告指出，2000 年至 2017 年我国图书总品种、总印数逐年增加：2000 年全国出版图书总品种 14.34 万种，2017 年达到 51.25 万种，是 2000 年的 3.57 倍；2000 年总印数 62.74 亿册，2007 年为 92.44 亿册。但是，2000 年至 2017 年全国图书纯销售数量勉强维持不动，人均购买图书数量在下降。悬殊的生产销售比意味着我国出版现状将导致越积越高的出版物库存。除此之外，内容水平低、编校错误严重、印刷质量不高的出版物也频频出现。随着对美好生活期望的提高，人民对文化产品质量的要求也越来越高，编辑以高度的文化自觉与出版自觉，精心挑选、打造高质量内容的出版物，严把出版物的编校质量关与印刷质量关，切实加强出版物"质"的提高，而不是片面追求"量"的增长，才能形成良好的出版业态，为丰富人民的精神文化生活提供有益的"粮食"。

三、新时代编辑践行文化自觉与出版自觉的具体措施

新时代编辑肩负着不断满足人民日益增长的精神需求、促进社会主义

文化繁荣昌盛的使命与责任，应秉承高度的文化自觉与出版自觉，培养政治意识、学术意识、品牌意识，共同推进出版物的内容质量与印制质量的提高，狠抓原创，积极促进出版"走出去"。

（一）培养"三个意识"

1. 新时代编辑应培养强烈的政治意识，为建设社会主义文化把好政治关。《出版管理条例》第二十五条规定任何出版物不得含有反对宪法确定的基本原则，危害国家统一、主权和领土完整，泄露国家秘密、危害国家安全或者损害国家荣誉和利益，煽动民族仇恨、民族歧视，破坏民族团结，或者侵害民族风俗、习惯，宣扬邪教、迷信，等等，具有严重的政治问题与违反法律、行政法规、国家规定的内容。编辑只有具备强烈的政治意识，自觉坚持正确的政治导向和价值取向，旗帜鲜明地反对和抵制各种错误观点，才能打造出思想导向正确、具有凝聚力的高水平的出版物。

2. 新时代编辑应具有学术意识，自觉提高出版物的品位。首先，编辑要具有敏锐的学术判断力，能对文稿的学术价值与水平、科学性与准确性进行初步评判，保证出版物的文化含量；其次，编辑要具备一定的学术修养与功底，在文稿的学术内容方面能够与作者有共同语言，能够就文稿内容的取舍、增删或修改与作者进行有效的沟通交流，使出版物"尽善尽美"；再次，编辑要保持学术责任感，用学术的眼光与要求对文稿进行编辑加工，生产高品质的出版物。出版物"质量管理 2017"专项工作重点围绕辞书、社科和文艺类出版物进行了编校质量检查，查出 33 种编校质量不合格的出版物，问题集中在文字性、常识性的错误上面，如人名、地名、注释等方面。针对以上一些错误，如果编辑学术意识强，多斟酌考证，其实是可以避免的。树立牢固的学术意识，是新时代编辑出版真正具有文化价值的书籍的基石。

3. 新时代编辑应该加强品牌意识，打造系列精品图书。"品牌是出版社形象及图书质量的综合体现，是出版社的核心竞争力"①，对国家而言，

---

① 张新建：《提高精品图书出版质量的四大策略》，《出版科学》2012 年第 6 期。

品牌体现了国家文化软实力，代表了国家与民族的形象。新时代编辑除了要做读者喜闻乐见的好书，更应该打造传世的经典之作。2018年，在广西壮族自治区成立60周年之际，广西出版传媒集团践行文化自觉与出版自觉，组织实施了大型复合出版工程"我们的广西"。该套丛书共30本，"系统总结了自治区成立以来取得的巨大成就及基本经验，全面反映了党的民族区域自治制度在广西的成功实践，集中展示了广西最具代表性和标志性的自然和人文遗产"，具有良好的社会效益。改革开放以来，广西出版人正是通过推出包括"我们的广西"在内的一大批"为广西经济社会发展提供强大精神动力和智力支持的精品力作"[①]，打造了"广西出版现象"，品牌影响力不断扩大。

（二）坚持出版物的内容质量与印刷质量共同推进

质量是书籍的生命，内容质量与印刷质量是确保出版物稳步发展的两个轮子。出版物是传承文明的载体，编辑应严格按照国家颁布的各种有关出版的法律法规和规范编辑加工书稿，严格执行三审三校制度，降低出版物差错率，保证出版物高度的精神文化内涵与认识价值、审美价值。具体来说，编辑应不断提高自身的出版专业素养、语言文字功底与出版法治观念素养，以保证出版物的内容质量。相对于内容质量，印刷质量常常成为编辑容易忽略之处。随着科技的发展，图文并茂，甚至以图片为主的出版物越来越多，如何保证图片的质量；如何合理选择用纸；已有的装订工艺能否较好地实现书籍设计效果；等等，印刷细节的把控不应该仅仅是印制人员或美编需要考虑的问题，新时代编辑应以新理念、新思维参与提高书籍印刷质量环节。首先，编辑应该具备一定的审美、设计、艺术与印制知识，能对文稿的呈现形式有初步、合理的构想；其次，针对美编提出的书籍设计方案，能结合文稿的内容做出有效的判断，能发现问题并提出解决方案，使书籍的外观既科学又吸引读者；最后，编辑应充当好沟通协调者

---

① 《"我们的广西"丛书读书分享会在南宁举行》，最近访问2019年8月25日，见 http://gx.people.com.cn/n2/2018/1123/c179462-32325649.html。

的角色，在书籍的生产过程中，既要与美编、印制人员加强沟通交流，又要协调好美编和印制人员的关系，凝聚起编辑、美编与印制人员三者的力量，共同打造内容与印制兼优的图书。只有当编辑自觉重视起出版物生产的各个环节，坚持出版物的内容质量与印刷质量两手抓，两手都要硬，才能生产出真正的高质量图书。

（三）解放思想，狠抓原创，积极探索出版"走出去"

2003 年，原新闻出版总署首次把出版"走出去"作为全面建设我国新闻出版业的五大战略之一。党的十八大报告明确提出，到 2020 年要实现"中华文化走出去迈出更大步伐，社会主义文化强国建设基础更加坚实"的文化建设总目标。党的十九大报告强调，"推进国际传播能力建设，讲好中国故事，展现真实、立体、全面的中国，提高国家文化软实力"。出版"走出去"是实现中华文化走向世界的重要手段，新时代编辑应紧跟时代的步伐，解放思想，不断拓宽思路，积极主动探索出版"走出去"的新渠道、新方法，尤为重要的是注重原创选题的开发。丰富且高品质的原创内容储备是版权输出取之不绝的弹药。

2019 年，接力出版社重点打造的"娃娃龙原创图画书"系列已出版 13 种，其中近半作品已被译介到国外，《走出森林的小红帽》版权输出法国和埃及，《鄂温克的驼鹿》版权输出到加拿大，正是通过不断坚持原创拓宽品牌，接力出版社让世界儿童阅读到了中国好故事，使中国童书在世界舞台上焕发光彩。

编辑是出版事业发展的主力军，对具体文化成果具有重要的选择和导向作用，是出版单位文化责任的主要担当者，"文化的前途有很大一部分是系于编辑人身上的，正如同文化的前途系于作者身上一样"[①]，应勇于担当，积极践行文化自觉与出版自觉，为促进社会主义文化繁荣做出贡献。

（作者单位：广西出版传媒集团出版管理部）

---

① ［美］格罗斯主编：《编辑人的世界》，齐若兰译，中国工人出版社 2000 年版。

读万卷书　行万里路

——谈编辑工作中的"四力"

陈　菊

习近平总书记在全国宣传思想工作会议上指出，宣传思想干部要不断掌握新知识、熟悉新领域、开拓新视野，增强本领能力，加强调查研究，不断增强脚力、眼力、脑力、笔力，努力打造一支政治过硬、本领高强、求实创新、能打胜仗的宣传思想工作队伍。出版作为文化事业，承担着开蒙启智、传播优秀文化的责任，编辑理应不断学习，练好内功，增强"四力"，生产出更多传世精品。

一、开蒙启智的编辑工作

一直觉得与文字结缘的人是幸运的，因为他可以跟很多哲人对话。也有人说出版人是幸运的，因为他是人类灵魂的工程师，是先进思想的歌颂者和传播者。出版人不仅活在现实的世界，还活在精神世界。"活在精神状态的人，大都或明或暗在追求永恒。"①精神可以不朽，文化可以永恒。的确，出版是一项迷人的事业，以文为友，书缘美伴。

编辑作为一项开蒙启智的文化创造活动，对编辑工作者提出了众多要求。要做好编辑工作，编辑必须具备并不断提高政治认知能力、策划能力、语言文字能力、社会活动能力、判断能力、信息感知能力、审美能力。编辑要做好出版工作，不仅要读万卷书，而且要行万里路。

二、编辑工作中的脚力——走进实践深处

脚力，就是迈开双脚的力度，就是深入基层、深入群众、深入实际调查研究的能力。编辑工作是一项实践性很强的工作，编辑不仅要进行选题策划，而且要联系作者，组稿、选稿、审稿，图书出版后进行营销宣传等，每一个环节都离不开深入实际调查。可以说，脚力是出版工作者的根基所在。一本高品质图书必定是经过理性思考和精心设计的，必定是一种有意识的创造；必定是走进实践深处，走进市场，走近读者的。"文生于情，情生于身之所历"，只有亲身经历了，才更能体悟生活之至真、至善、至美，才能找寻一种"悦心""悦意""悦志""悦神"的精神境界。

我们的脚下不仅有泥土，还有生活与真理；我们的双脚走出的不仅是

---

① 陈政：《诗意人生的文化符号：白明》，载白明、巴琳：《云霭之白：深度解读白明》，江西美术出版社 2010 年版。

路程，还有经历；我们的双脚不仅可以走出智慧，还能走近梦想。一双勤于走动的脚，有时候带给我们生活的真相，有时候带给我们努力的方向。一些新的选择、判断与思考，真的需要我们迈开双脚。编辑应该懂得选择优秀的选题，优秀的作者，优秀的文化产品；懂得判断选题的好坏；懂得思考怎样使图书增值，怎样扩大图书的影响力。因此，做好编辑工作，需要深入现实生活、深入市场、深入群众，了解人们的生活状况、市场的动向和读者的需求，需要有"行万里路"的脚力。

（一）选题策划

在具体的编辑实践过程中，选题策划是一个关键性的环节，是对整个编辑流程的策划和创造。它是一个动态的充满创意的创造性活动，是编辑思维能力、整合能力、决策能力、设计能力的整体表现。我国著名学者、出版家张芬之认为"策划本质上是一种运用脑力的理性行为。具体而言，策划是为达到预定目标，利用科学知识，进行发明创造、仔细盘算、精心安排的设计过程"。选题策划在一定程度上限定了编辑的后续工作程序，规定了出版图书的基本格局和市场走向。因此，策划选题必须经过市场调研、理性设计，必须"走出去"，用脚印强脚力，闭门造车是策划不出好选题的。

在当前这个信息爆炸的时代，我们每天都被各类信息所包围，怎样处理扑面而来的信息是值得思考的问题。尼科·斯特尔在《知识社会》一书中指出："今天我们所面对的最大挑战之一就是把信息转化为知识。"[①] 选题策划要做的工作就是搜集信息和处理信息。将纷繁复杂的信息植入文化价值体系，使信息增值，使文化得以重塑和传播是选题策划的意义和责任所在。在现代语境下，选题策划需要选择、判断、决策和整理，需要将信息转化成思想，转化成影响力。从某种意义上说，谁能最先有效地接收和处理信息，将信息转化成生产力，谁就走在时代的前面，谁就抢先占有市场。现代编辑出版要抢占市场必须做好选题策划，必须具有发现信息、掌握信

---

① ［加］尼科·斯特尔：《知识社会》，殷晓蓉译，上海译文出版社 1998 年版。

息、处理信息的能力，必须深入生活发现信息，深入市场考察信息，深入内心重塑信息，必须迈开双脚在尘土里找寻那令人眼前一亮的闪光点。

湖北美术出版社立足本专业，放眼大美术，推崇"专业之道，尽精尽微"的企业文化，出版了众多反映民族、民间工艺与文化，弘扬优秀民族文化的著作，如《中国最美》《古版年画珍本》《中国法帖全集》《楚美术图集》《楚艺术史》《楚书法史》《楚剧图文志》《汉剧图文志》《土家族民间美术》等等。这些精品的产生，离不开编辑深入实地考察的脚力。例如，《撒叶儿嗬——清江跳丧》一书介绍了湖北省清江流域独特的丧俗——土家的祭祀歌舞和风俗，是清江独有的国家非物质文化遗产。《十家族民间美术》全面总结了土家族民间美术的各种载体，论述了土家族民间美术的文化根源、审美形态。在编辑策划这两本书时，策划者多次到实地考察，了解当地的风土人情和艺术特色。编辑在策划《文房图赞》时，辗转各地，数度比较，只为选择质地、品相优良的笔、墨、纸、砚。在策划"湖北文化"系列图书时，编辑们也数度到荆州、咸宁、孝感、潜江等地考察，一方面与当地的教育部门联系，了解相关的编写政策、动态、流程，另一方面与当地中小学联系，了解师生的需求，同时深入民众，了解当地的人文概况。这样，对教材编写的体例、内容、形式等都大有帮助。

（二）选择、联系作者

作者工作对于开发作者资源和提高出版物质量具有重要意义，是编辑的一项基础性工作。做编辑工作，离不开与作者打交道。作者作为图书的生产者，对图书的最终形态和品质起着非常重要的作用。选题策划只是做书的开始，联系和选择最优的作者往往成为做好书的关键。很多时候，我们的选题创意不错，却因为作者不够分量或者不够实力，而导致原可成为精品的图书变得一般；很多时候，我们愿意选择在学术上德高望重的老前辈当作者，却对其过于依赖、过于信任、过于畏惧、过于疏忽，而导致本可成为一流产品的图书变得普通；很多时候，我们不愿意过多打扰作者，认为他们事务繁忙，而导致交稿逾期，图书出版的周期被拉得很长，降低了出版效率。因此，编辑不仅要在茫茫人海中找寻最优秀的作者，而且要与作者保持密切的联系。

好的作者是选题实施、图书质量及图书影响力的可靠保障。但好的作者不会从天而降，我们需要迈开脚步，用心找寻。现代社会，一切都在快速发生，一切都在更新、变化。倘若作为编辑的我们，还满足于伏案改稿、发稿，那么很难编出符合时代要求的好书来。从某种程度上讲，编辑应是一个善于交际的社会活动家，善于与不同身份的人打交道。既敢于与社会名流打交道，又甘于与社会民众打交道。在与社会上有影响的高层人物打交道时，要注意自身的修养；在与普通民众打交道时，应放下自己的书生架子，与他们交朋友，取得他们的信任。这样不断扩大自己的交际圈，为找寻合适的作者做准备。

编辑要善于发现适合自己图书的成熟作者和新作者。平时多读书，在已有的优秀出版物中发现好作者，多走访高校和美术馆，多参加各种学术会议，多利用网络技术，在走访与交流中发现作者。在确定了作者后，还要经常与作者保持联系，了解书稿的写作情况，及时解决相关问题，必要时还应亲自拜访，以增进感情。

（三）营销宣传

作为商品的图书，最终是要经市场检验的。为让图书在市场上受欢迎，编辑会组织开展读书活动，在微博、微信公众号上宣传，举办签售会，等等。这些活动需要编辑与发行人员密切配合，深入活动现场为读者介绍图书的要义和独特之处。

近几年，手绘书非常火热。编辑们都会在图书出版后做一些营销活动，比如《诗经草木绘》在上海、杭州等多个城市举办作者签售会，所带图书基本抢购一空。《田英章田雪松硬笔字帖》还通过网络直播进行营销宣传。

三、编辑工作中的眼力——要识庐山真面目

编辑工作选择、优化作品，离不开编辑的发现和判断，离不开编辑的

眼力。从浩如烟海的信息中发现好选题，从茫茫人海中发现优秀作者，从密密麻麻的文字中找出错误，无不体现着编辑的眼力。

中国青年出版总社社长皮钧说："在浩如烟海的知识和信息爆炸的时代，编辑的眼光比知识更加稀缺。"编辑不仅要当"识千里马"的伯乐（找好选题、好作者），而且要当"识庐山真面目"的智者。中国编辑学会副会长、中国新闻出版传媒集团董事长马国仓认为，增强眼力就是既要看得出，又要看得远。要善于把本职工作和国家大局、世界大事、发展大势联系起来，把握并围绕事物发展的大趋势策划选题、组织书稿。编辑工作中的眼力可以概括为"选"和"识"，"选"主要表现为策划选题和选择作者，这两方面前文已述，这里主要讲"识"，"识"主要表现为审稿与审美的眼力。

（一）审稿中的眼力

编辑工作最核心的环节是与文字打交道，通过编辑的修改、润色，使稿件得到优化。编辑是否熟悉国内国际形势、出版的法律法规及相关理论知识，是否能正确区分政治原则问题、思想认识问题和学术观点问题，是十分考验眼力的。"泰山之高，背而弗见；秋毫之末，视之可察。"编辑在审稿时应做到善于观察、善于发现、善于鉴别、善于改正。

编辑应加强对出版行业国际国内以及业内业外发展趋势动态的了解，广泛关注有利于本行业发展的政策取向，了解出版行业各种新的规章与规定，加强对出版意识形态的学习。编辑要增强眼力，就需要加强理论学习，借助望远镜和显微镜。毛泽东同志在《中国革命战争中的战略问题》一文中，曾形象地说："我们的眼力不够，应该借助于望远镜和显微镜。马克思主义的方法就是政治上军事上的望远镜和显微镜。"编辑也应善用望远镜和显微镜，用理论知识武装头脑，提升眼力。

编辑的眼力并不是与生俱来的，而是在不断地阅读和审稿中锻炼出来的。一个爱读书的编辑，知识面应该是宽泛的，观察力应该是敏锐的。因此，提升眼力，要求编辑多读书，读好书。同时，编辑在审稿时，应该做到"大"能把握正确的政治方向，"小"能注意各种细节，做到能"识庐山真面目"，练就火眼金睛、明辨是非、澄清谬误的能力。

（二）审美的眼力

有人说："生活中不是缺少美，而是缺少发现。"的确，美的事物千千万，我们缺少的只是眼力。对美术出版人而言，审美的眼力尤为重要。当今社会，公众的审美要求和审美标准不断提高，人们对图书的内容和形式的形象化、艺术化要求越来越高。编辑必须具备一定审美的眼力，才能设计出令人赏心悦目的封面和版式，使图书具备区别于其他同类书的美感，从而受到读者的欢迎。

四、编辑工作中的脑力——思得细、想得远

脑力，是思考和分析问题的能力，是对问题思得细、想得远的能力。编辑工作是一种脑力活动。某种意义上，编辑既要是专家，又要是杂家。所以，要当好编辑，就要加强学习，利用一切机会更新自己的知识结构，要像海绵一样吸收各种知识，提升脑力。

（一）多读

渊博的知识是提升眼力和脑力的基础，而读书是获取知识最直接、有效的方式。多读书能丰富自己的知识结构，提升自己的理论素养。读书的面既要广，又要有选择性地精读。既要读专业书，又要读文、史、哲等方面的书。通过学习，拓宽视野，提升脑力。在《出版的品质》一书中有这样一句话："书的品质由出版的品质决定，而出版人的品质又最终决定着出版的品质。"[1] 多读书是提升品质的一个重要方面。

（二）多记

文字工作者除了要多读书外，还应多记录。有时候，读与记应该是同时进行的。做一个有心人，一支笔记录生活中的所见、所闻、所感，记录

---

[1]　贺圣遂、姜华主编：《出版的品质》，复旦大学出版社 2012 年版。

书中学到的知识，记录自己感兴趣的话语，记录自己容易忘却的事物。这样，策划选题时就会多一些参考，审稿时也多一些提示。

（三）多想

孟子说："心之官则思，思则得之，不思则不得。"我们只有多思、多想，才能获得更多对于生命的体悟。只有多想，才能将学过的知识进行消化、提炼，形成自己的观点。只有经过思考的东西才有生命力。编辑策划选题、组稿审稿等都需要多思多想，思得更细一些，想得更远一些。

五、编辑工作中的笔力——能编善写，编学相长

编辑工作是一种语言文字工作。具备较高的语言文字功底和写作能力，是当好编辑的基本条件之一。这不但因为编辑业务中有许多写作方面的要求，更重要的是，编辑的笔力强弱，往往决定着他在作者面前的发言权大小。因此，编辑不仅要读书、编书，还要评书、写书。在编与写中，提升笔力。

（一）做生活的有心人

"艺术源于生活，高于生活"，写作的题材也来源于生活。每篇文章都有具体的、活生生的对话对象。做生活的有心人，平时遇到自己感兴趣的话题，可以提笔记录下来；遇到自己感兴趣的选题，可以深入调研，写成调研报告或选题报告；读书时遇到自己喜欢的议题，可以写写读书笔记或书评；审读完稿件，认真写好审读报告；图书出版后，用心写好编辑推荐；等等。生活中多写写，你便处于一种"泊"的状态，心不由得静了下来；读书时多写写，你便处于一种"思"的状态，一些新的想法不经意间蹦出来；编书时多写写，你便处于一种"学"的状态，新的知识通过笔头得以传达。做生活的有心人，你的笔头定会多一些流畅。

（二）做勤奋的写作者

写文章、练笔力，说到底在一个"练"字。做一个勤奋的写作者，写

多了、练多了，笔力自然会增强。一方面，编辑应多读书，扩大知识面，勤于学习，广泛涉猎不同门类的知识，加强跨界学习，开阔视野。另一方面，编辑应加强在编辑业务过程中的写作训练，做到会写、能写、写精、写美、写活。"如切如磋，如琢如磨"，对每一份审读报告、每一篇书评，都应该认真思考，仔细琢磨，写好后最好多修改，使文章从"过得去"变为"很不错"。一支笔，一张纸，一颗沉静下来的心，足以成就一个能编善写、编学相长的好编辑。

结语

编辑是出版的核心，是精神世界的架构者，承担着传播人类优秀文化的使命。因此，编辑要有民族文化建设的责任感，不断提高自身能力。编辑既要坐得住，又要"走出去"；既要看得出，又要看得远；既要思得细，又要想得远；既要善于编，又要长于写；既要"读万卷书"，又要"行万里路"，不断增强"四力"，编更多好书。

参考文献：

1. 李泽厚：《美学三书》，天津社会科学院出版社 2003 年版。

2. 易艳刚：《网络时代做好编辑需练就"四力"》，《中国记者》2016 年第 11 期。

3. 刘佳：《青年编辑如何践行"四力"》，《新闻论坛》2019 年第 1 期。

（作者单位：湖北美术出版社）

新时代编辑职业素养提升的思考

——从"脚力、眼力、脑力、笔力"的视角谈起

陈少志　祁艳红

　　"脚力、眼力、脑力、笔力"是习近平总书记在 2018 年 8 月 21 日的全国宣传思想工作会议上提出的。习近平总书记指出，要"不断增强脚力、眼力、脑力、笔力，努力打造一支政治过硬、本领高强、求实创新、能打胜仗的宣传思想工作队伍"。"脚力、眼力、脑力、笔力"（简称"四力"）其实是一个环环相扣的链条，其中"脚力"是基础，"眼力"是关键，"脑力"是根本，"笔力"是紧要，增强"四力"对编辑来说即是提升其职业素养。

一、新时代编辑职业素养建设的必要性

貌似老生常谈的编辑职业素养问题在新时代特别有必要旧事重提，因为编辑职业是紧跟信息技术的新发展和业界格局的新变化的。

新时代是与以往完全不同的新范式，我国在指导思想、社会主要矛盾、发展任务、发展思路和发展目标等一系列关键要素上都发生了重大变化，对新闻出版工作尤其是编辑工作提出了新使命。新技术如互联网传播、虚拟现实与增强现实、大数据、人工智能、区块链、物联网等技术迅猛发展，平台正在对社会的空间时间和权力关系进行重构，对编辑的理念、知识和技能等提出了新要求。新时代编辑服务的主流群体发生了质的变化，编辑需全面提高职业素养，才能更好地服务受众的新需求。

另外，新时代新闻出版业要实现高质量发展，要在理念、内容、体裁、形式、方法、手段、精矿、体制、机制等方面实现整体创新，要落实中央要求的传统和新兴媒体优势互补、一体化发展，从"相加"到"相融"，也对编辑职业素养提出了新的更高的要求。

基于以上原因，我们认为有必要深度思考新时代编辑职业素养建设问题。

二、不同时代对编辑职业素养要求的发展演变

我国是世界上最早有编校活动的国家之一。编辑事业是"立言、存史、资政、育人"的事业，担负着把意识形态领域，包括科技文化各方面的成果进行组织、汇集、整理、公布的责任。自编辑学专业设立起，编辑职业素养问题就一直被关注。截至2019年5月，以"编辑素养"为关键词，在中国知网可以检索到有效文献1900多篇。这一数据至少可以说明两个问题：这是一个历史悠久的话题；这是一个被持续高度关注的问题，

其中有很多难题亟待破解。这可能与国情、编辑工作的性质等都有关系。

总的来看，不同时代对编辑职业素养要求的重点不同。如果要寻找其中规律的话，大概我们可以从以下三个阶段来观察和比较。

第一阶段（1991 年之前）：强调编辑职业素养中的政治素养。从康有为、梁启超，到孙中山、章太炎，再到陈独秀、李大钊、毛泽东、周恩来等，他们既是报人，又是政治家，对编辑工作、编辑职业素养的重要性都有独到的认识。1959 年，毛泽东同志明确提出"要政治家办报"的主张，即办报人在方向上要"一下子抓住问题"，在对复杂局势和事件分析上要"多谋善断"。石泉（1959）认为，新闻工作者必须用正确的政治观点看待业务技术问题，没有政治就没有灵魂。王步贵（1990）认为，编辑首先要加强思想修养，要有比较系统的马克思主义理论基础。骆之恬（1991）认为，提高政治素质是编辑工作绝不能含糊的问题。

第二阶段（1992—2011 年）：强调编辑职业素养中的市场素养。党的十四大提出我国要实行社会主义市场经济体制，新闻出版单位体制改革的推进以及我国加入世贸组织，与此相呼应的该阶段编辑职业素养建设的研究成果，多强调编辑市场素养的重要性。王成国（1993）认为，强调编辑的政治素质、业务能力等无疑是必要的，但更应强调编辑的商品意识、市场意识、竞争意识。张立（1993）认为，20 世纪 90 年代期刊编辑要记者化、商人化。姬建敏（1995）强调，学报编辑应强化公关意识，搞好内部团结，协调外部各方面关系，更好地为学术发展和经济建设服务。丁聪（1995）认为，编辑工作在社会主义市场经济条件下仍是出版的重心。编辑要尽快适应改革不断深入的形势，补好市场经济这一课。刘杲（1998）提出，编辑工作中重视策划而忽视审读加工，重视商业取向而忽视文化取向，重视当前需要而忽视总体与长远等，从而导致图书质量下降。柳斌杰（2002）针对图书编校质量下滑，提出编校人员要增强政治思想、职业道德、文化水平和技术技能。

第三阶段（2012 年至今）：强调编辑的综合职业素养。党的十八大以来，习近平总书记曾在多个场合就媒体融合发表重要论述，强调要因势而谋、应势而动、顺势而为，加快推动媒体融合发展。因而培养新一代"媒体融合"人才乃重中之重，综观该阶段此方面研究的文献，其呈现出的总体特点是强调提升编辑的综合职业素养。王承志（2012）根据亲身经历，总结出杂志编辑应具备的综合素养：策划选题、开拓选题、吃苦精神、光明磊落、问心无愧。徐明霞（2012）认为，期刊编辑要加强自身的业务能力素养、信息技术素养、人际交往素养、人文素养等相应职业素养，才能更好地适应新时代的要求。刘锦宏等（2013）提出网络编辑应提高政治和审美意识、媒介技术应用和媒介经营管理能力。于殿利（2015）认为，在全面市场经济、科技与出版融合的条件下，编辑要有做经理人的意识。郝振省（2016）指出，科技编辑在我国庞大的编辑队伍中占有相当大的比例，是建设文化强国的中坚力量。科技读物编辑专委会在提高科技编辑队伍的科技学术素质及综合素质方面担负着重要责任。王立君（2018）认为新媒体编辑尤需具备创新意识、服务意识、信息交流的交互性等素养。宋永刚（2018）、周蔚华（2018）、周国清（2018）从不同角度论述了新时代新环境下，优秀编辑要做到"变"与"不变"的统一，既要守正（传统核心素养）又要出新（新技术素养等）。

三、"四力"视角下新时代编辑职业素养提升的思路

（一）放开脚力，强化基础

脚力是基础，是"四力"之首。"脚下有泥土，笔下见真情""纸上得来终觉浅，绝知此事要躬行"等，都是对脚力的良好诠释。

编辑活动的根本目的是竭诚服务受众与用户，因而认真调查和研究受众与用户、深入了解其心理特点与接受习惯，特别是其兴奋点与关注点，编辑才能有的放矢。习近平总书记历来倡导深入调查研究，他指出："调查研究是新闻工作者的基本功，是新闻工作者成才的根本途径；只有坚持调查研究，才能把自己锻炼成思想端正、作风扎实、业务过硬的新闻工作

者。"① 这其实就是强调脚力的重要性。

放开脚力，就是要编辑走出编辑室，深入群众、深入工作第一线，寻找有温度的素材，讲述有灵魂的故事，生产出更多的"爆款""精品"。"编辑记者老区行"等活动，就是用亲身经历讲述感动社会的中国故事，传播中国声音。

放开脚力，实际上是个思想意识转变、作风转变的问题。在路上心里才有时代，在基层心里才有群众，在现场心里才有感动。越是信息发达、繁杂，越要俯下身、沉下心，察实情、说实话、动真情。鉴于各方面条件的限制，编辑很难做到像新闻记者一样事事亲临现场，但是我们可以充分利用互联网、借助互联网让自己最先抵达现场。比如，图书销售，现在已不仅仅是发行部门和营销部门的工作了，编辑在图书的前期营销和后期销售中都起到重要的作用。除了线下的发布会等营销活动外，编辑可借助互联网设计周边产品、策划线上营销等。比如，福建人民出版社的《随风不逝·张国荣》一书试水众筹，项目上线仅一个月，就获得了近 5 万元的筹款。除了线下活动外，编辑还完成了订单处理、海报设计、周边产品策划，与当当网、豆瓣网开展线上合作等工作。

（二）练就眼力，识势识人

眼力是关键。平常所说的"习焉不察""有眼不识荆山玉"等都是眼力不够的体现。"好眼力"就是要"看得见""看得准""看得深"。

练就好眼力对编辑来说首要的是要用马克思主义的立场、观点、方法来指导自己，立场、观点、方法决定了在编辑工作中对复杂问题的辨别力、对新情况的应变力。新时代的编辑要深刻领会、深入学习习近平新时代中国特色社会主义思想蕴含的马克思主义的立场、观点、方法，并善于运用这些立场、观点、方法分析和解决实际问题，努力形成与履职尽责相称的政治眼力、理论功力、工作能力，既善于识势，又善于识人。

---

① 本书编写组编著：《习近平新闻思想讲义（2018 年版）》，人民出版社、学习出版社 2018 年版。

此方面陆费逵可以说是当之无愧的榜样。识人方面，陆费逵善于辨识人才，并网罗了一大批优秀人才。特色人选时必事先亲自接谈，招考人员，亲临面试，谈吐举止，都在考察之中。识势方面，陆费逵敏锐把握时局从而捕捉到商机。他说过："观察力为吾人做事最要之条件。"他在辛亥前夕预料形势，创建中华书局、推出新教科书，世所周知。抗战全面爆发前夕，在日益紧张的时局下，中华书局于 1936 年、1937 年分上下册抢出《辞海》。主编沈颐曾主张《辞海》每条单词和复词都加注词性，陆费逵为抢时间坚决反对，一方面督促定稿，一方面登报发售预约。如果不是陆费逵的这一决断，再晚一两年，在旧中国《辞海》可能就不能出版了。

由此可以看出好眼力对于编辑的至关重要性。有了好眼力才能有区别于常人的文化眼光、市场眼光、发展眼光。才能善于判断、善于辨别，善于发现有潜力的作者，善于从"小人物"中发现未来的"大作家"。当前，舆论环境、媒体格局、传播方式发生着深刻变化。传媒业界限消融，呈现跨行业、全链条、全时空的竞争态势，新媒体迅速发展，影响力不断上升，国际与国内、线上与线下、虚拟与现实等界限愈益模糊，这对编辑的眼力提出了更高的要求。新时代的编辑要练就慧眼，胸怀大局，精准把握时机，选择策划最优选题，找准与受众、用户情感交流的共鸣点，讲求艺术、改进方法，把作者的创造潜能转化为更多的社会需要的精神产品。

（三）开动脑力，推陈出新

脑力是根本。编辑出版工作是复杂而系统的，需要通过脑力的加工，去粗取精、去伪存真。要学会用心，学会望闻问切，做到"既见人之所见，亦见人之所未见"。

新时代的编辑已不仅仅局限于策划、校对等锦上添花的工作了，而是要能综合运用新闻传播的"十八般兵器"，做好文化传承、舆论引导，讲好中国故事。随着传播渠道、传播手段、传播平台的革新，编辑可能更需要深入了解目前主流受众的接受特点，在可视化呈现、互动化传播上下足功夫也许是不错的选择。如《人民日报》客户端在 2017 年建军 90 周年推出的第五代超文本标记语言 H5《快看呐！这是我的军装照》，上线仅两天浏览量破两亿。中国青年报·中青在线融媒工作室在 2018 年清明节制作的 H5《今天，请给他们一分钟》，上线三天就吸引 1398 万名网友通过 H5 为英烈默哀，引发微博话题阅读量超过五亿次。

编辑要切实履行好"一切为了读者"的历史责任，多想多思，让脑子动起来、活起来；要摆正思想，更要脑力激荡，提高思考能力和抓问题的能力，练就拨云见日的功夫，推陈出新，为用户提供丰富的精神食粮。

（四）练强笔力，妙手成文

笔力是紧要。"脚力、眼力、脑力"三者需要通过笔力来呈现。"铁肩担道义，妙手著文章"，外行不觉深、内行不觉浅，这是好笔力的体现。练强笔力，首先要认真研究新闻传播的现状和趋势，深入比较不同受众的特点，加强舆情分析。

其次要讲究语言艺术，少一些结论和概念，多一些事实和分析；少一些空泛说教，多一些真情实感；少一些抽象道理，多一些鲜活事例。要倡导有个性、有特色的语言风格，力戒千人一面、千文一面。

这方面我们可以陈原为例。陈原先生是中国语言学家、世界语言家，也是我国著名编辑家和出版家。作为著名编辑家和出版家，陈原先生主持过大型辞书和《汉译世界学术名著》等大型出版工程，主持并创办了在业内有重要影响的《读书》杂志。长期从事编辑之余的写作和翻译，涉足文学、艺术、音乐、历史、地理、语言学等诸多学术领域。陈原先生认为，做编辑应"从练笔开始"，并且身体力行。他是"写杂文的高手"，光著作就有几十部，几乎可用"著作等身"来形容。

陈原先生笔力雄健背后折射出的是其宽广的学术视野和深厚的学养。新时代的编辑除了紧跟时代脉搏、利用好新技术外，更重要的是要把握媒体变革趋势，增强学习本领，不断拓宽眼界、提高各方面的知识素养。不断使自己的研究领域精深、加快知识更新。练强笔力，多出精品力作，展示好我国作为文明大国、东方大国、负责任大国、社会主义大国的良好形象。

参考文献：

1.新华通讯社课题组编：《习近平新闻舆论思想要论》，新华出版社 2018 年版。

2.王承志：《做一个虔诚的编辑——论杂志人的综合素养》，《编辑学刊》2012 年第 2 期。

3.宋永刚：《新时代如何加强编辑队伍建设》，《中国编辑》2018 年第 6 期。

4.徐明霞：《期刊编辑应加强的五个职业素养》，《编辑之友》2012 年第 5 期。

5.刘锦宏、朱嘉蕊、毛江良：《新媒介环境下网络编辑的媒介素养》，《出版科学》2013 年第 3 期。

6.于殿利：《编辑的天职》，《中国编辑》2015 年第 4 期。

7.郝振省：《论科技编辑在"互联网＋编辑"队伍中的主体作用》，《中国编辑》2016 年第 2 期。

8.王立君、文婧：《析论新媒体编辑应具备的素养与技能》，《编辑学刊》2018 年第 6 期。

9.周蔚华：《新时代优秀编辑的变与不变》，《现代出版》2018 年第 6 期。

10.周国清、朱美琳：《新时代编辑主体的核心素养与使命担当》，《中国编辑》2018 年第 4 期。

（作者单位：吉林工程技术师范学院）

价值追寻与职业认同：
图书编辑的初心与坚守

朱金波

　　午后明媚的阳光正透过窗户，照进了街角的小咖啡馆里，编辑和作者对坐交谈着，两人金黄色的身影凝成一幅美丽的图画。数年后，随着印刷机器有节奏地轰鸣，油墨香气四下弥散，那日午后长谈所形成的构想、粗略的写作大纲，变成了精美的图书。身为编辑，这一刻有着难以言语的喜悦。而后若干年间，这部图书一如初时，广受读者喜爱。编辑工作的乐趣，以及从中获得的自豪感和成就感，都莫过于此了。

　　杰出的编辑是杰出的书造就的。人们对于编辑前辈们的纪念，大多是通过他们所编辑的那些图书，能够让人们津津乐道的，也无非是他们和一些名作者的过从。图书编辑们全力以赴的，永远是那些能传之久远的经典，无论读者是否了解他们在其中的贡献。寻求出版价值与自我实现，在这里深深契合。选择有价值的文化资源进行组织、策划、加工并向社会传播，对于编辑工作及个人而言，都应是永远坚守的初心。

一、初心不负：精品佳作迭出的七十年

岁月不居，时节如流，七十之年，忽焉而至。见证新中国七十载峥嵘并与之砥砺奋进的，自然少不了出版人。从1950年"为人民大众的利益服务是人民出版事业的基本方针"的提出，到1978年党的十一届三中全会后关于出版物社会效益和经济效益双重属性的明确，再到党的十八大和十九大精神的指引，图书编辑们无不以选择和构建优秀文化为使命，出版了数量众多的经典图书。

70年来，图书品种极大丰富，出版规模迅速增长，尤引以为傲的是那些出版工程的推出，以及大量精品佳作的诞生。从新中国成立初期至今可谓琳琅满目，不胜枚举。特别是1978年党的十一届三中全会召开后，出版业从根本上冲破了长期"左"倾错误的严重束缚，面貌从此焕然一新。从马恩列斯经典和毛泽东著作，到《习近平谈治国理政》《习近平新时代中国特色社会主义思想学习纲要》《习近平总书记系列重要讲话读本》《习近平新时代中国特色社会主义思想三十讲》《理论热点面对面》《中国共产党90年史话》等，一大批质量上乘、题材多样的主题图书，不断以新的时代精神，指导人们的工作实践。从《暴风骤雨》《谁是最可爱的人》，到《林海雪原》《青春之歌》，再到"布老虎丛书""跨世纪文丛"，以及《极花》《医生》《听音》《人世间》《应物兄》，畅销文艺作品的出版也由对中国革命的描写，变为了对当下现实的观照。我们出版了《辞海》《汉语大字典》《汉语大词典》《英汉大辞典》，及《马克思主义大辞典》等各类辞书，整理了《水浒传》《三国演义》《红楼梦》《西游记》等古典小说，也组织点校了"二十四史"等历史典籍。在推出大量精品图书的同时，我们又开展了出版对外贸易，与国外优秀出版机构合作，将《狼图腾》等优秀图书译成几十种语言，在全球一百多个国家和地区发行。

当我们回望风云激荡的 70 年，溯及新中国出版业的发展历程时，品种丰富、数量众多的精品佳作，汇作一幅绚丽多彩、波澜壮阔的画卷，真实描绘了图书编辑传承优秀文化，追寻价值实现的历史足迹。回首过往，一代代的编辑们面对这些双效兼收，并为个人带来种种荣耀的图书，可以自豪地宣告，我们衷于初心，一以贯之，终无愧于自己的职业理想，亦不曾辜负这样一个伟大的时代。

时间的年轮转到新时代的今天，出版的每个层面都有了巨大变化，无论是编辑、排版、印刷，还是发行，都和 20 世纪初大相径庭。尽管大部分编辑承担的工作和十余年前看似大同小异，然而，他们的工作状态以及所要面对的环境已是不可同日而语。当下的中国社会，正处于向现代社会的全面转型时期，社会普遍都陷入程度不同的焦虑之中，图书编辑又安能泰然居之？

二、现实困境：图书编辑的现代焦虑

昨日的辉煌已然过去，我们满怀希望地迎接明天。如何才能赢得未来？唯有立足当下，克难而行。图书编辑们的现状又是如何呢？在不同的场合，资深编辑们在缅怀昔日的美好岁月时，也开始屡屡谈及一些优秀的同行离开传统出版业，去了新媒体工作。望着那些悄然离去的背影，更让前辈们唏嘘感慨的是后继者们似乎已不再像他们当年那般去献身事业。无论是离开还是到来，他们都表示出了莫大的宽容和理解。每年从高等学府中走出的大量毕业生，依旧有很多人想在那些声誉卓著的出版社里从事编辑工作。而与之同时，我们也总是会从那些入行不久的年轻编辑那里，越来越多地听到对工作的各种抱怨。那些年资稍长的编辑们，有时候也会通过网络等形式，对自己的职业自嘲一番。

在书籍形态已然发生变化的今天，出版社的编辑们面对新形势下的生存和发展问题，都表现出了前所未有的焦虑。现代信息技术的广泛应用和互联网的全面普及，对人类社会生活产生了重大、深远的影响。数字技术悄然到来的大数据时代下，开始渗透于传统出版业的各个环节。然而在大多数出版企业被政策形势、宣传媒体、技术厂商等外部力量推搡着、裹挟着前进，谋求数字化转型之时，数字出版的盈利还没有形成固定的有效形式。未来的方向明确，而道路却似近若远，忽暗忽明。前路茫茫，毕竟何往？

受过良好教育，也愿意真诚拥抱数字时代到来的图书编辑们，一方面持续关注着行业的发展，勇敢地进行着各种尝试；另一方面却仍旧遵循着以往的工作模式，将更多的工作放在了案头。在现实生存的压力面前，编辑们的工作任务与日俱增。一种图书出版完成，还没能好好总结与思考，哪怕片刻的休整也不曾有，他们又不得不全身心投入到下一种图书的出版中去。而应对作者的频繁催促，处理各类庞杂且并无规律性的事务，早就成了他们的日常。即便如此，兀兀穷年，换到的却是一份并不十分丰厚的薪资。

如果说工作任务繁重，经济收入不如新媒体且难见增长，长期伏案工作对视力、颈椎等造成的困扰，以及脑力透支导致的失眠、食欲不振等生理症状，还可以看作编辑个人为了理想所做出的牺牲与妥协的话，那么人们的阅读习惯、社会结构、价值取向的变化，人们对编辑工作的不了解及因此而表现出的相应态度，更是让他们的焦虑不断上升。一部优秀作品的问世，人们关注的永远是作者，做了大量工作的编辑，却不一定能收获掌声。作为万千职业中的一种，编辑的价值也需要通过社会的认可和尊重来实现。近年来，每当人们在一些图书中发现了少量字词、语法错误时，总免不了会感叹："今天的巴金、叶圣陶、周振甫在哪里？"

尽管焦虑，图书编辑们还是选择了坚守。几声叹息、一阵惆怅过后，他们中的大多数，终究还是坚定地向前走去。个人原因、行业环境以及社会发展终究只是外部因素，焦虑之源又是来自何处呢？

三、缘何焦虑：价值迷失与认同缺失

关于焦虑，美国存在主义心理学之父罗洛·梅认为："人类焦虑的独特性来源于这一事实，即人是一种会进行评价的动物，是一种会根据象征和意义来解释他的生活与世界，并将这些与他作为一个自我存在等同起来的存在。"其在《焦虑的意义》一书中又进行了揭示：焦虑是"因为某种价值受到威胁所引发的不安，而这个价值则被个人视为是他存在的根本"[①]。被编辑们视为"存在的根本"的是人们对编辑的劳动成果——图书的评价，以及对他们职业的看法。毋庸置疑，没有编辑会认为自己负责的图书一无是处，自然也不希望公众会产生这样的诘问："我们真的需要编辑吗？"面对质疑，我们不仅要理直气壮地回应，更重要的是将"需要"变作"必要"。如若不然，焦虑的上升也就不可避免。那么，问题出在哪里呢？

对于编辑来说，最幸福的事情莫过于图书能同时实现社会效益和经济效益。当它们无法同时满足时，编辑职业的文化属性和功能又会告诉大家：经济效益的实现是以社会效益的实现为前提的。然而，在一些编辑看来，社会效益的实现，意味着某种具体的、积极的现实肯定，如各类图书奖项或基金的资助，这样的事并非时时都有，只是锦上添花而已。而对于其他大部分图书，如果难以实现他们所认为的社会效益，又何以不去追求更大的经济效益呢？至少这样能纾解一时的焦虑。可是，编辑的成就，绝不意味着以怎样的定价发行了多少册书，赚了多少利润，也绝不是某几次的锦上添花。当编辑们彷徨迷失于商业文化的迷雾之中，图书的同质化与庸俗化，以及各种质量问题也就随之而来。

今天的图书编辑们不可能也不愿像前辈们一样整天伏案阅读文稿或与作者争辩文字上的细微差别。他们必须更加老到，更加强硬地捍卫自己的

---

① ［美］罗洛·梅：《焦虑的意义》，朱侃如译，漓江出版社 2016 年版。

出版计划，去迎接种种风险和挑战，尤其是经济效益的实现——要能精确计算到每一册图书中去。他们既要精通图书的制作、营销、谈判、广告、新闻发布，又要了解会计、销售、心理学、政治等领域的知识，还要有过硬的编辑技巧。他们需要扮演不同的角色，花费大量的时间去处理各种事务，却无法好好编辑手边的稿件。

编辑不仅是一种职业，更肩负着传播思想，更新价值观的使命，凡有志于此者，就应该认识到自己的工作对社会的巨大影响和意义。焦虑的编辑们对自己所从事职业的目标、社会价值的认识不足，没有肯定的内在确认，也就很难获得积极情感的体验，并从中感受到乐趣。对于一个需要靠热情驱动，凭经验和审慎来驾驭方向的行业来说，日益职业化、商业化的趋势，一定程度上带来了编辑身份的消解。当他们去追寻更大的经济效益，没有拒绝同质化、庸俗化的勇气，更无法与社会设定的典范保持一致，甚至于对自己编辑的图书都没有期待的话，他们又是否能认同编辑这一身份呢？假如他们自己都不介意，又何必耿耿于世人的"需要"呢？显然，编辑们无法漠然置之，焦虑也就如影随形。

不忘初心，方得始终。认同编辑职业的时代使命，寻求社会价值的实现，才是我们应对现代焦虑的必由之路。

四、如何突围：在价值反省中获得认同

焦虑作为一种情绪状态，人人都曾体验过。它会影响人们的工作与生活，又能充当积极的角色，可以催人奋发。图书编辑们应将其看作是一次内省的机会：尽管我们总在强调职业使命，以及从未放弃过对社会效益的追求，但现实焦虑反映出我们做得还很不够。行有不得，反求诸己。在不大可能改变外部环境的情况下，我们又该如何突围呢？

当怀着美好的憧憬和向往成为一位图书编辑时，那些浸润了你人生的经典，以及前辈们留下的坚实足迹，早就印刻在你的心里。你努力熟

悉出版流程，认真学习编辑规范，清楚而简洁、准确且细致地编辑着每一页文稿，只因为你深知那些引以为傲的图书是怎样做出来的。"凡作传世之文者，必先有可以传世之心。"编辑作为"精神食粮的生产者、先进文化的传播者、民族素质的培育者、社会文明的建设者"，更应有"可以传世之心"，树立远大的职业理想，如张元济"昌明教育平生愿，故向书林努力来"那般，为传承中华优秀传统文化，繁荣祖国文化出版事业而努力。

或许我们走得太远太快，已经忘记了当初为什么出发。焦虑的图书编辑们应该自问：我们是否像"堂堂开明人，俯仰两无愧"的叶圣陶一样，坚守住了"唯愿文教敷，遑顾心力悴"的文化初心。不可否认，我们身边有着不少的优秀编辑，他们努力做出最好的图书，并尽可能挣钱。但对于追求利润的出版，还是追求文化的出版，我们迷茫着，彷徨着，纠结着，以致对编辑的"遗憾"，都开始觉得"无错不成书"是那样的理所当然，而并没有一丝惋惜，也就很难做到满怀自豪地继续前行了。我们又该如何呢？

乐亦鉴之，哀亦鉴之。只有时时反省，我们才能认清方向，把握好追逐的过程。历史和现实的经验都告诉我们，编辑的职业理想不仅是一种自觉的追求，更应是一种神圣的责任和使命。作为文化的守望者，知识的摆渡人，编辑更应具有超越市侩意识的文化目标和文化品格，他们所追寻的落脚点是自觉承担社会义务。这才是社会公众、作者、读者以及我们自身对编辑这一职业的认同，也就是我们工作最重要的意义——用先进的知识和文化来塑造人。有了这样的认同，我们才能全身心地投入其中并能从中感受到乐趣，并不断丰富和提升自己的专业素质，保持良好的工作状态和积极的情感体验，焦虑也就得到了缓解。

心之所喻，还须身之所亲行。沉浸在工作所带来的欢乐与悲伤、满足与挫折之中的新时代编辑们，唯有循着前辈们的脚步，努力实践，才能从容应对。我们必须始终坚持正确的出版导向，心中装着作者和读者，要有所为有所不为，努力提升和优化自身素养和技能，将职业焦虑转化为职业认同，以个人的默默付出为那些即将诞生的图书带来切实的改变，从而为读者提供更丰富的高品质精神食粮。至此，我们有理由相信：坚守初心，勇担使命，未来之路便不再影影绰绰。

五、坚守初心：源于文化自信的不竭动力

回首 70 年风风雨雨，在出版人谱下的辉煌篇章里，我们体悟到了编辑的初心与使命，也感知到了中国文化的力量。出版的现实告诉我们，作者变了，读者也变了，但图书给人们带来智慧源泉和精神力量的目标没有变，只会越来越高。我们相信，唯有不忘初心，方能善作善成、一往无前，而文化自信就是我们的不竭动力和源泉。

"源浚者流长，根深者叶茂。"历久弥新的中国优秀传统文化，党领导人民在伟大斗争中孕育出的红色文化，以及在现代化进程中不断发展完善的社会主义先进文化，为我们提供了深厚的文化沃土。当面对那些承载着中华文化厚重历史，以及党领导人民进行革命、建设、改革伟大实践的皇皇巨著时，身为编辑又怎能不自信、不自豪？这些先进文化的独特内涵和价值，是图书编辑们努力追寻社会效益，高度认同并践行职业理想的自信所在。

文化自信内生于中华文化的责任担当，形成于文化主体的历史自觉。优秀文化的累积和提升不仅离不开出版，而且赖以建立。新时代下的图书编辑们要有新担当新作为，在实践中努力增强脚力、眼力、脑力、笔力，去除冗杂与糟粕，集萃精华，推出更多传承文明、传播知识、推动社会发展和科技进步的优秀出版产品，更好满足人民群众日益增长的美好生活需要，推动社会主义文化繁荣兴盛，为文化自信增添更大的底气。

文化是一条奔腾不息的河流。我们之所以回溯来处，是为了向更广阔的未来奔涌而去。在融媒体时代下，编辑作为内容提供者的角色更加重

要，唯有坚守初心，追寻更大的社会价值，充分认同自己的职业并付诸实践，才是应对现代焦虑的良方益策，才能真正担负起传承与弘扬中华优秀传统文化，引领中华文化发展新方向的使命。

（作者单位：武汉大学出版社）

文化自信视域下社科类
图书编辑素养研究

王斌会

　　党的十八大以来，习近平总书记围绕"文化自信"作出一系列重要论述，强调坚定中国特色社会主义道路自信、理论自信、制度自信，说到底是要坚定文化自信；文化自信，是更基础、更广泛、更深厚的自信；文化自信是更基本、更深沉、更持久的力量。出版工作是整个文化工作的重要组成部分，是实现文化事业和文化产业大繁荣大发展的基础。而出版工作的核心在于编辑，编辑素养在一定程度上决定着出版的质量。编辑、出版工作在人类发展中从未缺席，正是有了出版编辑，文化得以延续，文明得以传承。出版的本质和编辑的天然职责让社科类图书编辑自觉承担起文化自信的传播，让文化自信有了依托、载体。同时，新时代文化自信的提出也给社科类图书编辑提出了更高要求。

一、坚定的政治素养引导文化自信

随着我国改革开放，多种多样的外来文化逐渐进入，一方面丰盈了大众的精神世界，另一方面也带来了一定的意识形态安全隐患。出版产业的转型虽然取得了一些成绩，但是市场化也给编辑工作带来了一些影响，出版初心在经济效益面前有所动摇，出现了思想松懈、跟风出版、高质量的传世之作稀缺等问题，这不利于出版业的整体发展和出版物的质量提升。文化自信的提出和出版改革让社科类图书编辑重新正视初心，回归出版本质。编辑要做好"把关人"，用坚定的政治素养引导文化自信。

（一）把握意识形态正确方向

习近平总书记在全国宣传思想工作会议上的重要讲话中强调："宣传思想工作就是要巩固马克思主义在意识形态领域的指导地位，巩固全党全国人民团结奋斗的共同思想基础。"这体现了宣传舆论工作的重要作用，因此，出版人开展宣传舆论工作并提升理论引领能力要紧紧把握习近平总书记强调的这两个"巩固"。首先就是要巩固马克思主义在意识形态领域的指导地位。马克思主义是中国共产党人立党立国的根本指导思想，马克思主义中国化的一系列思想理论是中国共产党人带领中国人民前进的基本指导思想，这些思想理论引领着主流意识形态的发展和建设，引领着哲学社会科学发展方向，也引领着中国特色社会主义伟大事业。因此，它在许多方面发挥着不可替代的重要作用。

意识形态工作不仅是党的一项极端重要的工作，还是新闻出版工作的重中之重。社科类图书编辑要提高政治站位，深化对出版工作的新认识，编辑所从事的是具有重大意义的工作，事关主流意识形态的坚守和弘扬、社会主义核心价值观的传播与践行、优秀传统文化的转化与发展，最终展示国家文化软实力水平，而国家文化软实力关系"两个一百年"奋斗目标和中华民族伟大复兴中国梦的实现。社科类图书编辑要统揽书稿全局和思想脉络，提炼其主题思想，准确把握政治立场和政治方向是否正确，预判书稿出版后的社会效果。判断标准就是：是否符合习近平新时代中国特色社会主义思想的要求，是否符合"八个明确"和"十四个坚持"的要求，是否符合人民对高品质精神产品的需求。

（二）践行社会主义核心价值观

经过长时间的社会主义建设的积淀，我国形成了符合中国特色社会主义的价值观。中共中央在《关于培育和践行社会主义核心价值观的意见》中指出：社会主义核心价值观是社会主义核心价值体系的内核，体现社会主义核心价值体系的根本性质和基本特征。图书较其他媒介具有较高的公信力，所以在宣传社会主义核心价值观中的意义更加重要。2018 年 11 月，中央全面深化改革委员会第五次会议审议通过《关于加强和改进出版工作的意见》，强调要加强和改进出版工作，坚持"二位"方向和"双百"方针，构建社会效益为首、社会效益与经济效益相统一的出版体制机制。

编辑工作是永恒的，传播文化、传承文明，弘扬优秀文化，自觉摒弃腐朽文化。社科类图书编辑在一个国家的文化形成和传播中的作用更是不容忽视。在新时代，社科类图书编辑更要有敏锐的政治素养，做好"把关人"，用"火眼金睛"甄别和遴选书稿，坚决不让一本不符合社会主义核心价值观的图书出版，进入市场，混淆读者的价值观。尤其是那些学术能力、业务能力看似很强但不具备基本学术素养和政治素养的作者的作品，其社会负面影响极大。这一点我们在文学艺术、新闻出版、影视娱乐领域是有深刻教训的。

社科类图书编辑要胸怀大局、把握大势，用正确的价值观指导选题策划，从出版源头贯彻社会主义核心价值观。编辑用精品图书宣传社会主义核心价值观，同时也让图书的传播力、引导力、影响力、公信力得到进一步发挥，在实现社会效益的同时，达到社会效益和经济效益相统一。

二、扎实的专业素养筑牢文化自信

中华文化源远流长，历史悠久，我们要抓紧中华优秀传统文化的根，把握中华文化传承至今的命脉，创新当代中华文化。文化自信不是一句空洞的口号，需要落到实处，声、光、电、书、报、刊等载体要承担起文化宣传、展示文化自信的责任。图书作为其中发端时间最早、持续时间最长的载体，对文化的宣传和传承起到更加重要的作用。正因为如此，社科类图书编辑要用扎实的专业素养多出好书、精品，筑牢文化自信。

（一）选题策划能力

习近平总书记曾在不同场合多次用精品力作、优秀作品、不过时的作品等颇为精准并接地气的说法，要求作家、学者打造更多的能留得住、传得开、叫得响的传世佳作。而每一部作品的出版都离不开编辑。首先离不开编辑的策划和慧眼识珠的能力。文化自信的提出对编辑的策划能力有了更高要求，是挑战，也是机遇。我国已成为出版大国，在众多的选题中如何脱颖而出，就要考验编辑的策划能力。

编辑的策划能力和智慧连接了作者和读者，为出版高质量发展奠定了基础。我们国家现阶段是出版大国，但还不是出版强国。文化自信需要每个人脚踏实地去践行，社科类图书编辑责无旁贷地要担负起文化传承和文明传播的重任。一流的编辑策划，积累一流的出版物，成就一流的出版社，影响着我国文化传播的力度。

首先，新时代中国特色社会主义的文化自信，必然少不了主题出版。主题出版是文化自信的必然选择。编辑要在浩瀚的中华优秀传统文化、党领导的革命文化和社会主义先进文化中找到切入点，呼应时代主题，引导读者向心、向上、向善。其次，社科类图书编辑对选题要有把控力。从选题前期调研、确定作者、审读到营销，编辑对每个环节都要做好策划、细致落实。只有步步落实，才能保证选题顺利进行，达到预期的社会效果和经济效益。

（二）编辑加工能力

再好的作品也少不了编辑的加工，正是有了编辑的参与，作品才有了出版面世的机会，正是有了编辑过硬的编辑加工能力，作品才趋于完美。有人说编辑是为他人做嫁衣，有些许心酸，但这更多的是强调编辑加工的意义。图书出版不同于日常说话、期刊文章发表，要求更严谨。特别是针对一些重大事件、重大问题的说法，不能率意而为，编辑要根据出版规则、规定、要求加工，决不能让不符合史实、错误的观点出现在图书中，在编辑加工的过程中用"火眼金睛"紧盯每一个字、每一句话，不放过任何一处政治错误和不符合规范的用法。

编辑的加工能力还体现在对作品的优化和美化，让作品有更好的表现力。图书出版的同质化也越来越严重，如何在众多的同类图书竞争中成为优胜者，如何让灿烂的文化表现得更有张力？一方面在于作者的文笔；另一方面就要靠编辑的深加工，编辑规范、文字修改、版式设计、封面设计，包括书名的揣度都可能给作品带来灵气、美感，让更多的读者喜欢。

编辑的精心加工其实也是编辑文化自信的体现。当编辑具有了文学的感性、史学的智性、哲学的悟性、科学的理性、艺术的灵性、伦理的德性，就能对作品有更公正、更理性的认识，继而深加工，不会曲解作者之意，只会锦上添花，作品散发出文化强音必能引起读者共鸣。

三、卓越的创新素养弘扬文化自信

正如习近平总书记所说："必须把创新摆在国家发展全局的核心位置，不断推进理论创新、制度创新、科技创新、文化创新等各方面创新，让创新贯穿党和国家一切工作，让创新在全社会蔚然成风。"[1]出版当然也不例

---

① 中共中央宣传部编：《习近平总书记系列重要讲话读本（2016年版）》，学习出版社、人民出版社2016年版，第133页。

外，而出版创新的实现需要编辑自下而上的选题落实。中华民族的历史，一回首便是上下五千年，上古传说、秦皇汉武一统中华、世界中心盛世大唐、康乾盛世难挽颓势、抗日战争民族抗争，民族复兴时不我待。徜徉在漫漫历史长河，图书编辑要从什么角度展示中华优秀传统文化、革命文化、社会主义先进文化？这就需要编辑的创新。

（一）不断学习，讲好中国故事

讲好中国故事是时代对编辑提出的要求，是时代赋予编辑的责任，特别是社科类图书编辑有义务承担起中华民族伟大复兴征途中的文化责任。中国的经济总量大幅提升，已经跃居世界第二位，但是文化影响力和经济实力不匹配，在一定程度上阻碍了我们的发展。世界不了解中国，不了解真实的中国，就很难产生认同，因而中国在世界的话语权还不够分量。我们要讲好中国故事，让更多的人了解中华文化。

习近平总书记说过："我们有本事做好中国的事情，还没有本事讲好中国的故事？我们应该有这个信心！"[①] 故事是很好的传播方式，也是国际通用的。就像美国用好莱坞大片宣扬"美国英雄拯救世界人民，美国民主"等西方普世价值观。中华文化灿若星河，如何让更多的人了解我们的文化，让世界了解中国、走近中国，不能不说图书是很好的途径。

讲好中国故事，就要研究中国文化和现在读者的兴趣点，找到故事的结合点。这个过程就需要编辑的创新，可以是经典故事新讲法，也可以是新故事经典意；可以是小故事大道理，也可以是大事件新寓意，关键在于编辑从什么角度来讲中国故事。故事的讲述需要编辑深厚的文化功底和对读者的洞察力，编辑需要通过不断的学习和市场调研、读者心理分析，才能策划出好选题、讲好中国故事，传播文化自信。

（二）融合创新，传播中国声音

科技发展带来一次次文明的进步，也影响着人们的生活方式。社会发

---

① 　中共中央宣传部编：《习近平总书记系列重要讲话读本（2016 年版）》，学习出版社、人民出版社 2016 年版，第 209 页。

展到今天，读者的阅读习惯随着技术而改变，当融媒体时代已经到来，图书编辑不能只盯纸稿，不闻窗外事。内容是出版的龙头固然重要，但是，脱离现实、脱离市场，内容也将无法达到有效传播。科技发展带来了机遇，图书编辑要借助技术，融合创新，让图书焕发新的活力。

社科类图书编辑在选题策划阶段就要有融合创新意识。图书内容设计中就可以结合需求或者服务，形成"出版＋集群"，同一内容、多种形式、多种产品的开发，这样加大了内容的传播面，编辑可以深挖内容，容易出精品。例如，IP 的形成在一定程度上就是内容的深挖和多元开发，达到了单一图书无法企及的效果。

融合创新也表现在营销阶段。传统出版时代纸质图书发行渠道单一，营销乏力。而融媒体的发展给传统图书插上了营销的翅膀，图书和各种媒介的融合让图书宣传和发行有了更宽、更短的渠道，可以做到精准营销。文化自信需要广度和深度的传播，中国声音需要越来越多地出现在世界，编辑的创新意识就需要加强，借助融合发力，让优秀的中华文化搭上科技的快车，走得更快、更远，让世界更多的听到中国声音，了解中国灿烂的文化。

新时代赋予社科类图书编辑传播中华优秀传统文化的使命，编辑要义无反顾地承担起重任，用广博的知识、舍我其谁的精气神来打造精品力作，坚定文化自信。

参考文献：

1.习近平：《建设社会主义文化强国　着力提高国家文化软实力》，《人民日报》2014 年 1 月 1 日。

2.习近平：《决胜全面建成小康社会　夺取新时代中国特色社会主义伟大胜利——在中国共产党第十九次全国代表大会上的报告》，《人民日报》2017 年 10 月 28 日。

3.《习近平谈治国理政》第二卷，外文出版社 2017 年版。

4.郝振省：《倡导工匠精神　做学者型编辑》，《出版发行研究》2016 年第 11 期。

5.周国清、朱美琳：《新时代编辑主体的核心素养与使命担当》，《中国编辑》

2018 年第 4 期。

6.高晓虹、赵希婧：《新时代新闻舆论工作的价值坚守与路径创新》，《中国编辑》
2017 年第 12 期。

7.李嘉宝：《做好媒体融合　讲好中国故事》，《人民日报》（海外版）2019 年 1 月
28 日。

（作者单位：西安交通大学出版社）

试论管理型编辑与专家型编辑养成关键点

——为出版产业高质量发展提升编辑队伍建设质量建言

崔　兰

出版产业高质量发展，离不开编辑队伍建设的稳定发展，而编辑队伍建设的稳定发展，又离不开编辑人心的稳定及对编辑工作的热爱。编辑是良心活，也是同道中人所干的活。换言之，要想编辑人心稳，就要给每位编辑指明一条可预见且可操作的个人发展规划之路。这是促进出版产业高质量发展、稳定编辑队伍建设的核心和关键，笔者试从现有晋升制度为何吸引不了离职者及潜在离职者、为何要指引编辑往管理型编辑或专家型编辑发展和怎样养成管理型编辑或专家型编辑三个方面出发，为出版产业高质量发展提升编辑队伍建设质量建言，以期方家指正。

一、现有晋升制度为何吸引不了已离职者及潜在离职者

当前出版社编辑个人晋升路径一般有二：一是通过考、评职称，如初级、中级编辑，副编审，编审等；二是竞聘或被任命管理岗位，如业务主管，部门副主任、主任，副总编辑，总编辑等。按照常理，每位编辑都可按照这样的晋升路径去规划自己的职业生涯，但事实却是，工作了不同时段的编辑都有离职的可能。笔者以 2019 年上半年某出版社部分编辑离职情况为例：

A.“70 后”，博士，副研究员。入职五年后离职。后成为自由撰稿人。

B.“70 后”，硕士，中级。入职十多年后离职。后个人创业。

C.“80 后”，硕士 / 博士，中级 / 副编审。入职十多年，取得博士学位后离职。后入职某高校。

D.“80 后”，硕士，中级。入职三四年后离职。后入职一线城市某新媒体平台。

F.“90 后”，硕士，中级。入职两三年后离职。后入职原单位在外地分设机构。

G.“90 后”，硕士，中级。入职两三年后离职。后入职同行某出版社。

由上面情况可知，A、B、C 者，无论是工作了五年后离职，还是工作了十多年后离职，在某种程度上说，他们的离开，是对整个出版行业和编辑职业的否定，想通过换个行业，来实现个人职业生涯的新发展；D 者，工作了三四年，发现在传统出版业个人发展不明显，希冀通过转入新媒体行业来施展个人才华和抱负；F、G 者，工作了两三年，在原出版社或嫌弃待遇低，或暂时看不到个人发展未来，想突破个人发展瓶颈，故选择了相对能满足其阶段性愿望的其他出版社。

在一定时期内，某出版社若出现例子中工作了不同时段的编辑皆有离职现象，这说明该出版社人才流失严重。对出版行业来说，人才的合理流动，对调节人力资源地区发展不平衡、行业发展不平衡、各出版社内部发展不平衡等皆有积极的作用。但对培养了该编辑多年的出版社来说，人才流失是其人才建设和保障制度欠完善的反映。上面例子虽是个案，却是实际发生的。这在一定程度上也表明目前出版界所通行的两条晋升路径制度吸引不了那些对出版行业失望欲转行者、吸收新事物较快且欲有所作为者、耐不住薪酬较低的工作初期者。其因有三。

（一）编辑目标预期与出版社现状不对等

每位选择编辑作为职业者，肯定是对编辑这份工作存在好感，且有一定目标预期的，但若工作一段时间后，无论是主动还是被动地离开，都是因为对出版行业失望，对出版社的现状无能为力，不得不转行，以期在其他行业中获得在编辑工作中迷失的补偿。编辑目标预期与当初选择的出版社现状差距越大，其离开该出版社的可能性就越大。

（二）编辑时间成本与出版社人力成本不对等

现有晋升制度的每个环节都有个时间和经验积累的过程，耐不住薪酬较低的工作初期者，尤其是工作两三年者，从职场新手成为熟悉编辑日常工作的老手，因工作没有了一开始的挑战性而日渐失去兴趣。若此时该员工所在出版社任其自我发展，就很有可能在为其他薪酬待遇更高、条件更优越、平台更好的出版社培养着编辑人才。这种状态下的编辑往往会认为，自己在出版社所投入的时间成本大于出版社所投入的人力成本；但出版社人力资源部门则认为，在培养该编辑成长过程中，出版社投入的人力成本，远远大于该编辑能给出版社带来的效益。双方对时间成本和人力成本的认知不对等，造成离职者和人才流失现象。

（三）编辑个人成长速度与出版社发展速度不对等

互联网技术与移动互联网技术的高速发展，新媒体和自媒体平台日新月异，部分传统出版社因转企改制不到位、制度和体制改革不彻底、观念更新不及时等原因，而出现比其他同行慢半拍或多拍的情况，暂时没有为那些热衷新技术、新事物并求创新、求融合发展的编辑提供可发挥的平台或机会。当此种类型的编辑个人成长速度快于出版社发展速度时，他 / 她也容易产生离职念头。

二、为何要指引编辑往管理型编辑或专家型编辑发展

所谓管理型编辑，从广义来说，可称为对外管理型编辑，包括基层、中层、高层管理者①，如具有管理项目团队或编辑室②/部或研发中心或分社或出版社等能力的编辑；从狭义来说，可称为对内管理型编辑③，如具有对编辑日常工作高效能管理能力的编辑。

所谓专家型编辑④，是指在某专业领域具有研究专长能力的编辑，从出版流程上说，有策划、组稿、统稿、审稿、校对、审读、设计、营销、宣传等环节上的专家；从出版内容上说，有学者型编辑、作家型编辑或创作型编辑等。

这两种类型的编辑，与现有两条晋升路径既有相同处也有相异处。相同处在于，对外管理型编辑，在某种程度上，与现有晋升路径中的职务

---

① 此高层管理者，指主管编辑业务或编辑工作的高层管理者，如副总编辑 / 副总经理、总编辑 / 总经理等。

② 赵向荣、刘兆辉（2013）《如何做好编辑室主任》一文就曾对编辑室主任提出了四点要求：一是充分了解出版社发展的战略规划；二是要打造核心产品；三是要一专多能，如市场能力、创新能力、保证产品成功的能力、经营能力、控制风险能力、处理各种关系的能力、对细节的掌控能力；四是要善于发现、培养、使用人才，包容有特殊才能的人。

③ 刘玮（2006）《高效能管理型编辑的三个习惯》一文曾指出，养成对编辑目标、编辑计划、编辑组织的管理习惯，有助于成为高效能管理型编辑。

④ 龚莉（2016）《"首席专家"制度与出版品质》一文介绍了中国大百科全书出版社推出的"首席专家"制度及其主要内容、特点，探讨了其对出版品质的提升作用。殷亚平（2018）《浅谈学术出版社"专家型编辑"培养策略——以上海三联书店为例》一文认为专家型编辑需具备扎实的业务功底、较强的学术能力和项目管理能力这三种基本素质，实施首席编辑制度、组建专业学术出版中心平台对"专家型编辑"培养卓有成效。

晋升管理者相关；从出版内容所划分的专家型编辑，往往与现有晋升路径中的职称晋升专家相关。相异处在于，对内管理型编辑，即使没有相关职务，也能高效处理编辑工作，可归为管理型编辑；在出版各环节工作非常优秀且具有较高理论和实践素养的编辑，也可归为专家型编辑。

这样的划分和指引，有三大利处：

一是避免让编辑形成要想得到发展，必须要有相关职务或职称的观念。因为出版社职务岗位有限，不可能为每位编辑都设立一个管理岗位去适应其发展；同时，编辑的成长不是一蹴而就的，需要长期理论知识和实践经验的积累，每次晋升或职称评定都需要以实际能力符合岗位需求或职称要求做基础。

二是管理型编辑与专家型编辑是出版社高速而稳定发展不可或缺的中坚力量，规划好每位编辑个人发展道路，在本质上也是为出版社规划了对应的发展道路。

三是设立管理型编辑与专家型编辑制度，可以让每位编辑根据自身情况，合理定位，理性规划未来发展，而避免了受现有晋升制度中非个人能控制因素干扰的可能。

三、怎样养成管理型编辑或专家型编辑

一位编辑，从职场新手到熟手再到高效能管理者或某方面专家，需要一个量的积累过程。三年、五年、十年往往是编辑成长过程中尤其需要关注的时间节点。从出版社制度建设来说，需要根据本出版社情况建立健全管理型编辑和专家型编辑的培养机制；从出版社人力资源部门来说，需要为工作了不同时段的编辑提供个人成长发展规划指导；从各个项目团队或者编辑部门来说，需要形成传帮带的新老编辑互动学习氛围，并给新编辑积极创造专题培训机会；从编辑个人来说，需要在工作不同时段，有针对性地提升自身能力，尽早离开每个时间段的舒适区，往成为管理型编辑或专家型编辑要求上不断进取和努力。诚如"师傅领进门，修行靠个人"所云，编辑的自我成长，在提升编辑队伍建设质量上是关键和核心。下面从工作了不同时段的编辑自我养成来阐述之。

刚工作一至三年的编辑，一般从事校对或者文稿编辑工作，首先要打牢自己的文字基本功，提升编辑技能，掌握所有编辑规范，强化编辑专业能力；其次要加强自己除编辑专业以外的其他专业研究能力；再次要在编辑工作实践中逐渐形成自己对编辑理论的认知和见解。

工作三至五年的编辑，一般能驾驭所有书稿的编辑工作，既能熟悉并掌握编辑目标、编辑计划及编辑组织的内在管理，又能与各环节、各色人等有效完成沟通交流。若善于对内管理者，可以往成为专家型编辑的要求上发展努力；善于对外管理者，可以往成为管理型编辑的要求上进取拼搏。

工作五至十年的编辑，一般有一些能展现自己专业特色的优势图书产品，会被同事或同行认为是某环节或某专业或某领域的"小家"；或者在基层管理岗位上能处理好各种人际关系，能推动编辑工作高效运转。两者皆在各自工作岗位积累了一定编辑工作经验，此时需要不断学习各专业领域的理论知识及新技术、新观念、新思想，适时地把编辑工作经验提炼升华为编辑理论，写成文章发表，以期与同行交流切磋。换言之，写文章是为了更好地工作，而不是为了评职称而写。

工作十年以上的编辑，一般在自己所编辑领域有产生双效的优势产品线，会被同事或同行认为是骨干编辑，在某方面的专家型编辑；或者在中层、高层管理岗位上形成了自己独特的管理风格，能快速且高效地完成各种绩效考核目标。两者都可以独立开专题讲座，培养新编辑；对某专业领域有深究，可以独立撰书出版。此阶段的编辑仍有不断学习的要求，即比同行快半拍，这是压力，也是动力。

至于工作多年以上的编辑，一般已与出版社形成同呼吸共命运的共同体，只要出版社对该类编辑无论是物质上还是精神上，都能满足其需求，他们往往是出版社最忠诚的员工，理应得到出版社一直的关心和爱护。

参考文献：

1. 赵向荣、刘兆辉：《如何做好辑室主任》，载东北师范大学出版科学研究所组编：《且行且思：东师社出版科学研究文集东北师范大学出版社建设 30 周年》，东北师范大学出版社 2013 年版。

2. 刘玮：《高效能管理型编辑的三个习惯》，《中华工商时报》2006 年 4 月 29 日。

3. 龚莉：《"首席专家"制度与出版品质》，《中国编辑》2016 年第 3 期。

4. 殷亚平：《浅谈学术出版社"专家型编辑"培养策略——以上海三联书店为例》，《出版与印刷》2018 年第 3 期。

（作者单位：南京师范大学出版社）

全媒体时代新型出版人才
"知识—能力链"解构

王　欢

一、全媒体时代出版业态转型对人才提出新要求

出版业与其他传媒业共同组成现代社会信息供应链。在市场经济背景下，出版产业一方面要向公众提供具有鲜明政治方针、先进思想观念、正确价值取向的精神文化产品；另一方面要通过自身产业链和价值链运作，以商品出版物的形式实现财富的物化与增值。从这个意义上说，出版业既不同于一般工业品制造企业，又不是以提供完全公益层面公共产品为最终目的，应通过人才资源的充分利用，实现社会效益与经济效益双重目标。

(一)全媒体时代出版业态转型加剧

在全媒体时代,数字出版、融合出版、大数据出版、全媒体出版、智能出版等多种出版业态并举,出版主体多元化,出版形式多样化,出版产业链重组融合、价值链重塑再造。从多元、广义、前瞻的维度上观察,全媒体时代传播手段爆发式增长及受众巨量而多样的信息需求,使出版业直面从理念到业态,从技术到载体,从适应能力到跟进速度等多重挑战。这一系列变革也带来了诸如传统出版形态与社会化、广融合的取向及公众多样需求不对称,出版业经营方式、开发能力与市场经济高速发展进度不适应等多重矛盾。特别是与传统出版企业业态、市场、受众单一,内部分工过于细化的格局相比,现代出版企业呈现出市场与受众不断细分,而企业内部岗位职能日渐综合化、多元化、系统化的新特点。全媒体时代出版业的终端产品已不再局限于书籍等单一形式,出版衍生产品的多体、多样、多维开发,将对出版概念重新赋能,以此实现市场价值的深度挖掘。而促进行业可持续发展和出版物水准的全面提升,关键环节仍然是解决人才问题。

(二)全媒体时代出版人才需求新变化

出版行业人才是典型的复合型人才,本身对知识能力的需求跨度就很大,而全媒体时代对新型出版人才的知识和能力要素也提出了新的要求。从目前看,出版从业者除需要具备坚定的社会主义核心价值观和优良的职业道德作为其从业导向与信念依托,还需要运用正确的传播理念和卓越的职场技能,支撑其立身、行事、谋业。与传播市场不断细分的趋势相对应,新出版体制已经改变企业内部原有的专岗、专向、专业固化范式,岗位职能分工边界越发模糊。为此,业界呼唤更多具备全媒体视野的"复合型"及"融合型"人才跻身其间,以推进出版产业平台向新载体、多功能、一体化趋向发展。在职业知识能力方面,出版人才既要具备多维的市场视野和反应能力、感知能力、策划能力、开拓能力、创新能力,也需要完整的知识架构及主动汲取、应用新知的学习方法及工匠精神。

二、新型出版人才思维、知识、能力要素分析

现代出版业是智力、知识密集型的内容产业，其相对成熟的运营形态对相应的知识能力有清晰定位及定量标称。出版企业拥有的人才团队是支撑和推动其可持续发展的基础，人才竞争力是行业的核心竞争力。出版人才应具备扎实的从业基本功、多维的知识结构与职业能力，将个体的知识能力禀赋转化成整个企业的运维、创新、开发、拓展实力。

（一）新型出版人才思维、意识要素分析

新型出版人才应具备适应全媒体时代发展的思维与意识，在这些思维与意识支配下获取知识、培养能力。具体而言，新型出版人才应具有"嵌套传播"的互动、互通、互联思维；强化内容编辑的纵深开发思维；突破固有分工界限的多元化思维；统筹兼顾、资源整合的立体式思维；追求文化品质、文化自觉的大文化思维。还应具备融合发展的全媒体意识，运用"互联网+"方式延伸、融汇业务范畴的跨域意识；重视用户需求、积极与市场互动的市场意识；善于协作的团队意识、责任意识；以及开拓进取的图新、展业、创造意识；等等。上述基本职业要求可归纳成一个多种思维和意识的集合，如图 1 所示。

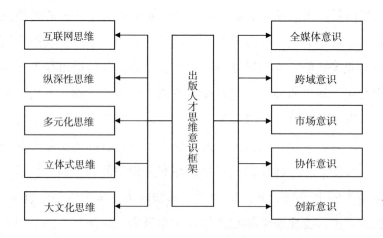

图 1　出版人才思维意识框架

（二）新型出版人才知识、能力要素分析

不同的知识、能力组合形成不同的人才结构。知识是由概念、原理等众多要素组合而成、具有严密逻辑关联的结构体系。知识是能力形成的基础，可直接或间接转化和升华为能力；能力是知识的外在表现，它将促进知识更新和完善。知识与能力的内化、积淀即形成职业素质提升，而知识和能力的外化又体现为产业链的有序运行及价值链的目标兑现。在全媒体时代，专业出版人才在产业社会的职业群体中具有不可替代和不能互换的专门属性，他们不仅应具有跨学科、多领域知识，还应具有较强的行业专门能力。此外，为了适应受众不断拓展提升的需求，还要进行理念、技术、载体、路径方面的不断更新。为此，出版专业人才的知识能力组合应是一个与时俱进的动态开放式构造，其自我学习、主动创新的内生动力尤其要特别强调。

笔者基于对出版企业运行流程的长期调研，初步总结提炼出版人才知识能力要素规范性指标体系，在此基础上，确认每一项知识、能力要素并将这些要素按照层级分布组合，以评价其在知识能力体系中的影响度。新型出版人才知识要素可分为专业基础知识、专业技术知识、文化基础知识与出版相关知识四个二级指标。能力要素包括专业能力、创新能力、通用能力三个二级指标。如表1所示。

表1　新型出版人才知识、能力要素层级构成

一级指标	二级指标	三级指标
知识要素	专业基础知识	编辑出版学概论、编辑出版史、出版业经营管理、出版法律法规、版权与版权贸易、编辑校对、选题策划、市场调查与分析、出版物营销与运营知识等
	专业技术知识	装帧设计、现代出版技术、数字媒体技术、图文处理技术、视频制作与处理、数据挖掘与分析知识等
	文化基础知识	政治、哲学、历史、法律、外语、计算机知识等
	出版相关知识	传播学、新闻学、广告学、文学、美学、管理学、营销学、公共关系学、心理学、统计学、社会学知识等

续表

一级指标	二级指标	三级指标
能力要素	专业能力	选题策划、编校、写作、产品设计、内容把控、经营管理、营销推广、计算机应用、出版软件操作、数字媒体应用、新媒体运维、用户习惯分析能力等
	创新能力	洞察、重组、想象、模拟、创造能力等
	通用能力	学习、思考、判断、文字、表达、信息处理、组织管理、调研、审美、执行、抗压、适应、公关能力等

三、新型出版人才"知识链""能力链"解构

知识链与能力链是动态的知识、能力运行系统，是企业知识能力管理的一个重要领域。对于现代企业而言，知识和能力是典型的战略性资源和资产，包括出版业在内的各类企业都需要从业群体凭借既有的知识、能力链条支撑其运维。将企业产业链实现、价值链完成所需条件与专业人才的知识能力要素进行组合，形成"知识链"与"能力链"，从需求侧明确企业的人才诉求，对于有针对性地提升出版团队整体水准具有指向意义和镜鉴效用。

（一）"知识链""能力链"的概念界定

"知识链"概念的提出与知识供应链管理及知识系统工程理论相关。R. A. Spinello（1998）提出了"知识链"概念。他认为"知识链是存在于企业内部且可无限循环的链条，是企业内部知识从获取到创新的过程；知识链的两个基本构成是知识的认知与知识的响应。知识链活动流程可分为内在认知、内在响应、外在认知及外在响应四个阶段"。刘治江（2006）认为，"能力链是由相关知识决定的企业各种能力所构成的链条"。

笔者认为，知识链、能力链应是"链式"的知识、能力逻辑结构及框架体系。知识链（Knowledge Chain）存在的意义重在实现知识的流动、

互动与创新，是组织之间知识响应与合作的形式，是可无限循环流动的网络链条。通过组织内、外部知识循环，实施对知识的认知、选择、集成、共享、吸收、整合、转化、重构、传播、创新与增值，知识链可以实现组织成员之间的优势互补。能力链（Ability Chain）则是企业知识、资源和技术积累、整合、转化的核心能力所组成的有机链条。现代企业对知识链、能力链的管理，目的是使企业内员工团队的个体能力向组织能力转化，以提升企业的整体能力优势。

知识链、能力链的初始概念虽然仅是针对一般企业管理提出的，但笔者认为，出版人才也应具备完整的知识、能力结构，形成并不断完善自身的"知能"链，借以提升创新活力和拓展空间，这是企业实现管理运营目标、增强团队职场竞争力的首选条件。当职业出版人团队的知识和能力结构与企业的经营诉求形成良好对接，企业知识能力资源得以整合、互补、互动、聚焦而产生更大合力，企业核心竞争力才能提升。

（二）出版人才"知识链""能力链"解构

将出版专业人才理想形态下的知识能力需求从岗位工作项目中分解与抽象出来，可以形成一个初步的从业人员岗位标准。但是这些知识和能力元素仍然仅是呈"点"状分布和被初步界定的内容，若要将其归置成整体的知识能力链，还要寻找其相互之间的逻辑关系、关联方式；并且要定义它们的相关度、兼容性和应用边界，特别要将这些知识和能力"点"通过归类、聚合、链接方式，还原到产业链和价值链对从业者的客观要求上，最终实现产业链与知识、能力链的有效对接。

笔者认为，经过多年改革尝试，我国现代出版企业已经形成从选题开发、编辑加工到产品生产、市场推广四大环节为主体的产业链条，在此过程中要完成产品生产链的无缝衔接与价值链的循环递进。而与出版产业链环环相扣的是业界对从业者不断提升的岗位能力要求。与过往企业内部岗位分工相对较窄的局面相比，为了提升出版企业的市场适应能力和对需求变化的跟进能力，目前出版机构多采用责任编辑全周期负责制，由责任编辑独立完成出版物从选题、编辑到制作、推广"四位一体"的全程工作内容。这种工作样式对责编的综合能力要求和预期较高，他们不仅要独立完成出版过程中的选题开发与文字编辑工作，还要拥有对出版市场的敏锐认知和预判能力，对传播形式与载体的整合运用能力，对生产和经营程序的把握与测度能力，以及对出版市场延伸开拓及产品的衍生创建能力，等等。而构建这种全方位、全领域、全链条、全模式的知识及能力体系，也正是未来出版产业链、价值链对从业者岗位标准的定位。将出版从业者所应具备的专业能力按照新业态运行规律进行整合、分解、提炼后，会凸显出若干分布、定位、区间、权重有所差异的专业能力要点和知识基本元素；按照相关属性、关联方式和逻辑顺序，将这些要点和元素归类组合，就会形成若干知识—能力链。

笔者认为，对应产业链上的四个主体环节，从业人员的岗位能力尺度及知识维度可归结为四个基本组合。前文提出的知识和能力三级要素分类，就可以通过聚类归并分别纳入这四个组合之中。比如，相对于"选题确定、市场预估"环节，包括市场调研方式与研判、出版热点和趋势把握、受众定位与心理分析、选题与表达方案设定、传媒经济与成本分析等项内容，所对应的知识能力环节主要是市场调查与分析、选题策划、用户习惯分析、传播学理论等相关知识和能力。在"编辑加工、设计制作"这个环节需要文字编辑、图像编辑、数字编辑等基础业务、专业写作与文本处理、编辑业务软件应用、信息检索与核定、媒体融合方式等项内容，所对应的知识能力主要是编辑校对、写作、现代出版技术、数字媒体技术、图文处理技术、视频制作与处理、产品设计、内容把控等知识与能力。在"产品生产、经营管理"环节，需要出版工程规划、印刷及其他传媒产品制作技术、出版加工企业流程管理、重印、再版等项内容，所对应的知识能力环节主要是出版装帧与设计、印制与拷贝技术、出版业经营管理、新媒体运维等知识和能力。在"市场推广、深度开发"环节，需要营销策划、广告创意及成本管控、IP 衍生品开发等项内容，所对应的知识能力环节主要是出版物营销与运营、版权管理与贸易、IP 策划、数据挖掘与分析等知识和能力。上述四个知识—能力链相互串联与互补、互动的结果，就形成了出版专业人才知识—能力的链式结构，如图 2 所示。

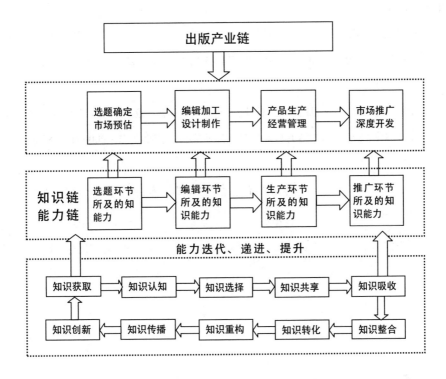

图 2　出版产业链、知识链、能力链对接图

结语

本文基于出版产业链去对应、构建出版人才知识—能力链，如沿此思路继续推理，则可进一步深入研究相关问题。例如如何构建与出版生产链条，知识—能力链相对应的人才培养模式，如何明确出版人才知识能力养成的具体方法及实现途径，这些问题均具有积极的现实意义。

参考文献：

1. 郝振省：《出版改革进程与编辑队伍成长》，《现代出版》2019 年第 1 期。

2. 周百义：《编辑在精品打造过程中的价值与作用》，《出版参考》2019 年第 2 期。

3. 陈少志、祁艳红：《智媒时代加强编辑素养修炼势在必行》，《吉林日报》2019年 1 月 28 日。

4. 程强、顾新、全力：《知识链的知识协同模式研究》，《图书馆》2018 年第 3 期。

5. 魏奇锋、唐川、赵长轶：《国内知识链研究的知识图谱分析》，《情报科学》2016 年第 7 期。

6. 刘治江：《基于学习的企业知识链与能力链研究》，《商业时代》2006 年第 20 期。

7. 张建华：《基于知识链的企业知识创新研究》，《情报杂志》2009 年第 8 期。

（作者单位：吉林工程技术师范学院传媒学院）

新时代的编辑利用大数据初探

侯晓娟

概述

尽管每个人对大数据的理解不尽相同，但大数据范围广泛、载体多样是人们的共识。《大数据时代：生活、工作与思维的大变革》一书指出，大数据具有广泛性。数据化不等同于数字化。文字可以是数据，方位可以是数据，沟通可以是数据，万物都可以数据化（维克托和肯尼思，2013）。"大数据"的"大"体现在数据的包罗万象上。在形式上，数据不仅是纸质文本，也包括视频、音频；就载体而言，可以是基于网络的数据库，也可以是手机上的阅读平台、电子书、阅读器，也包括用户留言，或是网络课程等。

大数据这项新技术正在推动传统编辑出版业变革。大数据对海量信息进行整合再利用可以有效提升出版社的核心竞争力。编辑通过对大数据的深度加工，不但改变了传统的信息传播方式，而且在其自身工作理念、思维方式上也发生了深刻变化。2017 年编辑出版学十大热点研究关键词之一就有"大数据"（李建伟和林璐，2018）。传统编辑面临更新知识结构、顺应新时代潮流加快转型的要求。

一、大数据对出版流程的影响

（一）大数据对编辑前期工作的影响

大数据使编辑的选题具有针对性。选题是出版社产品策划与发行中至关重要的一环，是出版社能否持续发展的核心环节。随着科技的发展和出版观念的转变，编辑的工作越来越趋于外向，也越来越重视利用数据进行市场调研。数据的运用，可以帮助其准确定位选题，确保其内容被市场接受并认可。亲子教育是少儿图书板块的重要组成部分。"Michael 钱儿频道"是一个拥有百万粉丝的亲子公众号。鉴于这个自媒体频道在家长中的强大影响力，中信出版社策划选题，把白雁飞（即钱儿妈）在公众号的文章集结成册进行出版。在这本名为《让孩子像孩子那样长大》的图书出版之前，全网阅读量已经超过 6000 万。这本书上市后受到粉丝热捧，不到 3 周，加印 4 次、销售 10 万册，好评度 99%。数据分析带来选题，数据分析带来销量，进而转化成实实在在的社会效益和经济效益。

大数据使编辑的选题具有前瞻性。大数据的一个重要功能是预测，并已广泛应用于电子商务领域。通过分析用户的浏览历史数据，各大电商平台都预测了用户的喜好，并进行同类商品推荐。如：京东网界面上有"商品精选"，当当网上有"推广商品"，淘宝网上有"掌柜热卖"，用户可以由此看到同类产品的相关信息，包括定价、图片及产品简介等。

新媒体领域的今日头条，根据读者的浏览习惯数据，已经从传统形式的"编辑推荐"发展到智能算法的"个性化推荐"。通过大数据，编辑可以预测其选题是否有出版价值，以及出版后的社会影响力和市场前景。例如，编辑可以通过网上的相关数据判断该选题首印数多少，定价是否合理，内容上是否会受欢迎，装帧设计是否可以更趋完善，载体形式是否符合用户需求等。

（二）大数据对编辑中期工作的影响

大数据帮助编辑控制成本。大数据在生产环节可以帮助编辑进行产品成本预算，推动产品数字化，从而降低成本，减少经营风险。在出版流程环节，通过相关数据可以进行成本预测与利润分析，如费用总计（包括纸张费用、印刷费、设计费、装订费、图书版税等）、平均印张成本、成本率、全部销售的保本定价和盈亏平衡点等。大数据也可以使出版社减少库存，降低成本。近年来，各大出版企业都面临着纸价飞涨，成本极大提高的问题。从 2018 年 5 月 1 日开始短短几天，全国就有 32 家纸厂宣布涨价，各纸种幅度为每吨 100 元至 300 元不等（路艳霞，2018）。纸价的持续走高推动了图书的网络化、电子化。数码印刷技术让出版社可以根据用户需求统计数据，按需出版。定制书可以一本起印，从而使为用户提供个性化服务成为可能，有效地解决库存压力大的问题，极大地加快出版社的资金周转。

大数据使编辑对产品进行多介质、立体化呈现。在大数据时代，纸质图书不再是唯一的出版形式。编辑利用数字化技术对出版内容进行整合，采用多种方式进行呈现，可以使产品变得更为有趣、有益、有效。四川少年儿童出版社出版的《米小圈上学记》系列丛书在 2019 年 5 月的开卷数据中的少儿板块中囊括了前十名。这样良好的销售成绩，与它在喜马拉雅平台超过 13 亿的点击率是分不开的。出版社应当成为媒体平台的内容提供者，还是成为利用新传播方式的市场主导，一直都是人们争论的话题。事实证明，与其两者之间相互竞争，还不如相互促进、共同发展更合适。纸质图书推动音频或视频的传播，反之亦然。

（三）大数据对编辑后期工作的影响

大数据拓宽了营销渠道。传统营销方式通常借助于书店、书展、研讨会或订货会。大数据时代的产品营销大大突破了这个局限。出版新书后，不仅可以通过出版社网站，还可以通过微博、微信公众号、朋友圈等方式推介。在京东网、当当网等电子商务平台都有编辑推荐这一栏目。通过这些推荐，可以突出图书的亮点和特色，对用户的选购提供参考借鉴。发行营销数据中的图书入库、出库、退货、回款等信息以及实体店和电商的单品种销售数、月度 / 年度图书销售冠军、同类图书畅销书排行榜等数据，都具有十分重要的参考价值。通过数据的横向对比（同一出版社和其他出版社之间的市场表现）和纵向对比（同一出版社在不同时期的市场表现），可以了解企业的经营状况。

编辑通过大数据进行产品宣传，洞悉用户需求。随着市场竞争的日趋白热化，出版社之间的竞争，不仅体现在图书产品质量和价格之间的竞争，更体现在产品增值服务的竞争。资源库是大数据的一种，是出版社提供的增值服务之一。资源库通常包括教案、课件、试题、答案、图片、视频、音频等。这些资源首先是产品展示的平台，起到对产品进行立体化宣传、维护的作用。其次，也起到洞悉用户需求的作用。根据用户每天产生的浏览及购买记录、收藏关注记录、登录日志数据，从资源、地域、机构、用户等维度对以上数据进行统计分析，可以使我们更好地掌握用户的使用习惯，针对不同用户提供个性化定制服务。

二、大数据增强了编辑与用户和作者的沟通

（一）大数据帮助编辑精准了解用户群体，洞察其需求

大数据让编辑对用户的了解更全面、更深入。用户是出版社的衣食父母。要想保证出版社的稳健发展，就要在坚持正确政治思想导向的前提下，以用户为中心，提供其所需的产品。编辑通过京东网、当当网等电子

商务平台上的畅销书排行榜、累计评价数、好评度及相关的图片、音频 / 视频等海量信息进行采集、分析和加工，可以洞察用户的阅读需求和购买态度。

大数据使编辑与用户的沟通更加顺畅。以前出版社和用户的沟通比较少，现在随着科技的发展，编辑不仅可以通过书展中的新书宣传或书店里的签名售书等现场活动，也可以通过线上进行意见反馈或资源共享。用户评论可以增强编辑与其之间的互动，也帮助出版社及时了解他们的诉求，在重印或改版时及时处理。

（二）大数据帮助编辑维护现有作者，挖掘潜在作者

大数据为编辑联系作者提供了方便。作者是出版社的宝贵资源。出版行业的优势在于内容，而内容来自作者。优质的作者是图书畅销与否的关键因素。了解作者的学术背景、写作水平、与选题的契合度、在市场的号召力都具有十分重要的意义。出版企业之间的竞争在一定程度上也是作者资源的竞争。因此，建立作者信息数据库，建立并维护好与作者的关系，挖掘有潜力的作者，是编辑的一项重要工作内容。过去通常通过研讨会等方式发现作者，现在，互联网技术使信息扁平化、立体化。因此，编辑和作者的沟通也更加容易。博客、微博、微信、电子信箱，都可以与这些作者交流，为之提供专业的编辑建议。

在大数据时代，和作者保持良好关系尤为重要。在互联网高速发展的时代，作者有了更多的选择权和话语权。美国恐怖小说家斯蒂芬·金（Stephen Edwin King）2002 年在网上发行《骑弹飞行》（*Riding the Bulletin*），开创了只有电子版、没有印刷版的先河。这本书全书 66 页，售价 2.5 美元，发行当天就被下载了 40 万份，远超传统印刷书首日销售 7.5 万册的销售纪录。因此，传统出版商应该有危机意识，才能保证其在图书出版的核心地位。通过寻找和培养天才作家，将其作品以各种介质呈现给更多受众群体，塑造作者品牌，采取强有力的措施保护作者的版权，从而保证出版社的持续健康发展。

三、关于编辑在新时期利用大数据的建议

（一）在大数据时代，编辑需要改变思维方式

编辑需要顺应时代发展改变思维方式，重视大数据的采集、分析和利用。随着数字浪潮的兴起，大数据对各行各业正产生着重大而深远的影响，对编辑工作亦是如此。无论是选题策划、成本控制，还是市场调研、了解用户反馈、维护作者关系，都发挥着重要作用。如果编辑还是像以往那样仅仅与文字为伍、伏案工作，不重视用大数据做市场调研来为出版的产品把脉，那么出版的产品就很可能不受用户欢迎。大数据思维具有相关性和预测性的特点。在大数据时代，可以分析并处理和某一现象相关的所有数据。它只对人们呈现结果，而不去探究原因。尽管大数据得出来的预测不一定会精准，但它提供了一种线索、方向和趋势，因此具有积极的参考意义，值得进一步研究和探讨。

（二）在大数据时代，编辑需要改变工作方式

首先，编辑需要学习掌握大数据的方法。大数据具有多样性的特点。数字是大数据的一种，但并不是全部。大数据更多地以图片、文字、音频或视频的形式呈现。这就要求编辑要紧紧跟上科技的发展，积极参与相关业务培训，熟悉并掌握采集数据的能力和分析数据的方法，在学习和工作中提高综合素质，快速从传统的文字编辑转变为复合型编辑。

其次，编辑需要利用好大数据。一方面，大数据提供的海量信息，具有复杂多变的特点，并且呈碎片化分布，这就要求编辑要有清醒的认识，对大数据适当进行取舍和甄别。另一方面，资源库作为大数据的一种，编辑要做好对它的宣传。资源库在未来出版社的发展中，将扮演越来越重要的角色。在大数据时代，加工信息产品比生产物质产品更重要。出版企业逐步实现着从内容提供商到信息提供商的转变。编辑服务的对象也不再是读者，而是用户。现在不少出版社都有资源平台。这些平台目前主要还是侧重产品宣传，具有公益服务的性质，对其盈利模式有待进行深入探索和

研究。建议资源库今后可以实现从数据化向平台化的转变。正像哈瓦斯媒体集团（Havas Media）策划暨创新资深副总裁古德温（Goodwin，2015）所说："全球最大的出租车公司 Uber，本身没有车辆；全球最受欢迎的社群媒体 Facebook，本身不创造内容；全球最大的零售商阿里巴巴，本身没有库存；全球最大的住宿供应商 Airbnb，本身没有房产。这种现象岂不妙哉？"尽管在现实中，也许在出版企业的数字化发展和编辑的职业转变中会遇到各种问题和挑战，但这个趋势不会改变。

最后，编辑需要有大数据的信息安全意识，重视保护用户的隐私。如何厘清出版社对大数据的使用边界，是一个值得思考的问题。在大数据时代，人们在网上的行为都会主动或被动地留下痕迹。通过采集并分析这些数据，编辑可以为用户精准推送所需信息，提供更有针对性的服务。但是，这种对个人信息的使用，不应该是滥用，更不能泄露。例如，在网上发放调查问卷时，要注意保护其个人信息，防止信息匿名化处理不当对个人造成的损失。

参考文献：

1.[英] 维克托·迈尔-舍恩伯格、肯尼思·库克耶：《大数据时代：生活、工作与思维的大变革》，盛杨燕、周涛译，浙江人民出版社 2013 年版。

2. 蔡宾：《大数据背景下传统出版企业的现状及发展策略研究》，《中国出版》2016 年第 17 期。

3. 刘璐：《大数据时代个人信息保护与企业使用边界探析》，《长沙理工大学学报（社会科学版）》2019 年第 4 期。

4. 李建伟、林璐：《2017 年编辑出版学十大热点研究关键词——基于 2017 年编辑出版学学术论义关键词词频分析》，《中国编辑》2018 年第 8 期。

5. 路艳霞：《纸价上涨，图书业迎来转折点》，《商业文化》2018 年第 14 期。

6. Goodwin T., "The Battle is for the Customer Interface", *Tech Crunch*, March 3, 2015.

（作者单位：北京语言大学出版社）

新时代的编辑如何利用大数据做好选题策划

赵鑫莹　任晓敏

选题策划是图书出版工作中的重中之重，它综合体现了出版机构的出版理念、经营思路，直接影响企业的经营收益和品牌价值。选题策划是图书出版的源头，如果没有好的创意，就很难产生精品图书。一个好的选题，应该立足出版机构的发展定位，把握市场趋势，适应社会舆论导向，引导和满足读者的阅读需求，从而获得经济和社会效益。

读者的需求是多元的、时刻变化的，大数据时代的个性化和去中心化更加激活了读者的潜在需求。在信息数据和用户需求爆炸式增长的今天，传统出版业的选题策划模式已无法满足市场的要求。同时，大数据技术的发展为采集海量、多类型用户数据，进行实时的深度数据分析挖掘，获取有价值信息、预测市场需求提供了有效手段。立足出版业，利用大数据技术，通过搜集、挖掘、筛选、整理、聚类、分析数据，能够为图书选题策划提供些新思路。

一、传统出版业图书选题策划的发展瓶颈

（一）选题同质化、市场预测力钝化

长期以来，图书市场存在一种跟风现象。当某一选题的图书大卖后，市场上很快就会出现大量同选题的"山寨"图书，质量参差不齐、内容五花八门。这表面上反映了图书选题的同质化问题，更深层次上反映的是出版机构的市场预测力和选题创新力的钝化。传统出版业对市场的调研和预测主要依靠对已出版图书的销量分析，考虑到出版周期，这具有明显的滞后性。这种靠发行反馈的"试错"式市场分析，只能在一定程度上了解当前图书市场的情况（甚至还要滞后），却无法及时掌握读者需求和市场风向的变化。在顺应市场都力不从心的情况下，何谈创新选题、引导读者、开拓市场。

（二）素人作者的发掘和培养不足

国外有研究表明，平均上，25 岁是人类比计算机更聪明的黄金年龄。[1]另一项针对近 15 年知名小说作家创作情况的统计研究也表明，大多数作家在 30 岁到 45 岁之间写出了自己最受欢迎的作品。当下，多数出版机构都在争夺头部作者，而对素人作者的发掘和培养不足。头部作者能保证图书的销量，其身价也随之水涨船高，而这会不断挤压青年素人作者的创作生存空间，也使选题同质化的问题更加严峻。

（三）"读者—作者—编辑"交互缺失

在传统出版中，"读者—作者—编辑"的交互是极为有限的。绝大多数情况下，图书在被销售出去后就结束了它的"出版生命周期"。多数情

---

[1] 参见 Public Library of Science, "25 is 'Golden Age' for the Ability to Make Random Choices"，见 https://phys.org/news/2017-04-golden-age-ability-random-choices.html。

况下，读者会忽略图书作者和编辑，更遑论与之交流互动。对于需要后期体验的消费品，购买不等同于认同，就如同我们"买了华而不实的东西，用过后就扔掉了"一样。在观测时间不够长、样本不够大的情况下，购买情况并不一定能反映读者对某本图书的真实评价。传统出版中的"读者—作者—编辑"交互缺失会使出版机构错失第一手市场资料，会使选题策划犹如孤舟夜航。

二、大数据时代，选题策划的新可能

（一）技术问题变成数据问题

大数据时代，数据记录、搜集、重组和分析技术的发展，使得人们的信息检索、浏览、发布、转载、地理位置等行为和信息均转变为可以分析的数据。人类生活世界开启了全面数据化的时代。本质上，大数据是"人们在大规模数据的基础上可以做到的事情"，是"人们获得新的认知、创造新的价值的源泉；还是改变市场、组织机构，以及政府与公民关系的方法"[1]。大数据时代，更强调信息的数据化与人们对数据的利用，强调人们思维的转变。大数据技术改变出版人的思维，将出版问题变为数据问题。[2] 互联网上发布的帖子、日志、评论、图片，以及潜在的读者、作者之间的互动，都成为可以记录和获取的数据，这为出版业提供了大量可利用的外部数据。这些数据为选题策划提供了更丰富的参考信息，使策划选题、市场调研、物色作者、营销推广、征求意见与收集反馈等等一系列环节都能有"据"可依，从而提高选题的创新性和有效性。

---

① ［英］维克托·迈尔-舍恩伯格、肯尼思·库克耶：《大数据时代：生活、工作与思维的大变革》，盛杨燕、周涛译，浙江人民出版社 2013 年版。

② 参见狄野：《大数据语境下数字内容产业发展的思维变革——以数字出版为例》，《出版发行研究》2017 年第 2 期。

（二）大数据思维的培养

维克托·迈尔-舍恩伯格和肯尼思·库克耶《大数据时代：生活、工作与思维的大变革》一书中，根据所提供价值的不同来源，将大数据公司分为三种类型：数据本身、技能与思维。对于出版机构来说，并不需要发展成为专业的数据公司或数据分析公司，出版业应加强与其他行业、领域之间的数据共享和相互利用，提高数据搜集、挖掘、处理和分析的能力，出版从业人员要培养自身的大数据思维。

（三）大数据技术的运用

大数据分析技术主要指对大数据进行采集、存储、管理和挖掘的技术，包括可视化分析、数据挖掘算法、预测性分析能力、语义引擎、数据质量和数据管理等。[①] 大数据时代，面对不断爆炸式增长的海量数据，出版从业者要运用大数据分析技术，将当下社交媒体、阅读社区、在线零售商、电子阅读器中生成的纷杂的用户信息转化成有价值的目标数据。海量的数据中不可避免地掺杂着大量"噪音"，利用合适的大数据分析技术"去躁"，才能从中提取有效的信息。运用大数据技术获取选题相关数据为未来选题策划提供了新的可能。

三、大数据时代，图书选题策划的新思路

在大数据时代，充分挖掘与利用互联网社会化媒体中的信息数据，将数据搜集、处理、分析应用到开发选题、向作者组织稿件、掌握读者需求、图书营销推广等一系列环节中，能够增加图书选题的创新性和有效性，更加准确地定位目标读者，有针对性地营销产品，构建出版机构、编辑、作者和读者之间的信息互动机制。

---

① 参见梁莹：《大数据分析在出版中的应用与展望》，《出版广角》2015 年第 2 期。

（一）搜集信息、开发选题

开发选题，是图书编辑的起点和基础，是出版活动中创新的重要环节。选题创新并非编辑主观想象的结果，而是与某一领域的焦点问题、发展方向以及读者的阅读新需求紧密相关，编辑要及时掌握这些方面的信息，并在此基础上进行创造性的策划构思。选题除了从来稿挖掘，或着眼于社会大势外，从阅读行为中发现、从用户交流中捕捉也是选题开发的重要方法。在用户生成内容机制的促进下，人们越来越多地通过微博、博客、微信、视频分享网站、维基百科、在线问答等社会化媒体传播观点与想法。通过社交媒体，融入多领域多学科圈子，及时接触前沿信息和把握发展动态已成为大多数图书编辑的行为模式。大数据的发展为编辑更全面及时地掌握与预测用户信息提供了可能。

信息的数据化。大数据时代，在社交媒体中，不论是人们发布的文字、图片、视频信息，还是浏览的网页痕迹、停留时间、鼠标停留位置、输入的文字符号，以及互联网设备传达出来的时间、空间信息，社交网络中的人际关系等等都可以转变成数据。编辑在融入各种社交媒体，参与互动交流之外，更重要的是要具备将人们的信息行为数据化的思维，通过数据化，更有效地把握社交媒体的信息状态。如从网络书店的销售数据与营销推广中，把握当下图书销售热点。在微博中，可以利用词频分析软件，分析人们发布和传播的文本信息，通过关键词列表与排序，掌握焦点话题与观点，形成潜在的选题。

数据整合与挖掘。普通用户在社会化媒体中生产的内容，是大数据时代可以充分利用的一种重要资源，然而一方面由于用户生成的内容是碎片式的；另一方面，随着信息来源、类型愈来愈复杂，信息超载成为摆在所有编辑面前的现状。面对海量碎片式的数据，编辑们只有通过数据搜集，采用数据分析技术和工具，对数据进行整合和筛选、聚类、分析，才能在数据洪流中找到真正有价值的信息，进而对选题策划提供有效参考。

数据预测。选题开发的实质，就是编辑以所预测到的特定的市场需求模块为目标，有选择地对有效的选题信息进行整合，使信息资源通过整合产生新的意义。① 而大数据的核心正是预测。通过基于大数据技术的内容挖掘和分析，不但能够全面掌握某一领域的发展现状，实时发现热点议题，更能够根据人们的信息检索行为、对某一话题的关注与讨论发展趋势，预测某一选题的发展趋势，把握选题的未来走向。当某一类或单一选题策划取得成功时，还可以对所获取数据纵深挖掘，把选题扩展为多选题集群优势。

（二）挖掘信息、构建作者图谱

选题确定之后，落实选题计划的关键是组织书稿，而接近作者、连接作者、开发作者，是组织书稿的重要方式。最大限度地开发、利用作者资源，将选题策划优势与相应的作者优势结合起来，进而实现选题效益的最大化，是编辑工作必须解决的重要课题。

在传统出版时代，印刷出版是作者将作品转化为书籍的唯一途径，作者一般会主动与编辑联系。而互联网时代，随着新媒体技术的发展和人们阅读习惯的转变，网络自出版成为新兴模式，编辑与作者的主动—被动关系发生了逆转。因此，编辑要主动出击，及时了解知名、权威、主流作者的创作动向，并挖掘有创作能力的新作者。

首先，编辑要通过加入社交媒体中的不同圈子，发布信息、交流观点，与知名作者和潜在作者形成互动，建立良好的社交关系，及时发现作者的创作动态；通过交流和共享见解，接近与作者的距离，取得作者对自身以及编辑的信任，进一步将作者的创作成果转化为书籍。其次，对作者的了解，也可以通过数据技术来构建作者图谱，如作者的个人信息（包括年龄、性别、职业、职务、个人爱好等）、作品信息（如著作有哪些、评价如何、销售情况、阅读人群等）、作者的人际关系网（社交圈子结构、节点组成以及作者在社交圈中的话语地位等）。组稿工作说到底还是做人的工作，是与人打交道的工作。编辑如果能够与作者建立紧密连接，并根据数据分析投其所好，那么向作者组织稿件就成为水到渠成之事。

---

① 参见朱胜龙编著：《现代图书编辑学概论》，苏州大学出版社 2003 年版。

（三）预测市场、分析并锁定目标读者

图书的选题策划作为图书符号系统的设计方案，作为编辑头脑中所构思的图书虚拟形态，其价值在于选题策划的市场含量，即选题策划是否与图书市场的特定需求相吻合，是否有预期的市场潜质。[①] 市场的需求即为读者的阅读需求。在确定选题之前的信息搜集阶段，读者的阅读兴趣、网络行为习惯、文化程度、职业、消费能力等内容也是编辑需要关注的信息。

社交媒体将广泛而分散存在的读者连接起来，读者数据同样是有价值的商业资源。大数据时代数据化的发展态势，使全面掌握读者数据成为可能。过去，出版业选题的市场调研主要采用问卷调查的方式。问卷调查是一种随机抽样的方式，然而随机抽样有两个缺陷：样本的代表性和样本的细节考察。随机抽样的关键在于抽样的随机性，但是实现采样的随机性非常困难，人们作为采样主体，丝毫没有主观偏见和预设倾向几乎是不可能的。更糟糕的是，随机采样不适合考察子类别的情况。因为一旦继续细分，随机采样结果的错误率会大大增加。[②] 而如今，虽然数据的数量巨大、结构不规则，但大数据时代以云计算为基础的信息存储、分享和挖掘手段，可以方便有效地将大量、高速、多变的终端数据存储下来，并随时进行分析与计算，直接考察所有总体数据成为可能。大数据需要转变的一个思维是："要分析与某事物相关的所有数据，而不是依靠少量的数据样本"[③]。

随着智能手机和"可穿戴"计算设备的出现，我们的行为、位置，甚至身体生理数据等每一点变化都成为可被记录和分析的数据。[④] 人们在搜索引擎中的信息检索行为也可以透视出人们的兴趣爱好和行为习惯。在大

---

① 参见朱胜龙编著：《现代图书编辑学概论》，苏州大学出版社 2003 年版。

② 参见 [英] 维克托·迈尔-舍恩伯格、肯尼思·库克耶：《大数据时代：生活、工作与思维的大变革》，盛杨燕、周涛译，浙江人民出版社 2013 年版。

③ [英] 维克托·迈尔-舍恩伯格、肯尼思·库克耶：《大数据时代：生活、工作与思维的大变革》，盛杨燕、周涛译，浙江人民出版社 2013 年版。

④ 参见 [英] 维克托·迈尔-舍恩伯格、肯尼思·库克耶：《大数据时代：生活、工作与思维的大变革》，盛杨燕、周涛译，浙江人民出版社 2013 年版。

数据时代，基于交互性的传播平台，以及智能的数据库管理，用户的形象被勾勒得更加清晰，并且根据兴趣与需求被重新标签化、归类化。[①]

大数据提高了用户的"社会能见度"，读者在社交媒体中发布的信息、信息浏览与阅读行为、互联网设备传达出来的地理位置信息，以及社交网络中的人际关系等都成为可以测量的数据。正如《爆发——大数据时代预见未来的新思维》指出，"（数据库）同时也创造了一个历史机遇——它第一次毫无偏见地为我们提供了成千上万人，而不是少数人的详细行为记录……"[②]而且社会化媒体中的信息，是以人们自发的信息与情绪披露为基础，通常更能反映他们的状态与意愿。如果编辑能有效借助大数据技术，对人们的信息行为进行追踪与分析，掌握读者的个体、群体特征与分布，获取其阅读兴趣和行为习惯，就可以实现对其行为趋势进行预测，进而推动选题论证和占领目标市场。

另外，由于有了对大数据的认知，用户的需求、交流、参与可以被无限细分，媒介经营者更加注重细分市场，寻找利基。[③]基于大数据挖掘与分析，编辑可以从微观上的调研和考察目标读者信息行为，使针对不同类型读者的不同倾向，制定相应的内容，满足个性化信息需求成为可能。同时经营者又能对读者需求形成灵敏的感知，对需求的变化发展进行预测，确定核心用户，以合适的时机和方式向其推送最适合的内容产品与广告服务。

（四）借助连接营销选题

做好选题不再是孤立的选题问题，而必须与推广紧密联系在一起，要将选题营销纳入选题策划的大系统加以统筹考虑。社交网络中用户生成内容机制与病毒式传播模式的结合，为选题营销推广提供了绝佳平台。

互联网的重心正在转向社会化媒体……社会化媒体平台上的主角是

---

① 参见喻国明、王斌、李彪、杨雅：《传播学研究：大数据时代的新范式》，《新闻记者》2013 年第 6 期。

② [美]艾伯特·拉斯洛·巴拉巴西：《爆发——大数据时代预见未来的新思维》，马慧译，中国人民大学出版社 2012 年版。

③ 参见喻国明、王斌、李彪、杨雅：《传播学研究：大数据时代的新范式》，《新闻记者》2013 年第 6 期。

用户。① 在社交媒体中，不论是编辑、作者还是读者都成为一个个具备主动性的用户，而且每个人都不是孤立的存在，都处于与他人的连接之中。图书选题策划是由一系列工作流程组成的，但如今社交媒体时代，要以人为中心。随着社交网络的迅猛发展，人类连接在一个巨大的社会网络上。② 在大连接的时代，出版机构一方面要通过建立关系网络，将编辑、作者和读者紧密联系起来，通过他们在社交媒体主动分享的信息，实现对图书的推广与宣传。同时也可以实时挖掘受众最为真实的在线体验和阅读需求，根据用户的反馈调整选题，并对选题未来发展智能分析与科学评估。另一方面，更重要的是要运用大数据技术对大连接进行分析，利用大连接的传递性和感染性，稳固核心资源、宣传推广、扩大影响力。如通过社会网络分析，掌握社交圈中出版从业人员、读者、作者、行业意见领袖等的社会结构关系，利用关系网络中的强关系和弱关系，根据不同用户之间的关联紧密度和话语影响力，制定营销策略。

此外，出版机构还要建立选题策划新机制。选题策划不仅仅是策划选题，而是一个集采集信息、挖掘数据、预测市场、物色作者、营销推广等一系列环节而成的系统工程。出版机构内部要形成一个整体的运作机构，选题成为一个统筹的工作，将选题每个环节都建立有效的对接，使每个编辑都做到有章可依，循序渐进。

结语

大数据分析的关键是从数据中提取意义，并发现数据背后隐藏的行为模式和变化规律。大数据时代，对于出版业来说，如何运用大数据技术，

---

① 参见彭兰：《社会化媒体、移动终端、大数据：影响新闻生产的新技术因素》，《新闻界》2012 年第 16 期。

② 参见［美］尼古拉斯·克里斯塔基斯、詹姆斯·富勒：《大连接：社会网络是如何形成的以及对人类现实行为的影响》，简学译，中国人民大学出版社 2012 年版。

占有数据资产，根据数据挖掘和分析结果，实时调整相关业务，是当下出版业面临的新议题。同时需要注意的是，应用大数据，并不是说出版业要完全地涉足大数据技术，而且这也是不大现实的，因为大数据的搜集、存储、处理和分析是需要非常专业的互联网数据分析技术的。大数据时代，更重要的是要具备大数据思维，通过与数据公司和数据服务提供建立合作，通过数据驱动未来的发展。

（作者单位：山东教育出版社、山东师范大学）

浅谈如何将传统出版内容资源转变成数字产品

——以"中国中药知识港服务系统"为例

林 炬

2010 年，原国家新闻出版总署下发《关于加快我国数字出版产业发展的若干意见》后，国内出版社开始进入了数字出版时代，现如今如何将传统出版内容转变成优质的数字产品是每一家传统出版社必须直面的问题。

笔者所在的福建科学技术出版社（以下简称"福建科技社"）是一家传统地方科技出版社，有理工医农、综合科普等多个出版领域，但中医门类出版是其特色。福建科技社设有专门的中医药编辑室、健康编辑室、中医药重点项目组，拥有 15 位医学院校毕业的医学编辑，策划出版过一批在全国有影响的中药图谱好书。福建科技社的中药图谱长期位居全国第一，占了约 1/3 的全国市场份额，先后出版了由徐国钧院士主编的《中草药彩色图谱》、《中药材鉴定图典》（第三届"三个一百"原创图书出版工程)、《常用中药材品种整理与质量研究》（"八五"国家科技攻关项目）、《常用中草药彩色图集》等多种全行业优秀畅销品种，先后执行近 20 项国家重点图书出版规划项目。近来共六个项目入选"国家新闻出版改革发展项目"，十个项目获得国家出版基金资助，三个项目获得国家优秀科学技术学术著作出版基金资助，还有两个项目获得中央文化产业发展专项资金资助，三个项目获得福建省文化产业资金资助。通过出版这一系列优秀的中药图谱图书共积累了三万多张的中药植（动）物、药材或饮片的图片，为项目提供了丰富的内容资源，加上福建科技社在中药图谱方面的市场口碑，为后续的品种开拓和推广打下良好基础。

自 2013 年起福建科技社就开始响应总局号召筹备数字化出版转型工作，在 2014 年，福建科技社协同编撰系统（集撰稿、组稿和审稿功能为一体的在线编撰平台）已经基本定型，并完成在线全媒体出版操作的首轮培训。协同编撰系统，还能帮助作者与编辑沟通编纂，富媒体平台实现作者、编辑实时调用图片、视频等多媒体素材，初步实现出版流程数字化。2016 年，福建科技社凭借 30 多年积累的中医药领域出版资源开始构建中医药专业领域知识服务平台——"中国中药知识港服务系统"。2018 年，依托"中国中药知识港服务系统"平台被原国家新闻出版广电总局列入第二批专业数字内容资源知识服务模式试点单位。同年成功中标中国新闻出版研究院的"新闻出版大数据应用工程—国家知识服务平台建设项目—应用研发：中医药资源在国家知识服务平台中的应用研发"项目。笔者将在下文以"中国中药知识港服务系统"为例，说明传统出版社如何将传统出版内容转变成数字产品。

一、平台构建思路

（一）整合相关数据资源，构建专业知识服务平台

该平台系统以传统纸本工具书为切入点，将纸本内容进行条目化、知

识化加工，并集成数据挖掘和知识关联、基于语义学习的人工智能匹配引擎等关键技术，充分发挥文字、图片、视频等多媒体表现手段，按照个性化、动态化、集成化的原则，对中药专业知识进行科学重组，实现专业化海量数据库检索、多维度可视化分析、多元化的知识管理体系。提供知识导航、知识检索、知识挖掘和知识推送等功能，满足个性化和多样性需求。

（二）数据资源标准与规范

知识服务标准建设是知识化加工和产品策划设计的重要前提。为了提高数字内容资源的一致性和可复用性，根据资源分析情况，对每一条数据采用详尽的字段进行标注，这些字段主要包括：拼音、英文名、知识体系、主题词、来源、产地、采收加工、中药性状、炮制规范、饮片性状、用法用量等属性，同时该标准满足原国家新闻出版广电总局数字出版司关于批准发布《知识服务标准体系表》等八项项目标准的通知要求。

（三）平台搭建技术支撑

平台采用国际主流的 .Net 技术框架，C# 语言作为平台主要开发语言，大数据检索 Lucene、大数据挖掘技术、新词发现技术、聚类技术、分类技术等作为大数据分析的支撑，Log 日志功能模块依托 Log4Net 技术。其他技术包括 XML、php 编程技术等。

二、平台构建规划

（一）平台建设目的

构建一个中医药领域网站——"中国中药知识港"，形成一座国内最新最全的、动态发展的、线上线下互动的中药资源知识库。项目的执行，将有利于及时把最新、最全的中药科研成果转化成为生产力，如福建科技社的"中国中药资源大典丛书"，全面总结 21 世纪以来中药资源调查、中药资源评价的最新理论、最新方法、最新实践、最新成果，体现了新世纪、新技术的进展，全方位地展现第四次全国中药资源普查的成果，促进中医药的健康、可持续发展，服务我国卫生保健和经济建设的大局。

（二）市场定位

1. 全国领先的中药类数据库知识服务平台，为中药相关专业人士提供精准的中药知识。

2. 利用信息动态重组形成解决方案，从"内容提供商"向"知识服务提供商"转型。

（三）服务对象

中药相关专业人员。为中药相关专业人士提供中药及中药相关的基源植物、药方等专业知识内容，帮助专业人员快速、系统、深入地学习中药知识，提供解决问题的思路与方案。

三、平台的建设运营

确定产品需求是平台开发首要工作。传统出版社一般都缺少平台开发与运维的经验。通常，传统图书出版社与读者之间的接触过程较为复杂。国内很多出版社都在进行数字化转型升级工作，但是目前主要的数字化产品无外乎电子书、电子数据库等产品，但是这些数字化产品大多数又是通过第三方电商平台、代理商或图书馆系统等中间环节送达用户手中，各个出版社、编辑对于用户真实感观了解还不够充分。出版社应当从用户实际应用场景、运营管理、技术实现方式、内容资源这四个方面来思考数字化转型工作。

从用户实际应用场景来讲，通常情况下用户群体使用知识服务平台，往往是通过访问数据库的方式来获取所需内容资源。知识服务平台只有了解并贴合用户使用场景，才能够更精准地了解用户的需求，同时也可以帮助出版社更好地把握市场需求、走向，有利于后期针对目标用户进行精准投放。以"中国中药知识港服务系统"为例，在平台搭建过程中，福建科技社就平台 UI 与 UE 开发工作多次进行沟通，在便捷性、使用性上更加贴切用户的需求与用户的使用习惯，力求贴近大多数目标用户的使用场景。

从运营管理来讲，出版社在构思知识服务平台建设初始就要有意识地思索如何运营用户，要把自己的定位从传统内容资源输出者转变为用户服务商，打破传统思维，将自己职责定位于服务类而非制造业。虽然目前大多数知识服务平台在进行市场推广投放的时候采取的是 B2B 模式而非 B2C 模式，将平台定位于服务政府、科研院所、高校、专业机构、企业，以提供内容服务的形式获取订单从而获利，但是从长远的角度而言，满足一线用户的需求、为用户服务才能增强产品竞争力。出版社应该打破现有思维方式，不仅仅是将产品打包出售给相关机构部门或第三方，再通过相关机构部门或第三方将产品输送到用户手中，而是要有规划的直接服务于一线用户，否则产品很容易丢失在此次更新迭代的方向，也无法提高出版社与用户的黏合度，固有的 B2B 模式很容易导致产品失去竞争力同时开发的产品也容易变为一次性的消费品。

从技术实现方式来讲，出版社建设运维知识服务平台应该为后期迭代与大数据积累做准备，不应贪图方便或条件所限而失去了后期迭代升级的机会，目前国内大多数知识服务平台开发所使用的并非目前主流的技术，这也意味着在一段时间之后平台的迭代工作将变得异常困难，平台开发的底层框架将决定平台后期的迭代能力与程度。大部分出版社在知识服务平台搭建过程中会因为经费有限，功能模块需要通过反复迭代更新来完善。同样大数据时代的到来意味着互联网将进入一个新的风潮，在知识服务平台搭建之初就要考虑到大数据的搜集与分析，尤其是用户管理，IP 登录、游客模式等虽然会带来更多的流量，但是不利于平台的发展。用户是平台推广的根本，一个好的用户管理系统可以帮助出版社更方便快速地了解用户需求提高用户黏合度，进而提高平台的市场竞争力。以"中国中药知识港服务系统"为例，福建科技社在搭建平台之初就将平台的大部分功能需求罗列出来，一些在一期建设中无法实现的功能我们也都留好拓展空间，便于后期迭代开发。在数据方面，游客可以无须登录进行一些基本内容的浏览，但是详细内容的查看就需要用户进行注册登录。在后台管理系统中，我们有较为完善的用户管理模块，我们分别针对整个平台与具体用户进行 log 记录，包括查询、流量、购买等行为记录，而后台管理系统也会简单的统计数据，出版社可以通过这些定位到具体用户的数据进行用户肖像描绘及市场需求分析。所以用户管理功能非常重要，可以为出版社提供目前相应市场的大数据报表，有利于出版社提高产品的竞争力。

从内容资源来讲，内容资源一直都是专业出版社开发专业类产品的优势所在，国内大多数出版社仅仅是将多年出版工作积累的内容资源进行简单的数字化加工后就包装成数字化产品进行市场投放，这种数字化加工封装得来的数据远无法满足知识服务平台开发工作，甚至都无法满足平台数据库搭建开发需求。出版社积累的内容资源在经过数字化加工后还需要做数据的聚类处理、数据标引和进一步的精细化加工，进行这一系列的数据处理后才可以满足知识服务平台底层数据库搭建开发的需求。当下，大量数据都可以在互联网上检索后免费查看和下载，这一现象降低了用户获取所需内容资源的成本，却提高了出版社运营知识服务平台的门槛。但是出版社可以根据所积累的专业编辑知识将内容资源碎片化后进行聚类处理，从而将数据分类并标记上专有的多维度标签，通过知识数据之间的关系，将各类数据链接在一起从而形成知识服务平台底层数据库的核心关系图——知识图谱。用户在互联网上免费获取的知识内容往往只是简单加工后的内容资源，出版社运营的知识服务平台可以通过聚类推送及数字内容可视化呈现的手段提高自身竞争力。以"中国中药知识港服务系统"为例，福建科技社将专业领域相关的内容资源通过初步的数字化加工转变为 XML 格式的数字内容资源，目前平台底层数据涵盖了 404 味中药饮片和 296 种中草药的相关图文内容。福建科技社有着专业的中医领域编辑团队，对于行业的把握和专业的理解有较大优势。基于专业编辑提供的各类对照表、匹配表，对预处理的数字内容资源进行聚类处理及数据标引工作并最终形成了特有的中医药专业领域的知识图谱，整个平台的底层数据都通过这一图谱串联为一个整体，用户索引所获取的不再是独立的数据内容，而是各类相关内容关联为一体的数据整体。

四、编辑在平台开发的作用

（一）为知识服务平台提供资源

编辑作为出版的策划者和生产者，可以为知识服务平台提供图书内容资源，包括电子图书；编辑作为图书与相关多媒体资源之间的桥梁，可以为知识服务平台提供丰富的多媒体资源；编辑作为内容资源的加工者，可以为知识服务平台提供大量的条目式、模块式等形式的内容资源。

（二）知识服务平台设计开发中发挥的作用

出版社在构建知识服务平台过程中会出现编辑跟开发人员契合度不够，甚至会产生一种在这个领域无所作为的感觉，其实编辑在整个知识服务平台搭建过程中起着举足轻重的作用。

编辑在市场调研之后，可以针对社会文化走向和市场需求做出正确的判断。编辑在知识服务平台设计开发中通过市场调研分析可以为开发工作提供策划方案，只有经过市场调研和数据分析，才能够做出满足市场需求的策划方案，策划方案影响着平台市场投放效果。知识服务平台设计开发策划方案需要考虑几个方面：①哪些人群是我们的目标用户；②我们需要提供什么样的内容资源；③我们应该通过什么样的方式或渠道来提供知识服务；④知识服务平台市场投放的可行性；⑤如何让用户了解我们的知识服务平台。

编辑可以帮忙检查、纠错、整理知识服务平台底层数据内容，根据编辑专业性与丰富的工作经验可以进一步做好内容资源的把关工作，提高平台内容的整体质量水平。编辑还可以根据工作经验、视觉规律帮助开发人员在进行平台 UI 设计时提供灵感与方案。编辑还发挥着版权保护者和联络者的作用。

在平台开发工作中，很多细节方面的设计都需要编辑、产品经理和项目经理一起配合完成，缺少其中任何一方，这个平台搭建可能就不够完美。编辑可以根据出版经验给开发团队提供方案、建议，让知识服务平台更加贴合用户，也更满足市场需求。编辑与开发团队往往会因为专业知识受限而产生一些沟通上的障碍，有些出版社或机构就希望将编辑培养成产品经理或者项目经理，这样的做法固然是可以帮助编辑更好与开发团队进行沟通，但是专业知识的受限是一道鸿沟。以"中国中药知识港服务系统"为例，福建科技社在开发过程中，编辑不需要通过学习或者受训使自己成为一名产品经理或是项目经理，他们需要的是做好自己本职工作的同时运用他们专业的编辑能力协助开发团队进行开发，他们只需要将他们的需求和建议告诉单位的产品经理，再由产品经理跟开发团队进行沟通。他们只需要运用自身专业技能将繁杂的专业内容和需求转变为简单示意图或者文字描述，这样开发团队就可以很清晰地了解项目需求。

五、知识服务平台的市场营销

近年来，国内出版社对于知识服务平台的开发越来越重视，但在很多专业领域并没有取得很好的效果，反而类似"得到""喜马拉雅"等平台运营效果显著。出版社应该摆脱传统出版理念的束缚，将自身的优势最大化。丰富的内容资源及内容创作是出版社的传统优势，应该在保持自身传统优势的基础上做进一步的创新工作。与国内知名互联网对比，出版社在产品开发上并不具有优势，但是内容创作却是我们最大的优势与依仗。知识服务平台的根本在于内容资源，优质的内容资源更是知识服务平台的核心竞争力。所以在抓准市场需求之后，将依托优质的内容资源搭建而成的知识服务平台针对目标用户进行精准投放才是知识服务平台抢占市场的最有效手段。

以"中国中药知识港服务系统"为例，福建科技社计划邀请中医药领域相关机构、企业和专家举办研讨会，了解各类型目标用户的需求进而帮助我们对平台进行迭代更新来满足市场需求。知识服务平台可以将"互联网 +"模式融入其中，用户行为分析结果可以运用到相关产业中，用户行为分析结果很大程度上反映了当前市场的需求，所以相关周边产业也可以是平台的目标用户。

综上所述，国内出版社知识服务平台的建设还仅仅处于起步阶段，我们在扬长的同时也要通过不断地学习来弥补我们的不足之处。我们要学会跟上时代潮流，将目前处于科技前沿的大数据和人工智能技术融入其中，运用好 Deep Learning、Machine Learning、Neural network algorithm 等技术，不断通过大数据的收集与分析来了解市场的需求，有针对性地对于平台内容进行迭代更新，同时还应该向互联网福建科技社学习他们的运营方法，这样可以更好地维系用户群体从而增强平台的市场竞争力。虽然数字化转型之路任重道远，但是只要我们始终保持着为用户和市场提供优质而又精准知识服务的初心，发挥出版社自身的优势砥砺前行，我们终会不断地向目标靠近。

（作者单位：福建科学技术出版社）

医学科普图书如何引领出版融合新生态

——围绕选题策划、富媒体资料采集、全程营销的探索

苏晓曦

一、了解政策发展趋势、洞察读者阅读习惯、把握选题策划方向

（一）"互联网＋"时代下图书出版产业的发展趋势

2015 年 11 月，中国新闻出版研究院发布的第十二次全国国民阅读调查显示，我国成年国民人均每天微信阅读时长为 14.11 分钟，数字阅读率首次超过传统的纸质图书阅读率。这简单的数字背后，体现的是国人长久

以来阅读习惯的改变，同时也说明，在互联网时代，图书出版业的产业结构也在发生着微妙的变化。

作为医学科普类图书，一直以内容通俗易懂、语言形式轻松有趣、传播力强为特性，在图书市场独特地存在着。基于该类图书的特性，简单的图文并茂早已不能满足大众的阅读体验，更需要融入数字化手段，从内容型向服务型转变。

（二）读者阅读需求调查

为了更好地了解读者对于医学科普图书的兴趣点以及哪种"数字化"图书最能吸引读者，在前端内容上做到精准策划，迎合上游阅读人群，本次课题设计了一份调查问卷，分别从获取健康知识的渠道、对哪类健康知识感兴趣、什么样的科普图书更吸引人三个方面进行了调查。调查分为线下问卷调查和线上微信调查，发放问卷 500 份，有效问卷 473 份，通过 Epidata、SPSS 等软件进行统计分析。

1. 基本信息共调查 473 人，其中男性 223 人（47.1%），女性 250 人（52.8%），平均年龄 33 岁。本次问卷调查涉及全国 27 个省、自治区、直辖市。

2. 目前您经常通过何种渠道了解健康知识？（多选题），结果如图 1 所示。

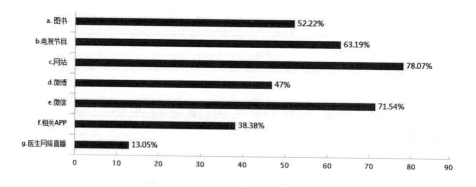

图 1　获取健康知识的渠道

由数据可知，人们获取健康知识的渠道以网站为主，但随着智能手机的普及，微信公众号和自媒体平台的蓬勃发展，微信也已成为大众获取健康知识的主流渠道，明显高于其他。碎片化、移动化、多元化的阅读方式已经深入人心。

3.您感兴趣的健康知识有哪些？结果如图 2 所示。

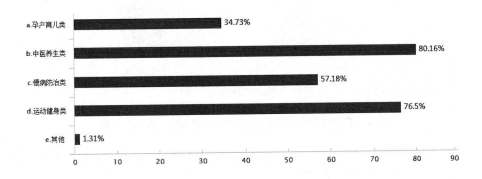

图 2　读者感兴趣的健康知识

本题是根据目前市场上医学科普图书的分类而设置的，中医养生类排名第一位，运动健身类排名第二位，慢病防治类和孕产育儿类分别排名第三位和第四位。此外，还有部分人群对饮食营养、儿童心理、美容、妇女保健等知识感兴趣。

数据显示，男性和女性在选择孕产育儿类、慢病防治类图书时具有差异性，结果有统计学意义（$P < 0.05$），如图 3、图 4 所示，其他类图书无差异性。

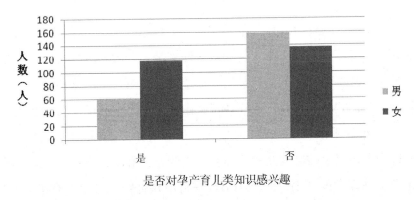

图 3　男性和女性在孕产育儿类知识的选择上存在差异性

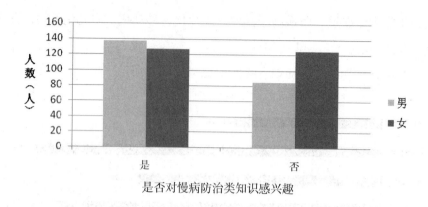

是否对慢病防治类知识感兴趣

图 4　男性和女性在慢病防治类知识的选择上存在差异性

4.在健康科普类图书中，哪种内容形式更能吸引您？结果如图 5 所示。

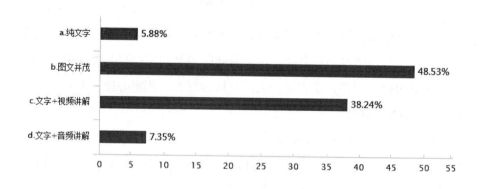

图 5　最吸引读者的内容形式

该题是本次调查的核心内容，其结果对本次的课题研究具有指导意义。图文并茂排名第一位，文字＋视频讲解和文字＋音频讲解分别排名第二位和第三位，选择纯文字的排名最后。传统纸质图书与数字化相融合，是图书发展的整体趋势，部分出版社在特定内容的图书中已经植入数字化手段（如：以二维码手段附加网络增值服务，植入音频、视频、App 等），但对于科普图书还属少数，大众的认知度相对较差，所以最能吸引大众兴趣的还是图文并茂类的图书，此类图书也是目前科普图书市场占有率最大的。随着纸数融合的深入，将会有越来越多的图书以各种适合的形式植入"数字化"，相信会给读者带来全新的阅读体验，也会赢得大众的认可。

数据显示，不同年龄段的人群在阅读方式的选择上存在差异，且差异具有统计学意义（$P < 0.05$），如图 6 所示。

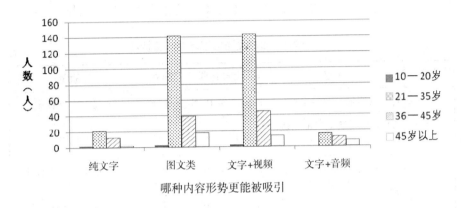

图 6　不同年龄段的人群在阅读方式的选择上存在差异性

二、纸数融合，是挑战同样也是机遇，是寻求富媒体增值最佳方式

出版融合发展不是放弃纸质出版，而是将新媒体、新技术融入纸质出版之中，实现一体化的发展。融合是为了更好地发展，各大出版社都在积极转变发展理念，不断地尝试与调整，强化互联网思维，努力探索自身发展的新路径且渐入佳境。

（一）调查分析健康科普类书籍的富媒体增值现状

笔者对当当网上在销的健康科普类图书进行了调查，掌握了关于图书富媒体增值服务的情况。

1.富媒体增值服务占有率本次调查共涉及孕产／胎教、育儿／早教、保健／养生三大类书籍，分别从新书（2017 年 7 月之后上市的图书）和畅销书（近 30 天内排行榜前 20 名）中调查富媒体增值的植入情况。

（1）孕产／胎教类：包括孕期、胎教、产后管理、孕期饮食指导、孕产妇健康、孕前准备，2017 年 7 月 1 日后上市的图书共计 75 本，其中 10 本图书附有增值服务（13.3%），以二维码的形式印在书中（此处指的增值服务为纯内容类，如视频、音频、课程等，不含印在封底的平台二维码）。近 30 天内排行榜前 20 名的图书，其中有 1 本附增值服务（5%）（见表 1）。

表 1　孕产 / 胎教类图书富媒体增值情况

类别	书名	上市日期	形式	出版社
新书	《听段涛聊孕事》	2017 年 10 月	视频	人民卫生出版社
	《胎宝宝爱听的睡前胎教故事》	2017 年 9 月	音频	中国人口出版社
	《高龄产妇孕产无忧》	2017 年 10 月	视频	江西科学技术出版社
	《怀孕了，一定要知道的 48 件事》	2017 年 10 月	视频	江西科学技术出版社
	《十月怀胎知识百科全书 + 饮食营养食谱全套 2 册》	2017 年 9 月	音频	中国人口出版社
	《十月怀胎知识百科全 + 288 道怀孕餐》	2017 年 9 月	视频	中国人口出版社
	《老观念 + 新思想，养胎瘦孕食谱》	2017 年 9 月	视频	黑龙江科学技术出版社
	《会说话的睡前胎教故事——世界经典童话篇》	2017 年 6 月	音频	江苏凤凰科学技术出版社有限公司
	《孕产妇营养保健手记》	2017 年 6 月	视频	新疆人民卫生出版社
	《一人吃两人补——孕产妇营养饮食方案》	2017 年 7 月	视频	黑龙江科学技术出版社
畅销书	《睡前胎教故事》	2012 年 5 月	音频	江苏科学技术出版社
	《坐月子新生儿护理一本搞定》	2016 年 1 月	视频	化学工业出版社

（2）育儿 / 早教类：该类图书包括育儿百科、早教 / 亲子互动、婴幼儿饮食营养、婴幼儿护理健康，2017 年 7 月 1 日后上市的图书共计 74 本，其中 6 本图书附有增值服务（8.1%）。近 30 天内排行榜前 20 名的图书，

均无增值服务（见表2）。

表2 育儿/早教类图书富媒体增值情况

类别	书名	上市日期	形式	出版社
新书	《宝宝生病不用慌：陈英说小儿常见病》	2017年3月	视频	东方出版社
	《孩子我想更懂你》	2017年7月	视频	电子工业出版社
	《最好的绘本给孩子——0～3岁亲子阅读指南》	2017年6月	视频、音频、问诊	中国妇女出版社
	《这样育儿不靠谱》	2017年8月	文章	云南出版集团
	《从零开始学小儿推拿（生活·家系列）》	2017年6月	视频	西安交通大学出版社
	《正宗三字经流派小儿推拿》	2017年8月	电子书	江苏凤凰科学技术出版社

（3）保健/养生类：包括中医养生、健康百科、饮食健康、常见病预防和治疗、运动健康等，2017年7月1日后上市的图书共计百余本，其中有5本图书附有增值服务（5%），近30天内排行榜前20名的图书，其中有1本附增值服务（5%）（见表3）。

表3 保健/养生类图书富媒体增值情况

类别	书名	上市日期	形式	出版社
新书	《时光知味：24节气养生速查速用》	2017年9月	音频	吉林科学技术出版社
	《跟代金刚一起练：不累不痛不生病》	2017年9月	视频	科学技术文献出版社
	《小病小痛小妙招（完全版/配增值）》	2017年9月	视频	人民卫生出版社
	《不该只有医生知道：必须说的糖尿病》	2017年8月	视频	人民卫生出版社
	《大家医联有声有色系列——有声有色心脏书》	2017年6月	视频	化学工业出版社

续表

类别	书名	上市日期	形式	出版社
畅销书	《回家吃饭的智慧（全新修订典藏版上、中、下三册)》	2016 年 5 月	视频、音频	吉林科学技术出版社

综上可知，富媒体增值服务在新书的占比较大，越来越多的出版社已经把增值服务融入到日常的图书出版中，编辑在策划选题时不仅考虑纸书的内容，而且把相关的视频、音频等相关内容一并涵盖其中，增加了产品的附加价值，在同质化严重的科普市场中提升了竞争力。但值得注意的是，有些图书经过修订后推出了完全版、典藏版，在原有纸质书的基础上经过全新改版后已经加入了增值服务，在市场上重新焕发了生命力。图书只是内容的载体，而出版社今后主要的原动力是深耕内容、服务读者。

2. 富媒体增值服务中存在的问题及思考明确了富媒体增值服务的必然性，接下来就要思考怎样的形式和内容才是读者最需要的，我们要做的服务必须是画龙点睛而非画蛇添足。通过调查发现，虽然有些图书附加了增值服务，表面上领先了同类产品，但内容质量和制作水平参差不齐，主要存在问题如下：

（1）内容：①增值服务的内容与图书内容雷同，没有新增知识点。②增值服务的内容并不是为一本书而量身打造的，同一出版社的同类图书共用一个增值服务平台。③增值服务的内容没有经过策划，使用作者既往讲课、活动的视频或音频，读者体验感差。

（2）形式：①现在多见的增值服务形式为单项的视频或音频文件，扫二维码直接收听、收看，很难和读者产生互动，后期无法维护用户。②制作水平粗糙，很难和现在的优质视频资源竞争，无法提升图书的竞争力。

（二）结合图书增值服务调研结果的 SWOT 分析

根据调研结果，利用 SWOT 分析对人民卫生出版社科普图书富媒体增值服务进行四维分析，正确认识自身优劣势（见表 4）。

表4　人卫社健康科普图书富媒体增值服务内容与形式的 SWOT 分析

优势分析： 1.拥有顶级的专家学者资源 2.编辑有医学背景，策划能力强 3.权威性高、公信力强 4.有独家交互平台	劣势分析： 1.平台尚属起步阶段，传播范围小 2.交互性差 3.内容形式不灵活，创新性较差
机会分析： 1.图书与平台相互利用，实现共赢 2.与其他平台合作，以内容换资源 3.平台、图书联合策划，助力图书宣传	威胁分析： 1.网络媒体对传统出版形成巨大冲击 2.合作意味着内容的共享

三、抓住重点营销时机，打造社内营销品牌，打好最终攻坚战

（一）抓住重点营销时机，选择话题性内容，带动新老图书销量

要想更好地做好图书营销工作，要抓住两个关键点：一是选择正确的营销时机，二是选择正确的合作平台。为了更好地利用数字化手段做营销工作，2018 年 11 月，在"双十一"期间，策划了视频直播系列营销活动，有效地利用特殊销售时期，与多平台联合推广，借助作者自身资源，挖掘内容话题，通过直播增加图书曝光率，植入购书链接，助推图书销售量。

（二）拓展合作平台，打造社内营销品牌，强强联手扩大宣传

拓展实力的合作平台，相互助推扩大宣传是图书营销的又一有效途径，可以起到 1+1>2 的传播效果。本次"双十一"系列活动，以"人卫社约健康"平台为主导，网络了目前市面上几家有影响力的网络媒体配合同步直播，短时间内在全网铺开，使该直播话题形成"井喷式"的播放，提高图书的曝光率，此外，联合当当网的直播平台，点对点的植入购书二维码，在观看直播的同时直接下单购买图书，转化为销售量。通过"双十一"系列活动，推广"人卫社约健康"平台，把其打造为社内的营销品牌，定期开展活动，传播健康知识。

总结

本次课题历时三年，分为三期，2016 年到 2018 年正是图书发展变化非常迅速的时期，无论是读者的阅读习惯、网络增值的内容形式还是图书营销的方法渠道都在发生着变化。每个阶段的课题研究都立足当下，从实际工作角度出发，寻找不足，努力打破思想壁垒，寻求创新。了解自己的优势并充分利用，充分了解读者的需求，从提供内容转变为提供服务，从选题挖掘、选题论证、编撰成书、编辑出版到营销推广，各个环节都与融合出版息息相关。经过几年的尝试，我们在实践中总结经验，在失败中寻求改变，在科普图书选题策划、富媒体资料采集、全程营销几个重要环节已经摸索出了一些适合的方法，积累了相关资源，希望在今后的工作中能够有效利用，使健康科普图书有全新的变革。

（作者单位：人民卫生出版社）

新时代学术期刊编辑的定位、方向及队伍培养

冯书生

如果把出版分为大众出版和小众出版，那么学术期刊出版，绝对属于小众出版，更精确一点，也可以称之为专业出版。既然是专业出版，那么在办刊取向上采取精英化路线，才能保持一本学术期刊的高水准运转。回顾改革开放以来，我国学术期刊的发展历程，其基本的演变轨迹，也是由粗放型逐渐向精细化方向发展的。尤其是伴随国内三大期刊评价体系的建立和完善，学术期刊的精英化发展已经逐渐成为业界共识。然而，学术期刊不仅仅具有学术属性，尤其是哲学社会科学类期刊，还承担着重要的政治导向以及学术评价功能，这就使得学术期刊的平稳发展需要兼顾各个方面。从根本上说，学术期刊的发展与时代变革共命运，合于时代者昌！党的十九大报告指出，"经过长期努力，中国特色社会主义进入了新时代，这是我国发展新的历史方位"。面对新的时代境遇，学术期刊的发展需要

及时调整策略，妥善应对，首要的就是打造适应新时代发展的编辑队伍。党的十九大以来，《中国编辑》《出版参考》等业内期刊组织了相关研究专栏 ①，对新时代编辑队伍建设问题进行了有益探索，但对于出版实践要求来说，还是远远不够的，尤其是关于学术期刊编辑队伍的时代转型问题尚没有明确涉及。笔者结合自身编辑出版学术期刊的实践经历，参考改革开放以来业界关于学术期刊编辑队伍建设的相关理论研究，尝试对一些基本问题做一可能回答。

一、在学术与政治之间：新时代学术期刊编辑的角色定位

关于学术期刊编辑的角色定位，一直是一个比较模糊的问题，长期以来学术期刊编辑被列入非主流岗位，在高校被称为教辅，在科研机构被称为科辅。即使在出版编辑行业，学术期刊编辑的位置也是处于中间地带，不同于主流的图书编辑系列，也无法仿效报纸编辑归为新闻传播系列。从学术期刊编辑自身来说，由于所处位置的边缘化，在角色认同和自身发展上也是比较纠结的，一部分人在纠结着做了几年学术期刊编辑后选择转行做专业的科研人员或者进入高校教师系列；只有少部分人，选择认真坚守岗位，忠于职守，默默为学术期刊的发展做贡献。笔者曾经调研过一些知名学术期刊编辑部，但凡做得比较出色的学术期刊，必有少数几个核心人物不图名利为期刊默默奉献。如果把这样一些人放在教师或科研岗位上，也许能获取更大的名利，但是在学术期刊编辑岗位上则相对冷清。这

---

① 比如，宋永刚：《新时代如何加强编辑队伍建设》，《中国编辑》2018 年第 6 期；马伊颙：《新时代应全面提高编辑队伍的学术和理论素养——专访中国编辑学会会长郝振省》，《中国编辑》2018 年第 11 期；吴培华：《各司其职　各尽其责——新时期出版社队伍建设的再思考》，《出版参考》2018 年第 11 期；张立科、赖青、王威：《新时代优秀编辑的能力素质模型研究》，《出版参考》2018 年第 11 期；马伊颙：《新时代重唤编辑精神离不开文化自信——以编辑的专业身份认同为视角》，《出版参考》2018 年第 11 期；等等。

样一些人，是学术期刊高水平稳定运转的核心保证。一本期刊的命运往往系于这些核心人物身上。如果核心人物发生变更，期刊也往往会发生质量变动。此类办刊教训并不少见。为了期刊的稳定发展，新时代学术期刊编辑队伍的转型升级必须打破这种一本刊的命运系于少数几个人的情况，建立比较稳定的队伍和更新换代机制，从学术个性化发展转向期刊职业化发展。

事实上，这一重要转变正在进行中。伴随学术期刊在学术生产大流程中的作用日渐凸显，已经有越来越多的人意识到学术期刊编辑的重要性。为了适应时代发展要求，学术期刊从业者自身也需要提高政治站位，突破"为他人作嫁衣"的狭隘意识，认识到自身的独特角色和价值。学术期刊编辑的角色定位简单说是处于学术与政治之间，其连接点是传播。也可以说，学术期刊编辑的角色定位是"学术、传播、政治"三位一体的。学术期刊因学术交流而起，对编辑的首要要求就是懂学术。但是学术期刊编辑所要懂的学术不完全等同于职业学者的学术。职业学者的学术是纵向深入的，学术期刊编辑的学术是横向贯通的。尤其在学科日益分化的背景下，不纵向深入难成职业学者，不横向贯通难做学术期刊。这里的纵向深入和横向贯通是相对而言，做到极致处自然是合二而一，是理想状态。在这个意义上，职业编辑和职业学者是相通的。但是做到极致者毕竟是少数，二者分立才是常态，所以需要强调学术期刊编辑之学术不同于职业学者之学术。从这里可以引申出，职业学者办刊是有其先天局限性的，往往达不到交流的目的，自娱自乐的倾向性更浓重一些。这就涉及学术期刊编辑的第二个维度，即传播。传播可以分为长时传播和即时传播，学术传播基本可以归为长时传播，新闻传播则是典型的即时传播。通常情况下，传播被默认为即时传播，长时传播往往被遮蔽。由此导致学术期刊的传播性不被重视。一方面学术期刊不能像新闻媒体那样，即时传播即时消费，需要相对长的阅读和消费时间；另一方面学术期刊又不像学术图书那样需要更长的时间来阅读，以致具有文化传承和收藏价值。但是从学术交流的便捷性上来说，期刊比图书更具时效性；从刊载内容上来说，期刊比报纸（更不必说网络新媒体）更厚重，更适合学术交流。由不同文章集合而成的学术期刊，要实现好的传播效果，第一个条件就是标准化，虽然目前来看各个期刊都有其特点，但基本上是大同小异。所以学术期刊编辑的基本功夫都是掌握学术规范。实现好的学术传播的第二个条件就是时效性，虽然期刊的时效性要求不如报纸和网络新媒体那么高，但是时效性也是非常重要的，尤其在数字化传播和引用率评价时代。时效性第一要义当然是指公开发布的时效性，但规范性具有基础性作用，影响着传播过程的效率。可以认为，学术规范标准化是学术传播的基础条件。学术期刊传播的作用不仅体现在学术交流上，因为世界上不存在纯粹的学术之事，尤其是哲学社会科学，必然带有一定的政治倾向性和社会价值引领性。这就是学术期刊编辑所要涉及的政治维度。讲政治对于学术期刊编辑来说是第一位的。如果说学术乃天下之公器，那么学术期刊就是天下公器之公器，具有鲜明的公共政治属性。每一个时代都有每一个时代的核心政治问题，在新时代就要紧紧围绕中国特色社会主义建设伟大实践这个最大政治问题来展开，以构建中国特色哲学社会科学为学术期刊的历史使命。从学术、传播、政治三个维度来看学术期刊以及学术期刊编辑这个职业，就能够摆正自身位置，建立学术期刊编辑的自信心和角色认同，而不是把期刊编辑仅仅看成改错别字那么肤浅。定位于学术与政治之间，学术期刊编辑就不会在学术面前丢掉政治，在政治面前抹杀学术，自觉推进学术期刊的健康发展。

二、从学者化到职业化：新时代学术期刊编辑的发展方向

编辑主要是作为一门实践技艺而存在的，虽然改革开放以来，相关从业者试图将其提升为一门学科，而且事实上相关高校也设置了编辑学专业，但更多地仍然是工作实践的经验总结，少有理论上的问题需要去争论。但在改革开放四十多年的历程中，有一个超出实践操作层面的问题，

虽然也上升不到理论层面，却引起了从业者广泛和持续的关注。这个问题就是"编辑学者化"。关于这个问题，始终存在两个相互对立的观点。主张者认为，编辑尤其是学术期刊编辑应该走学者化道路，提高自身学术水平，才能更好地办好期刊；反对者认为，编辑工作有其特殊性，编辑学者化不利于编辑安心本职工作。关于"编辑学者化"的赞成和反对都各有其合理性，因为编辑尤其是学术期刊编辑，如上文所说，是"学术、传播、政治"三位一体的，所需要的能力是综合性的。与编辑学者化相伴随的概念是"学者型编辑"，这比"编辑学者化"的提法看上去更加温和，综合了争论双方的观点，近些年更是有取代后者之势，但是对学术期刊编辑的定位并不准确，字面上落脚于编辑，突出的仍然是学者，未能凸显编辑主体意识。编辑本身作为一种职业，必须朝职业化发展才是正途。尤其在中国特色社会主义新时代，学术期刊的学术评价和政治引领功能日益凸显，要求从业者既能进得了学术，又要超然于学术，站在引领中国特色哲学社会科学构建的更高视野和角度来办刊。

从学术期刊编辑的当下处境和学术的时代发展要求来看，学术期刊编辑职业化既有利于编辑的个人发展，也有利于学术期刊的运转，同时也是构建中国特色哲学社会科学的迫切需要。从学术期刊编辑的当下处境来看，由于定位不清，发展方向不明，虽然由于担负着学术评价的重要职责，越来越受到重视，但总体上仍然是依附于学术研究而存在的。这当然不是说人身依附，而是指在职业发展上，学术期刊编辑的职业晋升往往被参照于学术研究系列来制定标准，这就是使得辛辛苦苦做出的编辑贡献得不到相应的认可。这严重影响了从业者的积极性和我国学术期刊整体水平的提升。如果能够制定合理的标准，推动学术期刊编辑职业化，紧密连接于学术而不是依附于学术，那么学术期刊编辑本人及其所服务的学术期刊都会更加顺畅的发展。从构建中国特色哲学社会科学学科体系、学术体系和话语体系的角度来看，学术期刊编辑在其中起着重要作用。中国特色社会主义是由政治行动来推动的，作为其中一个组成部分的哲学社会科学，虽然最终要落脚于哲学社会科学工作者身上，但是发动力量和方向仍然是政治推动的。众所周知，在现代社会，学术和政治之间存在天然的离心力，需要中间环节的调节和转换，才能实现二者良性互动。学术期刊编辑恰好处在这个中间环节上。作为这个中间环节，学术期刊编辑既不能完全依附于学术，也不能完全依附于政治，不然既不利于政治，也会扰乱了学术。可以说，学术期刊编辑走职业化发展道路，是推动中国特色哲学社会科学良性发展的客观需要和迫切需要。问题的关键是怎么办？从职业资格设置来说，编辑已经被列为一种职业来对待了，只是在实践中，学术期刊编辑的职业化面对很多障碍。关键一条就是学术期刊编辑的评价标准不独立。究其原因，则在于学术期刊编辑部的分散化。不管是高校还是科研院所，在人员数量上，学术期刊编辑都是处于绝对劣势，即使有多个学术期刊的单位，也是分散在各个研究部门，无法有效引起决策者的重视。因此，解决学术期刊编辑职业化的当务之急或许是解决学术期刊编辑部的分散化问题。

三、新时代学术期刊编辑队伍的培养

队伍原指军队队形，借指团结协作的人员，所要达成的目标是一支队伍存在的依据。学术期刊编辑队伍的目标自然是要办出高质量的学术期刊，而决定学术期刊办刊质量和层次的因素有很多，因此组建和培养编辑队伍需要考虑的因素也有很多。除了办刊单位、办刊宗旨等不可改变的因素以外，稿源、编校、传播是影响办刊水平的三大因素，学术期刊编辑队伍的组建和培养也相应的需要从这三大因素进行考量。

恰如生源质量在根本上决定了学校的办学质量，稿源质量是期刊质量的根本保障。如果没有过硬的稿源，再好的编辑也无法编出高质量的期刊。对稿源的竞争从来都是学术期刊之间最根本的竞争。所以学术期刊编辑队伍背后的考量因素是作者队伍，或者说是培养和凝聚作者队伍的能力是学术期刊编辑队伍的核心竞争力。从这个角度讲，组建和培养学术期刊编辑队伍需要考虑编辑人员的多样性和高层次性。也就是说，一支高水平的编辑队伍首先要避免学历背景同质化，其次要来源于尽可能高的学术平台。除了这两项基本要求，还要注重编辑对学术的宏观驾驭能力和组织能力。如果仔细分析一场学术会议的报告情况，会发现一个非常有意思的现象，报告主题的宏观和微观分布是和学术成熟度的分布正相关的。其实编辑的学术驾驭能力也是一样的，过于微观地看问题，是无法进行学术组稿的，但是这并不意味着越宏观就越好。过于微观不能成专题或专栏，过于宏观则难以深入学术，流于肤浅，在这个意义上，编辑的学术驾驭能力最好是中观的。编辑人员的多样性、层次性、学术驾驭能力，一方面是在组建队伍和招聘人员时需要认真对待和考虑；另一方面是在编辑实践过程中进行培养。学术发展是动态的，所以在编辑队伍组建之后，编辑培养尤为重要，不然容易发生知识和能力的固化，最终影响到期刊的良性发展。尤其是在时代转型和变迁的背景条件下，编辑队伍的视野和思路更新，尤为重要。学术期刊编辑应该比学者更敏锐地把握时代精神，引领和组织学者进行写作，才能使期刊发展与时代合拍。

巧妇难为无米之炊。好的稿源是办好期刊的前提因素，但是仅仅有好的稿源是远远不够的。恰如没有好的厨师，好的食材是没有用的，好食材经过好厨师的加工处理才能做成一顿美餐。对一本好期刊来说，好的编校功夫恰如好厨师的过硬厨艺那么重要。从编辑的培养来说，编校能力的训练是最基本的训练，编校工作是最基础的工作。编校工作也是整个编辑工作环节中最为枯燥和琐碎的一个环节，涉及学术判断、政治话语、文法表达、期刊规范等各个方面，是对编辑能力的最基本考量。正是因为这一环节的复杂性和高标准性，使得一部分人不堪忍受或者无力承担而选择离开编辑岗位。在繁杂的表象背后，也是需要编辑本身的悟性和天赋的，一是需要具备良好的文字能力和对学术表达的敏感性，二是需要有比较稳定的心理素质能力和状态。所以在编辑人员的选择上，需要做出这两个方面的检验和测试。一般来说，一个新入职的编辑大约需要3—5年的工作实践才能真正训练出合格的编校能力。而且这方面的能力保持需要不断的学习，由此编辑的继续教育显得尤为重要，这个方面已经有比较成熟的教育机制。但是对于学术期刊编辑来说，积极参加全国或者各地方统一的出版专业技术人员继续教育是不够的。在新时代，面对很多新情况新变化，新编辑需要训练基本能力，老编辑需要知识更新，尤其是对学术前沿和最新政治话语的追踪与把握。从学术期刊编辑队伍的战斗力培养和保持来看，最重要的是要提高站位，培养对历史负责的工作态度，增加对编校工作的责任感和使命感。

学术期刊的最初起源就是为了解决学术交流仅仅依靠私人通信的单一性和耗时性，只有实现最快最广的传播，才能真正体现学术期刊的价值。但是由于学术期刊被赋予了太多的评价色彩，传播性被遮蔽以致被忽视了。尤其是在重视原材料整理挖掘，轻视同行研究成果的不良学风裹挟下，更是进一步加重了对学术期刊传播性的不重视。在相关的编辑培训中，关于学术传播的相关内容也鲜有涉及。这是与时代发展不符的。我们正处于信息传播技术发生革命性变革的媒体融合时代，读者的注意力已经成为一种稀缺资源。学术期刊必须尽快实现媒体融合，拓展传播渠道，要让更多的读者更方便地获取到期刊内容资源。所以新时代学术期刊编辑队伍的打造必须考虑到互联网思维和信息技术的运用。这个问题对于科技期刊来说，似乎不是个问题，科技期刊从业者因为行业属性使然，对新技术具有天然的亲和力。但是对于哲学社会科学类期刊来说，积极采用新技术进行学术传播，却是一件进展比较缓慢的事情。在一个合格的新时代学术期刊编辑团队中，必须配备或者培养 1—2 名对传播新技术有兴趣和有能力的编辑。学术编辑不能仅仅懂学术，而应该是一个多面手，具备各方面才能，其中善于学习和使用新技术是一个重要考量。对于一个团队来讲，没必要每个编辑都具备同等能力，但是需要各具所长，能够满足团队协作的需要。当然，学术传播不仅仅是使用信息传播新技术的问题，还涉及目标读者和作者的针对性选择。这和前述所说的稿源问题是紧密相关的，进行有效性的学术传播，才能抓住真正有需要的读者和有潜力、有实力的作者。

　　总体来说，新时代学术期刊编辑队伍的打造必须以期刊发展为中心，走专业化和职业化发展道路，在队伍构成上讲究多样性和高层次性，在基础能力培养上保证编校能力和态度始终在线，在完成编辑出版后注重后期的传播和效果反馈，提升编辑人员的学术驾驭能力、学术交往和学术传播能力。需要注意的是，学术编辑队伍的能力培养和素质提升，并不是学术期刊从业者能够自给自足之事。学术期刊编辑是整个学术生产过程中的重要一环，和学术研究本身相比，没有高低贵贱之分，必须给予同等重视。学术期刊管理机构和直接办刊单位，应该在评价和人才发展方面进行更科学合理的资源配置和安排，让更多优秀人才乐于和安于学术编辑岗位。

（作者单位：天津社会科学院《道德与文明》杂志）

大数据背景下学术期刊编辑思维转变及能力提升路径

梁远华

随着信息技术日新月异的发展，引发数据量的爆发式增长，2013 年全球大数据储量为 4.3ZB，到 2018 年已高达 33.0ZB，预测未来几年内数据储量规模会一直保持 40% 左右的增长率。而为迎接大数据技术的到来，早在 2012 年 3 月，奥巴马政府投资 2 亿美元启动了"大数据研究和发展计划"；我国在 2015 年 8 月由国务院从国家战略层面推出《促进大数据发展行动纲要》，并具体落实为十大工程、七大措施。在学术界，数据探索已成为继经验、理论、计算三个科学研究范式后的第四范式。

大数据从广义来讲是思维、数据、技术和应用结合后的颠覆性革新，包括思维模式、数据特征、分析技术等多个方面，其引领的技术变革正以不可阻挡之势影响并改变着各行各业。作为学术期刊，其信息来源、传播载体、接收媒介、受众人数在大数据背景下将产生本质变化，为顺应大数据发展趋势，迎接技术变革带来的发展机遇和挑战，学术期刊编辑从业人员需转变思维、顺势发展、主动作为，学习并运用大数据技术搭建作者、审稿人、读者之间的良性互动平台，积极探索大数据下学术期刊质量提升的新路径。

一、大数据背景下期刊现状

大数据背景下，期刊数字化得到史无前例的迅速发展，信息传播不再受限于时间与空间，速度更快，途径更广，人们对信息的获取更便利、更迅捷；高效便捷的查重检索工具，智能的文字校对识别软件，自动生成参考文献格式对比工具的不断发展完善及普及，编辑效率、出刊速度得到了极大提升；线上投稿平台的规范化与人性化建设，增强了作者与期刊的互动，使得投稿更加便捷、格式更加规范、反馈更加迅速，为作者的投稿与改稿提供了便利。这一切都使得期刊行业产生了巨大的转变。

期刊纷纷建立了自己的官方网站、投审稿系统，加入了知网、万方、维普、龙源等各大数据库，开通了微博、微信公众号等交流平台，出版了电子刊物等，在期刊数字化及大数据技术建设方面目前已取得了初步成效。但我国学术期刊数字化建设离大数据时代的要求还有距离，大多学术期刊的大数据建设缺乏特色，"跟风"现象较为突出，只是简单地将传统学术期刊的纸质版内容原封不动地上传至各大数据库或官方网站。期刊网站建设也因人力、财力等多方因素的制约，布局雷同，维护不够及时，缺乏自己的优势和核心竞争力，将传统纸质媒体的"千刊一面"变成了数字媒体的"千网一面"，在网络空间无法延续传统的品牌效力[1]。因此，学术期刊如何从海量数据中脱颖而出，实现转型和发展是一个重要的研究话

---

[1]　参见刘伊念：《大数据时代与学术期刊编辑信息素养的提升》，《黄冈师范学院学报》2015年第3期；邵玉娴：《大数据时代学术期刊的变革及编辑工作的转型》，《编辑学报》2014年第S1期。

题，也是一项艰巨的任务，与此同时也给学术期刊编辑提出了更高要求。

二、学术期刊编辑的大数据思维需求

作为新兴时代的象征，大数据冲击必然要求人们转变思维方式，故编辑需将大数据思想融入日常工作中，并结合相关技术手段来解决稿件处理问题并推动行业创新。更重要的是，在对数据洪流摸索、处理过程中，应认识到信息的积累逐渐从量变诱发质变，现有思维模式受到新认识、新思维潜移默化的影响。因此，为迎接大数据时代的机遇与挑战，编辑行业需主动出击、破除传统思维定式，建立新的思维模式。

（一）数字化思维

数字化最大的特点是信息的数据化、碎片化，并通过计算机语言对信息进行处理，最后通过图形图像显示和交互将抽象数据信息可视化。如学者雷弯山所说，数字化思维是对传统思维方式的全面超越，具有虚拟性、个体化、非线性和创造性等特性。大数据时代背景下，数字化思维模式是各行各业的必然要求。[①] 因此，学术期刊编辑需建立数字化思维，即需理解大数据处理的基本原理，建立用数据分析问题、解决问题的意识，并通过收集、筛选、优化和传播科学理论，及时高效地挖掘和使用大量稿件中有价值的信息。

（二）逻辑与批判性思维

大数据时代数据具有基数大、增长快的特性，但信息往往杂乱无章、良莠不齐、针对性不强。数据所含价值虽大，但对于专项分析往往表现出价值密度低，信息的相关性、准确性、真实性均需进一步核实。

在这一背景下，学术期刊编辑需更高的专业素养与批判性思维[②]，从

[①] 参见雷弯山：《超越性思维：数字化时代的思维方式》，《中共福建省委党校学报》2004 年第 1 期。

[②] 参见李小丽：《大数据时代下学报编辑的能力提升》，《编辑学报》2018 年第 S1 期。

而实现信息的过滤处理、披沙拣金、择优选取，在栏目选题策划时，更加精准地掌握学科前沿和最新理论，为选题匹配适宜的作者群，提高学术期刊的知名度；同时，对信息的梳理、整合，学术期刊编辑需更高的逻辑思维，从而保证后续分析处理准确性。学术期刊编辑应意识到大数据给出的是资源而非答案，正如开卷考试一般，如何解答试卷才是考验编辑人员大数据思维与专业素养的试金石。因此，在大数据时代，编辑应建立逻辑与批判性思维，从海量数据中搞清楚"写什么""谁在写""谁在发"[1]，有的放矢地开展针对性约稿和个性化定制服务。

（三）协同、融合性思维

当前学科交叉已较为普遍，方法、技术的交互利用，不同专业的沟通合作，都使得研究成果多元化，因而不同学科数据之间的关联性逐渐增强；学科交叉产生的部分数据往往具有独特性与潜在性，在某种程度上行业选题范围大大拓展，为编辑选题策划和思路创新提供了新方向。

系统处理、分析大数据不再是单人、单学科能胜任的简单统计工作[2]，学术期刊编辑往往受专业背景限制，致使对学科交叉分析不深入，且不同人分析的结果偏差往往较大。因此，期刊编辑需树立协同、融合思维，依靠和发动期刊内部及学术团队力量开展协同合作，活跃学术交流，从而源源不断地找到新的有创意的选题。

（四）创新性意识

大数据技术强调的是对数据的认知、挖掘和处理，并从中获取新的知识，主要表现为数据的采集、过滤、分解、重组和再利用。[3] 因此，大数据背景下的思维创新表现为对数据的深度开发和创新，从各大平台海量的数据中通过搜集、整合、分析下载量、引用率、影响因子、评价意见等指标，掌握期刊所在学科发展的历史、前沿和热点，从而带来更清晰的目标

---

[1] 参见张青梅：《大数据时代对新闻编辑工作的新要求》，《新闻采编》2017年第2期。

[2] 参见禹卫华：《编辑的大数据素养与实现路径》，《中国出版》2017年第5期。

[3] 参见崔建华：《科技期刊编辑思维随大数据时代转变》，《中国传媒科技》2017年第4期。

读者、更有针对性的服务以及更精准有效的评价辅助工具，创新地开展学科服务。

三、大数据时代期刊编辑能力提升路径

信息爆炸时代，数据洪流降低了数据中所含信息的价值密度，如何在其中"淘金"选材，选取适合的前沿文章成为编辑必须面对的新挑战。对编辑而言，大数据运用最重要的意义不在于掌握庞大的数据信息量，而在于明确期刊所需目标，以此为依据对海量数据进行筛选、提炼、专业化处理，从而实现数据的可视化与"增值"。

随着期刊资源数字化的加速、网络检索功能的完善，全民学术共享造就了科研成果的百花齐放现状，学者王元卓等 2013 年发表的文章《网络大数据：现状与展望》截至 2019 年上半年引证文献就达到了 1077 篇，二级引证文献达到了 7078 篇。数据传播速度之快以及衍生之广使得编辑为期刊选文"把脉"变得愈发困难。为了做好期刊的把关人，进而推进期刊的发展以及行业的创新，编辑需要主动出击，掌握数据处理技术，提高数据分析能力，利用专业的知识，熟练运用大数据这一"听诊器"，推进期刊的良性发展。[①]

（一）关联统计分析把握学科发展动态

作为稿件"把脉人"，编辑须掌握学科发展动态、了解学科前沿趋势、明确期刊定位、清晰作者想法、知晓读者需求。借助大数据工具，针对期刊所属学科进行关联统计分析，准确把握学科发展动态，从而开展有针对性的选文、约稿以增强期刊的核心竞争力。

目前，期刊界常用的数据分析方法是共词分析法。该方法通过对调查

---

① 参见吴美英：《大数据时代学术期刊编辑素质重构与能力提升》，《出版科学》2017 年第 1 期。

文献提取共词并形成共词矩阵，然后综合社会网络分析、聚类分析、战略坐标图等方法和工具，实现对学科研究热点及演进趋势的把握。[①] 共词网络分析受共词选择影响较大，而共词选取主要来源于文献的关键词，但关键词的选择受作者见解、学科方向、研究热度、新词新义及文章内容影响较大，对于一些细化子课题及新兴热点容易出现大量低频关键词。如学者吕红[②] 针对教育学领域大数据研究表明，文献篇均关键词仅为 2.7 个，且有大量低频关键词，近 90% 的关键词仅出现 1 次，词频次 ≥ 2 的关键词仅 49 个。因此，仅通过简单选取关键词并不能满足共词分析的需求。

为此，整理和创建关键词词库是切实可行的路径。通过建立云共享服务，科研人员及各期刊编辑可按学科上传处理后的关键词，通过整理形成关键词词库。关键词词库建成与开放在一定程度上有利于规范作者关键词的选取，可大大减少同义关键词与近义关键词。当前文献检索主要通过题目、关键词、作者等实现，同义关键词与近义关键词的存在会对文献检索带来阻碍，而关键词的标准化将对文献推广及读者检索带来帮助。

在此基础上，通过网络成熟软件对最新相关文献及衍生文献进行信息整理，包括文献的发文量、收录期刊、高被引文章和高产作者及团体的信息提取、统计与分析；然后，通过共词分析方法对处理后的关键词进行词频统计，生成共词矩阵；最后，利用社会网络分析方法对共词矩阵进行分析，建立共词网络，并生成、绘制网络知识图谱、聚类图谱和多维尺度图，从而实现学科领域研究的热点、趋势与范式的把握。[③]

在把握学科研究热点的基础上，可采用共词分析对期刊所登录文章热度进行分析，结合大数据和云计算抓取分析的海量信息，例如文章阅读量、讨论热度、下载量、引用量等，了解读者、学者对文章的关注度。然后，

---

① 参见王宇灿、李一飞、袁勤俭：《国际大数据研究热点及前沿演化可视化分析》，《工程研究：跨学科视野中的工程》2014 年第 3 期。

② 参见吕红：《教育学学科领域大数据研究热点主题可视化分析》，《中国教育信息化》2018 年第 19 期。

③ 参见严珊：《基于共词与社会网络分析的图书馆大数据现状研究》，《图书馆研究与工作》2018 年第 5 期。

根据分析结果指导期刊编辑筛选文章，加强对热度话题类以及理论研究性文章的关注，从而合理调整期刊用稿方向和栏目设置，打造更适合、更被读者关注的期刊[①]；同时，通过对同类期刊发文影响力的跟踪调查，了解更多促进学术期刊质量和影响力提升的路径和可行性方案，推动期刊发展。

另一方面，高被引文章在研究内容或对问题的认识上往往具有超前性、创新性，其往往针对的是此学科、课题领域的关键问题和普遍热点问题，而高被引论文的作者多来自该领域前沿研究团队。他们往往对该课题或学科有深入的见解、研究及更超前与全面的认识，其最新课题也最接近学科发展方向，故作为学术评估的重要指标，高被引论文往往代表着高关注、热度及研究走势。因此，通过关联分析找到与期刊相关的高被引作者及团队并建立联系，从而实现有针对性的约稿。

通过大数据的关联分析，跟踪高被引文章作者及团队的最新研究动态，并主动联系约稿，通过网络首发、开辟绿色通道等抢占学术话语权，并依此打造专栏，引领学术热度，扩大期刊在学术领域的品牌知名度，吸引后续更多投稿，形成良性循环，进而达到建设期刊核心竞争力、提高期刊影响力的目的。[②]

（二）智能分析促使编校重心转移

大数据时代使人们可更加便利、低廉地获取各种信息，但也为学术不端行为带来"便利"。为抑制学术不良风气、提高编辑效率，大数据时代的学术期刊编辑更需精通掌握基于大数据而发展的各类数据平台和工具。

大数据的发展与数字化进程的加速，使得文献查重系统得到了迅速发展。通过数字化、碎片化将文献转化为计算机所能识别的数据，从而生成文献的"DNA"，再通过碎片化将"DNA"数据切割成细小的断片，最终与大数据文献的"DNA"数据进行匹配，进行"亲子"鉴定。由于不再依托随机分析，巨大数据规模使得查重结果更可信、更准确，简单的文字换

---

① 参见徐姗姗：《高校社科学术期刊栏目的转型升级》，《编辑之友》2017 年第 11 期。

② 参见吴玲：《大数据时代基于计量可视化的精准约稿策略》，《科技与出版》2019 年第 3 期。

序、删减、同义词对调等"基因突变"对查重的影响也越来越小，从而有效阻止了文章抄袭剽窃等不良行为，保证了文章的真实性和原创性。

学术期刊编辑不仅要熟练掌握查重系统的使用方法，更要提高对查重鉴定结果的辨析能力。应通过提高专业素质，找到高重复率文章的问题所在，区别对待恶意抄袭与不当引用，有针对性地引导和帮助作者进行论文修改，从而避免将原创性高、创新性强的文章一票否决，挫伤积极性。

另外，在大数据时代得益于文档稿件的数字化，在编辑过程中可通过编辑软件来辅助编辑工作，如：通过黑马校对软件辅助编辑，从字、词、标点、领导人排序等方面进行初步筛查；通过善锋软件对稿件参考文献的著录格式、出处、信息的真实准确性进行批量校对等。大数据智能分析极大简化了编辑工作流程，提高了编校效率与准确性，这使得编校过程中的工作重心发生了变化，不再需要浪费大量时间"咬文嚼字"般进行文献查重、错字检索、格式修正等机械工作，而是将更多的时间与精力投入到稿件质量挖潜、潜质作者培养，以及基于大数据的学科服务和期刊宣传等工作。因此，学术期刊编辑需强化文字、图片、音频、视频、数据和程序等多种媒体表现形式的编辑处理能力，实现由平面编辑到多媒体编辑的转型。

（三）感知分析精准推送偏好文章

信息爆炸时代，一篇好文章仅依靠读者自己发现远远不够，若未能得到有效推广，优秀文章将被数据的更迭换代而迅速埋没。虽许多期刊都开放了各种公众平台，但其强大的推广潜力未能被合理利用，甚至可能被闲置荒废。为提高期刊优质文章曝光度及期刊影响力，学术期刊编辑应重视平台建设，并利用大数据对期刊用户及相关学者进行感知分析，进而实现精准推送和个性化定制服务。

借助大数据技术，分析用户在公众平台的活动状况，如推送文章阅读量、访问时间、文献下载量、点赞及转发情况、评论反馈等信息，掌握读者的浏览轨迹，快速筛选出读者最关注、最需要的信息，借助 QQ 群、微信公众号、邮箱等网络平台实现热点、前沿的大面积推送，甚至可根据读者的阅读偏好和浏览停留时间提取文章重点段落或主要观点和创新点进行精准"个性化"推送，以增加期刊文章的可见度。[①]此外，通过融合视频、音频、动画等多媒体技术，提高推送内容的展示度、趣味性和互动性，增加平台用户对期刊的黏合度。

为实现这一目标，学术期刊编辑需储备信息处理能力，培养捕捉信息的敏锐性、筛选信息的果断性、评估信息的准确性、交流信息的自如性和应用信息的独创性，掌握大数据提取、分析、可视化等新媒体平台使用方法，增加稿件被转载引用、被传播的机会，从而提升期刊的学术竞争力和品牌影响力。

结语

大数据背景下，信息的更替与发展远超出人们所能接收、消化的极限。为顺应时代发展，为作者、审稿人、读者提供最有用、最前沿、最高质量的信息，学术期刊编辑需培养先进大数据的思维方式，自主学习并掌握利用大数据处理问题的意识。同时，掌握并熟练应用共词分析、查重系统及编辑辅助软件、各种网络平台等大数据处理技术和工具，实现学科趋势及热点跟踪分析、高被引作者及团队跟踪、向多媒体编辑转型以及精准推介期刊文章等目标。自觉将大数据思维和技术应用于收稿、审稿、修订、传播等工作环节，提高学术期刊的影响力并为作者、读者提供更好的学术期刊，进而推进学术期刊行业的创新发展。

（作者单位：重庆大学期刊社《高等建筑教育》编辑部）

---

① 参见安琪：《大数据时代学术期刊发展新探索》，《中国编辑》2017 年第 7 期。

学术期刊"联合策划"的双重创新

赵 强

众所周知，无论是上级主管部门"做大做强"学术期刊的战略安排，还是学术期刊引领学术的内在要求，最终都集中在学术性刊物的本质要求上，即如何实现学术质量提升。要提升学术期刊学术品质，"选题策划"尤其是"专栏策划"是关键。我们知道，判断学术品质有两大标准：一个是时代性，即回应时代问题；另一个是科学性，即对时代问题的科学解答。因此，保证策划的时代性和科学性就成了实现学术性的关键。而实现选题策划的时代性和科学性的过程，就是 个调动综合学术能力的过程，既要有"面上"即空间问题域的拓展，还要有"点上"即关键问题的深度聚焦。可见，调动多个学术期刊乃至学界的综合力量对于确定选题策划的时代性和科学性是必要的。换句话说，要想使选题策划切中时代、切中学术，有必要从封闭、独立的选题策划向开放、联合的选题策划转换。

一、"联合策划"的内涵：多元学术主体"跨界联合"

总体上看，我国学术期刊尤其是高校综合类社科学术期刊的选题策划主要是编辑部或期刊社的内部行为，很难突破"单一主体"而达到"主体际"关系，呈现出封闭性特征。即使如此，一些学术期刊也在尝试学术期刊之间的联合办刊。2014 年，《法学论坛》《学习与探索》《求是学刊》《河南大学学报（社会科学版）》《北京行政学院学报》《苏州大学学报（哲学社会科学版）》协商成立"新兴（新型）权利与法治中国"，开"联合策划"专栏之先河。当前，"联合策划"已经成为业界的重要联合办刊形式，在诸多学术期刊中开展。

那么什么是"联合策划"呢？所谓联合策划，即联合多家学术期刊，借助集体力量组织学界、业界共同策划专栏，共同组稿、选稿、审稿，共同刊发，从而使学术期刊介入到学术生产体系，达到学术创新、扩大学术期刊的影响力，实现学术期刊的引领功能的目的的一种编辑创新形式。具体做法：第一，确立联合策划选题的编辑部或期刊社；第二，由联合起来的学术期刊共同邀请学界相关专家召开"选题策划会"，联合策划并拟定专栏选题；第三，依据选题向全国征文；第四，由联合起来的学术期刊和学界专家共同初步遴选论文，根据遴选出的论文，组织业界、学界和作者共同参与的"论文发布会"，初步完成定稿；第五，具体的论文编辑、刊发；第六，对共同刊文效果的反思和研讨。①

联合策划实现了多元学术主体之间的跨界联合，包括不同期刊之间的跨界联合；编辑与专家、学者之间的跨界联合；编辑与二次传播者、定性定量评价者之间的联合；专家、学者、作者与二次传播者、定性和定量评价者之间的跨界联合；等等。换句话说，联合策划不仅是学术期刊的联

---

① 参见赵强：《联合策划：高校学术期刊提升学术性的创新设想》，《出版广角》2016年第 22 期。

合，它更是学术期刊、学者、作者、二次传播者、专业评价机构的多元学术主体的联合。联合策划就是把孤立的、封闭的策划开放化，打通这些主体的关系，让学术生产和传播在多元学术主体的协同治理下成为可能性。具体有以下特征：（1）打破了编辑、学者、作者、评价者和传播者的界限，把他们关联、凝聚在整个学术生产体系中；（2）多元学术主体共时协作，使选题更加合理、科学；（3）发挥了学术共同体的"同行评议"的作用，保证了学术产品的质量；（4）凸显了学术期刊引领学术发展的主观能动性；（5）联合策划是学术期刊、编辑主导，约请专家指导。

二、"联合策划"的理论创新："空间"和"空间化"

从理论层面看，"空间"是联合策划的深层理论支点，而联合策划是选题策划的"空间化"。

时空是一对相关范畴。如果说时间是一种纵向的历史性、阶段性范畴，那么空间则是一种横向的结构性和关系性范畴。空间既包括空间结构、形式，也包括这种结构、形式背后的"社会内容""社会关系"。在社会科学领域，曾经历史是丰产的，而空间是僵死的，[①] 但当前社会科学呈现出一种"空间转向"。[②] 实际上，事物要实现自身，除了把自己展示为"时间"之外，同时也要使自己"空间化"。"空间化"是事物实现自身的必要条件。这就启发我们，专栏策划要想取得成功，必须自觉创建选题策划实现的"空间"，而联合策划正是空间自觉下的选题策划的"空间化"。在这个意义上，"空间自觉"下的专栏策划即"联合策划"，其重要意义就在于，在专栏策划中揭开"时间"对"空间"的遮蔽，恢复"空间"在学术期刊专栏策划中的应有地位；把通过纵向阶段、时间相继来保证专栏

① 参见［美］爱德华·W.苏贾著，周宪、许钧主编：《后现代地理学——重申批判社会理论中的空间》，王文斌译，商务印书馆2004年版。

② 参见包亚明主编：《现代性与空间的生产》，上海教育出版社2003年版。

策划的科学性、合理性转变为通过多元学术主体的关系重构、共时协作以保障专栏策划的科学性、合理性。

传统编辑学一般都从"基础准备""选题设计""选题论证""选题优化"来论述选题策划，这是一种按照从开始到结束每一个前后相继的时间段来保证选题策划的科学性、合理性的策划理论，是选题策划的"时间化"理论，选题策划的空间要素、空间条件、空间关系等处于被遮蔽状态。而联合策划是"空间自觉"下的专栏策划，"空间自觉"体现在以下几个方面。(1) 联合策划是自觉运用空间生产力的结果。联合策划将物质性空间生产力的进步视为其基本条件，实体性和虚拟性的空间生产力，包括发达的交通、通信、互联网、电子邮件、QQ、微信、微博等是联合策划的空间生产力基础，没有即时性的通信工具、空间产品，不可能实现"联合策划"。(2) 对空间关系的自觉。一个成功的专栏策划是发起者（学术期刊）、定性评价者（学者）、作者（产品创作者）、认同者（二次传播者）、定量评价者（专业评价机构）之间关系的产物。(3) 合理安排空间关系的自觉。所谓合理安排空间关系是指以学术本身的价值为标准，而不是以经济的利益和超经济的权力为标准，把这些策划背后的关系主体进行合理的时空定位的过程。如动议阶段，它决定哪个地理空间、哪种等级的期刊能够成为合作主体，或者被排斥在主体之外。这实际上是一个对地理空间和关系空间考量的问题。其他阶段也一样。总之，专栏策划不仅是以一个前后相继的程序、环节来保证其合理化，而且每一个程序、环节都要"空间化"，即每个程序、环节都要经过关系主体的扩展、收缩，以及重新定位、组合和重构，这是联合策划的关键。

空间理论指导联合策划是否具有合法性？这就需要看空间理论和策划理论是否具有共通性。联合策划是编辑学的基本内容，编辑学以"理论为主、应用为辅"，属于社会理论的内容，而空间理论是社会理论，因此二者具有共通性，空间理论作为社会理论的当代转向，可以用来指导属于编辑学的专栏策划。为什么不用业界和学界常说的"平台""窗口"论来审视"联合策划"呢？联合策划确实包含"平台""窗口"内容，但是

"平台""窗口"不能囊括"联合策划"的全部内涵。平台只是一个"形式范畴",它不能揭示事物背后的"关系"。而"空间自觉"关键是自觉到这种"空间形式"背后的"空间关系"。单一的学术出版机构也是编辑活动的"空间化",既是如此,"联合"有无必要?确实,单一的期刊出版机构也是编辑出版的"空间化"样态,既有空间结构,也承载着一定社会关系,但是需要指明的是,这种空间只是编辑的"基本单位",而不是真正意义上的"专题策划空间",其只能作为真正的"联合策划"的一个空间要素。

三、"联合策划"的实践创新:建构"学术共同体"

"学术共同体"是当前学界和业界讨论的热点,这与当前学术评价"定量"被"定性"取代、价值理性被工具理性取代导致学术评价异化密切相关。不同视域下"学术共同体"有不同内涵。从价值认同看,"学术共同体是基于某种学科、价值、理念或范式的认同而形成的结构松散的学者群体"①。从具备的功能看,"学术共同体是以学术生产与传播为根本任务的学术人员群体"②。从中介客体看,"学术共同体……是由学者以专业为基础自愿结成的众多学术团体、学术刊物和学术会议组合而成的"③。虽然学界和业界对学术共同体有种种定义,但在专业性和自律性是学术共同体的特征这一方面具有共识性。所谓学术共同体的"专业性"是指学术共同体是由相同专业知识背景的主体结合而成的联合体,专业性是学术共同体的基本特性,这一基本特性构成了学术共同体的排他性。"专业性消除

① 朱剑:《学术期刊是构建学术共同体的重要环节(上篇)》,见 https://baijiahao.baidu.com/s?id=1610848435635997495&wfr=spider&for=pc。

② 田晓伟:《论学术新媒体的发展与学术共同体的构建》,《教育研究》2017 年第 4 期。

③ 李剑鸣:《自律的学术共同体与合理的学术评价》,《清华大学学报(哲学社会科学版)》2014 年第 4 期。

了学术的泛化，便于形成通行的话语方式和专业标准。"①所谓学术共同体的自律性，首先体现为学术共同体中具有相同知识背景的主体自主结社、自主运作，不受外部经济和超经济因素控制。其次，学术共同体拥有自主"立法"权，即建立在学术共同体学术伦理基础上的学术规范和学术标准，这是学术共同体一致行动的内在价值保障。再次，学术共同体有共同价值、理念外化的物质条件和物质基础。

　　联合策划是学术期刊领域推进学术共同体建设的重要举措，联合策划符合学术共同体的基本精神，而学术共同体的基本价值和原则对联合策划都有具体指导。具体体现在四个方面：（1）参与联合策划的主体都是"同行"，策划组织者、定性评价者、定量评价者、主要生产者、二次传播者等，虽然隶属于不同的单位、部门，但他们都有共同的专业背景，学科边界清晰。（2）在基本条件具备的前提下，参与策划的主体之间自主结社、自主联合。这种联合和凝聚主要不是利益（经济权）、权力（超经济权）等外力作用的结果。（3）联合策划内部运作的各种流程、各种举措，遵循协商一致原则。由于联合策划不是经过长期历史发展自发形成，而是人为建构，因此其"自主立法"也具有人为性；但这一人为制定的"自主立法"不是某一主体的特殊权力，而是由联合起来每个学术期刊协商制定；而且协商制定的"自主立法"遵循学术共同体基本精神，符合学术共同体的学术伦理规范，同时也符合每个参与联合策划的主体的共识，因此具有合法性。（4）联合策划有联合和凝聚专业个体形成学术共同体的"平台"：一个是持久性的"联合设立的专栏"，有固定的学术期刊，有固定的刊期，有固定的版面；另一个是短暂性的会议、论坛等，如联合策划的专题研讨会、论文发布会等。这些都为学术成果的生产、展示和传播提供必要"平台"和"空间"。

　　针对现实，积极展开"学术共同体"的实践探索，是学术期刊引领学

---

　　①　李剑鸣：《自律的学术共同体与合理的学术评价》，《清华大学学报（哲学社会科学版）》2014 年第 4 期。

术发展不可推卸的责任。学界认为学术引领主要是学者的责任和功能，这种观点无可非议。但是，不能据此认为学术期刊没有学术引领职能；也不能过于自负，说学术期刊就一定能够实现学术引领。实际上，学术期刊该不该引领学术和能不能引领学术是两个不同概念。学术期刊该不该引领学术是学术期刊的社会责任问题，从这一层面来说，学术引领的大门不应该向学术期刊关闭；而学术期刊能不能引领学术是学术期刊的能力问题，从这一层面来说，要想实现学术期刊的引领，必须提升学术期刊本身的学术能力建设。而联合策划就是学术期刊发挥主观能动性，通过实践学术共同体来引领学术的重要举措。

综上所述，联合策划是借助多元合力进一步聚焦选题、"做大做强"学术期刊的重要手段。它是在空间自觉的基础上，把专栏策划推向更大的空间中，并通过建构"学术共同体"以保证学术期刊选题策划的科学合理性。在理论上，联合策划打破了"时间"对"空间"的遮蔽，凸显了"空间"对编辑实践创新的指导意义，使选题策划展示出"时空完整性"；在实践上，联合策划通过整合和重构多元学术生产主体，走出了一条现实的"学术共同体"之路。

（作者单位:《苏州大学学报》编辑部）

社科学术期刊编辑素养优化与工作创新

刘　扬

一、编辑工作面临的问题

随着我国出版业的不断发展和学术研究的有力推进，社科学术期刊发展迅速，其作为学术交流的平台在促进学科发展和学术进步中发挥着重要作用。编辑工作是社科学术期刊的核心工作，期刊作为信息的载体，有其基本属性和发展规律。作为期刊发展核心的编辑工作，既要顺应期刊自身属性和发展规律，也要在时代发展中找到自己的定位，做到编辑个体观念与期刊发展思路相统一，才能提高期刊质量和影响力，这是社科学术期刊出版人的实践经验。但目前在数字化和新兴媒体的冲击下，编辑工作遇到了一些问题。

（一）思维转换问题

学术期刊的编辑工作面临的首要问题是编辑思维的转换。人的一切行动都是从个体认知理解出发，并以个体需要和个体利益的获取为基础。编辑工作也是这样，无论是组稿、审稿还是作者和读者工作，编辑一般以学科要求、编辑准则为基础，根据自己的擅长和关注的研究方向及个体喜好出发展开工作。这样的工作带有个体立场倾向，有明显个体经验的痕迹。但是，社科学术期刊搭建学术平台，甚至引领学术潮流的性质，要求其编辑既要做理想主义追求者，对学术文章有自己价值上的判断，又要做学术研究领域的服务者，预判学术走向，为学术界做好服务，助推学术发展。

学术期刊编辑的思维转换，是编辑应对工作需求和个人发展的自觉追求。一方面表现了编辑对大时代中期刊的发展变化所做的相应改变；另一方面反映了学术界与学术期刊发展变化对编辑观念更新、思想进步的影响。

（二）角色转换问题

笼统而言，社科学术期刊编辑处于"论文—编辑—读者（作者）"这一系统关系中，无论在出版流程的哪个环节，都体现并透视了社科学术期刊发展过程中三者关系为核心的架构关系。多维度、多方面、深入地分析三者的隐性关系是期刊良好发展的逻辑基础。

传统的社科学术期刊的编辑，以既定"高于"作者的地位，扮演了"把关人"的角色，但往往在前有审稿专家，后有作者自主修改的现实中，编辑更多的变成了"中间人"，所做工作大多是与专家、作者的沟通工作。而作为学术期刊，学术性是第一要求，作为社科学术期刊的编辑，工作的对象是学者们高质量的学术成果，这对编辑学术水平有极高的要求，要求编辑不仅能做文字编辑加工工作，更要对自己编辑的学科有全面的掌握和深刻的理解，甚至是成为某一学科的专家学者，也就是要求编辑成为学者型编辑。实际上，这对于工作繁重的学术期刊编辑是很难完成的任务。

另外，传统的学术期刊只是单方面将优化后的内容传播给读者，但读者并不能及时完成反馈与作者进行沟通，读者在接收信息的过程中一直处于被动状态。然而沟通交流是学术进步的必备条件，作为学术交流的平台，新兴媒体的即时性缩短了沟通交流的时间，可以使读者多渠道、快速地进行信息反馈。这就要求编辑从单纯信息传播者的角色过渡到学术平台"管理员"的角色。多媒介的渗入为期刊发展带来了全方位的影响，也改变了传统学术期刊编辑的角色定位。

（三）职业倦怠问题

社科学术期刊的编辑工作和其他学术期刊编辑工作一样，都是学术期刊工作的核心，期刊社所有工作围绕着组稿、约稿、审稿、编校等工作进行，重复经验性劳动居多，很多编辑在本职岗位数十年如一日。编辑人员工作繁重，长期伏案使健康受到严重影响，加之相对单调重复的编辑工作，对于老编辑来说已不具备挑战性，个人成就感极低，这样的工作性质难免产生职业倦怠感。另外，压力大、回报低，知识储备滞后学术发展等问题，也是引起社科学术期刊编辑职业倦怠的原因。

编辑职业倦怠不仅引起个人身心健康问题，工作效率与工作质量趋低，也严重影响刊物整体质量的提升。

二、编辑素养的优化

（一）思维的优化

互联网新技术视角下的编辑行为已打破社科学术期刊编辑的传统职业结构，产生了期刊界的新话语环境。行动以思想为先导，编辑思维必然会对社科学术期刊产生结构性的影响。

社科学术期刊的编辑大体来说，应加强三种思维。

一是读者思维。就是以读者需求为导向的思维。由于社科学术期刊的专业学术性，读者窄众化，范围大体上和作者群体一致，所以以读者需求为导向也是以作者需求为导向。在多媒体融合的背景下，学术期刊要在办好纸质刊物的同时，抽离出部分精力发展新媒体。社科学术期刊的发展既要保持纸刊学术性和原有风格特点，也要考虑现代读者（作者）摘要式、轻快浅白的阅读习惯，优质的原创稿件的刊发是确保以品质立足、保持期刊优势和特色的方式，推动传统社科学术期刊和新兴媒体的融合发展，则可以提升学术期刊的传播力和影响力。

二是平台思维。学术刊物是学术交流的平台，多媒体亦是读者（作者）阅读和表达的重要载体，加强编辑与读者（作者）沟通交流，平台意识必不可少，服务于读者（作者）是学术刊物办刊的基础，平台意识的优化，一方面是指社科学术期刊编辑应意识到学术期刊的平台功能和内容同样重要，编辑身份应从引导人向服务者转换；另一方面是指要建立好社科学术期刊的传播平台，形成有效的传播力，加强读者（作者）对期刊的认知。无论哪一方面，平台的构建都应融入互动交流精神，以互动交流促进学术求真和学术进步。

三是跨界思维。跨界思维大体上是指学术期刊编辑应具有古代传统文化和现代文化融合、传统刊物和新兴互联网技术融合的思维，以及对国内外学术观念和不同学术观点的包容。随着期刊的不断发展，跨界思维将逐步渗透编辑工作。在读者思维、平台思维和跨界思维的指引下，社科学术期刊编辑能够更好地发挥积极稳定推进学术期刊良好发展的作用。

（二）能力的优化

社科学术期刊的性质要求编辑不仅是文字工作者，更应成为优秀的复合型出版人才、学者型编辑人才。这就要求社科学术期刊编辑应该具备基本的政治鉴别能力、专业学科知识与出版知识学习能力和现代信息技术运用能力。政治鉴别力是作为编辑的基础能力，我们这里主要谈的是后两种能力的优化。

现代科学技术飞速发展，知识更新迭代的周期大大缩短，编辑对于自身的文字编校能力、沟通和协调能力、外语能力等要不断自我学习或接受定期的培训，更新知识结构，提升业务水平。对于专业知识则应紧跟新的研究成果，参加高质量的学术活动，了解学术动态及学术发展方向，储备专业知识，提高学术鉴别力和判断力。另外，现代信息技术运用能力的优化也是社科学术期刊编辑素养优化的重要方面。在媒体融合的浪潮中，每天都有海量信息扑来，掌握信息处理能力，才能排除繁冗信息的干扰，摄取工作中有价值的信息，并进行快速整合、归纳、加工、总结。目前，很多学术期刊开通了线上采编系统，在提高了编辑工作效率的基础上，进一步规范了稿件的采编流程。另外，跨平台传播、新媒体运营等，实现了技术驱动编辑工作创新。

互联网技术的发展和数字化革命的深入使编辑工作内容、工作流程都发生了巨大变化，但是目前来看社科学术期刊编辑人员，很少有编辑出版专业出身，熟知数字媒体技术的编辑则更少，这对编辑人员提出了新的要求，不仅要具备传统社科学术期刊要求的专业学科知识和出版知识，更要具备互联网思维，熟练掌握、现代信息技术的运用能力，这是现在社科学术期刊发展的时代要求。

（三）定位的优化

编辑的定位涉及两点：一是社科学术编辑在整个社会中的角色担当和社会意义；二是编辑的自我要求和对自我价值的实现。

一方面，随着社科学术期刊数量的增加，编辑人员队伍也不断扩大，只有具备较高的政治素养，良好的语言文字基础、现代的编辑出版观念和扎实的专业学科知识才能胜任社科学术编辑岗位。但除了这些以外，社科学术期刊编辑更重要的是要了解自己肩负的社会责任。编辑工作是期刊整体观念的反映和期刊出版行为的结合，编辑有责任提升刊物质量和刊物影响力。编辑所做的工作又是知识需求和学术发展成果供给之间的创造性转换工作，学术期刊为学术界服务，又润物细无声地对社会的各个方面施加影响，编辑应找准自己的定位，始终怀有敬畏的态度和强化学习、终身学习的意识，坚守编辑职业操守和学术期刊使命，为社会提供更优的精神文化产品。

另一方面，编辑对自我的要求和自我价值实现的要求也要不断提高，但职业瓶颈和职业倦怠时有发生，这不仅要求编辑人员要增强专业化意识，不断完善自身素养，寻找职业瓶颈的突破口。更多的是要求社科学术期刊社在期刊社管理、岗位职责、评价体系等方面不断完善，为编辑人员提供进修学习的机会，建立健全激励机制。促进编辑人员的自我提升和自我完善。在消除职业倦怠方面，消除隐形社会角色导致的低成就感，建立公平的考核机制和薪酬分配制度是最重要的方面。

三、编辑工作的创新

在新的经济和技术条件下，社科学术刊界传播形态发生了巨大的变化，社科学术期刊需要发展，竞争力和影响力需要提升，学术期刊编辑正面临着前所未有的挑战。

（一）数字化的挑战

大数据时代的技术变革和期刊的繁荣发展存在着相互影响和相互促进的关系，数字化引领期刊未来，促进期刊信息流动和知识加速转移，新兴媒体的出现使传统学术期刊运行模式受到冲击，迫使传统期刊放弃固有模式，被动接受互联网新技术的洗礼，同时也获得了新的发展机遇。网络传播使期刊信息传播变得更加快捷，但是数字化使读者分流，纸质刊物受众趋窄，发展空间局限。面对这样的现实情况，社科学术期刊的编辑需顺应技术发展，创新互联网新技术在编辑工作中的应用，形成与新技术发展相适应的社科学术期刊编辑理念。这对社科学术期刊编辑是一个全新的挑战。

（二）国际化的挑战

从海外期刊订阅数来看，以文史哲为代表的学术期刊很受国外读者欢迎，[1] 在多元文化共同发展的今天，中国社科学术期刊走向世界是其必然的发展路径。西方国家的社科学术期刊在其发展中积累了丰富的经验，我

---

① 参见袁舒婕：《期刊走出去：成就辉煌　任重道远》，《中国新闻出版报》2013 年 9 月 12 日。

们应在加强与国外社科学术界的交流合作中开阔视野、博采众长。"传播是参与者创造并互相分享信息以达到相互理解的过程"，加强与国外学术界的对话，逐步提高国际化水平，是学科的发展和学术的进步的必经之路。社科学术期刊编辑应积极促进学术交流平台的搭建，组织参加国际学术研讨会，实现在期刊国际化中成长。以学术进步促进中国话语变为世界话语，是学术期刊编辑的现实责任和担当。这是社科学术期刊编辑面临的另一个重大挑战。

面对数字化和国际化的挑战，编辑工作的创新是必然要求，重点要做好两个方面。

一是互联网技术的快速发展要求编辑变为"编辑 +"。互联网技术的飞速发展，对社科学术期刊社的管理决策、人才培养等方面产生了重大影响。数字化是大势所趋，"知识的数字化存在得益于数字化媒介的强大的技术优势，它直接改写了人们对知识的感知方式，前所未有地突破了地理、历史的局限"[1]。"编辑 +"即编辑在原有工作流程和工作内容的基础上利用互联网新技术的应用、在大数据的支持下，除了以往的学术不端检测，还可以进行稿件质量分析、作者分析、出版时效性分析等，并可以借用这些分析结果，全面了解办刊要素的发展情况，为提升文章质量，设定办刊方向提供一定参考。在数字化的背景下，社科学术期刊也推出了数字出版、移动出版、域出版等新型数字出版模式，提升学术期刊的内在价值和应用价值，提高期刊的影响力。[2] 这些在传统的编辑模式下是不可想象的。未来期刊发展技术将成为关键性因素，社科学术期刊逐渐从内容为主转变为技术与内容并重。互联网技术的普及和"互联网 +"战略实施，使技术更新换代加快，社科学术期刊会在发展过程中受到技术、管理等方面问题的困扰，作为社科学术期刊编辑应顺应学术期刊生存环境和话语环境的改变，突破固定的思维模式，积极探索和尝试新技术、新方法，充分发

---

① 耿姝、刘肖：《论数字化背景下媒介的知识生产转向》，《编辑之友》2015 年第 5 期。

② 参见李频：《中国期刊史第四卷（1978—2015）》，人民出版社 2017 年版。

挥自身的主观能动性，解决问题并寻找新的价值增长点，促进期刊更好发展。

二是国际化要求编辑做好"走出去"的"引路人"。"走出去"要求学术期刊必须提高自身竞争力，形成有效的生存和发展策略，从而提升期刊质量、影响力和其国际话语权。国际学术期刊在数字化的大背景下，多采用开放存取的形式，打造服务平台，服务于知识、服务于学术、服务于读者。社科学术期刊编辑从传统学术"把关人"的角色背景下，需要更加清晰地了解国外学术发展情况，选择国外优秀的学术成果引入国内，积极搭建国际学术讨论平台，增强国内外读者（作者）的沟通，才能有可能过渡到"走出去"的"引路人"角色，过程可能漫长，但是对于社科学术期刊的发展有重要意义，与国外同行的信息交流也会激发诸多的创新性活力。

"引路人"的职责还表现在社科学术期刊编辑要负作者和学术成果的引导之责，学术活动是个人或团体的原创性思维活动，不取决于编辑的个人意志，要坚守学术编辑"做嫁衣"的编辑职责。对国外学术成果，同样要把好关、负好责，推出优秀的学术成果，以推进国内学术的发展。

对于出版活动来说，最重要和最核心的是编辑工作。对于社科学术期刊来说，编辑质量决定刊物质量，也关涉学术期刊能否正常运行、发展，并发挥其应有的学术平台作用。所以，提高、优化编辑力是必然要求，尤其是在数字技术借助互联网在传播领域广泛应用、新兴媒体应运而生后，媒体格局发生重大变化，传统的社科学术期刊面临严重考验，同时也获得了前所未有的机遇，社科学术期刊编辑从观念思想、工作方法、编辑能力等方面都应进行调整，学术期刊编辑也应在守正的同时不断创新，具有优秀素养和创新意识的编辑必将为社科学术期刊带来新的活力与生机。

（作者单位：吉林省社会科学院《社会科学战线》杂志社）

论智媒时代学术期刊编辑思维的转型

方　圆　尹晓桐　崔天宇

人工智能作为一项颠覆性技术和战略性技术，是新一轮科技革命和产业变革的重要驱动力量，正在深刻地影响着人类社会的各行各业。媒体行业是受智能化浪潮冲击较早的行业之一。清华大学新闻与传播学院的彭兰教授曾指出："我们即将面临一个'万物皆媒，人机共生，自我进化'的智媒时代"[①]。可以说，技术的迭代打开了媒体形态变化的无限想象力，媒体行业不仅面临着内容生产方式、信息传播模式的巨大变革，同时面临着整个组织形态、管理架构、运作机制的解构与重组。

对于学术期刊编辑出版领域来说，人工智能技术将会在编辑、出版、

---

①　彭兰：《智媒化：未来媒体浪潮——新媒体发展趋势报告（2016）》，《国际新闻界》2016 年第 11 期。

发行等各个环节中得到全方位的应用，其高速发展必然推动着学术期刊由数字化出版向智能化出版的阶段迈进。尽管目前人工智能技术与学术期刊的协同发展仍在探索中，然而新兴技术带来的环境变革要求期刊编辑的角色、观念和思维也应随之发生相应的改变，这是人工智能技术得以融入学术期刊编辑工作的首要目标和关键环节。本文将基于智能媒体趋势下学术期刊转型升级和编辑工作的现实需要，就学术期刊编辑的思维转型进行探索并提出相关建议。

一、智媒时代学术期刊编辑面临的角色转换与挑战

人工智能是被研究用于模拟、延伸和扩展人的智能的理论、方法、技术及应用的技术科学，是研究如何使计算机去完成以往只有人类才能完成的需要高智能的工作。[①] 在此基础上应运而生的智能媒体是基于媒体的人工智能技术、大数据技术、云计算技术等媒体智能化技术构建的智慧媒体场景，而媒体智能技术所对应的场合就是新一代的媒体生产、传播和运营体系。面对智能化媒体趋势，学术期刊编辑工作者应清晰地认识到新形势新技术所带来的变革和挑战，如此才能从传统的编辑思维中跳脱出来，形成智能化编辑格局。

（一）期刊编辑部分工作内容的权力让渡

在智媒时代，智能机器可代替学术期刊编辑完成编校环节中诸多复杂而烦琐的任务，如利用人工智能程序进行学术不端的深度识别和检测，借助算法进行勘误、核红的智能校对，将文章格式进行一键智能生成等。这在某种意义上简化了学术期刊编辑的工作，摆脱了以往的重复性和机械性劳作，使得编辑的工作重心可以更好地聚焦于内容生产和传播本身，如策划选题、内容推广、编撰互动、读者服务等等。与此同时，编辑也可以依

---

① 参见曹承志等编著：《人工智能技术》，清华大学出版社 2010 年版。

托大数据智能算法，实现资源的多元重构，多维度构建学术期刊传播平台。学术期刊的编辑将不再是过去传统意义上的"审读编校者"，而是向"内容生产者""产品创造者"转变。

（二）人工智能软件应用提升编辑工作难度

在传统媒体时期，学术期刊编辑工作主要以选题策划、组稿配置、编辑加工等"软性"工作为主，而在智能媒体时代，则要求学术期刊编辑的全流程工作都开始向各种软件技术应用的"硬性"工作方面倾斜。[1] 例如，未来将在审稿阶段使用带有人工智能程序的稿件处理平台；编辑加工阶段将融入图像识别技术、文本语义处理技术；排版设计阶段将采用多媒体视觉设计、网络编码技术等等，这些新技术的应用发展，要求学术期刊编辑能够了解并掌握人工智能技术的基本原理和操作过程，熟练使用各种数据库、软件工具及程序，这将给学术期刊编辑工作提出新的技术挑战。

二、智媒语境下学术期刊编辑思维的转型

加拿大技术哲学研究者安德鲁·芬伯格曾在《在理性与经验之间》中指出，每一次技术形态的变革，都在不同程度上冲击、调整或重塑着现实世界的结构、秩序以及人们的思维方式。[2] 思维作为人类所具有的高级认识活动，它是人类对客观事物的本质和事物内在的规律性关系的概括与间接的反映。[3] 期刊编辑思维来源于对客观事物的感知和理解，并受到媒介技术变迁的影响，其贯穿着整个期刊编辑的过程。面对人工智能技术的影响和冲击，学术期刊编辑如果仍沿用过去的思维方式和思维过程，不能与时俱进、因时制宜，那么将难以打破以往传统编辑思维的窠臼，也无法在

---

[1]　参见蒋琳：《智媒趋势下新闻编辑思维的转向与拓展》，《编辑之友》2018 年第 10 期。

[2]　参见姚建华、郑春风：《云技术神话：现实起源、人类生存境况与不确定性的未来——评〈云端：动荡世界中的大数据〉一书》，《新闻界》2017 年第 12 期。

[3]　参见苏富忠：《思维科学》，黑龙江人民出版社 2002 年版。

智能化媒体浪潮中抓住机遇，抢占先机。接下来本文将从以下三个方面来探讨智媒语境下，学术期刊编辑思维转型的具体路径，以期对学术期刊编辑工作者有所裨益。

（一）由"内容思维"向"产品思维"转型

经历了互联网发展初期的"蛮荒"时期，优质的内容在智媒时代仍然拥有不可撼动的地位和价值。学术期刊作为发表科研创新成果、促进学术共同体交流对话的主要传播载体，其专业优质的内容生产始终是学术期刊发展的核心，同时也是学术期刊编辑工作的重中之重。然而从另一角度来说，学术期刊还具备一定的公益性质，它同时也属于一种公共产品。传统的期刊编辑大都以案头工作为主，工作思维也主要侧重于对内容的编辑加工，然而在智媒环境下，编辑应完成从"内容思维"到"产品思维"的转变，突破以往的惯性思维局限，更加注重学术期刊的"产品属性"。

有学者曾指出，将"产品思维引入编辑出版领域，是融合发展的产物，也是内在运作机理的必然要求"①。既然用产品思维去运营学术期刊，那么首先就要将学术期刊置于智媒语境下，去重新确定其产品定位和目标受众。由于学术期刊的学术性和专业性，受众群体往往呈现小众化的特点，而其又通过新媒体手段进行广泛传播和信息分发，此时就需要在"大众"和"小众"之间找到一个平衡点，以期实现分众化和精准化，从而进行学术期刊产品的多元化布局。

举例而言，北京海鹰科技情报研究所（以下简称"情报所"）隶属于中国航天科工飞航技术研究院，旗下主要经营着三份武器工业类学术期刊——《飞航导弹》《战术导弹技术》《无人系统技术》。2015 年，情报所应媒体融合发展需要，创建了"海鹰资讯"微信公众号，定位为"速递新鲜军事资讯，打造一流资讯平台"。创立初期，主要以三份期刊的内容为基础，吸引了线下期刊读者受众的关注，而随着不断地摸索实践，结合人

---

① 参见傅伟中：《从图书编辑到产品经理——从畅销书看融合发展背景下编辑思维的转换》，《中国编辑》2017 年第 9 期。

工智能技术和大数据技术，期刊平台编辑针对目标受众进行了细分，并描摹出了受众画像，从而将推送内容划分为三类，以满足不同类型的受众需要：第一类为"纯军事防务资讯类"，主要满足有一定专业知识基础，想获取最新、最快、最权威资讯的受众需求；第二类为"深度解读类"，主要为《飞航导弹》《战术导弹技术》的期刊文章，满足想对某一领域做深入研究的受众需求，这类内容知识门槛相对较高，专业性和严谨性强，且具有一定的前瞻性和创见性；第三类为"科普类"，主要满足无专业基础，但对军事防务资讯有着浓厚兴趣的受众需要。如此，便实现了期刊内容产品的精准和有效传播。

用产品思维运营学术期刊的第二个层次，在于注重学术期刊产品的创新和品牌效应。很多学术期刊的新媒体运营，还停留在单纯地将期刊内容复制粘贴在网络平台上并加以配图的阶段，没有充分发挥和运用全媒体平台的多重媒介属性。在智媒时代中，学术期刊编辑可以将内容创新、传播形态和使用场景相结合，利用 VR/AR、传感器或音频技术，进一步丰富学术期刊产品形态，在视、听、嗅、触、感上寻找突破，提升期刊的品牌影响力和知名度。

（二）由"数字思维"向"数据思维"转型

"数字化"是数字出版时代最鲜明的特征之一，其为学术期刊编辑工作提供了全新的思路和途径，而在智媒时代，随着大数据技术的更新迭代，各种内容资源、受众需求、信息发布、读者反馈等都可以经过数字化的处理和分析后形成"大数据"。如果说"数字化"是把模拟数据转换成 0 和 1 表示的二进制码，那么"数据化"则是一种把现象转变为可制表分析的量化形式的过程。[①] 与之相对应的"数据思维"也就并非是将内容等进行简单的数字化处理，而是根据数据来进行思考的一种量化的思维模式，其最核心的是利用数据来深度挖掘和了解需求，了解背后需要解决怎

---

① 参见［英］维克托·迈尔-舍恩伯格、肯尼思·库克耶：《大数据时代：生活、工作与思维的大变革》，盛杨燕、周涛译，浙江人民出版社 2013 年版。

样的问题，其真实目的是什么，进而通过量化的数据来解决问题。

对于学术期刊编辑来说，开发自己的"数据思维"首先是要形成一种"数据"意识，善于利用所挖掘的大数据来策划选题、设计版面，搜集专家学者信息及新近研究领域，同时通过读者阅读的信息反馈数据，分析其关注点和个性化需求，利用文献检索和传递功能进行个性化服务，提供满足其需求的期刊内容，如此也可以进一步促进期刊主体的内容生产和编辑出版。其次，由于大数据的信息是海量的，这就要求编辑能够在信息把关过程中强化"把关人"的过滤和降噪功能，注重对数据的整合，并掌握一些数据获取、分析和处理方法，如 SPSS 统计分析软件及其他的可视化软件等等。

《战术导弹技术》和《无人系统技术》期刊近年来运用大数据思维和人工智能技术，在日常选题策划和专刊组稿方面做出了新尝试。其编辑采用 CiteSpace 等可视化分析软件，对特定领域的数据库数据，如万方数据、Web of Science 数据库等进行分析处理，采用关键算法找到主题词汇，分析研究热点，再根据显著性从众多选题中筛选出前沿的、有价值的、关注度较高的专题领域，并结合期刊编委们的办刊经验和主观能动性，进行组稿策划和定向约稿。目前此方法仍在探索中，但通过组织有前瞻性的、具备一定学术研究价值的专题，将最新的科研成果和发展趋势进行集中发布，不仅吸引了读者们的持续关注，同时挖掘并汇聚了优秀的作者资源。从近期出版的"微小型飞行器专刊""空间无人系统专刊""导弹武器装备智能化发展及作战研究专刊"来看，均取得了良好的传播效果。

（三）由"线性思维"向"平台思维"转型

以往的学术期刊编辑运作模式，主要包括选题、策划、组稿、审核、编辑、校对、设计、发行等环节，而在智能媒体时代，编辑运作模式已从这种线性流程向具有整合特色的非线性流程转变。这也就需要期刊编辑思维也应改变过去直线的、单维的思维方式，实现向"平台思维"的转化。

何谓"平台思维"，其本质又是什么？笔者认为，"平台思维"是一种互联、互通、互动的互联网思维，也是一种开放包容、资源共享、合作共赢的思维范式。不同于点性思维，"平台思维"所考虑的不是个体或局部，而是思考如何汇聚多方资源，以一种合作共赢的方式，发挥各自所长，从而达到 1+1>2 的效果；"平台思维"也不同于线性思维，它是一种顶层设计，不仅看到眼前，同时能够站在新的角度上去预测未来，也就是将更多资源聚集融合起来，深度发掘，实现多方联动。由此来看，"平台思维"的核心是资源整合，其本质即是"连接"，是对接需求和服务。

具体到学术期刊上，目前很多学术期刊已通过集成采编系统完成了审、编、发过程的数字化，并实现了与互联网 PC 端、移动端的融合，然而这种融合是缓慢的，一些学术期刊仍停留在"内容＋渠道"的阶段，无论是微信公众号还是其他平台，内容仍然受制于传统纸本期刊，且推送模式较为单一，推广运营力度不够，缺乏对用户的管理和社群服务，缺乏线上线下的有效联动。因此，面对智能媒体的挑战，学术期刊编辑可运用"平台思维"，将内容、技术、平台、专家学者、用户进行资源整合、统筹协调，以实现各项资源的最大化配置。

首先在内容上，学术期刊因其专业性、严谨性、前瞻性的原创内容和创新观点，在高度碎片化和同质化的移动互联网时代，可谓"独树一帜"，那么编辑可基于不同类型的受众需求，通过互联网平台，调配各种要素，对期刊内容进行二度创作，这一方面包括对文字、图片、图表、动画、视频进行多媒体融合表达；另一方面还包括借助智能技术，如 AR/VR、全景相机等实现对文本的全新诠释与意义挖掘，以此来提升受众的"悦读"体验。

其次在运营上，学术期刊编辑应对专家资源、用户资源进行整合，进一步挖掘期刊的市场潜力和增值功能。如果将学术期刊看作一个学术交流的公共平台，那么其不仅是引领学术发展、发表科研成果的平台，更应成为聚合作者、编委、专家和读者资源的平台，应该充分发挥学术共同体知识交流、知识服务的功能。由此，学术期刊编辑可以拓展"平台思维"，例如定期策划特定选题，开展学术交流研讨、培训、比赛，广泛汇聚学界、业界优势资源；发挥期刊的知识优势，凝聚专业力量，将期刊最新最权威的科研成果转化为面向大众的科普作品;与其他领域进行跨界合作,开发周边产品;等等。这些皆是学术期刊可考虑尝试的学术运营模式。

近年来,《飞航导弹》《战术导弹技术》《无人系统技术》编辑部,提出了建立"海鹰资讯""三位一体"的新媒体平台思路,通过海鹰资讯网站的建设,将三份期刊及周边产品电子化、规范化,同时将一些情报研究成果进行集中宣传推广,把海鹰资讯微信公众号和微博平台聚集的线上兴趣用户转化为网站的消费客户,同时还聚集用户和专家资源,开展相应的线下学术交流活动,以此来扩展学术期刊功能,搭建学术交流平台,拓展智能媒体时代下学术期刊知识服务模式和市场。

结语

智能媒体时代的到来,正在重塑人与信息、人与媒体的关系,传统学术出版的诸多环节都已被重新定义,未来学术期刊的转型发展不仅在于传播形态的革新,更在于编辑思维的转变。面对智媒时代的挑战,学术期刊编辑唯有转换思维,站在更高的层面去重新思考和定位,实现向"产品思维""数据思维""平台思维"的转型,才能更好地利用时代所赋予我们的新技术、新机遇,促进学术期刊的飞跃发展。

（作者单位：北京海鹰科技情报研究所）

人工智能之于科技期刊出版业态的变革及反思

王亚辉

　　"人工智能"这一概念最早是由美国达特茅斯学院（Dartmouth College）数学系助理教授约翰·麦卡锡（John McCarthy）在 1956 年夏季一场有关机器模拟人类智能的学术研讨会议上正式提出，其定义为"一门研究、开发用于模拟、延伸和扩展人的智能行为（如学习、推理、思考、规划等）的新技术科学"。自达特茅斯会议至今，人工智能发展已经 60 余年。进入 21 世纪，特别是近十年来，在大数据、云计算、深度学习算法等新兴技术的支撑下，人工智能获得了突飞猛进的发展，机器学习、语音识别、人脸识别、智能搜索、无人驾驶、智能机器人、计算机视觉、自然语言处理等人工智能技术方兴未艾，人工智能正加速向家居、交通、医疗、教育、金融等经济、社会、文化各领域渗透，俨然已成为新一轮科技革命和产业变革的强劲引擎。

技术创新一直在出版行业扮演着极为重要的角色，为出版厘革提供着坚强的物质支撑。《2016—2017 中国数字出版产业年度报告》指出，人工智能将重塑出版流程，创新应用使未来的出版流程更加智能化。有学者就人工智能与出版行业的深度融合做了一些有益的探究。王晓光认为，人工智能对出版内容创作、编辑、发行传播多个环节都有潜在重大影响，而且这种影响是难以预估的。刘华东等指出，智能出版将会成为新闻出版业未来发展趋势，构建自动化、智能化、系统化的出版流程是融合发展的必然要求。但上述研究多是聚焦新闻出版或广义出版领域，鲜有涉及学术出版或科技期刊出版；论述的视角也较为宏观和抽象，对微观和具象层面的融合策略、创新路径、制约瓶颈着墨较少。上述理论研究的不足，客观上导致了人工智能技术在科技期刊出版的应用实践方向不清、定位不明。本研究坚持问题导向，着眼于科技期刊出版这一特殊的人类文化实践和科学传播活动的内在逻辑和生态布局，就人工智能之于科技期刊未来出版逻辑、出版范式、出版主体、出版生态、出版伦理全方位、多维度的变革与颠覆进行了全景的呈现和具象的阐述。

一、人工智能与科技期刊出版变革

人工智能借助数据挖掘、机器学习、模式识别、智能算法等技术手段，通过智能感知、智能计算和智能服务，将从根本上改变科技期刊出版行业的选题策划、内容生产、编校加工、发行传播、知识服务和阅读体验等一系列业务流程，实现出版业态的智能化、便捷化、自动化、高效化、定制化、精准化、场景化、可视化。人工智能将再造科技期刊出版业态，其创新性至少体现在以下六个方面。

（一）算法化选题策划

传统出版选题策划基于编辑经验、创意、灵感及对行业的主观判断，受限于个人专业背景、行业认知和学术视野，很多选题无法满足目标读者或用户的实时而多元的阅读需求。在大数据、云计算等技术支持下，人工智能依托智能算法对海量数据的抓取、挖掘、分析，可快速定位、跟踪和筛选学科研究热点、核心话题，还可清晰了解读者偏好，根据读者阅读内容、环境、时间、浏览痕迹、情绪波动等主观行为及对论文的在线交流、评论回复、转发数据的统计分析评价，最终制定出精准高效的选题策划方案。相比传统出版，算法驱动下的选题策划更具客观性和科学性，也节省了传统选题过程中耗费的大量人力，有效降低了编辑经验驱动选题的风险和人工选择内容的沉没时间成本。出版业可从算法驱动选题策划在新闻业的应用中得到启发：《纽约时报》的编辑机器人 Blossomblot 通过大数据分析Facebook、Twitter 等社交平台上哪些内容更具热度和话题性，辅助编辑获取新闻线索。该报统计，经 Blossomblot 筛选的文章点击量是普通文章的 38倍。*Web of Science* 期刊利用 LDA 文档主题生成模型，对特定区域的学科数据进行分析处理，筛选关键热点，为选题组稿、热点追踪提供帮助。

（二）自动化内容创作

机器写作在国内外新闻出版领域已有丰富的实践，如美国《华盛顿邮报》的 Heliogra、美联社的 Wordsmith 自动撰稿平台，国内腾讯的 Dreamwriter、新华社的"快笔小新"写稿机器人。如 Wordsmith 平台每季度生产近四千篇财经新闻，是人工编辑新闻产量的 10 倍。虽然大幅提升了新闻采编效率，但是机器人的新闻创作是简单、机械和模式化的，客观性有余而主观性不足，内容冰冷而枯燥，缺乏温情和深度，主要应用于大量数据分析或者简单事实描述的财经、体育、天气、灾难等新闻报道领域。对于那些需要深度剖析、价值判断和理性思考的新闻创作，机器人突破难度仍然较大。但随着人工智能技术的向前发展，未来机器创作的内容形态将大概率不拘泥于目前的程式化新闻，由机器自动化生产的真正有科学文化价值、有"人情味"和感染力的作品或不断涌现。2017 年，由微软智能机器人"小冰"自主创作的诗集《阳光失了玻璃窗》问世，这标志着人工智能对传统上被认为是人类智慧金字塔尖的文学艺术领地的"入侵"，机器智能创作又向前迈了一步，这也给科技期刊内容生产带来了震撼性的启发。传统的科技期刊论文创作建立在作者长期的学术训练、科研积淀和心力付出的基础上，这样的创作过程门槛较高，机器人目前还难以涉足，但不排除未来人工智能可以自动生成逻辑清晰、论述严谨的科技论文，需要查阅、整理、提炼大量研究文献的综述性论文或许是切入点。

（三）智能化文稿处理

文稿处理包括组稿、审稿、编校、版式设计等工作，细致而又繁重，需要编辑仔细推敲、反复核对，花费不少精力、时间还易发生疏漏。在上述文稿处理的不同环节，人工智能都可发挥显著优势，从而使得稿件处理智能化成为可能。在组稿阶段，编辑部可能收到不少来稿与期刊办刊宗旨、选题方向不符甚至一稿多投，而作者在投稿时苦于信息不对称或对期刊不了解，找不到契合自己研究方向和论文水平的刊物或多次被拒稿件，稿件在作者和期刊间的传递无法精准化。人工智能能够利用智能联网搜索技术和数据文本挖掘技术从各大平台和数据库中筛选研究领域符合期刊定位且学术成果丰硕的作者并定向约稿，同时附上刊物介绍、投稿要求、体例格式等材料，方便作者了解，增加约稿成功的概率。在审稿阶段，智能化的学术不端检测工具能够识别整个句子或部分段落，甚至一些反剽窃软件开发了图表检测功能，可以发现伪造图像，弥补了现在的查重软件逐字匹配查询且不能识别近义词或相似句、图像的缺陷，更加有效地打击学术抄袭，在初审环节过滤一批学术不端稿件。人工智能技术还可智能推荐合适的审稿人。为初审通过的稿件寻找合适的审稿人并非易事。过去多通过编辑部根据稿件的研究方向、关键信息人工搜寻相关领域的几位专家外审，这种送审方式主观性强、效率不高，经常碰到联系的审稿人不是该领域的专家，稿件被拒审，来回更换审稿人又拖延了稿件处理时间。人工智能可在数据库中根据专家研究特长、审稿记录、审稿效率等特征为稿件自动匹配最适合的审稿人，并实时监测审稿状态，大大提高审稿效率。在编校阶段，人工智能的优势可能更为明显，大量低端、重复的编辑加工校对工作，如文稿中字词句段、语法修辞有无错误，中英文翻译是否对照，计量单位、名词术语的书写是否准确，篇章结构、插图表格、参考文献的格式是否规范，数理统计模型运用是否恰当，实验设计及结果论证是否可靠，都可交给人工智能的自动排查和纠错系统来高效完成，人工智能还可针对编辑在编校过程中遇到的不同学科的专业问题提供人机交互形式的检索、问答，如此种种可以有效减轻编辑的工作量，提升编辑的创造力，减少内容的知识性、科学性错误，保障科技期刊出版质量。

（四）个性化发行传播

传统媒体"千人一面"灌输式的大众传播，难以做到根据受众人群不同的需求精准化传播，缺失内容传播效能。人工智能条件下的智能分发与个性推荐机制则较好地解决了这一难题。人工智能通过对用户数据的挖掘和分析，了解其阅读习惯、行为规律、兴趣偏好、应用场景等，基于阅读、社交、实时场景等数据构建清晰的用户画像，以此进行个性化、定制化的内容推送，真正实现"千人千面"的精准传播，提升传播效度和用户黏性。美联社基于不同新闻语料库语言风格的机器识别，针对不同群体形成差异化的语言风格和个性化的新闻表达，大大提高了新闻创作的实用性和多样性；"今日头条"依靠捕捉用户阅读习惯和兴趣并通过算法进行信息的智能推送，在商业上已大获成功，这在科技期刊以用户为中心的个性化发行传播和精准化信息推送中应当予以借鉴。科技期刊在数字化、网络化转型过程中积累了庞大的科研成果、文献资料等内容资源，在长期的出版实践中汇聚了大量的编委、专家、作者、读者等用户资源，这是科技期刊实现内容与用户智能匹配的数据基础，在此前提下，依托用户在各类互联网平台、学术社交媒体上对科技期刊的搜索、点击、下载、关注、收藏及分享行为的数据聚合和算法分析，描绘科技期刊用户的研究领域、阅读兴趣、关注重点等用户画像，完成内容的个性化分发。

（五）场景化阅读体验

场景时代的媒体传播更多强调内容产品给用户带来的沉浸式、可视化体验，超脱了传统出版以文字、图片为主的静态传播样态，使得传播更加生动形象、贴近人心。2019 年 3 月，《人民日报》联合人民网推出"AR看两会"，读者可在手机上查看"两会"现场实况、注释信息、数据新闻等更具深度的内容，为用户提供形象逼真的场景式还原效果。美国数字商业新闻网站 Quartz、百度均开发了聊天机器人，以聊天的形式向用户推荐新闻，用户也可输入文字或语音对话，向机器人提问。聊天式新闻使用户沉浸其中，增加了用户的参与感和新闻消费体验感。VR/AR（虚拟现实/增强现实）技术在一大批科普、少儿出版物中得到了应用，融合视、听、触觉等多种感官体验，极大激发了少年儿童的阅读兴趣和求知欲望；VR/AR 技术在图书出版行业的运用也为科技期刊出版提供了先行经验，《上海大学学报（自然科学版）》在《数字影视技术》专栏、"三值光学计算机"专题出版中，探索性地实现了科技期刊论文中研究材料、研究过程和研究结果的动静态 AR 呈现，使读者获得了更加直观形象的视觉体验。

（六）社群化学术交流

社交媒体的发展改变着传统信息传播的形态和生态，人际间的交流从传统的一对多的单向传播变成了多对多的双向或多向传播，社群化的传播生态也在影响着学术传播的范式，使得科技期刊的学术影响力突破纸刊订阅量的限制，通过社交平台的分享传播走向更加宏大的学术空间。构建编辑、作者、读者即时互动交流的学术社群，打造社交化、移动化的学术交流平台成为科技期刊扩大影响力、提升传播力的重要路径。

借助大数据技术的分类、聚类分析和关联规则，并通过算法的智能匹配和精准推荐，能够将具有共同学术旨趣的专家学者聚在一起，组建科技期刊稳定的学术社群，如编辑作者交流群、作者读者互动群，实现编辑、作者、读者间的深度交流。在学术社群内用户可以实时关注期刊动向及最新研究成果的发布，可以就某一学术话题开展学科内或跨学科的探讨、辩论，还可以在线获取个性化、精准化的学术资源。

二、人工智能之于出版产业的瓶颈及困扰

诚然，人工智能近年来获得了迅猛的发展，正在重新定义科技期刊传

统出版的价值理念和思维方式。但人工智能完全应用于科技期刊出版行业仍存在一些现实的瓶颈和困扰。具体表现为：算法驱动的选题策划、内容生产同质化严重，专业性、创新性不足；精准推送带来信息窄化；技术局限，人才匮乏；出版数据融通、共享困难。

人工智能利用数据挖掘和深度学习技术，抓取和分析互联网空间的热门事件、热点话题，辅助编辑选题策划，但一味追逐热点、热词，便会造成期刊选题同质化，甚至盲目跟风研究，而缺乏前瞻性、预见性。事实上，差异化、前瞻性的选题才是期刊凸显特色、塑造品牌，引领学科发展的主要抓手。

人工智能目前还不具备人类思维的判断能力和创造能力，机器创作仍处于初级阶段，多适合程式化、模板化的新闻报道，对需要调查核实和揭示真相的调查性、评论性内容生产尚无所适从，更遑论需要专业研究、深度解释、复杂推理的科学论文，正是由于专业性、创造力的缺失，人工智能暂时还无法取代人类。

基于用户个人画像和阅读行为的智能分发虽然为用户获取个性化信息带来便利，但也伴随一些信息遮蔽问题，受众接收的始终是同类或相近主题的内容，而接触不到其他领域的信息，致使信息窄化、视野受限，容易造成知识固化，即陷入所谓的"信息茧房"。这对于以科研工作者为主体的科技期刊受众打破学科界限，从事跨领域、跨学科学习及研究显然是不利的。

目前的人工智能尚处于以深度学习为基础的弱人工智能阶段，距离可媲美人类智慧的强人工智能阶段还很遥远，人工智能与出版行业的融合也刚刚开始。除了技术局限外，人工智能的专业人才极度匮乏，出版业界运用人工智能的意识和能力严重滞后，一定程度上制约着人工智能与传统出版的融合进程。

数据是人工智能的"养料"，没有数据支撑的人工智能是无以为继的。但长期以来，数据的价值被传统出版单位忽略，对内容资源、用户信息、生产流程以及关系交互的数据积累不足，而且不同期刊出版单位、部门之间，学术出版商之间的数据难以开放共享，出版数据垄断和数据壁垒普遍存在。

结语

人工智能给出版业带来的变化是全新的，潜力是巨大的，影响是深远的，对内容生产、传播格局、出版生态的形塑和再造是全链条、多视角的，是出版生产力的进一步解放和生产关系的深层次变革。

面对人工智能，我们需要创新、务实的理念和开放、包容的心态，主动拥抱、积极融入，发挥其优势，弥补其缺陷。人工智能专于处理客观性、数据化、标准化的事务，对数据的挖掘分析是其强项；但在对科学现象和社会现实的观点抒发、价值解读和人文关照上还难以企及，必须依赖人类的力量。此外，人工智能因算法模板化导致的选题同质化及对前瞻性的忽略，因算法偏向带来的对潜在优秀作品的遗漏或在决策上的偏狭，因智能分发形成的"信息茧房"效应及对个性新的束缚，这些都需要人类编辑嵌入专业判断、注入价值引导，为算法纠偏、为内容把脉。缘于此，人工智能带来的深层次变革终究是一种技术的迭代，而不是对人的替代。在出版业智能化进程中，机器只是辅助性工具，人才是内容生产和传播的主导者。人工智能的技术逻辑和职业编辑的专业主义融合互补的人机协同模式将是出版行业未来智能演化的主流路向。

在人与机器的共生与耦合中，我们需要强化编辑的主体地位和科学引领责任，也要认真评估算法歧视、数据越界、隐私保护、侵权追责以及人工智能生产内容的版权归属等技术、法律和伦理问题。

（作者单位：中国农业科学院农业信息研究所）

少儿安全教育类数字出版物的开发与创新

——以广西教育出版社"青少年安全教育数字读本"为例

钱艺琴

青少年安全教育一直是中小学教育板块中的重要一环,但也是学校和家庭教育的薄弱环节。随着社会的进一步发展,学生的生活环境不断变化,所面临的安全问题也层出不穷,时时威胁着青少年的健康成长。特别是少儿安全教育所处的年龄阶段较为低龄,一直是家长和老师比较关注的领域,关于这一类的图书种类较多、形式多样,但纯粹地灌输安全教育的理论知识并不能充分促成安全行为的养成。因此,少儿安全教育类出版物需要内容的不断更新以及呈现方式的不断改进,来促使少儿加深对安全的认知,最终形成更有利的自我安全行为。近几年来,随着互联网技术的迅速发展,出版业进入新媒体数字时代的新时期。伴随人工智能、VR/AR 技术、区块链等新兴名词的涌现，传统出版物与多媒体技术融合的产物为阅读方式的多样化提供了可能，将立体式的知识呈现和趣味化的阅读体验与少儿的安全教育相结合，可以有效地达到安全知识场景化的效果。本文将以广西教育出版社自主开发的"青少年安全教育数字读本"为切入点，探讨一下少儿安全教育类数字出版物的开发与创新的问题。

一、关于数字出版与少儿用户群体

何谓数字出版？根据 2010 年原国家新闻出版总署《关于加快我国数字出版产业发展的若干意见》，数字出版是指利用数字技术进行内容编辑加工，并通过网络传播数字内容产品的一种新型出版方式，其主要特征为内容生产数字化、管理过程数字化、产品形态数字化和传播渠道网络化。数字出版产品则是数字出版实现产品形态数字化的出版产物。《2017—2018 中国数字出版产业年度报告》中指出，2018 年的数字出版正处于"新闻出版业转型升级、融合发展持续深化"[1] 的时期。一方面，数字阅读已经逐渐成为人们获取信息、日常阅读的一种方式，在上述报告中，从数字阅读方面来看，2017 年数字阅读需求持续提升。数字化阅读方式成为拉动国民阅读的重要力量，2017 年数字化阅读方式（网络在线阅读、手机阅读、电子阅读器阅读、iPad 阅读等）的接触率为 73%，较 2016 年的 68.2% 上升了 4.8 个百分点。[2] 另一方面，数字出版产业的规模也日渐扩大，2017 年，国内数字出版产业整体收入规模为 7071.93 亿元。[3]

---

[1] 张立主编：《2017—2018 中国数字出版产业年度报告》，中国书籍出版社 2018 年版。

[2] 参见张立主编：《2017—2018 中国数字出版产业年度报告》，中国书籍出版社 2018 年版。

[3] 参见张立主编：《2017—2018 中国数字出版产业年度报告》，中国书籍出版社 2018 年版。

可见，我国数字出版的发展环境日益趋好，产业在总体上保持稳步发展的态势。虽然数字出版的发展方向并不明晰，但经过互联网技术的发展和市场需求的推动，数字出版已经呈现出迅速发展的势头，并且已逐渐影响到人们的阅读习惯。就目前的出版市场而言，主要的数字出版产品有电子书、网络原创文学、数字教育出版物、数字音乐、动漫、网游、数据库出版物、手机出版物、数字报纸和数字期刊等。数字出版产品主要通过卫星网络、有线网络或无线网络等传播。

少儿数字出版物是指专门针对少儿用户的数字出版物，也就是为 5—12 岁左右的小朋友设计的数字出版物。针对少儿开发的数字出版产品在普通的数字出版产品中更具特色。主要是结合少年儿童自身特征和阅读要求、少儿对数字出版产品的适应程度等方面，通过数字化技术生产出适合少儿的数字出版产品。主要的少儿数字产品形态有少儿 App、少儿有声读物、多媒体图书、少儿网络社区、电子书、少儿数字图书馆等等。随着 AR/VR、人工智能等数字技术的不断发展，少儿数字出版产品的形态也将更为丰富。

二、以感知体验为主的"青少年安全教育数字读本"

广西教育出版社推出的"青少年安全教育数字读本"是针对素质教育要求进行拓展的内容，基于国家发布的《中小学公共安全教育指导纲要》《中小学幼儿园安全管理办法》等文件的内容框架，与校园安全教育的大纲相呼应，同时密切关注热点儿童安全问题，是结合政策文件精神和社会热点综合设计的一套数字读本。本套读本围绕"家庭安全""校园安全""消防安全"等 15 个主题场景精心策划原创内容，利用数字化技术将纸本内容以版块设计为基础，进行模块化、功能化开发的一款数字读本应用 App。读本选取常见的安全问题，围绕知识重点难点提供多媒体资源，为少儿进行自主性学习和活动提供动画、交互等素材，以场景化与交互式相结合的演练方式，利用任务驱动的思路进行策划，通过活动或任务，激发学生探究学习、互动阅读的兴趣，培养少儿关于安全知识的综合运用能力，形成"试错—讲解—纠正"的学习闭环。读本共涵盖 100 节安全知识小课程，形成了形式新颖、覆盖面广的安全教育资源体系。

这套数字读本注重少儿心理认知特点，以场景式体验促进少儿在安全知识方面的感性认识。少儿对于安全知识的认识并非像成人一样能够全面深入，其逻辑思维还未真正形成，单纯依靠文字的指导无法达到安全知识的融会贯通。瑞士心理学家皮亚杰将儿童的认知发展分为四个阶段，而少儿正处于前运算阶段和具体运算阶段，主要在前期依靠表象来进行思维，在后期可依据具体的事物进行逻辑推导。数字读本的设计原则充分结合了少儿在这两个阶段的认知特点，通过形象而生动的场景重塑，如在介绍"公共场所安全"这一主题的知识点时，设计商场、游乐场、动物园等不同场所，重现少儿日常接触的真实情境，并分别设计在不同情况下的危险隐患，如在旋转门处玩耍、在柜台处打闹等存在安全隐患的情境下，通过交互体验使少儿认识到危险行为的后果，引导他们在特定情况下如何养成安全行为。在这个过程中，少儿通过沉浸在具体的情境中，首先与相似的生活场景产生认同，自主进行模拟行为的试错，认识危险行为的严重后果，从而起到警示作用，再通过安全行为的引导，通过"实践—认识—再实践—再认识"，从而得出"自己该怎么保护自己、远离危险"的结论。所谓感知，即"用顽童思维去感受世界，按照儿童学习节奏认知事物"①，从少儿的认知思维和心理特点出发，去挖掘内容呈现的趣味性，兼顾知识的实用性，让数字出版技术更好地服务于安全教育产品。

---

① 王嘉、汪全莉：《重设少儿数字知识服务产品的内容呈现原则》，《求知导刊》2018年第 1 期。

三、"青少年安全教育数字读本"对开发少儿安全教育产品的启发

在当今出版转型创新和融合发展的大趋势下，"青少年安全教育数字读本"是将技术与出版融合的一次有益探索，从市场调研、内容策划、产品制作到宣传推广，都体现了数字出版与传统出版的融合创新。像这样结合少儿心理特点，应用多媒体技术，开发寓教于乐的产品来进行安全教育，对我们进一步创新少儿安全教育类产品主要有以下四点启发。

（一）以纸质图书为基础，保证知识的严谨性和科学性

数字出版物不同于纸质出版物的传统形态，具有形式多样化、内容多元化等特点，在内容呈现上也可以轻松活泼，不拘泥于纸质出版物的语言和图文表现形式。虽然脱离了纸质出版物的介质，但作为信息传播的载体，数字出版物离不开内容的支撑，它与纸质出版物有着千丝万缕的联系。

优质的数字出版物往往以权威的纸质出版物的内容为基础，在表现方式上加以创新而成。因此，数字出版物只是书籍的另一种展现形式，它同样体现着信息的准确性和知识的科学性。尤其在组织编写的过程中，数字编辑必须具备严谨的工作态度，从内容的选材、渠道严格把关，并进行反复审读，保证内容来源的真实性和可靠性；在内容重组后，再次进行内容的审核、修改，以保证内容的严谨性；甚至在产品发布后，如发现产品内容相对应的情况发生了变化，应及时更新完善，与社会发展同步。如"青少年安全教育数字读本"在最初的内容策划上，根据纸质书的知识体系精选安全主题，在知识的设计上充分参照权威书籍或媒体的内容，并在后期的产品审核中，严格保证内容的准确性和严谨性。

（二）转变做书理念，结合多媒体元素进行策划

数字出版物虽然源自纸质出版物的优质内容，但必须用"互联网＋"的思维和多媒体技术进行全方位的设计。笔者认为，纸质出版物的长处

在于知识的广度和深度，随着出版介质的多样化，传统出版物愈发凸显其深度阅读的属性；数字出版物的长处则在于知识的趣味性和发散性，人们可以通过轻松的方式获取知识，并且在横向的呈现方式中更为灵活地拓展知识。因此，传统的做书理念显然不能完全适用于数字出版物的策划设计。

经济学家约瑟夫·熊彼特（Joseph Alois Schumpeter）在其著作《经济发展理论》中提出，创新实际上就是建立一种新的生产函数，引入生产要素的新组合。熊彼特提出了创新的五种具体形式，即采用新产品或者赋予已有产品新的特性；采用新的生产方法；开辟新市场；开辟原材料的新的供给来源；实现一种新的产业组织方法或者企业重组。这是一种"创造性破坏的过程"，也是市场经济发展的核心。①

要设计出契合立体阅读需求的阅读产品，就要突破传统做书的理念，充分利用技术上的交互性强、视听结合、富有沉浸感等特点，对内容进行重新整合和再开发，才能根据内容的特色设计出具有新意、可读性强的产品。如在"青少年安全教育数字读本"的产品开发中，我们结合安全教育与现实生活的紧密联系，设计场景式的生活体验，并以交互的形式引导探索式阅读，弥补了纸质图书中静态式安全教育的不足，增强了阅读体验。

（三）深入市场调研，了解用户阅读心理

数字出版物与传统出版物一样，都是面向固定的读者群体。在进行数字出版物的设计前，应充分考虑同类产品在该领域市场的应用情况。一方面，通过分析同类产品的特点和优劣，完善和创新自身的产品；另一方面，通过了解同类产品的使用情况，研究特定用户群体的阅读心理，以设计出更能发挥产品优势的数字出版物。

如在设计少儿类安全教育产品的时候，应充分考虑到少儿阅读的心理和喜好。一是设计趣味性强的交互设计，在方便操作的同时吸引少儿进

---

① 转引自欧阳志荣：《数字化背景下江西出版业创新发展与政府作用研究》，武汉大学 2016 年博士学位论文。

行阅读，寓教于乐，明确"交互载体应满足少儿好动的天性"[①]；二是增强参与感，开展沉浸式阅读，在交互设计中合理开发贴近少儿日常生活的场景，引导少儿带着问题和思考进行互动式阅读，全面激发少儿的学习兴趣；三是建立合理的反馈机制，尽管数字产品的设计偏于趣味性和游戏性，但此类产品的设计最终是为了达到安全教育、习得安全知识的目的，因此，此类产品同样可以利用游戏闯关式的反馈方式来增强少儿对安全知识的记忆，潜移默化地把知识应用到现实生活中。

（四）做好宣传和推广，探索形成长效的产业链

在新媒体数字时代的新形势下，数字出版物不仅要在设计的过程中应用新技术，还要在宣传和推广的过程中结合自身产品的内容特色，充分应用新形式，满足读者多变的阅读需求。如针对安全教育产品，可从以下两方面进行设计：一方面，通过利用数字化平台积累用户，围绕主题内容，结合时事热点，深入用户群体，开展线上线下活动，扩大产品的宣传推广效应；另一方面，利用安全教育的内容特点，为读者提供知识服务，实时更新拓展安全知识，以安全教育为主题开展阅读活动，提升产品的影响力和品牌效应，拓宽销售渠道，并以此为契机进一步挖掘内容资源，开发后续的衍生产品。

结语

随着新媒体数字时代的到来，传统安全教育的阅读方式已经不能充分满足读者对于安全知识的吸收和转化。我们应该始终清醒地意识到，正如马歇尔·麦克卢汉（Marshall Mcluhan）所言"媒介即讯息"，生产技术和传播载体对于文化传播始终发挥着不可忽视的作用。针对少儿类的数字产品区别于传统的阅读体验，具有视、听、玩的特性，更易于吸引注意力、

---

① 耿文聪：《少儿数字出版物的交互设计研究》，北京印刷学院 2010 年硕士学位论文。

被认知能力尚浅的少儿所接受。对数字出版技术的合理应用，可以帮助我们更好地宣传安全教育。内容为本，技术为用，通过"青少年安全教育数字读本"的开发，我们可以初步认识到必须在坚持传统出版中的"内容为王"的同时，充分去了解新技术对于内容呈现方式的助推作用，及时转型，敢于创新，在产品开发和应用的积累中，不断寻求安全教育类产品的创新和优化。

参考文献：

1. 方卿等：《出版产业链研究》，高等教育出版社 2011 年版。

2. 周蔚华等：《数字传播与出版转型》，北京大学出版社 2011 年版。

3. 石磊：《新媒体概论》，中国传媒大学出版社 2009 年版。

4. 林崇德：《发展心理学（世纪心理学丛书 8)》，浙江教育出版社 2002 年版。

5. 王嘉、汪全莉：《重设少儿数字知识服务产品的内容呈现原则》，《求知导刊》2018 年第 1 期。

6. 张锋：《数字出版对传统出版的影响》，《采写编》2016 年第 3 期。

（作者单位：广西教育出版社）

试论融合出版的商业模式

张志刚

习近平总书记近年来多次指出，当今世界正处于百年未有之大变局。除对于世界发展大势的预判，这句话更指明了像第四次工业革命、人工智能、机器人技术、虚拟现实（VR）以及量子科技这样的大变局要素对未来发展将可能产生的重要影响。正是基于这样的认识，"互联网＋"和"融合发展"上升为国家战略，加上 5G 呼啸而来，出版业融合发展的形势可谓是如火如荼，出版人对数字发展的前景充满期待。但就在产业政策强力扶持、出版企业动作频频之后，全行业真正来自数字出版的收入，并没有给人带来惊喜，到现在尚没有出现融合出版利润成为重要收入来源的出版单位，大家还都依赖于传统纸书与教辅。出版应该有出版的逻辑，传统出版在向融合发展的迈进中，始终应当是在出版规律的大道上行进的。做好新兴技术如何更科学地服务于传统出版的研究并将之运用到实践，才是新时代新条件下对出版融合发展的正确态度。

一个行业的发展、一个创新业态的成功都离不开盈利目标的实现这个基本前提，研究盈利就离不开经济学理论和商业模式的支持。经济学领域相关的研究成果复杂且版本多样，本文采信的是易于理解并得到中国学者广泛认可、有着较大行业影响的哈佛商学院著名教授克莱顿·克里斯滕森（Clayten M. Christensen）的商业模式理论。克里斯滕森的理论对商业模式的解读包括四个要素：客户价值主张、盈利方式、关键资源和关键流程。通俗地解读就是以下四点：第一，你能给客户带来什么价值？第二，给客户带来价值之后你怎么赚钱？第三，你有什么资源和能力能同时带来客户价值和公司盈利？第四，你如何同时带来客户价值和公司盈利？

一、价值主张

传统出版对待客户的价值主张是"满足多数读者的阅读需求"，国家赋予出版单位出版与发行权，出版单位基于满足最广大读者的阅读需求来行使自己的职能，开展自己的工作。可以说，这种价值满足是很基本的，位于金字塔需求层次底端，而融合出版的价值主张应该是以技术赋能纸书，推动纸书转型，实现新时期下出版商业模式的创新，融合出版的创新是全方位的，所提供的增值服务也是主动和精准的，它不但满足更高层次的精神需求，还促进新的需求产生。

说到出版的价值主张，要厘清两个概念。一是出版的本质是什么。在"融合发展"的风潮下一定要牢记出版的本质是传递知识、传播思想，传承、弘扬优秀文化，为读者提供丰富的精神食粮。也就是说出版最基本的立足对象还是内容，出版融合发展归根结底还是将优质内容进行深度开发，不能脱离内容，舍本逐末，过度追求形式的多样化而忽略内容，为融合而融合。二是并非数字化的融合才是融合，线下的、跨界的融合也是融合，比如新业态书店（像利润主要来自卖咖啡和文创周边的西西弗，融合创意生活体验的言几又、几何等书店，它们既是市场书的销售阵地又是图书周边产品的展示与售卖基地）、围绕某品类图书的线下教育、图书产品大 IP 的打造等等。未来有无限可能，融合的对象将包括一切已知与未知，从这一点来说，编辑要充分发挥主观能动性，让编辑部成为一本书的"中心厨房"，烹饪出一菜两吃甚至多吃的"美味佳肴"。

二、盈利方式

传统出版的盈利收入主要来自图书产品和图书版权的销售利润、各类出版项目补贴以及少量衍生品的销售；而融合出版的盈利除了传统出版的盈利方式外，还在于对优质出版内容的增值服务，扩大的收入来源是提供增值服务的费用和相关销售收入的分成。

（一）图书增值服务

增值服务是现代纸书最基础也是应用最广的商业模式。这种模式下，用户通过付费获取基于纸书衍生的增值内容，作者、出版社、编辑、运营商再根据协定进行收益分成。增值服务可以想象的空间很广阔，笔者按其营收的显隐属性将其分为三个类型。

1. 增值服务自身不收费，但具有隐性的创收效应，主要起引流、营销作用。这种类型主要表现为像微博、微信公众号，小程序、今日头条、抖音这些自媒体营销平台和微信群、QQ 群这种相对封闭的社群营销平台。此类营销号具有成本低廉、引流精准度高、促进编读交流的优势。特别是现在的公众号都可以直接跳转到购买页面，是图书营销的得力辅助手段。

江西人民出版社的"海量阅读"QQ 群、微信群，笔者就认为是较成功的在线群营销案例，该群的目标成员是长期工作在中小学教学一线、对"海读"教学方法认为有效或是感兴趣的老师，还有子女正值相关年龄段的学生家长。运营者通过把老师和家长组织起来共同探讨"海读"相关图书的实践，在群里发布最新的"海读"图书出版信息、"海读"资讯，交流"海读"经验的方法，让"海读"教学法收到了良好评价，同时相关书籍的销售也创下了不俗的销售业绩。"海读"主打品种《让孩子踏上阅读快车道》《读论语　学成语》《中华上下五千年》等的销售套数均在十万套左右，且长线销售看好，《成语接龙》更是爆款，面世后已销逾百万册。

2.增值服务集成在书中，以二维码入口的形式呈现，相关利润及成本可体现在图书定价上。此种类型的服务主要包括书中以二维码形式出现的可下载电子文档、AR/VR、知识附加型 App、音频内容、视频内容，另外还有图书周边产品（如点读笔）等，这种增值服务交互性和趣味性强，经常用在教育类及少儿图书的出版中。把开发成本打进图书定价中是此类增值服务的一般做法，如果将其分拆，一是情理上说不过去，二是引发读者反感，带来负面体验，读者不一定买账。

3.收费型增值服务。收费型增值服务包括传统的收费电子书、收费有声书、收费音视频等内容，更有值得大书特书的像付费直播、付费微课、知识服务性 App 这样的知识服务模式。未来，现代纸书的发展可能会拓展出大量的知识类服务增值需要，会催生出一个庞大的知识类加工服务产业集群。

随着"分答""得到""知乎"等知识服务平台的出现，2016 年被称为"知识付费元年"，专业内容和教育内容知识服务市场在这一年开始启动，知识付费市场蓬勃发展，人们自我提升意识的不断增强和移动支付技术的成熟使知识付费成为热门，许多自媒体平台像"今日头条""喜马拉雅""蜻蜓 FM"等纷纷增设付费音视频项目，专业出版社也在基于自身优势内容资源的基础上，主动担负起为读者、消费者选择、整理知识信息的责任，让人们能够从繁杂的信息环境中迅速获取目标内容，并形成对应的知识解决方案。

还以江西人民出版社为例，截至 2018 年底，"喜马拉雅"上该社官方听书品牌"江西人民出版社书声朗"上线近两年，已上传《邓涛说老南昌》《了不起的中国新科技》《枕边阅读——倾听唯美时光》《成语笑话》《成语接龙》《中华上下五千年》等 760 个听书产品，累计播放量 442 万次，累计粉丝数 1.3 万余人，累计订阅量 1.8 万次，总共发布专辑 25 个，其中包括数个收费专辑。可以说，"喜马拉雅"平台的辅助传播，吸引了该社读者群体，进一步扩大了社会影响力，有声书生产规模的扩大有效促进了该社品牌建设。

另外，江西人民出版社教辅公司明思文教打造的"明思 e 学网"也是该社出版融合发展史上的惊艳一笔。"明思 e 学网"2018 年秋上线，制作上传资源 9321 个，上线 10 天即有 1 万名注册用户，截至 2018 年 11 月 22 日，注册用户达 13.6 万名。该社合作开发的电子练习册，2018 年春秋两季共实现销售码洋 781 万元，实现销售利润 98.5 万元，在融合出版上取得不俗的成绩。

应该指出的是，克氏盈利模式理论体现在图书增值服务上注定其先天的功利性，因为相对于可听可不听的闲书来说，人们会选择把钱花在刀刃上、花在能够在未来取得人生收益的项目上，所以教辅、助学类图书的增值产品会特别受读者青睐。而教辅类图书特别适合用多媒体来表达的先天属性，又让它在众多图书增值产品中"摇曳生姿"，体现着其在融合出版中独有的优势。像中小学数理化教辅中搭载的"中小学虚拟仿真实验实操系统"，将实验室搬到手机或电脑屏幕上，鼠标和手指就能调动所有器材，得到的结果既形象又安全，系统还能指出学生操作不当之处，这样的产品为未来的融合出版提供了更多想象、扩展的空间。

电商平台也是收费型增值服务中一道亮丽的风景线。像"得到""凯叔讲故事"这样的垂直营销电商都是非常成功的案例；而微商聚合型的"大 V 店"也在图书分销领域一枝独秀。另外还有像出版众筹等模式，限于篇幅，这里就不展开细说。

（二）相关销售收入分成模式

1.数字衍生内容金融化模式。数字衍生内容金融化模式指的是将现代纸书具有高收益潜力的数字衍生内容一段时间内的预期价值挂牌进行交易，通过吸引各种社会资本参与，提前获得收益。该模式凸显内容与版权作为新时代核心资产在出版物中价值提升等方面的重要作用。自 2017 年

2月"中国出版融合内容交易服务平台"在武汉成立以来，各专业出版机构对衍生内容收益上市挂牌招标踊跃，笔者查询2018年1月到2019年5月的数据，该平台挂牌单位数量48个，交易标的数量4658项，交易金额85900942.63元，图书发行量465710529册。在这种商业模式下，出版社以内容撬动资本，现代纸书得以迅速变现，各项资源得到优化配置，激发了行业的创新动力与活力。

2. 大数据服务模式。大数据服务模式指的是出版社利用现代纸书积累起出版大数据，经过分析处理后，为受众提供精准的知识服务获得收益。对出版大数据的挖掘、分析和处理，可以使大数据发挥出惊人的价值。现代纸书通过二维码免注册抓取等技术，能够获取出版大数据，通过深度挖掘，可以分析出读者阅读量、地域分布、行为习惯，从而清楚勾勒出用户画像；可以获取图书发行的具体区域、数据、资源情况；可以掌握到数字衍生内容、知识商品和服务的使用和销售情况等。原国家新闻出版广电总局出版融合发展（武汉）重点实验室为促进国内出版行业的融合发展，推出了 RAYS 系统帮助出版单位和编辑实现转型融合发展，为出版社抓取产品大数据，这些关键信息可以让出版社搭建起自己的用户中心、数据中心、数字衍生内容中心，配合现代纸书平台系统兼容多渠道的分发体系，为实现精准的知识服务创造条件。毫无疑问，大数据服务模式有着光明的商业前景。

3. 全媒体开发打造大 IP 模式。许多游戏、动漫、影视都是通过图书内容衍生而来，对于有一定实力的单体出版机构来说，可以通过与影视、游戏公司强强联合，深度开发优质图书 IP 的方式，将图书知识产权的价值发挥到最大。

三、关键资源

传统出版的关键资源主要集中在优质的图书版权、图书品牌和图书内容等方面，严把内容关，依靠传统新华书店主渠道、民营二渠道以及新兴的线上书城、馆配、读书活动等获得市场份额。而融合出版的克氏关键资源理论普适性的行业表达应该还是反映在线上，有两个重要资源，一是平台，二是流量。平台方面，像 RAYS 系统这样的现代纸书平台把出版各个要素融为一体，打造出来的开放互动的生态系统开创了全新的内容生产方式、内容运营模式，对出版的每个环节、每个角色的分工都进行了优化，最终为读者创造价值，为出版单位实现盈利，作者、编辑还在这个过程中获得额外收入，从而实现共赢。在流量获取方面，出版单位通过在图书上印刷的二维码入口或是以宣传推广的方式积累起用户流量，扩大品牌影响范围。应该特别指出的是，融媒体时代流量为王，出版单位一定要善于经营自媒体平台和社群营销平台，把流量做大做强，在融合出版时代拥有自己的话语权和主动权。

四、关键流程

传统出版的关键流程是通过编辑团队对选题的严格把控、内容的精心组织筛选和编辑加工，以"双效"为指导方针，生产图书产品，力争在服务用户、满足读者阅读需求的同时，获得用户的认可和相应的经济效益。而融合出版是传统出版的转型，它带来了新的入口和新的内容传播方式，这种方式会不断催生出新的盈利方式，深刻变革出版产业生态，故其流程会非常多样化，可谓"八仙过海，各显神通"。克氏关键流程理论模型下，所有的流程都是盈利方式的分岔，是实现读者价值的具体表现。

像传统出版的各个部门紧密衔接，协作高效一样，新兴的融合出版关键流程的创新优化非常重要，其过程就是探索融合出版盈利方式、实现读者价值可能性的过程，事关出版融合发展的兴衰。笔者在这里就不揣浅陋对融合出版流程创新方向的可能性谈几点思考。

（一）技术突破，流程与服务升级，激发新的需求热点

5G通信技术的全面落地，会与当前方兴未艾的物联网、大数据、人工智能等技术紧密结合，大大提升整个社会的互联和智能化程度，融合出版工作面临新的挑战和机遇。未来在如市场调查、选题策划、编校质量、印刷物流、市场营销、读者反馈等方面以人工智能、大数据技术等为支撑，整个出版流程将全面升级，出版将更切合市场需求，为读者提供更贴身、高效的定制服务。正像4G普及带来了移动支付和电子商务一样，5G时代的编辑要善于把优质的内容与先进的技术有机融合，去激发更多的新形态图书产品的需求。

（二）解决痛点、刚需，提高图书流通环节的融合竞争力

20世纪80年代初，刚实行改革开放政策的中国迎来了对外联络的突然迅猛增长，原中央电视台播出的一个"图书+英语"教学视频的《FOLLOW ME跟我学》彻底火了，总共有1000万人次观看这个节目，卖了3000万套书，创造了吉尼斯世界纪录。这个事情以现在的眼光看，也是融合出版的成功范例。为什么会这么成功？正是因为这个节目因应了当时国人如饥似渴学习英语的激情，击中了当时人们渴望发展、渴望交流的痛点还有中国对外开放急需英语人才的刚需。所以说，对图书附加的一切可有可无的需求都是伪需求。图书阅读的刚需和痛点有哪些？比如优秀图书不能很好地占领市场，阅读两极化，无书可读的同时好书卖不出去；比如如何把线上数据优势和线下体验优势结合起来；比如图书流通率低、闲置率高，分享渠道缺乏等难题都是亟待解决的痛点。把好钢用在刀刃上，把大数据和虚拟现实技术用在提高图书流通环节的融合竞争力上，新兴技术为读者价值的实现和出版流程的创新打开了一扇新的"芝麻之门"。

（三）提高出版内容与知识资源聚合度，打造数字化综合运营大平台

散兵游勇形不成规模优势，国家应建设或促成统一的数字化运营大平台，平台以推进知识服务，做大流量优势，整理出版大数据，提供行业咨询、研究与调查等出版上下游的服务为重点，并把相关数据分发给入驻平

台的出版单位使用。

　　放眼未来，新技术层出不穷，新业态风起云涌，新模式百舸争流，中国将以更加充满活力的姿态屹立于世界，而见证这段历史、投身这个时代的人都何其幸运。新时代的出版人只有勇立潮头，融合创新，开拓奋进，才能不辜负时代使命，开创出一片光明的、前人未有之丰功伟业！

参考文献：

　　1. 李念平：《媒体融合环境下少儿图书出版商业模式的创新研究》，北京印刷学院 2019 年硕士学位论文。

　　2. 贺子岳、周文斌、刘永坚、白立华：《出版融合背景下现代纸书商业模式创新探索》，《科技与出版》2018 年第 8 期。

　　3. 孙真福：《5G 来袭，出版业内容和用户将受到哪些深刻影响?》，《出版商务周报》2019 年 5 月 29 日。

　　4. 白立华、刘永坚、施其明：《基于 RAYS 系统的"现代纸书"出版运营模式探析》，《中国传媒科技》2017 年第 11 期。

（作者单位：江西人民出版社）

社交媒体时代出版社知识服务的范式转向 *

孙　佳　严定友

社交媒体时代知识生产与传播格局的改变，为专业出版社实现知识服务功能提供了新机遇。但国内鲜有学者从深层的知识创造视角出发探讨出版社知识服务的路径和生态建构，目前学术界对出版社知识服务的认识并没有突破既有知识服务的传统范式。本文立足知识创造这一微观层面，分析传统知识服务范式的局限，尝试从知识创造的视角探究社交媒体时代出版社知识服务的范式转向。

---

　　* 本文由华中师范大学 2019 年度中央高校基本科研业务费管理类项目资助，项目编号：CCNU19ZY0075。

一、社交媒体时代知识服务的新常态

基于用户关系的内容生产与交换的社交媒体催生知识服务新常态，主要表现为用户诉求与传播动力的转变以及角色关系的重构。

（一）用户新诉求：寻求对话与参与

社交媒体时代的用户有两大基本需求：一是自我表达；二是寻求参与。社交媒体即时传播与多元互动的特性实现了对用户的技术赋权，用户由被动接受者转而成为主动参与者。具体到知识服务领域，表现为用户在知识生产和传播过程中寻求对话与参与。用户的重点不仅仅是获得知识，而是切身参与知识创造，寻求参与知识生产与传播的满足感。因此，社交媒体环境中的知识传播不能只是为用户输送知识信息，还应为用户创造互动的"知识场"。

可以预见，未来的知识服务将由出版者单向传播转向出版者和读者的对话互动，出版工作者应主动吸收具有参与意愿的用户加入知识创造与传播的过程。因此，除了传统的传授，未来的知识服务还包括内容丰富的传者与受者的对话。

（二）传播新动力：知识传播依赖内容的社交动力

社交媒体时代的知识生产与传播具有两大特征：一是知识生产与社交相结合；二是知识传播的范围与深入程度取决于知识内容的社交动力。传统的知识传播动力来自出版者的宣传力度，是一种告知读者的客户思维。而在当前的社交媒介环境中，知识的渗透张力更多地取决于知识内容的社交动力，即知识能否引起用户谈论的兴趣，能否维持用户的社交形象，能否起到维护与发展用户社会关系的作用，等等，这些基于读者参与和体验的用户思维，是知识能否在更广泛的范围快速传播的重要影响因素。除此之外，随着社交媒体的普及，知识产品的销售还依赖用户自发的口碑传播。[①]因此，

---

① 参见段维、严定友：《"互联网+"时代出版选题策划新思路》，《中国出版》2016年第 1 期。

当今时代的知识服务创新，应面向社交媒体，转换知识内容生产的价值标准，寻求知识服务的新思维。

（三）关系重构：专业知识生产者的权力发生让渡与转移

在传统知识服务体系中，专业出版社掌握着知识生产传播的过程与渠道，用户在这个过程中的话语权是缺失的，处于知识生产流程之外，出版社与用户之间是"生产者"与"接受者"的关系。

把知识服务放在媒体变迁的大环境中加以考察，可以发现用户对知识服务的实践经历了从盲目被动到自觉主动的过程。社交媒介带来的技术赋权使得用户群体参与意识崛起，用户介入知识服务流程，与出版社形成集体协作式知识生产模式。用户参与知识生产传播是社交媒体时代知识服务的重要特征，但这并不意味着专业人员与用户对等地分享"知识把关人"的职能，而是通过部分知识话语权的让渡，在两者之间形成一种对话式的知识传播范式。

当前兴起的知识服务范式转向社交媒介环境知识服务新常态，用户的主动参与成为知识生产传播中的活跃因素，进而导致知识生产者与接受者关系的重构，知识传播动力也与知识内容的社交动力密切相关。随着社交媒体深度融入信息的生产与传播，出版社的知识服务正由信息管理转向促进知识创造，新范式中的用户也是知识服务的主体。

二、知识创造引领知识服务的范式转向

20世纪90年代，世界经济由工业经济转向知识经济，当前信息社会，知识更是成为产业与互联网融合发展的核心要素，满足人们知识需求的各种网络知识付费获取模式应运而生，但人们关注的重点基本上停留在信息管理的储存、整合与传输层面，并未触及知识管理的本质。

实际上，知识管理的核心是知识的增值，即知识创造。知识管理学家野中郁次郎（Nonaka I.）提出的"知识创造"观点认为，仅涉及信息的管理属于组织信息，是"信息处理机器"的思维，忽略了知识创造与增值这一核心要义。基于英国哲学家迈克尔·波兰尼（Polanyi M.）关于知识的隐性与显性的分类视角，野中郁次郎提出知识转换的 SECI 模型诠释知识创造的核心过程，即隐性知识之间的社会化（socialization）、隐性知识转换为显性知识的外化（externalization）、显性知识之间的融合（combination）和显性知识转换为隐性知识的内化（internalization）。[①] 该模型具有动态开放、无限循环、螺旋式推进和互动对话的特征。另外，野中郁次郎还认为知识创造的组织需要创建交流互动的"知识场"。从知识创造角度认识知识管理的本质，对于我们思考社交媒体时代如何进行知识服务有着诸多启发。

知识或者说"真知"（truth），是存在于多元主体共同参与和互动对话中的，应放在社群环境中由多元主体共同参与创造，并接受更广泛的社群检验。柏拉图（Plato）认为知识是经过验证的信念。这一概念赋予知识的动态性，揭示知识存在的关键在于对话、交流与共享。符号学创始人皮尔斯（Charles S. Peirce）的"社群真知论"也认为，真知的获得需要社群长效的、持续的研究，是群体探究的倾向一致的意见和结果，是达成的"社群性一致意见"。[②] 所以知识创造的实践过程是需要多元主体共同参与的，并通过社群内的互动对话形成共同合意，即"真知"。

社交媒介环境中丰富多样的网络空间以及技术对受众的赋权使得"知识场"的建立形式发生巨大变化，因此我们需要重新定义出版社的知识服务，相比信息管理，知识创造更能切合知识服务的实质。首先，野中郁次郎认为组织创新的关键在于知识创造的观点，揭示知识创造是知识服务的核心，也是可持续知识管理的前提。其次，知识创造理论认为的建立互动

---

① 参见孙佳、严定友：《网络知识付费的生成逻辑、内容生产与价值审视》，《中国出版》2019 年第 1 期。

② 参见赵毅衡：《真知与符号现象学》，《华中师范大学学报（人文社会科学版）》2016 年第 2 期。

的"知识场"，在社交媒体时代就是借助互联网建立互动对话的知识社群。这也使得知识创造避免个人主观以保证知识的客观性。简言之，基于知识创造的知识服务不仅切合受众参与的知识服务新常态，同时也避免知识陷入"生命周期缩短""个人主观"的困境。因此，出版社知识服务的范式转向应该是基于知识创造理念的引领。

三、出版社传统知识服务范式的主要问题

从传统媒体时代到社交媒体时代，出版社的知识服务正在经历从信息管理到知识管理的转变，但基于传统知识服务的范式转变，仍然面临诸多问题与困境。

（一）知识权威视角的局限

社会心理学家库尔特·卢因（Kurt Lewin）的"把关人"理论认为，信息流动过程中存在着权威把关人，只有符合把关人价值标准的信息才能进入传播渠道。具象到出版社知识服务，出版者会根据自身的价值标准对知识进行选择性出版。出版专业人员对知识服务的理解呈现对把关人角色的依赖，这与社会公众认同出版者的专业性与知识权威性有关。因此，普通读者不会参与专业出版者的知识管理过程，知识内容的生产完全取决于出版社自身的判断。

然而在社交媒体时代，知识的把关呈现多元主体的话语博弈与相互作用，单纯地从知识权威视角构筑知识服务生态环境的传统思维变得式微。用户正在成为知识服务的主体，知识生产者探求用户的真正需求，其必然的路径是寻求用户的参与，构筑与用户对话的渠道与机制。

（二）知识产品生命周期缩短

知识管理学家马克·麦克艾尔洛埃（Mark W. McElroy）认为知识是在人类社会系统中产生，并通过个体间共享的途径来获取，这种组织层面

的知识共享过程就是知识生命周期。① 这一观点的局限在于他是从知识管理的视角来定义的，因此国内学者认同的定义是，知识生命周期就是指知识从产生到消亡的过程。

社交媒体时代知识的生命周期大为缩短。一方面，信息技术促进知识的海量生产和快速传播；另一方面，网络社会用户的知识需求快速变化。用户能够很容易地跨越知识边界，传统的服务范式难以适应用户的多元与快速获取需求，其效能必然逐渐弱化。另外，信息存储于容量无限的网络空间，知识产品已不再是难以获取的稀缺资源。因此在社交媒体时代，知识生命周期缩短是知识产品的主要特征之一，出版者如果固守传统知识服务的范式，必将导致其知识产品不能适应用户需求而被淘汰。

（三）知识生产面临"场域理论"困境

布迪厄（Pierre Bourdieu）认为场域就是在各种位置之间存在的客观关系的一个网络或构型。② 资本决定行动者在场域中的位置，场域结构随行动者资本的变化而变化。场域的竞争与政治经济权力等社会结构因素相关联，场域对竞争具有限定作用，而竞争对场域规则具有破坏和重构作用。

基于场域理论的视角，出版社受社会体系中的政治权力和经济力量制约，是"高度他治"的。虽然出版者强调追求知识的客观性来选择生产知识产品，但在与社会政治环境以及市场需求的互动中不可避免地会偏离知识生产的客观标准。例如，出于经济效益的考虑，出版社需要在一定程度上迎合大众价值取向，寻求社会影响与经济效益的平衡，资本的力量对知识出版选择的支配作用便由此体现出来，在组织内部场域便会出现资本与习性的较量。出版社面临知识客观性与商业利益两难选择的场域困境，在自媒体时代必然存在。

---

① 参见柯平主编：《知识管理学》，科学出版社 2007 年版。
② 参见 ［法］皮埃尔·布迪厄、［美］华康德：《实践与反思——反思社会学导引》，李猛、李康译，中央编译出版社 2004 年版。

四、出版社知识服务新范式：知识创造

自媒体时代出版社的知识服务，必须借鉴知识创造的相关理论，超越信息管理范式的局限，构建以知识创造为范式的服务模式。野中郁次郎提出的知识创造包括知识资产、知识场与知识转换，即知识创造就是知识资产在知识场中实现 SECI 模型转换的过程。

借鉴 SECI 模型及其相关理论促进出版社知识服务范式转向，首先，要将知识服务的整体要素纳入模型，观察用户在该模型中的位置与作用，把握用户驱动的知识服务核心理念；其次，超越信息管理模式，分析知识创造的过程，把握知识服务的新需求，聚焦知识服务专业人才的培养；再次，从创建"知识场"出发，探究知识服务范式转向的可能性。上述思考的进一步探究涉及工作域、聚焦点和方法论三个方面。

（一）工作域从"信息管理"转向"知识创造"

出版社作为知识型组织，其功能就是通过对知识的组织创造实现知识的社会分享、知识增值以及自身的社会与经济效益的保障，网络社会的社交媒介环境则促进多元主体进入知识创造的过程。要实现以知识创造为核心的知识管理，就需要关注知识服务的大环境以及用户在知识服务中的具体话语实践。

首先，互联网上兴起的知识付费热潮，忽略了知识内容来自数据信息和社会实践的抽象总结这一本质，导致知识降维为一种信息。[①] 避免当前网络知识付费的缺陷，还原知识的内容本质，正是出版社探索基于知识创造的知识服务转型的突破口。其次，用户通过互联网技术赋权，摆脱了被动接受知识的局限，在寻求知识服务的过程中其对话参与的意识不断增强。因此，出版社以用户为中心构建互动模式，将知识服务转换成为用户提供知识内容以及解决方案的信息服务过程，是出版社基于知识创造的知

---

① 参见栾春晖：《知识付费泡沫化及其影响》，《中国报业》2017 年第 11 期。

识服务转型的着力点。再次，知识服务追求可持续性。知识创造就是知识服务的可持续性模式，出版社的知识服务必须体现可持续的知识创造过程。因此在知识服务新常态下，出版社必须突破信息管理范式的局限，探求知识管理的本质即知识创造这一核心要义。

（二）聚焦知识服务专业人才的培养

知识服务范式的转变依赖专业型知识服务人才队伍的建设。野中郁次郎认为，知识创造是通过知识管理组织中起承上启下作用的中层管理者将低层与高层联系起来的螺旋推进过程。[①] 这一观点强调知识组织的中层管理者在知识创造过程中的关键作用。

社交媒介环境中参与知识生产的用户，大都存在知识生产专业能力的缺失，导致知识的创造具有不确定性。此外，即使用户具备有意义的隐性知识，凭借其自身能力也不一定能够表达清楚。因此专业人员也就是所谓的"中层管理者"在知识创造过程中不可或缺。专业人员的作用就是将用户互动交流中的散乱、模糊、无序等情形引导到有目的的知识创造上，通过为用户提供概念、框架的方式，帮助用户理解自己体验的意义。

因此，用户参与知识创造的关键在于培养能够引导用户将隐性知识转换为显性知识的专业人才，这类人才必须具备知识管理的专业素养和知识可视化的技术素养。出版社知识服务的范式转向，必须聚焦专业人才的培养，建设适应社交媒体时代的优秀知识服务人才队伍。

（三）构建大众参与的"知识场"

社交媒体时代知识服务的转变不仅体现在知识呈现方式和传播手段方面，而且还体现在知识生产的群体构成方面。大众参与知识生产主要得益于两方面：一是客观上网络技术"赋能"使用户能够进入知识生产流程；二是主观上用户具有对话互动的欲望，渴望获得参与知识生产的满足感。因此，用户驱动是社交媒体时代知识服务的出发点，出版社应立足用户创

---

① 参见 ［日］野中郁次郎、竹内弘高：《创造知识的企业——日美企业持续创新的动力》，李萌、高飞译，知识产权出版社 2006 年版。

建大众参与的"知识场"。

野中郁次郎将"场"定义为分享、创造及运用知识的动态的共有情境，认为知识创造的过程是以情境为转移的。[①] 隐性知识与显性知识转换过程的"知识场"是知识创造的基础，包括社会化模式的"创发场"、外化模式的"对话场"、融合模式的"系统场"以及内化模式的"实践场"。因此，知识创造的服务范式必须基于互联网知识服务平台，实现用户信息与知识分享的互动与协作。出版社在自身具有特色的知识服务平台成立学习"部落"，实现用户间隐性知识与显性知识的交流，促进知识转换的螺旋式推进。

借鉴 SECI 模型等知识创造理论探究出版社的知识服务范式，是聚焦社交媒体时代用户主体地位的思考和实践，旨在从知识创造的维度揭示促进基于用户思维的知识服务策略。在知识服务新常态下，出版机构首先要实现编辑人员工作域从信息管理到知识创造的转变，并基于用户参与知识创造的需要，聚焦知识服务专业型人才培养，然后从构建大众参与的"知识场"出发，形成用户与出版社共有知识的情境，促进知识服务的可持续发展。总之，自媒体环境下用户的知识需求复杂多变，出版者主动吸纳用户进入知识创造过程，让用户参与生产所需要的知识，才能够真正实现基于知识创造的知识服务转向。

（作者单位:《华中师范大学学报》编辑部

华中师范大学新闻传播学院）

---

① 参见［日］竹内弘高、野中郁次郎:《知识创造的螺旋——知识管理理论与案例研究》，李萌译，高飞校译，知识产权出版社 2006 年版。

含咀英华，砥砺传承

——试论《船山全书》的出版文化意义

李伏媛

　　作为民族文化遗产的一种，中国古籍的精华作品毫无疑问既是"中国文明的历史标志"，也是"中华民族共同心理的历史积累的基础"（李一氓先生语）[①]。正因为如此，早在 1958 年，国务院就专门成立古籍整理出版规划小组统筹工作，又在改革开放的春风中，制定了《古籍整理出版规划（1982—1990）》。岳麓书社的《船山全集》《曾国藩全集》《左宗棠全集》名列这一规划之中，经过 14 年的艰苦努力，三大全集的整理出版任务全面完成。1997 年，1000 万字、16 巨册的《船山全书》荣获第三届国家图

---

　　① 参见杨牧之主编：《古籍整理与出版专家论古籍整理与出版》，凤凰出版社 2008 年版。

书奖。2019 年正值王夫之诞辰 400 周年，以多出精品力作为中心任务的古籍整理"十三五"规划也行将收官，无论是从船山学术史出发，还是从出版文化史角度出发，回顾和总结《船山全书》的整理出版都具有一定的启发意义。

一、贡献：文化的守望和传承

王夫之（1619—1692）既是明末清初的思想大家，也是湖湘文化史上治学成就和地位能够追宗胡宏、张栻的第一人。他去世后的三百年间，船山全部著作的整理出版经历过四次重大的努力，但都留下明显的缺憾。[①]1982 年岳麓书社成立之初，决定首先整理出版"三王（王夫之、王先谦、王闿运）曾（国藩）左（宗棠）魏（源）"六大著作全集，《船山全集》从一开始就顺理成章地被各级主管部门列为重点项目。

从出版工作的范围来看，乡贤著作等地方文献的整理出版，既是地方古籍出版社的文化使命所在，也在客观上使出版社适当规避了古籍出版题材狭窄、容易重复出版的陷阱。湖南虽然独立建省相对较晚，但湖湘文化的区域意识和地域特色都极为鲜明，清代中期以来的湖湘学人就极为强调王夫之在湖湘文化传承体系中的崇高地位。《船山全书》的整理出版，既延续了嘉道以来湖湘文化对王夫之的尊崇和弘扬，也体现了改革开放后湖南出版人的自觉担当，更促进了岳麓书社湖湘文化整理与古典名著普及读物两大产品版块的形成。

但如果把《船山全书》的整理出版仅仅理解为乡邦情结，可能会降低类似一批古籍整理出版项目的文化意义。明末清初启蒙思想三大家中，王夫之是最先在当代出版全集者（《顾炎武全集》由上海古籍出版社于 2011

---

① 参见杨坚：《〈船山全书〉的前史和重新整理出版的设想》，《船山学刊》1984 年第 1 期。

年出版，《黄宗羲全集》由浙江古籍出版社于 2012 年出版），"船山著作得一善本，实为学术史上一件大事"（张岱年先生语）。可以说，《船山全书》的整理出版，不但引领了改革开放后明清思想大家著作的整理出版风气，而且直接推动船山学摆脱了长期以来"湘学复兴""传承道统"的浓厚色彩，迅速走上现代学科的建设化道路。

近代以前的一个多世纪里，王夫之其人其书及其思想学说尚处于发现和小范围流传阶段。近代以来直至新中国成立以前，得益于湘潭王氏守遗经书屋本、金陵本、太平洋本《船山遗书》的奠基作用，先进知识分子们在观察时代和思考国家命运的过程中，研究和宣传王夫之的哲学伦理学说、政治思想、历史观，船山学由此形成。改革开放以来，船山学不再局限于哲学、政治学、历史观的主题限制，同时突破"狭隘民族主义"等传统顾忌，学科化建设欣欣向荣。[①] 岳麓书社版《船山全书》作为 17 世纪以来搜集最全、校勘最精、首次予以新式编排和句读标点的船山著作汇编，自出版后凡船山学术研究者无不加以参考引用，这也正是张舜徽先生致信全书责编杨坚先生时所称"沾溉士林与后世者，尤深远非常人所能逮"的深意所在。

二、特色：文献的整理和保存

有学者认为，古籍宜指纸质载体、册籍性质的古代文献，甲骨卜辞、铭文碑刻、档案契约信札、传世书画等则不适合称为古籍。但从历史学研究对象的角度来说，这样的"古籍"定义可能过于狭窄，许多具有文书档案性质和历史研究价值的民间文献资料被排除在外，既不能满足学术研究的需要，也不利于传统文献的全面保存。现代出版物的定义已经突破载体形态的限制，既包括印刷品，也包括音像制品、电子出版物和互联网出版

---

① 　参见王兴国：《王船山与近现代中国》，岳麓书社 2019 年版。

物。个人以为，古籍的定义也宜类似地从宽，进而扩大整理出版工作的对象范围、更新出版形态。

在整理对象和出版形态上，《船山全书》充分体现了改革开放新时期文献整理和保存的创新性。据估计，王夫之的著作逾 100 种、400 多卷。经过广泛搜集和校勘审校各种手稿、旧钞旧刻和点校本，《船山全书》出版了已发现的船山著作 73 种、361 卷，首次全面进行了编目、标题、分章、分段和新式标点。《船山全书》还从学术研究的需要出发，收入了石刻（如1992 年出土的船山墓石）、信札（如《船山诗文拾遗》对书信、楹联的搜集整理）等在内的船山作品文字。根据佚文、底本的新发现和学界反馈等情况，在杨坚、夏剑钦等先生躬自操劳下，2011 年《船山全书》又推出修订版，被学界赞誉为"（收录）全、（底本）信、（校勘）优、（编排）新"之作。此后，借着湖南省委、省政府和中南出版传媒集团推出《湖湘文库》数字版的东风，《船山全书》全文原版电子化、线上化，网页版和App 版免费向公众开放，微信"扫一扫"每一页都能转发到朋友圈。也就是说，《船山全书》对于船山文献的保存和整理，不是所谓国粹主义的机械动作，而是在集中省内外出版界和学术界的共同努力的基础上，具备了"岳麓版船山全集，可以传世"（任继愈先生语）的精品力作特色。

《船山全书》整理出版工作的成功，不是一个偶然现象，而是改革开放以来湖湘文献甚至是全国古籍整理出版成就的一个代表。根据《新中国古籍整理图书总目录》的统计，我国现存古籍约 20 万种，新中国成立以来（截至 2003 年）已整理出版逾 1 万种，其中的 85% 出版于改革开放后。有学者把 20 世纪的古籍出版史分为 1945 年以前、新中国成立至 1980 年、1980 年以后三个阶段，认为 1980 年后的古籍出版有着市场意识增强、思想禁区被突破的显著特征。[①] 如果把纵向回顾的时间进一步拉长，将目光投向周秦以来的历史，我们可以发现，每一次较大规模的文献图书整理总

---

① 参见丁双平：《古籍出版，回顾与前瞻》，载陈满之主编：《出版科学探索》第 5 辑，湖南人民出版社 2001 年版。

结现象，不但反映了当时所处历史阶段的要求，而且往往也预兆着新旧时代的交替。以此来看，《船山全书》首次出版就在学术界引起强烈反响，这不仅仅是对岳麓书社版《船山全书》的肯定，更是一种对时代的赞美。

三、思考：古籍的出版和普及

21 世纪以来，在信息多元化的冲击、出版题材的相对狭窄、读者人数的减少等诸多因素的影响下，古籍出版社遭遇了前所未有的困境。[①] 关于困境突围之道，许多专家学者已经著文分析。新中国现存古籍约 20 万种，如果将其分为待整理出版的"存量"古籍和已整理出版的"变量"古籍，像《船山全书》这类"变量"古籍经过较高水平的整理出版后，具备了裂变衍生出丰富成果的多种可能性。充分挖掘和利用"变量"古籍的裂变效果，不但能积极发挥已出版的古籍整理图书的综合价值，而且能有效减少重复出版等资源浪费现象，有助于对古籍出版困境的思考。

以社会效益与经济效益双结合的标准来看，前述岳麓书社"王曾左"三大全集中，《船山全集》的整理出版完成时间虽然仅次于《曾国藩全集》，但"双效益"结合的程度远不如后者。据亲历其事的岳麓书社原社长曾主陶总结，三大全集整理出版任务的接力奋战和顺利完成，多赖岳麓人实行"以书养书"的有效策略。前贤的付出值得景仰和珍惜，将前贤的心血结晶发扬光大就是最虔诚的心香。要让《船山全书》的文化生命光景常新，以下三个方面或许值得后人努力。

第一，效法前贤尽善尽美的追求，不断完善《船山全书》。杨坚先生在《船山全书编辑纪事》文末曾谦虚地写道："此次编次，亦仅前进中一阶梯，将来必当有更完善之船山全集，斯可断言也已。"2011 年版修订过

---

① 参见马美著：《论古籍出版发展的现状与对策》，《湖南科技学院学报》2007 年第 1 期。

程中，杨坚等诸位先生广泛听取意见，进行了新的辑补校读。但不可否认，三百年来，船山著作经过辗转传抄和部分翻刻，又遇清朝文网之祸，散佚者为数不少，存世版本中讹误与缺漏的现象也十分严重。随着新的佚文或更好底本的发现，岳麓版《船山全书》还存在继续修订的必要。

如《船山全书》第 16 册为相关资料汇编，收录历代船山传记、年谱以及船山著述历代出版情况和重要研究文献节录，收录时间下限至于当代，但对于港澳台和国外船山学研究成果没有着笔。前引王兴国老师的书中指出，第 16 册中收录的储大文《书王姜斋〈九招〉后》的文字，与储氏《存研楼文集》第二集第十八卷稍有出入；国家图书馆所藏欧阳兆熊《寥天一斋文稿》中有关船山两种佚著的重要记录，也宜补入。又如王夫之寄赠方以智的《寄怀青原药翁》一诗，《船山全书》第 15 册与台北丹青图书公司 1985 年版《青原志略》在个别文字上也有不同，这可能反映了迫于时势和王夫之的政治立场，船山著作很早就出现了隐讳窜改的情况。

第二，促进出版界与社会各界的联系沟通，推动传世典籍以各种形态走下学术书架、进入大众读者视野。一方面，《船山全集》16 大册，按经史子集分别编排。第 10、第 11 两册为史部类，第 12、第 13 两册为训释诸子佛道杂著类著作，第 14、第 15 册为楚辞诗评类和船山诗文集数十种。也就是说，21 世纪以来船山学研究的热点如《读通鉴论》《宋论》《张子正蒙注》《思问录内外篇》和地方山水志等，都集中在第 10—15 册，这与"国学热"带来史、子、集部的"古籍热"市场现象是一致的（可参见 2018 年京东网、当当网图书销售数据）。或许可以借鉴全集的编排思想，将热点船山著作按类别或分成单种进行重新设计和发行，以便降低读者购买成本，同时满足不同的阅读需求。

另一方面，船山著作内容丰富、义字古奥，很长一段时间内船山文化的研究和宣传活动也只集中在哲学和文学领域，个人生平传记方面的普及读物十分缺乏。《船山全书》整理出版以来，出现了萧萐父、许苏民《王夫之评传》（南京大学出版社 2002 年版）、王立新《天地大儒王船山》（岳麓书社 2011 年版）等历史文学类著作，2010 年衡阳地方政府还支持拍摄了《南岳奇人王船山》电视连续剧，当地的船山文化主题景区开发建设也在不断深入。资深湖湘学者唐浩明认为，"博大精深的船山学说是整个湖湘文化的起源和核心"。但相对于曾国藩、左宗棠等名人效应来说，王夫之和《船山全书》的周边范围还有待"大做文章"，这也正是营销出身的岳麓书社社长易言者所提倡的"守正出新""大有可为"。

第三，加强著作权保护。古籍流通过程中，不同的出版者借鉴参考、协力合作的佳话常见，如《船山全书》整理出版之初，就承蒙中华书局转让王孝鱼点校的船山著作多种供以参考。但是，古籍整理点校成果在著作权方面的保护状况目前还处于模糊状态，致使权威的古籍整理版本出版发行后往往又出现简单改头换面、重新出版的现象。船山著作及《曾国藩全集》等这一类大部头传世典籍，是出版者强化品牌形象、积累社会效益的核心资源，是以辑佚、点校、编排等整理出版工作呕心沥血、唯精唯慎，主持其事者如《船山全书》责编杨坚先生被誉为"焚膏油以继晷，二十年磨血一部书"。但它们出版问世后，盗版书姑且勿论，更有一些正规出版单位肆意搬用整理出版成果，拆散全集的部分内容成为单册或冠以"大全""精华"名头予以低水平的重复出版。这种情况，在古典文学名著普及读物市场更为严重。

唯有薪火不绝，才能根脉相传。中国古籍的精华作品是本国本民族文化的重要载体，古籍精华的整理出版事业，本质上带有既守望历史又涵养后人的公益色彩。《船山全书》是湖湘文化的结晶，也是中国民族文化遗产的瑰宝。它的整理出版，既为优秀传统文化的传承作出了自己的贡献，又在古典文献的整理和保存方面进行了有益积累，体现了改革开放以来古籍整理出版的成就，并昭示着古籍出版和普及工作的大有可为。

（作者单位：岳麓书社）

全集类出版项目运作关键点浅析

——以《钟敬文全集》为例

梅　咏

　　2018 年底，共 16 卷、全 30 册的《钟敬文全集》（以下简称《全集》）历时八年终于由高等教育出版社出版。《全集》入选"十二五"国家重点图书出版规划项目、北京师范大学"985 工程"项目、教育部人文社会科学重点研究基地重大项目"跨文化视野下的汉字与民俗文化研究"。回顾八年来的编纂出版历程，对于全集类出版项目运作，有若干关键点值得注意，本文拟从选题立项、编纂审校、营销推广三个环节略作浅析，以供交流借鉴。

一、选题立项环节

　　选题立项是一个出版项目从无到有的起点。在立项前后，《全集》的运作主要集中于出版价值评估、人员组织、编纂规划三个关键问题。

（一）评估选题出版价值

钟敬文先生是我国著名民俗学家、民间文艺学家、诗人、散文家、作家、文艺理论家、教育家和社会活动家，他一生创立了民俗学和民间文艺学两大学科，是中外学界公认的"中国民俗学之父"。钟老的学术文化遗产十分丰富，量多面广，散漫分载于各处。其著述生涯历时近 80 年，出版著作近 70 种，在民俗学、民间文艺学、社会学、历史学、语言文字学、文艺学、艺术学、人类学、民族学、比较文学和世界文学的基础研究、学科建设和人才培养等多个领域均有深入的研究和独到的见解。此前已经出版的较有影响的钟老作品合集主要有：《钟敬文民间文学论集》（上下册，上海文艺出版社 1982 年、1985 年版）、《钟敬文学术论著自选集》（首都师范大学出版社 1994 年版）、《钟敬文民俗学论集》（上海文艺出版社 1998 年版）、《钟敬文文集》（5 卷本，安徽教育出版社 2002 年版）、《钟敬文自选集》（首都师范大学出版社 2008 年版）等。钟老生前未编全集，这与他极为严谨的治学风格有关；钟老去世后，也一直未见其全集出版，这与钟老学术文化涉猎广泛，编辑全集人才不足和工作难度大有关。钟老的部分重要文章被重复多次地选入各种论文选本，相互之间可能还有文字出入；而部分重要文章又因从未被收录某一选本而很难找到足本，这便给相关领域的学术研究者带来极大不便。由此，编纂出版一部内容更加完整、准确，编排更为规范和科学的《全集》凸显出了必要性和紧迫性。

《全集》的出版关系到钟老毕生的学术文化成果能否全面、准确地整理和传播，也关涉到中国民俗学学术研究遗产和中华优秀传统文化的继承与发展。编纂和出版《全集》，是我国哲学社会科学领域的一件大事，是在全球化的大背景下，弘扬中华优秀传统文化的重要举措；也是高教社实施精品战略，强化学术服务与知识创新，提升学术出版水平与品牌影响力，以传世精品力作打造中国学术出版高地的重要举措。

（二）合理组织人员

任何一种全集类出版项目都是一个复杂的系统性工程，必须合理组织相关人员分工协作、集体攻关。《全集》共16卷、全30册，成书后的版面字数总计高达1000万字，图片超过千幅，编纂审校工作量巨大。为了确保《全集》出版工作顺利开展，在人员安排上，组建了两个核心团队。

一是组建编纂团队。编者的选择是此项目能否圆满完成的决定性因素。编纂学术大家的全集，对编选者的学识素养要求极高。《全集》的编纂充分借助北师大民俗学科研和教学团队的力量，组织相关研究领域的专家学者集体攻关。主编由北师大民俗学国家重点学科学术带头人董晓萍教授担任。董晓萍教授师承钟老并曾长期任钟老的学术助手（1986—2002年），是新中国第一位民俗学博士。她熟悉钟老的人生经历、学术思想、著述情况，曾参加除《钟敬文民间文学论集》之外其余钟老合集的选编工作，对钟老绝大多数合集的编纂过程和钟老本人的基本想法大体了解。为了保证《全集》编纂质量的高水准，特别约请我国著名教育家顾明远教授和钟秉林教授作为《全集》的学术顾问。《全集》的编委会成员和编者团队涵盖了钟老四代弟子，以及来自北京师范大学、北京大学、清华大学、中国科学院、中国社会科学院、中华书局、光明日报社等单位的著名学者40余人，其中不乏各学科专业领域的学术大家，他们既在各自的科研领域深有造诣，又对钟老的学术生涯、学术成果等有全面了解和深入研究，为《全集》编纂的权威性和科学性保驾护航。

二是组建出版社项目组。高等教育出版社为《全集》项目配备了精兵强将。文科出版事业部的两位领导亲自挂帅担任策划编辑，自始至终指导和推进着各项工作的有序展开；抽调具有民俗学、社会学、历史学、文学、文字学、哲学、新闻学、图书馆学等学科背景，编辑加工经验丰富的26位编辑负责《全集》的3次加工审读；装帧设计由曾设计出"中国最美的书"的首席美编王凌波担任，负责《全集》的封面设计及30个分册各具特色的内文版式设计；校对科选派业务素质过硬的校对人员承担《全集》的校对任务；营销推广方面调动了出版社层面和事业部层面两级市场人员参与。

两个核心团队组建后，为了确保高效、顺畅地对接，在核心团队中又设置了各自的总协调人。这样，以两人（两点）为中心，各自散射状关联编纂团队和出版社项目组，最终连成一个立体工作网。《全集》30 个分册在编纂审校、装帧设计和营销推广环节的共性问题较多，如此安排人员配置，便于掌握双方团队整体工作情况，统筹管理，使同类问题快速集中解决，减少多点重复沟通的时间成本。

（三）确定编纂原则和编纂体例

编纂原则和编纂体例是为《全集》编纂工作定"基调"的"纲领"性规定。既然是新出版的全集，编委会和出版社一致认为，《全集》的编纂原则是从钟老建立中国民俗学派、传承和创新中华历史文明所取得的公认成就的实际出发，搜集、整理、编辑和再现钟老学术文化思想的全貌。这套《全集》文献范围广泛，根据钟老学术文化著述的结构逻辑确定《全集》的整体框架，然后进行分类整理和编纂。以钟老在各学术领域的思想演进为基本脉络，以分类体与编年体相结合的方式作为全集的编纂体例。为了方便读者阅读和研究，《全集》还单独编纂了一卷《总目》，详列卷号和卷名、册号和册名，以及全部篇名和所在具体页码，读者可通过《总目》直观"预览"《全集》内容，定位查找相应文献。

二、编纂审校环节

编纂审校环节是全集类出版项目运作的重中之重。经过选题立项环节的各类基础性铺垫工作，《全集》出版进入难度最大、耗时最久、出版质量攸关的编纂审校阶段。在这一阶段，有三点尤为关键。

（一）书稿内容素材的搜集、整理

编纂全集，资料的搜集、整理工作最难。要实现文献齐全、编排精当的目标，艰苦、细致的梳理分类、文字辨识和考订注释工作必不可少。编纂"全集"虽然有"选集""文集""论集"等先期出版物作为基础和参考，但是发掘和整理钟老佚文、未刊稿，校勘和辨析旧稿，修订先期合集错漏等工作量巨大。在《全集》内容素材的搜集、整理、电子化过程中付出辛劳最多、贡献最大的是董晓萍教授带领的北师大民俗学团队，这个团队中有德高望重的专家学者，有年富力强的中青年学术骨干，也有满怀热情的硕士、博士研究生。大家齐心协力，多方搜集、查证、比对，力求将《全集》打造成为目前最为完备的钟老学术资料新版本。钟老已经出版的各种专著、编著、文集和结集等，部分已得到钟老生前的首肯和校勘，本次《全集》编纂时尽量加以参考。另有相当一部分文稿分散发表于各类报刊上，以往没有人手和精力加以收集和整理，现在可借助相关期刊社数据库的优势，尽量搜全并予以收录。钟老还有相当一部分遗作遗存，均为未刊稿，《全集》编纂时将之分批整理出来收录，对其需要说明的历史背景、专业知识等情况又增补了注释。

钟老未刊手稿、书信的内容素材整理工作可谓"难上加难"。这些首次辑集出版的珍贵资料约占《全集》整体内容的60%。对于部分未刊手稿而言，当年写作时，钟老对某些学术问题的思考可能尚未理论化、体系化，但其作为钟老学术活动的重要组成部分，是了解钟老学术生涯、研究钟老学术理论的第一手素材。整理这部分内容时，没有可供参阅的已发表文献，原件的字迹清晰度有限，部分篇目彼此的关联度不大，如何辨析、整理，进而依一定的逻辑脉络归类入册，对编纂者而言不仅是精力上也是脑力上的考验。手稿部分多属讲义，作为书稿内容依据的底本是钟老讲义笔记本的逐页扫描件。钟老惯于竖排写作，字迹稍显潦草，由于保存时间较久，部分文字模糊，加之在授课过程中，钟老对讲义内容几经修改、增删，部分讲义页面的内容衔接显得杂乱无序，编纂整理过程中需要翻阅大量资料进行辅助校正或增补必要的注释说明。"学术书信卷"根据钟老信函保存的实际情况整理和编辑，共收录信函147封，始于20世纪20年代，止于21世纪初钟老辞世时，95%以上是纸质本和手写体。很多信件没有完整的时间落款，编纂者只能通过这类信件所涉及的社会事件、历史人物、日常活动和书目线索去查找，估算信件撰写的大致时间。凡是能查到的书写年代，均在录文中补出。

（二）出版社项目组总协调人的统筹管理

出版社项目组的总协调人实际上身负总策划和总责编的双重工作职能。

在总策划方面，要统筹全局、布置周密、编印发一体考虑。密切跟进出版链条上各环节的工作动态，发挥桥梁和纽带作用，及时解决项目运作过程中出现的问题。比如，控制出版节奏，根据书稿编纂情况及实际产能分批逐步上报年度出版计划；根据学科背景安排落实各分册责编和三个审次的编辑人员；在必要时组织召开专题工作会议解决突出问题；负责办理交稿、发稿手续；确定整体装帧设计风格和各分册特殊版式体例；监督印刷质量、跟踪成品书入库；策划并落实营销推广方案等。

在总责编方面，编纂者交定稿后，要先通读全部书稿，做到对全局心中有数，及时发现并解决各分册在内容上的共性问题，提高任务下达后具体编辑的工作效率。在此基础上，统一编辑加工思路，制定编校工作细则。随着《全集》编辑加工的逐步展开，及时了解、总结、归纳新出现的编校细节问题，以编校工作细则补充版的形式传达到编校团队的每个人。虽然《全集》各分册均有各自的责任编辑，但全部 30 个分册均经过总协调人的三次通读：编纂者交稿后通读定稿一遍；三审发排后通读校样一遍；发印前通读印前清样一遍。总协调人的通读有利于通盘把握《全集》文字内容，统一全集体例，清查各分册间的个别重复篇目，发现排版设计不一致之处，防范印装顺序错误。《全集》全部封面和内文打样均由总协调人审查签字后付梓。

（三）编辑加工的审慎和精细

在近 80 年的著述生涯中，钟老的学术思考不断深入，学术理论体系的建构日趋完善，同时，也逐渐形成了自己独特的行文风格。我们为《全集》设定的编辑加工原则是：充分尊重历史，尊重原作，尊重作者的语言表达风格，不经反复查证不擅改一字。尊重历史，就是尊重学术研究成果在历史语境中的实际面貌，不以今日的标准去苛责昨日的局限性，不以目前的理论研究水平衡量一门学科在初创发展期的理论深度；尊重原作，就是对钟老原文字句甚至标点不做任何润色性修饰，呈现其本真的"原始"风貌；尊重作者的语言表达风格，就是保持钟老"原汁原味"的遣词造句风格和特定时代背景下的用语习惯，比如20世纪初期，作家和学者们在文中对助词"的""底"的混用非常普遍，有着鲜明的时代印记，在编辑加工时不宜硬性统一。

《全集》30个分册的编辑加工难易程度不一。约占内容总量40%的已刊发文献编辑加工相对容易，可对比曾刊发的多版本出版物，尤其是参照初版本和以后出版的较好的版本进行校勘。在此基础上，编辑对钟老的疏漏、笔误和其他刊物上的文字讹误加以核查、辨析和修正。约占内容总量60%的未刊文献是《全集》编辑加工的"硬骨头"。未刊文献有作者笔误现象自在情理之中。钟老手稿中引经据典比比皆是，由于他古文功底深厚，著文援引时多靠头脑里记下的内容，落笔成文后有的字、词难免有误。加之这些文稿此前并未计划发表，在纳入《全集》之前，未经任何内容梳理和文字润色。在编纂团队前期所做的辨识、整理、录入等大量细致工作的基础上，出版社编辑在书稿加工过程中，又逐一比对钟老手稿扫描件进行审读，为这些未刊文献的文字准确性加上"双保险"。

三、营销推广环节

作为一种特殊精神产品的图书一旦完成出版推向市场，其潜在的商品属性便愈发凸显出来。通过适当的市场营销手段使图书被了解、被关注，直至被购买，才能最终实现图书的社会价值和经济价值。

《全集》因内容特点决定了其学术专著的产品性质，主要目标读者定位为科研院所、文化机构相关研究人员，以及高校相关专业师生。《全集》定价3600元，不做单独分册销售，市场定位主打公共图书馆、高校图书馆、科研院所图书室等馆配市场。当《全集》正式出版后，在准确定位读者对象的基础上，营销推广方面主要抓好出版社内部跨部门联动和线上 /

线下整合营销两个关键问题。

（一）跨部门联动

编、印、发整个出版链条的高效协同运作保证了《全集》的顺利出版。在选题立项阶段，市场与教学服务部充分参与意见，就细分市场、出版规模、装帧设计、定价、折扣、营销思路等方面提供了建议；在印制出版前，又根据《全集》成书实际情况，并针对各类馆配市场的采购特点，制定了营销推广的阶段性工作计划。《全集》出版后，市场与教学服务部、销售部协同作战，逐一落实既定的营销推广方案，并及时将馆配商和大众读者层面的反馈意见传递给策划编辑，根据市场反馈对营销推广方案加以调整。高等教育出版社分布在全国 20 余个省份的院校代表人员将《全集》的出版信息点对点入校传递给开设相关学科专业的高校图书馆。电商部门则在宣传预热、网络营销等方面策划了产品的深度展示和主动推送。鉴于钟老在中国民俗学和民间文艺学学科建设上取得的突破性成就，和其在弘扬中华优秀传统文化方面达到的历史高度，以及其推动多元文化交流所产生的国际影响，《全集》除了在中国大陆实现出版之外，也经由海外合作部通过国际书展、版权输出书目等形式向我国港澳台地区和其他国家的出版商，尤其是亚太地区、欧美地区的出版商进行推介。

（二）线上 / 线下整合营销

2019 年 1 月 19 日，"跨文化视野下的中国优秀传统文化教育与传承——《钟敬文全集》出版与钟敬文学术文化思想座谈会"在人民大会堂隆重举行，由此拉开了《全集》宣传推广的新高潮。《人民日报》《光明日报》《中国日报》《中国教育报》《中国艺术报》《中华读书报》等平面媒体、网络版、客户端，以及各大门户网站总计超过 110 家媒体对《全集》的出版进行报道。出版社微信公众号、民俗学学科领域的若干微信公众号也在同一时间进行活动新闻的推送。在新书上市新闻发布之后，我们还策划了一系列书评和学者回忆性文章，陆续发表在《光明日报》《读书》等权威报刊上，产生了良好的社会反响。如 2019 年 3 月 16 日，《光明日报》的"光明悦读"栏目用整版篇幅刊发了四位著名学者畅谈《全集》出版的意义并重温钟老治学精神和人格魅力的文章。在媒体宣传的基础上，线上销售渠道如当当网、京东网、高教社官网、天猫旗舰店、微店等联合发力，协同线下销售渠道如 2019 年春季各地陆续开展的馆配会、图书订货会等会展营销，以及院校代表的入校定点营销等，共同促动《全集》的推广销售工作。

　　《全集》的编纂出版是一项规模宏大的文化建设和文化传承工程。回顾和梳理《全集》的出版历程，我们真切感受到了集体智慧和团队合力的重要作用。出版链条上的每一个环节环环相扣，每一位项目参与者默契协作，重点抓好项目运作的若干关键点，最终实现了《全集》的顺利出版。在取得良好社会影响的同时，通过这一重大项目，也锻炼了编辑队伍，提高了编辑在选题策划、编辑加工、营销推广、项目管控等方面的综合素质。参与《全集》的出版工作，必将成为项目组成员职业生涯中的高光时刻。

（作者单位：高等教育出版社有限公司）

鲁迅书刊封面设计范式研究

杨新忠

　　在中国传统书籍装帧设计形式向现代书籍装帧设计的发展转变中，伟大的文学家、思想家、革命家鲁迅先生是一位绕不过去的突出贡献人物。他是我国现代书籍装帧艺术的开拓者、倡导者和启蒙者，在探索现代书籍装帧融会古今、贯通中西的艺术表现形式上进行了重要的实践，为后来的书籍装帧设计工作者提供了广阔的设计视野，对现代书籍装帧设计理论的构建和思想的形成产生了巨大而深远的影响，为现代书籍装帧艺术的发展奠定了重要的基础，在中国现代书籍装帧史上占有崇高的地位。然而，在普通的认知里，由于鲁迅先生文学上的成就和名气远胜于书籍装帧艺术，所以他在书籍装帧艺术领域的建树和贡献常常不为人熟知。其实，他不仅是一位文坛巨匠，也是一位跨界的杰出书籍装帧设计大师。在他出版的书籍中，有很大一部分装帧是亲自设计的，尤其是他设计的那些饱含启蒙色彩的现代风格书刊封面作品，为现代书刊封面设计的早期发展指明了正确道路。

一、鲁迅跨界封面设计

中国现代书刊封面设计艺术的早期，尚未形成一个专业，很少有专职的设计师，更无专业理论指导。封面设计多系画家、漫画家或有兴趣于此的作家、编辑等跨界从事。而鲁迅是这些跨界者中最具初创性、引领性和代表性的一位，他对书刊封面的设计非常讲究，特别重视书刊封面设计思想和形式的融合呈现，突出书刊封面设计作品的内在精神气质。鲁迅对传统的书籍封面设计不甚满意，他曾对陶元庆说："过去所出的书，书面上或者找名人题字，或者采用铅字排印，这些都是老套。我想把它改一改，所以自己来设计了。"①鲁迅出版的书刊中，除了一部分委托专业的书籍设计师陶元庆、钱君匋、孙福熙、郑川谷等人设计外，大部分自己动手设计。鲁迅这种对书刊封面设计艺术革新理念的追求和亲自参与设计的实践，与他在艺术方面的长期关注与积累是分不开的。鲁迅一生喜欢绘画、书法等艺术，收藏、研究六朝造像、汉画像、汉碑帖和各种金石拓本等传统艺术精华。留学日本期间研究学习过大量国外经典美术作品和新兴美术思潮，翻译、引介了众多外国美术著作。在国内倡导新兴木刻运动，组织木刻团体，举办木刻讲习会等。如此广泛而深厚的艺术修养和积淀造就了鲁迅超乎一般文人、艺术家的审美趣味和境界，显示出高瞻远瞩的专业水平和见解，具有设计大师之风范。不过，以他所从事的职业范畴而论，由于鲁迅先生在文坛的影响盖世，其创作书刊封面应属跨界涉足，只是他的跨界从事胜于专业从事，甚至引领专业，对中国现代书刊封面设计早期健康发展的影响是不言而喻的。在鲁迅先生的影响下涌现出如丰子恺、陶元庆、司徒乔、关良、林风眠、陈之佛、蔡若虹、叶灵凤、庞薰琹等一大批学贯中西、极富文化素养的书籍设计家。②

---

① 转引自杨永德、蒋洁:《中国书籍装帧4000年艺术史》，中国青年出版社2013年版。

② 参见吕敬人:《书籍设计基础》，高等教育出版社2012年版。

二、封面设计完成形式

鲁迅先生一生在现代书刊封面设计艺术上建树了巨大的功绩，但他毕竟是以一个文人的角色对书刊封面设计进行的探索和尝试，并没有以此为职业。他所作的封面设计大部分为自己的著作，少部分为他人的著作。他为自己数以百计的著作、翻译、辑录古籍、选编艺术作品、编校书刊等，设计过 60 多个封面（见表1），其中多数是亲自独立设计完成的，只有少数与他人合作设计完成。

表 1　鲁迅封面设计表现范式和完成形式分类表

		封面设计表现范式				
		传统题签	域外画作	美术字体	方形标贴	古代图案
封面设计完成形式	独立设计封面	《中国小说史略》《热风》《三闲集》《二心集》《伪自由书》《南腔北调集》《准风月谈》《集外集》《且介亭杂文》《且介亭杂文二集》《且介亭杂文末编》《集外集拾遗》《海上述林》《前哨》《十字街头》等	《小约翰》《近代美术史潮论》《毁灭》《铁流》《坏孩子和别的奇闻》《近代木刻选集》《蕗谷虹儿画选》《比亚兹莱画选》《新俄画选》《解放了的董吉诃德》《海燕》《萧伯纳在上海》等	《华盖集》《华盖集续编》《而已集》《艺术论》《小彼得》《奔流》《朝花夕拾》《萌芽月刊》《文艺研究》《唛吻》等	《梅斐尔德木刻士敏土之图》《花边文学》《呐喊》《两地书》《木刻纪程》《引玉集》《凯绥·珂勒惠支版画选集》等	《桃色的云》《心的探险》等
	合作设计封面 第一种	—	《錶》《死魂灵一百图》	—	—	《唐宋传奇集》
	合作设计封面 第二种	《野草》《朝花夕拾》《鲁迅自选集》	—	—	—	
	合作设计封面 第三种	《会稽郡故书杂集》《北平笺谱》《十竹斋笺谱》《莽原》	《域外小说集》	—	—	《国学季刊》

（一）独立设计封面

鲁迅先生作为新文化运动的主将，不仅在文学创作、思想研究、翻译、美术理论引进、古籍校勘与辑录等多个领域具有重大的成就和贡献，而且也精通绘画、书法和设计艺术，具有出色的美术设计功底。早在1912年，中华民国临时大总统袁世凯钦点鲁迅、钱稻孙和许寿裳共同设计了中国历史上第一个国徽——十二章国徽，即中华民国北洋政府期间的国徽（1913—1928年）（见图1）。此外，他还设计了北京大学的校徽。1917年，时任北大校长的蔡元培亲自写信邀请鲁迅为北大设计校徽。鲁迅应邀设计了一枚大气、简洁而又含义丰富的北大校徽，这枚校徽被认为是第一枚真正具有现代意义的校徽，也成了现代标识史上的经典作品（见图2）。可见，能得到袁世凯之钦点和蔡元培之委托，显然是对鲁迅美术功底和美学主张的信任和首肯。同时，也反映了鲁迅超凡的设计能力和影响。因此，鲁迅独立完成封面设计是水到渠成、顺理成章的事。如他设计的《呐喊》《奔流》《萌芽月刊》《引玉集》《而已集》等封面，凸显出典型的鲁迅封面设计特色，看似漫不经心的设计，却极富思想深度和审美高度，给读者留下了广阔的想象空间，耐人寻味。鲁迅独立完成的书刊封面设计艺术价值巨大，对中国现代书刊封面设计的早期发展具有不可或缺的实践指导意义和启蒙价值，开创了现代书刊封面设计的新篇章，在中国书籍设计史上掀开了新的一页。

图1　十二章国徽（1913—1928年），　　图2　北京大学校徽（1917年），鲁迅设计
鲁迅、钱稻孙和许寿裳共同设计

（二）合作设计封面

鲁迅不但常常以开阔的视野和先锋的思想独立为自己诸多的著作设计封面，有时也会与他人合作设计封面。鲁迅是中国现代知名的大文豪，在文艺、学术、精神、政治等方面有着巨大的影响，他一生结交广泛，名人雅士、社会名流等朋友遍及各个领域。因此，鲁迅具备选择与画家、设计师、文化名人等合作设计封面的便利条件和机会。鲁迅与他人合作设计封面的方式主要有三种。

第一种是由鲁迅提出封面设计的设想，再由其他书衣设计师依鲁迅的设想设计完成。如鲁迅辑校、考订的《唐宋传奇集》，该书封面由鲁迅设计构思，并画好草图，陶元庆按照鲁迅的设想，以汉画像图案做封面。不过，陶元庆并没有直接挪用汉画像图案，而是进行了符号化概括，极富装饰意味。陶元庆用这种符号化装饰表现手法给鲁迅设计了许多封面，比如给鲁迅的第二部小说集《彷徨》设计的封面图案，其表现手法与《唐宋传奇集》如出一辙。鲁迅除了找陶元庆合作设计封面外，还与钱君匋、郑川谷等书衣设计师合作设计过封面。如鲁迅选编的《死魂灵一百图》封面，由鲁迅提出设想，钱君匋设计完成。鲁迅翻译的中篇童话集《錶》，也是由鲁迅提出设想，郑川谷执笔完成。

第二种合作设计封面的方式是封面图案由他人设计，鲁迅亲笔题写书名。中国现代书刊封面设计发展的早期，书名题签在封面设计中占有重要地位，书名的字体、位置和风格对封面的整体设计艺术效果有很大的影响。因此，鲁迅亲自题写书名实际上也是参与封面设计的重要一环。如《鲁迅自选集》封面由陈之佛设计，书名则由鲁迅本人亲自题写。鲁迅的回忆性散文集结《朝花夕拾》封面由陶元庆绘制，书名与作者署名为鲁迅亲笔所书。鲁迅的散文集《野草》封面由孙福熙设计，书名由鲁迅亲笔题写，书名与封面画风格协调，极富视觉张力。

第三种合作设计封面的方式是书名由他人题写，封面的构想和设计表现为鲁迅所完成。如鲁迅和周作人合译的短篇小说集《域外小说集》，封面构思、配图及表现由鲁迅自己完成，书名为鲁迅友人陈师曾以篆书题写。鲁迅、郑振铎编辑的《北平笺谱》《十竹斋笺谱》书名分别为鲁迅老友沈兼士和画家于非闇题签,封面由鲁迅设计完成。此外,《国学季刊》刊名为蔡元培题写,鲁迅设计封面。可见,为鲁迅封面设计题写书名者多为名流之辈。事实上,鲁迅对是否为名人题写书名并没有刻求,只要题写合适,能体现出书刊整体的品位和风格,谁题写倒不计较。比如鲁迅编辑的文学期刊《莽原》,封面与版式为鲁迅设计,而刊名是由一个八岁的儿童书写的。他人题写书名的封面合作设计方式,从书刊封面整体艺术效果来看,并不是很统一、很协调。因为他人题写书名不便修改,一般是题写完直接压在封面上的,封面设计与书名题写为两个分开的工作,难以适配。如鲁迅设计的《国学季刊》封面,本为恰到好处,但蔡元培题写的书名压上去后就略显凌乱了。

三、封面设计表现范式

鲁迅作为中国现代书刊设计的伟大开拓者、探索者,在中国现代书刊设计史上占有重要的地位。他一生独立和参与设计了众多见解独到又有启蒙意义的书刊封面作品,对现代书刊封面设计的理论研究与设计实践具有巨大的指导作用。分析鲁迅的封面设计作品,有显著的设计表现范式,归纳起来主要有五种(见表1)。这些表现范式的形成与鲁迅宽泛的兴趣爱好、渊博的知识积累和深厚的艺术修养是有必然联系的。

(一)传统题签

题签,是中国传统线装书封面书名的典型呈现形式,历史悠久。传统书装订后,书名多为竖向题写在纸或布条上,再粘贴于封面恰当位置,封面显现出大方、简洁、素雅的气息。这一传统的题签方式在鲁迅、丰子恺等中国现代书刊封面设计早期实践者笔下得到了传承和新生。鲁迅的封面设计作品中很多是"素封面",即除了书名、作者名等题签外,不着一墨,不加任何装饰,封面干净朴素,反映了鲁迅的从容与自信。他亲自题签的一些著作封面，如《中国小说史略》《热风》《三闲集》《二心集》《伪自由书》《南腔北调集》《准风月谈》《集外集》《且介亭杂文》等，气度沉雄，自成一格，折射出高雅的文人气息。鲁迅这种淳朴的题签虽然源于传统书籍的书名呈现方式，但并非一味地刻板摹古，而是融入了自己独特的创新见解和审美表达。当然，这些都与鲁迅深厚的书法功底密不可分。据说鲁迅在日本留学期间，曾经向国学大师章太炎讨教过古文字学，章太炎给鲁迅等人讲《说文解字》。后来，鲁迅在北洋政府教育部任职，曾花了很多时间临摹中国古代碑帖，按他的说法是消磨时间、打发苦闷，但是，却形成了他以碑学为骨、简穆古朴的独特书风。① 郭沫若曾称鲁迅的书法"远逾宋唐，直攀魏晋"，对鲁迅书法评价很高。因此，鲁迅以传统题签方式来设计封面实属发挥自身特长。他的书刊名题签多为行书，个性突出，是其所有封面设计范式中最具鲁迅特色的。直至今天，中国许多报纸杂志、大学仍用鲁迅的书法作为报刊名或校名字体，如《南方周末》周报、《收获》杂志名字体，厦门大学、陕西师范大学校名字体等，这些标志性字体当然并不一定是鲁迅亲笔特意题写，多为鲁迅书法的集字。近年来方正字库甚至将鲁迅书法开发成了计算机字库字体"方正鲁迅简体"。由此足见鲁迅书法成就与影响之大。

（二）域外画作

鲁迅对封面设计，并不希望图解式。在封面画的创作、选用上非常讲究。除了亲自创作封面画外，也有很多选用域外画作的。实在创作不出满意的封面画或选不到合意的画作做封面画，宁愿直接素封面题签，也不将就，宁缺毋滥。鲁迅虽然有较深的绘画功底和美学修养，但要创作一幅中意的封面画并不容易。他的封面画中只有一部分是自己创作，很多是直接选用国外优秀美术作品做封面画的。比如《域外小说集》封面选用的是希腊文艺女神缪斯的木刻画像；《小约翰》封面图案选用勃伦斯的《妖精与小鸟》绘画；《近代美术史潮论》封面以法国画家米勒

---

① 参见周博：《中国现代文字设计图史》，北京大学出版社 2018 年版。

的《播种者》为装饰；《坏孩子和别的奇闻》封面选取了苏联画家 V. 玛
修丁的一幅木刻做装饰；《铁流》选用了苏联木刻家毕斯凯莱夫的一幅插
图做封面画；《毁灭》封面以苏联画家威绥斯拉夫所作的一幅《袭击队员
们》木刻插图做装饰；《解放了的董吉诃德》选用了俄国木刻家毕斯凯莱
夫的作品做封面画；等等。鲁迅选用域外画家画作做封面装饰的多系译
著，其用意显然是旨在忠于原著格调，并非鲁迅封面设计语言匮乏，更
非敷衍草率之举。其所用画作多为经过鲁迅深思熟虑、精心揣摩挑选出
来的名家上乘之作。这种做法反而显出鲁迅对封面画的苛刻要求和严谨
态度，同时也反映了鲁迅积极倡导、引介西方文化艺术来增强封面艺术
表现力的思想。

（三）美术字体

鲁迅对美术字设计颇感兴趣，且有很高的造诣。经常将美术字设计当
作书刊封面设计的主角，集中精力放在封面中书刊名美术字设计上。他笔
下的美术字多姿多彩，异趣纷呈。总的来看主要有两路风格，一路是洋派
风格，这与他翻译过大量的文学、艺术著作，以及留学日本有一定的联
系。比如《文艺研究》《萌芽月刊》《奔流》《艺术论》等封面美术字设计
手法和风格明显受到了西方和日本美术字的影响，这在当时是相当摩登、
洋化的。鲁迅美术字设计的另一路风格是传统韵味的，像《而已集》封面
书名的美术字设计，将书法中的线条之美融入美术字设计中，看起来有隶
书的味道。而《华盖集》封面书名美术字设计则有传统版刻宋体字的笔画
和结构特征。这类承纳了中国传统书法字体或印刷字体特点的美术字在那
个时代是非常先锋和前卫的。鲁迅这种美术字设计思想、手法和形式通过
书刊封面广为传播，不仅对书刊封面设计产生示范性的影响，对 20 世纪
中国现代平面设计的影响也是广泛而深刻的。

（四）方形标贴

方形标贴式的封面设计也是极具鲁迅封面设计特色的一种表现范式，
这种范式是对传统线装书封面题签方式的传承和创新。中国传统线装书印
刷、装订完成后，另将书名题写在纸条上，再贴于封面，完成一本书的整

个装帧设计工作。鲁迅设计封面时沿用、发扬了这一形式，他喜欢将书名、作者名等文字信息用方框框起来，形似传统题签标贴，或者将这些文字信息绘写在一张方形纸上，再交由印刷厂印刷处理，最终也就产生了读者所看到的方形标贴式封面。现从鲁迅的一些封面设计作品中可以看到这种明显的传承和创新轨迹。如从《梅斐尔德木刻士敏土之图》《花边文学》类似传统线装书题签的方式，到《呐喊》《两地书》《木刻纪程》《引玉集》《凯绥·珂勒惠支版画选集》等封面题签的创新变革。这类方形标贴式的封面设计与传统线装书题签相比，只是形态上从纵向方形标贴转变为横向方形标贴了，视觉上更符合现代书封面的阅读习惯，信息集中，形式简洁、大方。拟古而不复古，风格独特。看似设计随意，实则精心经营，个个经典，堪称范例。

（五）古代图案

鲁迅不仅是位大文学家，还是一位资深的美术研究者。平生收集、研究大量汉画像、六朝造像、汉碑帖及各种金石拓本等。他的封面设计作品中时常出现古代图案元素，与这些收集、研究是分不开的。如他为《心的探险》所作的封面就是借用了六朝墓门画像（见图3），别开生面，给读者留下神秘的想象空间。在《桃色的云》的封面中则用汉代石刻云纹图案，雍容华美，古典素雅（见图4）。这些主动利用古代图案设计封面的

图3　鲁迅设计的《心的探险》封面（1926年），上海北新书局

图4　鲁迅设计的《桃色的云》封面（1923年），新潮社

做法，反映了鲁迅对待民族传统文化的开明思想和鲜明态度。虽然鲁迅经常在不同场合激烈地批判传统文化，却从来没有否定过传统文化，他非常清楚地知道传统文化的分量与意义，在倾心西方文化知识的同时，其内心深处依然有着强烈的民族文化情怀。① 鲁迅这种汲取传统艺术精华为我所用的做法和精神，深刻影响了年青一代的书装设计师，像陶元庆、钱君匋等人是最早受其影响的。鲁迅的书刊封面设计作品之所以长久不衰，历经潮流考验，其很大一部分原因是他既能包容、吸收外来先进文化经典，又能传承、创新民族传统文化精髓。

结语

中国传统书刊封面设计向现代书刊封面设计发展的早期，大文学家鲁迅是一位重要的领路人和先驱者，在书刊封面设计上投入了巨大的热情和辛勤的努力。他以先进的思想、开阔的视野，创造出了一批个性鲜明、足资借鉴的现代书刊封面设计表现范式。鲁迅的书刊封面设计艺术自一开始就与国际艺术风格的引介和传统艺术的革新相关联，通过他的努力和尝试，探索出了全新的不同于传统的书刊封面设计形态，构建起了以"启蒙"为核心价值的设计体系，这种价值体系在传播中具有潜移默化的作用，惠及后世。可见，鲁迅在中国现代书刊封面设计上的丰功伟绩，足以彪炳史册。

参考文献：

1. 刘运峰编著：《鲁迅书衣百影》，人民文学出版社 2007 年版。

2. 高信：《民国书衣掠影》，上海远东出版社 2010 年版。

3. 姜德明编著：《书衣百影续编：中国现代书籍装帧选 1901—1949》，生活·读

---

① 参见谢欣：《鲁迅书籍封面设计的启蒙叙事》，《装饰》2013 年第 2 期。

书·新知三联书店 2001 年版。

4. 赵健:《范式革命:中国现代书籍设计的发端 (1862—1937)》,人民美术出版社 2011 年版。

（作者单位：南昌大学艺术与设计学院）

试论新华书店品牌优势下的
多元化发展

岳 元

近些年，伴随着信息技术的快速发展，电子商务平台蓬勃兴起，同时也促使了数字阅读的悄然兴起，这对传统实体书店的经营和运营造成了较大的冲击。因此有说法称，这个时代是实体书店的"寒冬"，不少书店难以解决自身运营问题和成本问题，因此选择关张歇业，甚至不少知名书店也一度消失在大众视野中。

党的十八大以来，党和政府不断强调文化自信，而坚定文化自信，需要文化产业强有力的现实支撑，因此近些年，接连下发财税优惠政策和支持实体书店发展的措施和意见，从两个方面对实体书店进行帮扶，行业发展一改颓势。在多元化时代背景以及行业发展新契机之下，新华书店作为老牌书店如何转型和创新，是当下需要着重考虑和亟待解决的重要问题。

一、实体书店多元化发展

2000 年之前，中国实体书店经营模式是单一且纯粹的。书店的功能只是售卖图书，因此书店内部陈设就成了一排排整齐的书架、各种类别的图书、安静的环境、狭窄的通道以及如同超市一般的收银台，而这种模式也满足了当时消费者买书和看书的需求，因此消费者是能够认可和接受的。而进入 21 世纪，信息技术和互联网快速发展，电商平台的出现改变了消费者的购物习惯和行为，实体店受到了很大的冲击，其中书店尤甚，电子阅读一度让传统实体书店无路可走，大批书店关张歇业。在实体书店万马齐喑的情况之下，新华书店也从国内实体书销售领头羊的位置跌落下来，而此后在国家政策补贴包括舆论倡导之下，实体书店开始转型升级，行业开始复苏。

在电商冲击之下，传统实体书店的市场受到冲击，而实体书店图书销售的功能和角色逐步弱化，多元化的消费需求要求实体书店重新定位自身角色和功能，寻找新的出路和模式，增强书店盈利能力。具体而言，实体书店不但要增加服务的种类，实现阅读、营销、娱乐、社交等多重功能为一体，满足消费者不同层次的消费需求。同时还要跳出传统单一的经营模式，将自身打造成城市文化符号，成为引导公众阅读和传播大众文化的平台和载体。在这样的需求之下，一批像西西弗、言几又、单向街等多元化书店开始出现，转变了以往实体书店单一的经营模式，跨界发展与其他文化形式进行业态融合。例如在现代书店经营模式当中，传统单一售书的模式很难生存，转而变为图书销售与影视、饮食、文化讲座、文创产品等相融合。而这些业态之间相互关联与呼应，为消费者提供更为多元的服务，相比于单一的传统经营状态，更符合新时代消费者的需求。相应的这种多元化经营的方式所带来的聚合效应，为实体书店带来了更大的经济效益和社会影响力。

因此，跨产业融合、多元化业态发展的模式能够帮助实体书店成功聚集人气、提升经营品质、实现商业价值。多业态发展模式最主要的是能够帮助实体书店提升盈利能力、增加抗风险能力，帮助书店应对市场波动所带来的问题。因此就目前来讲，多元化发展是实体书店转型升级抢占市场的发展大趋势。

二、新华书店品牌发展历程与现状

新华书店从 1937 年在延安诞生，至今已经走过了八十多年的历史。在新中国成立之后遍布全国，是我国图书发行与销售的重要机构，是宣传党的先进理论和正确主张的主阵地，曾经在文化传播方面作出过巨大贡献，因此也是我国知名图书文化品牌。但是进入 21 世纪之后，由于图书行业竞争加剧，网络信息技术发达，新华书店由于自身运营以及体制问题而逐渐没落。新华书店经营过程中的问题总结归纳起来主要是体制老化、缺乏创新、业务单一，经营模式不符合时代需求等等。虽然新华书店曾经具有强大的文化和品牌号召力，但是一系列问题的出现以及新华书店的没落表明其经营模式与我国新时代消费者需求严重不符，发展与社会意识形态相脱节。因此在众多优秀实体书店积极转型探索的当下，新华书店也面临着根据市场需求积极转型突破的新局面，这就要求新华书店在原有的品牌基础上进行升级，更加关注消费者的消费认知与需求，利用八十多年经营发展的强大品牌力量和品质口碑，重新抢占市场。

在转型需求以及国家文化建设需要之下，中宣部以及原国家新闻出版广电总局、原文化部等多个部门出台了多项相关政策扶持实体书店，形成城乡书店布局协调发展的良性格局。在此基础上给予实体书店规划、土地、财税和金融等多方面创业扶持和培训扶持等优惠政策，在此过程中肯定了新华书店曾经的带头和骨干作用，并倡导新华书店扩大经营范围，将其建设成综合性的文化消费体验中心，形成强大的品牌力，为城乡文化网点和我国文化传播方面起到示范和带头的作用。

这样大力度的政策扶持以及国家对于品牌的肯定，使得新华书店加快了转型和升级改造的进程。在 2016 年至 2017 年全国新华书店积极进行转型升级，书店经营引入专业的管理团队和运维团队，针对书店多元化的运营进行策划和运作。例如引进文化商品，并在节假日展开专题性的营销活动，比如亲子月、茶、咖啡等主题文化沙龙活动，或邀请知名作者、文化名家开展签售活动。部分地区的新华书店还推出了自主文创品牌，不但拓展了业务范围，也吸引着更多读者和文艺爱好者参与到书店活动中来，扩大了书店影响力和品牌知名度，增强市场竞争力。在追求创新和升级转型的过程中，新华书店结合文化周边，与读者和消费者形成良性互动，使得新华书店逐步向文化综合服务平台转型。虽然新华书店目前在经营模式和自身定位上有了较大的转变和创新，但是在当下多元化发展态势之下，书店创新与发展还有较长的路要走。

三、新华书店品牌创新与发展模式

如上所述，新华书店要实现可持续发展，仅依靠过去的根基和情怀是不行的，更需要的是结合时代转型和创新来满足多元化时代之下消费者的需求，从而获得经济效益，扩大品牌社会影响力，最终达到可持续发展的目的。因此新华书店品牌创新与发展模式具体而言可以从以下三方面来做。

（一）全民阅读环境下，打造品牌影响力

据数据显示，2016 年我国人均阅读量为每年 7.86 本，远远低于其他国家阅读水平，为了提高国民整体文化素质，2016 年底我国出台《全民阅读"十三五"时期发展规划》以及后续一系列提高国民素质和思想文化内涵的政策。其政策内涵就是要将传统阅读与数字阅读相结合，提升全民阅读质量和水平，并提出实体书店需要坚持改革创新发挥市场作用，在 2020 年实现多元经营的实体书店发展格局的要求。

在政策利好以及政府引导之下，新华书店作为国有老字号品牌，相比于民营书店有着天然的优势和信誉度，在此基础上，为了推动全民阅读的进行，首先，书店可以与幼儿园、中小学等教育机构达成合作，从学生入手培养良好的阅读习惯和阅读能力。依据不同学龄段的学生推荐不同的书籍，在提高学生阅读水平的基础上，搭建与教育机构更深层次的合作平台，同时，也是书店盈利的一个增长点。其次，推动全民阅读，打造品牌影响力。除了从学校方面着手之外，还要针对消费者口味进行调整和营销。例如对阅读市场进行细分，分析不同消费者的阅读偏好，对于阅读书籍、阅读地点以及阅读方式进行归纳总结，从而有针对性地开展不同专题的阅读主题月活动，或者是有针对性地进行书籍推荐，提高推广和运营水平，同时针对实际情况进行创新，使读者能够自发地参与到活动中来，从而扩大书店品牌影响力。

（二）整合资源构建文化平台

在多元化的发展态势之下，消费者对于实体书店的要求在不断提高，从过去买书、看书的需求转变为社交、娱乐、阅读等综合性需求。而在这方面，一些极具特色的民营书店转型十分成功，在消费者当中赢得了好口碑和较大的影响力。而新华书店可以整合资源吸收民营书店优秀的经营理念，构建图书销售和文化推广的大平台。在北京、上海、深圳等全国多个城市已经出现不少极具特色的新华书店，针对特定的读者，提供个性化服务。就拿保定新鲜空气书店举例，该书店采用的是新华书店与个人合作运营的新模式，双方共同参与书店管理，新华书店负责提供书籍的增补，而书店合作者则需提供书店运营思路，比如极简风格的门头装修以及内部富有人性化的装潢设计，同时富有情感的书架陈设以及可以按照读者需求随时移动的散座，如此更加人性化也更加契合读者的需求，赢得了消费者的喜爱。

可以预见，这种国营老牌书店与民营新锐先锋整合资源，互赢互利，搭建文化大平台的模式，在未来或将成为老牌书店转型的主要出路之一。

（三）线上线下融合发展

在信息技术高速发展的当下，互联网以及大数据技术已经渗透到各行各业，甚至是人们的日常生活当中去，给不少传统行业带来新的活力。而新华书店作为老牌图书销售公司，在网络时代应当积极结合先进的信息技术手段，铺设网络销售渠道，打造符合企业气质和文化的网络书店，实现线上线下融合发展。而这方面可以看到新华书店已经开始了行动。2007年，四川新华文轩在天猫商城开设网店，标志其线上线下双线运营模式的建立。随后，新华文轩又建立了自己的网络售书平台。其他省、市新华书店也相继推出各自的网店和网上商城，将线上线下相结合，提供线上选书、预约、线上支付等业务，同时也可以到实体店体验文化服务，并针对不同需求的读者进行有针对性的营销活动。

可以说，线上运作成熟、策划能力强的网络书店是新华书店打造网络销售渠道必不可少的一步，也是信息化社会做好线上线下双线销售的关键点。首先来讲，新华书店品牌经过八十多年的运营发展，在读者当中具有天然的优势和权威性，影响力也是民营书店所不能比的，但弊病就是运营成本过高、管理相对落后，虽然各个省份都有新华书店，但彼此之间"各自为政"，并未形成合力，建立健全的网销系统更无从谈起。而如京东网、淘宝网、亚马逊等售书渠道定期的打折扣活动，也抢占了不少网络份额，这对于新华书店的网销渠道铺设是很大的挑战。对此新华书店应当积极应对，加快创新的速度，明晰自身定位，整合一切可利用资源，打造线上线下人性化服务的双线销售渠道，实现实体店与网店销售互补，从而达到书店良性运营的目的。

结语

综上所述，新华书店伴随着我国几代人成长，是具有历史情怀的强大品牌，作为国有大型图书发行集团，虽然在我国发展过程中发挥过重要的文化传播作用，但是在科技不断进步、传播方式改变、消费需求更加多元化的今天，新华书店传统的运营模式已经不能适应当下市场的需求，落后的经营模式和经营理念已经严重限制书店的发展。因此，新华书店应当增强品牌优势、扩大影响力、走多元化发展之路，针对消费者不同需求推出更为多样化的优质服务和体验，同时还要加强创新，在新时代引领和传承我国优秀文化，推动社会主义文化事业繁荣发展。

参考文献：

1. 王小福：《试析互联网时代我国综合性书店的功能优化》，《财经界（学术版）》2018 年第 17 期。

2. 张萍：《互联网＋背景下中国实体书店业态转型研究》，首都经济贸易大学 2018 年硕士学位论文。

3. 刘娅：《互联网＋背景下 C 市新华书店营销策略研究》，安徽大学 2018 年硕士学位论文。

4. 张琳：《新华书店成长路径探析——以浙江新华书店集团为例》，《江苏商论》2018 年第 1 期。

5. 顾纯阳：《新华书店 W 分公司营销策略优化研究》，上海外国语大学 2018 年硕士学位论文。

6. 李翔宇：《青岛新华书店营销方式的转型路径探析》，青岛科技大学 2017 年硕士学位论文。

7. 康建田：《浅析新华书店如何开展多元化经营》，《北方经贸》2016 年第 6 期。

8. 张克然：《邢台市新华书店多元化经营研究》，河北大学 2015 年硕士学位论文。

（作者单位：黄河出版传媒集团）